大势研判

经济、政策与资本市场

任泽平 著

THE FUTURE TREND

of Economic,Policy and Capital Market

中信出版集团 · CHINACITICPRESS · 北京

图书在版编目（CIP）数据

大势研判：经济、政策与资本市场 / 任泽平著 . —
北京：中信出版社，2016.7（2021.12重印）
ISBN 978-7-5086-6209-1

Ⅰ . ①大…　Ⅱ . ①任…　Ⅲ . ①中国经济－研究　Ⅳ .
① F12

中国版本图书馆 CIP 数据核字（2016）第 101135 号

大势研判：经济、政策与资本市场

著　者：任泽平
策划推广：中信出版社（China CITIC Press）
出版发行：中信出版集团股份有限公司
（北京市朝阳区惠新东街甲 4 号富盛大厦 2 座　邮编　100029）
（CITIC Publishing Group）
承 印 者：北京楠萍印刷有限公司

开　本：787mm × 1092mm　1/16　　印　张：25.5　　字　数：438 千字
版　次：2016 年 7 月第 1 版　　印　次：2021 年 12 月第 17 次印刷
书　号：ISBN 978-7-5086-6209-1
定　价：65.00 元

服务热线：400-600-8099
投稿邮箱：author@citicpub.com

序　言

如何研判宏观经济形势？如何抓住大牛市？

一、大势研判

宏观是定大方向的。

宏观经济是一个复杂的开放系统，相对于一家公司而言，所需要输入的信息量以几何级数增加。因此，宏观研究框架应是一个开放兼容的体系，打通各环节，对现实的观察和对未来的预测在各层面能够逻辑自洽、交叉检验，减少误判。研究员应保持开放思维、宏大视野、丰富阅历以及发自内心的热爱，并有化繁为简、快速抓住主要矛盾的能力。

宏观研究包括逻辑框架和心性修炼两部分。

宏观研究框架应致力于打通长期与短期、政策与经济、实体与货币、宏观与中观、国内与国际、宏观与策略的界限。作者曾云游四海，遍访名师。做了 6 年纯学术研究、5 年公共政策研究、4 年商业研究。

长期与短期：经济变量有两类，人口、制度、技术等长期变量决定经济潜在增长率，货币政策、消费、投资、出口、库存、情绪等短期变量决定经济周期波动。在长周期拐点上，慢变量变快了，这是转型宏观和周期宏观的区别。

政策与经济：中国的经济和市场运行不是单纯经济学能够解释的，政治经济学——“有形的手”亦十分强大。商业研究关注“是什么”，公共政策研究关注“应该是什么”。对于公共政策的预判，需站在利益博弈中各方的角度去思考。

宏观与中观：经济增长是由产业结构转型升级所推动的，周期波动是由行业景气梯次轮动所形成的。

实体与货币：实体运行和货币创造是相互对称、相互影响的两个系统。

国内与国际：中国宏观经济是一个大国的开放模型。

宏观与策略：宏观研究强调对客观世界的认知，是总量思维；策略分析强调心物兼修，是边际思维。大势研判是理性逻辑和直觉艺术的结合，平衡使用左右脑思维。

二、“转型宏观”新思维、新框架

理论是应时代而生的，理论以解释、解决所处时代的重大关键问题为任务。

中国经济正处于转型期，发生了很多新情况和新变化，对宏观经济形势分析而言，挑战的不是观点，是框架，固守旧思维的人将不断犯错，过去这些年我们经常看到市场上各种误判层出不穷。

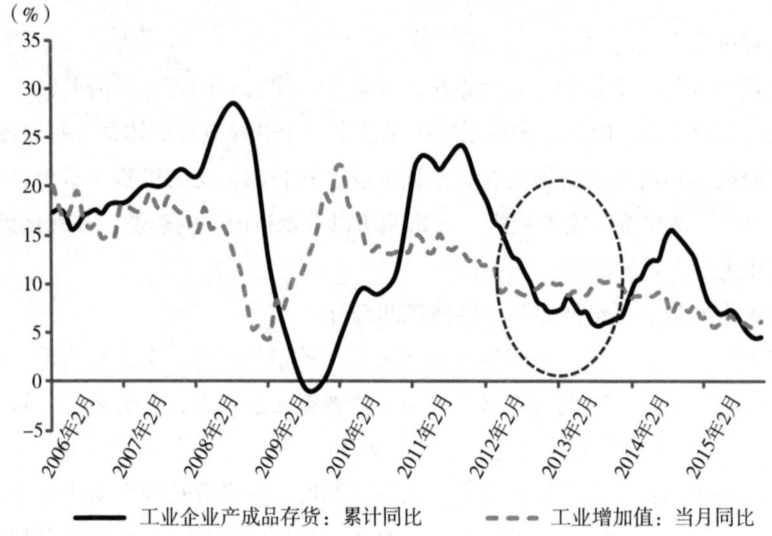

图1　2012年的存货周期误判

数据来源：国家统计局、WIND

案例1：2012年的存货周期误判

2012年去库进入尾声，市场预期补库，但实际却没有发生。

潜在增长率下降主导了2010年以来的经济持续下行，由于“势大力沉”，导致各类周期运行轨迹发生改变，穿越了中短周期。

仔细观察，近年中国存货周期发生了两大变异：去库长（2010年中至2013

年中），补库短（2013 年 3~4 季度）；由过去的“去库—补库”循环，演变为近年的“去库—被动库存积累—去库”循环。

能够解释这种存货周期变异现象的唯一逻辑是：长期需求潜力下降，需求收缩持续快于供给侧产能调整，从而压制补库行为，传统周期性行业景气乏力。

案例 2：2011 年前后的设备投资周期“新周期”误判

2010~2012 年制造业投资加速，部分市场分析人士认为中国经济迎来了产能扩张的“新周期”。而实际上，在这一段时期，中国经济持续下行，企业不太可能去逆势扩张产能。

根据我们的调研发现，当时反常的制造业投资高速增长主要受区域间产业转移而非产能扩张驱动。随着东部地区要素成本上升，2010 年前后出现了一场大规模的产业转移活动，从东部转向中西部，并于 2013 年前后减缓。

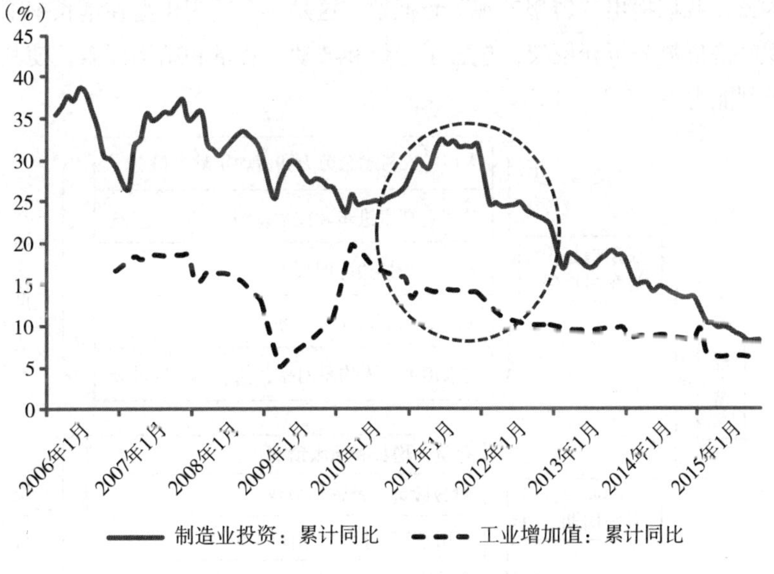

图 2　2011 年前后的设备投资“新周期”误判

数据来源：国家统计局、WIND

“转型宏观”新思维新框架是相对于传统的“周期宏观”而言的。

经济增长是由趋势和波动组成的，长期趋势是指潜在增长率，由人口、技术、资本、劳动、需求潜力等供给侧慢变量决定；短期波动是指各类短周期，由存货、投资、财政货币政策、偶然事件等需求侧快变量决定。

过去长期潜在增长率不变的情况下，研究员分析短期经济形势时，经常采用“周期宏观”的传统框架，追踪需求侧快变量和政策变化，一般不会去留意供给侧慢变量的变化。但在转型期，我们发现的一个典型事实是，慢变量变快了！随着刘易斯拐点的出现，住行消费长周期峰值来临，劳动力成本、适龄置业人群、技术等这些“慢”变量完成了从量变到质变的能量积聚过程，发生了急剧的变化，并对经济产生了系统性的冲击。

当我们超越传统“周期宏观”分析框架，将供给侧和需求侧、长期潜在增长率和短周期因素结合起来观察时，各种看似矛盾的“新”现象都可以解释，拼图完整了，未来也清晰了。

转型期对当前宏观经济形势分析框架提出了新的挑战，新的解释框架并不是要抛弃传统“周期宏观”逻辑，而是需要建立一个更包容的分析框架，能够兼容长期和短期、总量和结构因素。

因此，我们提出“转型宏观”新框架，这是一个适用于潜在增长率下降情景的宏观经济形势分析新框架，包容了趋势和波动、总量和结构因素，使其更具解释和预判能力。

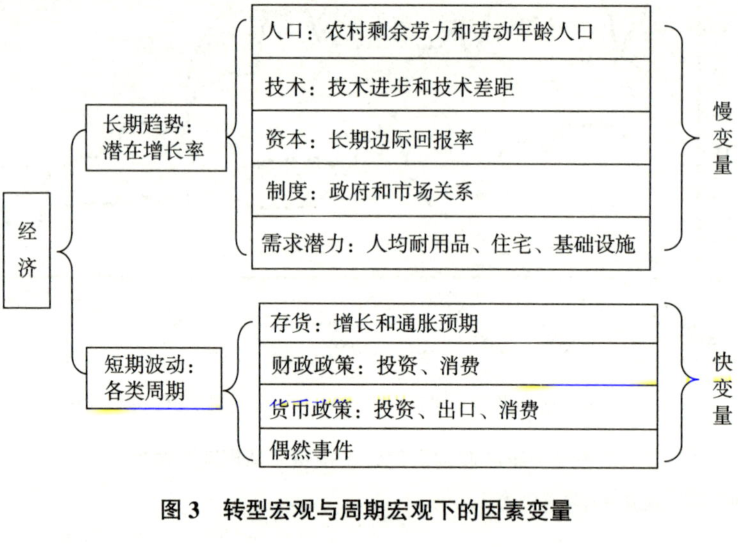

图 3　转型宏观与周期宏观下的因素变量

三、转型宏观、转型时钟、转型牛与改革牛

“投资时钟”是常用的基于宏观经济运行之下的大类资产配置框架。

根据我们研究全球和中国经济史发现，经济时钟有两类：转型时钟和周期时钟，其所适用的环境、经济运行逻辑、对应的大类资产轮动是不同的。

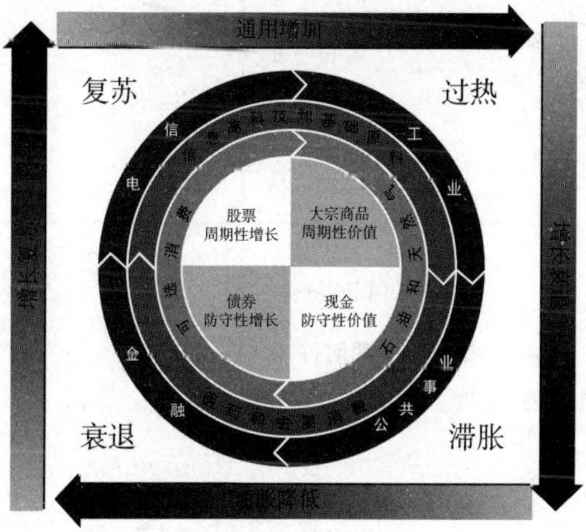

图 4　经典的投资时钟

资料来源：美林证券

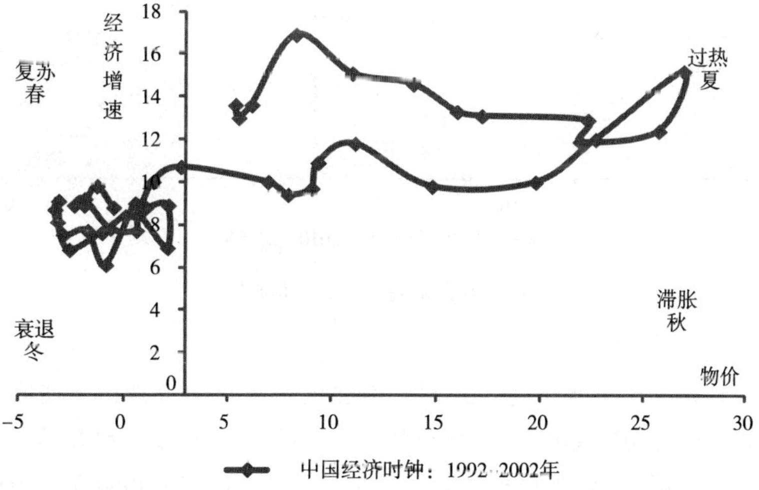

图 5　转型时钟：1992~2002 年

数据来源：国家统计局、WIND

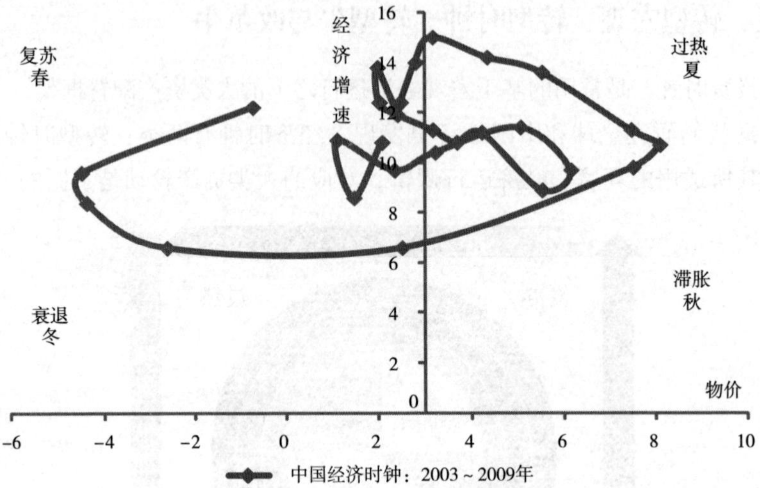

图 6　周期时钟 :2003~2009 年

数据来源：国家统计局、WIND

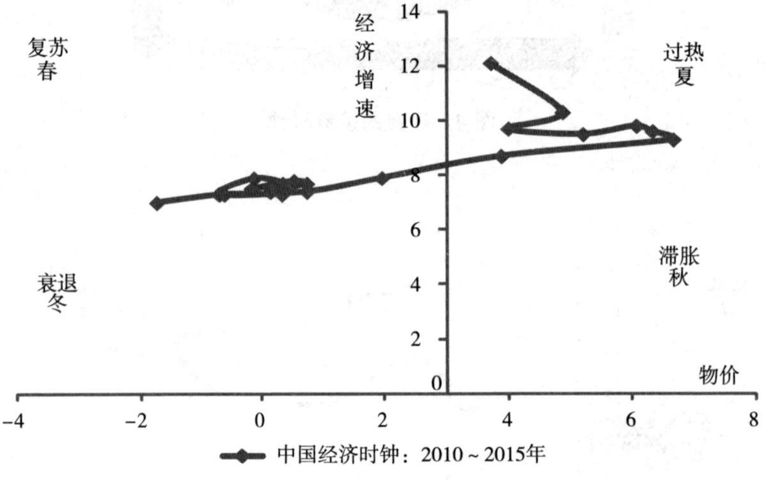

图 7　转型时钟：2010~2015 年

数据来源：国家统计局、WIND

适用环境："周期宏观"适用于潜在增长率和动力结构不变时，比如 1992~1996 年、2003~2007 年。"转型宏观"适用于潜在增长率和动力结构改变时，比如中国 1996~2001 年、2010~2017 年，日本 1970~1980 年，中国台湾 1983~1992 年，韩国 1992~2002 年等。

经济形势的主导力量："周期宏观"重点观察快变量（存货、投资和货币政策）。"转型宏观"需要综合观察快变量和慢变量（人口、房地产），到达拐点后，慢变量变快了。

股市牛熊转换："周期宏观"下的熊牛转换逻辑是，财政货币政策底→市场底→经济底，分子驱动周期牛[①]，行业景气轮动特征明显。"转型宏观"下的熊牛转换逻辑是，改革降低无风险利率提升风险偏好→市场预期底→经济底，分母驱动"改革牛""转型牛""水牛"，经济结构升级特征明显。

大类资产轮动逻辑："周期宏观"下的大类资产轮动逻辑是，经济萧条、产能过剩→货币宽松、利率下降、去杠杆、去产能→债牛→经济复苏、股牛。"转型宏观"下的大类资产轮动逻辑是，旧增长模式拒绝出清，加杠杆负债循环，经济往下但无风险利率往上，股债双熊→改革破旧立新或危机倒逼出清，无风险利率下降，风险偏好提升，股债双牛。

经济转型期，"周期宏观"解释不了，而"转型宏观"能够解释的问题：（1）增速换挡期的上半场，经济增速往下走，但为什么无风险利率往上走或居高不下？因为旧增长模式拒绝出清，加杠杆负债循环。（2）经济增速往下走，但为什么行业出现结构性衰退与成长，股市出现结构性牛市？因为增长动力结构升级。（3）增速换挡期的下半场，一旦开启出清去杠杆进程，经济增速往下走，为什么股市可能往上走？催化剂在于改革破旧立新，无风险利率下降，风险偏好上升。

四、转型宏观视角下我国宏观运行的主要逻辑与未来展望

当前中国经济最大的宏观背景是增速换挡、结构调整和改革转型。近年典型事实先后出现：2008年前后越过了刘易斯拐点，2012年劳动年龄人口开始净减少，2014年房地产长周期拐点出现。表面上是增速换挡，实质上是动力升级，根本上靠改革转型。新一轮改革的时间表和路线图是：以财税始，以国企终，中间夹金融。成功重启改革需要具备三个条件：政治控盘、形势倒逼达成共识和价值观。

从增速换挡进程看，已由快速下滑期步入缓慢探底期。中国拥有十几亿人的广阔市场，虽然宏观缺增长，但微观并不缺生意，也不缺伟大公司的崛起，近年来信息消费、电影票房等领域需求快速增长，与未来同行的投资者将获得丰厚回报。

---

① 分子驱动周期中的分子指的是DDM模型中的分子，即企业盈利，分母是无风险利率、风险偏好和风险评价。

2014年第二季度以来，宏观和微观数据裂口张大，真实的情况是经济经历了一轮快速下滑，倒逼货币放水和改革提速，无风险利率下降，风险偏好提升，居民大类资产开始轮动，股债牛市启动。

2014年下半年至2015年上半年的股票牛市驱动力来自"改革牛 + 转型牛 + 水牛 + 杠杆牛"，是由从下到上的微观转型和从上到下的政府改革所发动的，并有资金配合。2014年下半年价值股行情的驱动力来自无风险利率下降，2015年上半年成长股行情的驱动力来自风险偏好提升，均属分母驱动。杠杆工具放大了高风险偏好投资者表达意见的能力，这也可以理解，"6·15"前后去杠杆和改革预期调整引发了市场风险偏好下降。

2014年债券市场牛市，主要受经济基本面衰退和货币宽松预期驱动。2015年上半年债市震荡，受地方债务置换供给冲击和股市资金分流影响。6月以来债市重新走牛，受股市牛熊切换资金流出和经济基本面预期转差推动。未来的驱动力来自货币宽松、资金成本下降、经济基本面再下台阶等。

未来相当长一段时间，经济都将处在L型的底部调整期，但经济结构内部将发生巨变，改革驱动的风险偏好大起大落。中国经济和资本市场正处在一个大的变革时代。

五、本书研究方法、逻辑框架和主要结论

本书试图采用"转型宏观"分析框架，打通长期与短期、总量与结构、国际与国内、经济与政策、实体与货币、宏观与策略等重大环节。

本书第一部分"转型宏观：国际经验与中国未来"，在"转型宏观"框架下，系统阐述了经济增速换挡、结构升级、政策应对、熊牛转换等问题，是笔者对这个时代宏观经济的体系性思考。

"新5%比旧8%好"一章提出了新5%比旧8%好、改革造就牛市、刺激酝酿危机、产业间结构性衰退与成长等破掉"周期宏观"旧思维定式的"转型宏观"新思维。未来通过改革构筑的5%新增长平台，比过去靠刺激勉强维持的7%~8%旧增长平台要好，经济从要素驱动型向创新驱动型转变，增长模式从速度效益型向质量效益型升级，产业从重化工业为主向高端制造业和现代服务业为主升级，企业利润上升了，股市走牛了，居民生活改善了，政府威信提高了，迈向繁荣持续健康发展的"新常态"。能否理解"新5%比旧8%好"，是检验经济学者和市场人士对当前经济形势认识是否有洞察力的标志。

“增速换挡期的宏观形势与牛市催化剂：国际经验及中国未来”一章为作者下海前推演中国经济和股债未来的逻辑过程，有些判断已经验证，比如“新一轮改革发起了对熊市的最后一战”“经济增速到5%，股市可上5000点”，有些判断还有待历史的检验。联邦德国、日本、韩国和中国台湾的经验表明，增速换挡期，无风险利率下降是牛市的催化剂，这取决于改革提速和出清去杠杆进程开启：（1）一旦开启出清去杠杆进程，无效融资需求收缩，将导致无风险利率下沉，DDM估值模型（股利贴现模型）中的分母变小。（2）无风险利率下沉将降低企业融资成本，如果企业的融资环境得到改善，产业从高杠杆、重资产、低利润率部门向低杠杆、重知识、高利润率部门升级，在新旧产业结构到达某个平衡点后，有可能出现经济增速往下走、企业利润往上走的情况，DDM估值模型中的分子变大。（3）出清倒逼改革提速，改善经济增长的长期前景，将提升风险偏好，降低风险溢价，大类资产配置转向风险资产，DDM估值模型中的分母变小。

“韩国在增速换挡期面临的挑战、应对与启示”一章研究了韩国在增速换挡期做对了什么。研究发现，1998年韩国金融危机前后政府的政策方针基本一致，但实际执行效果形成明显反差，危机前的改革呈局部性、被动式、偏政治化、上层精英主导、受利益集团影响、便宜行事、流于形式等特点，危机后的改革呈全局性、主动式、政治经济改革并行、全民共识、方向坚定、攻坚克难、实质推进等特点。韩国在增速换挡期的经验教训启示我们，中国当前必须增强危机意识，充分认识到增速换挡的必然性和动力转换的必要性，下决心推动改革转型。

“中国1996~2001年供给侧改革面临的挑战、应对与启示”一章分析了1996~2001年经济面临的挑战、应对和牛熊转换，与当前形势比较。该文在市场上首提“改革牛”。作者先后为这轮牛市起名“转型牛”“改革牛”“水牛”，创建话语逻辑分析体系。1996~2001年，面对复杂严峻的经济形势，我国成功进行了市场化改革，开启了经济社会发展的新篇章，奠定了2000年以后“黄金十年”的坚实基础。供给侧改革是唯一出路：当前可考虑通过增发长期建设国债的方式稳增长；实施大规模大范围大力度的减税，提振企业信心，引导市场预期；采取市场和行政手段相结合的方式推动体制内部分市场出清；可考虑剥离现有商业银行不良资产，重新恢复金融体系正常的融资功能；加大服务业开放，大力度放松管制；发挥资本市场在供给侧改革推动转型创新中的重要作用；在推动供给侧改革的同时，建设社会“完全网”，兜住社会稳定的底线。

本书第二部分“中国经济的长周期和短周期”，旨在建立“增长与波动”经济形势分析框架，长周期（潜在增速）决定了经济运行的长期趋势，短周期决定了经济运行的短期波动态势，是对“转型宏观”和“周期宏观”分析框架的综合与兼容。商业周期包括70年左右的人口周期、60年左右的创新周期、30年左右的建筑周期及房地产周期、10年左右的设备投资周期与3年左右的库存周期。

“中国人口周期研究”发现：人口数量还在增长，但增长率大幅下降；总和生育率只有1.67，大大低于人口正常更替的2.1，符合人口再生产规律，但计划生育影响大，居民生育意愿下降；劳动年龄人口减少，老龄化加速，抚养比上升，受教育程度提高，人口向大城市迁移；随着2008年前后刘易斯拐点的出现和2012年前后人口红利的结束，中国需要从人口数量红利向人力资本红利转变；人口通过经济增长、流动性、风险偏好等影响股市；人口通过通胀、流动性、风险偏好、利率等影响债市；房地产周期在很大程度上也是人口周期的一部分，人口出生数量领先住宅开工数量20年，20~50岁是适龄购房人群，中国房地产投资到达长周期拐点。

“中国房地产周期”发现：短期看金融，长期看人口，房地产短周期主要受金融政策影响，长周期主要受经济增长、城市化、人口数量和结构等影响。在房地产市场发展初期，住宅开工数量的推动因素主要来自经济高速增长、居民收入水平快速提高、城镇化率快速上升；在房地产市场发展后期，住宅开工数量的推动因素主要来自人口出生数量和适龄购房人口数量。对照典型工业化经济体房地产发展的历程，中国房地产发展正进入新阶段：从高速增长到平稳或下降状态；从数量扩张到质量提升；从总量扩张到“总量放缓、区域结构分化”。增速换挡期，住宅投资告别高增长时代，房地产政策应适应新发展阶段特征，避免寄希望于刺激重归高增长的泡沫风险。

“中国设备投资周期研究”发现：设备投资周期存在一些初始的冲击驱动因素，包括太阳活动周期、实业经济周期、设备寿命周期、政治周期、经济信心周期等。在传导过程中，存在放大机制，包括乘数加速器、抵押信贷加速器、货币加速器、情绪加速器等，进而对经济运行形成广泛而深入的影响。我国设备扩张周期具有典型的十年一轮的“二八现象”，即经济逢二见底、逢八见顶，这是世界经济周期、我国政府换届和设备更新替换等因素叠加的结果，这一规律在增速换挡期有所弱化。近年受劳动力成本上升、汇率升值、房地产长周期拐点等因素影响，我国投资结构发生了重大变化：在房地产、重化工业投资比重下降的同时，高端制造业和服务业投资比重上升；在东部投资比重下降的同时，中部投资比重上升；在银行信贷融资比重下降的同时，以债券、股票等为主的市场性直接融资比重上升。

“中国存货周期研究”发现：存货在微观上是连接企业生产与市场需求之间的缓冲带，在宏观上是连接生产侧和需求侧经济增长形势的平衡项。存货波动主要受需求预期和通胀预期驱动。存货占GDP（国内生产总值）比重小，但波动性大，是引发短期经济波动的重要原因；存货变动是造成生产侧与需求侧不同步的主要因素。这在2008~2009年、2010~2011年表现得尤为明显。近年随着人口、房地产等长周期性利率启动，存货周期对经济形势的影响趋弱，表现为“去库长、补库短”。

“中国通胀周期研究”发现：关于通胀成因的理论主要有货币主义和实际经济周期学派。我国的历史经验表明，货币供应是物价变动趋势较好的先行指标，但其引发物价上涨的幅度则是不确定的。历史上的4次M1（狭义货币）高速增长（1997年、2000年、2003年、2007年），峰值都差不多（在20%~24%之间），但是其后却分别对应着通货紧缩、无通胀、温和通胀、较高通胀这四种差别极大的物价水平［CPI（居民消费价格指数为）1.5%~8.7%］。货币供应在短期内主要从需求侧产生影响，并通过产业链条向实体经济进行传导，其引发通胀的程度还要取决于供给状况，即产能利用率、产出缺口情况。判断未来的通胀形势应该采取“综合派”的观点：一看当前的货币供应对短期需求的冲击程度；二看当前供求状况，包括总量产出缺口和分行业的结构产出缺口；三看国外大宗商品走势、美元汇率等；四看短期的基数因素、季节因素、天气因素等。

“汇率的决定机制与人民币展望——基于理论和国际经验的分析”研究认为：选择外汇还是持有本币，取决于保值、支付和投机需求。过去50年，最强的货币首先是物价最稳定的货币，其次是能长期保持贸易顺差的货币，另外，大国和国际货币发行国的货币普遍强劲。处于经济增速换挡期的国家，汇率表现有三种结果：一是经济增速换挡成功，汇率升值，联邦德国、日本和中国台湾等案例显示了这一点；二是经历危机后经济增速换挡成功，汇率先贬后升，韩国案例显示了这一点；三是落入中等收入陷阱，汇率大幅贬值，墨西哥、巴西和菲律宾案例显示了这一点。人民币汇率当前支撑和压力并存，长期取决于能否通过改革改善长期增长前景。

本书第三部分“中国经济的总量与结构”旨在分析经济增长与产业升级、周期波动和行业轮动之间的关系，打通总量和结构之间的关联关系，是对“转型宏观”和“周期宏观”分析框架在结构层面的扩展。

“经济增速换挡与结构升级”一章研究发现：表面上是增速换挡，实质上是动力升级，根本上靠改革转型。从需求的角度，追赶经济体的需求结构变动具有共性，高速追赶期的经济高增长主要是由高投资、高出口和低消费拉动，增速换挡期的经济减速主要是由于投资、出口增速减缓和消费比重上升所导致。从产业的角度，随着人均GDP的逐步上升，典型工业化国家的制造业比重先升后降；工业化率、投资率和经济增速几乎同时达到峰值；增速换挡发生在从重化工业向高端制造业和服务业升级的阶段；根据服务业发展的国际经验判断，我国服务业正处于加速发展阶段，工业比重逐步下降，服务业逐渐成为整个经济的主导产业；目前相对于类似发展阶段的其他经济体，服务业占GDP比重明显偏低；生产性服务业占比持续上升，与国际经验吻合度很高；社会服务业比重与典型工业化国家相同发展阶段的水平相比存在一定差距。

“经济周期波动与行业景气轮动”一章研究发现：宏观经济是由行业经济所组成的，在宏观经济由繁荣到衰退周期性的发生背景下，在行业层面会表现出相应的线索和规律，经济总量波动通过产业关联和供求关系在行业景气层面进行传导。经济总量波动与行业景气变动之间存在着一致的对应关系，行业景气的强弱波动及其共振与扩散，形成了宏观经济的复苏、繁荣、衰退与萧条。作者建立了“中国年度、月度行业景气模型”，探索了经济周期波动与行业景气变动之间的因果联系、传导机制与政策含义。我国经济增长动力的多元化决定了国民经济景气先行行业的多种类型，包括消费类先行和生产类先行、内需类先行和外需类先行，这与美国以可选消费类为主的先行行业有很大不同。经济景气周期和通货膨胀周期都存在“行业景气轮动”现象，现实中的行业景气度由二者叠加而成。实体经济周期下的“行业景气轮动”反映的是行业利润普遍增加情况下，由于增加幅度差异而导致的行业景气度差异，而通胀周期下的“行业景气轮动”则反映的是利润在行业间的重新调整和分配。实体经济周期下的“行业景气轮动”一般是下游先导行业率先受益，并逐次向上游传导；而通胀周期下的“行业景气轮动”一般是随着通胀上涨，利润逐渐从下游向上游流动，上游行业景气度不断提高，而下游行业景气度不断下降，当通胀反转，利润则开始从上游回流下游。

“宏观经济的总量和结构：理论、方法与实证”一章研究认为：当前我国经济发展中的结构非均衡现象非常突出。无论是方法论还是研究对象，宏观经济结构研究领域都存在大量崭新的问题有待探索，需要重新思考宏观经济学的基本问题、研究逻辑和主要结论。本项研究试图将总量方法和结构方法结合起来，在研究空间结构问题时，注意其中的动态变化趋势，在研究总量变化问题时，注意内在的结构变动规律。本研究建立了基于投入产出及其扩展模型的宏观经济结构分析体系，对产业关联、需求结构、投资结构、价格结构、行业景气等主要经济结构进行了理论和实证研究，从结构层面探讨国民经济组成关系、经济增长动力、经济增长模式、经济周期波动、通货膨胀、行业景气、财政政策等宏观经济的主要问题。

本书第四部分“拉斯普京市场之谜”分析了中国资本市场的暴涨暴跌基因以及如何通过改革实现持续健康发展，研究了国际上历次股灾的原因、救市措施、大类资产表现和投资策略。

“拉斯普京市场之谜：如何从暴涨暴跌变成慢牛长牛”一章研究发现：经过20多年的发展，中国资本市场制度建设取得了很大进展，但仍存在不少缺陷有待完善。美国股市牛长熊短，涨多跌少；中国股市牛短熊长，暴涨暴跌。

六大因素造就中美不同牛市。（1）市场法制环境不同：中国法治不完善，监管不足；美国法制健全，信息公开，对违法行为严惩重罚。（2）投资者结构差异：中国股市是散户主导的追涨杀跌；美国股市是机构投资者主导的价值投资。（3）主流媒体和政府部门发挥不同的作用：中国主流媒体“炒股要听党的话”，政府部门隐性背书干预市场，而美国投资者必须自负盈亏、自担责任，是市场在教育投资者。（4）政府对市场的认识和态度不同：中国政府部门有时把股票市场当工具以服务其特定目的，而在美国，股市得到充分尊重，让其自身规律发挥作用。（5）能否发挥市场的供求调节机能，美国实行注册制，进入退出机制完善能自动调节股票供需，而中国是实质上的审批制，缺乏有效的供求平衡调节机制。（6）中国A股2015年上半年牛市杠杆工具快速发展，且缺乏有效监管。

因此，我们可以从六个方面改造快牛疯牛为慢牛长牛：一是践行法治、从严监管；二是发展机构投资者；三是主流媒体和政府部门不为股市做背书，让市场教育投资者；四是尊重市场、相信市场，摒弃工具性目的，让市场自身规律起作用；五是推动股票发行制度改革；六是严控杠杆，规范透明发展，有效降低杠杆。

“杠杆上的股市与监管”一章研究发现：此轮市场出现许多新特点，产业资本私募大户蓬勃兴起、杠杆工具广泛使用、微信快速传播并迅速达成一致预期等。带杠杆的股市上涨和调整是我们目前面临的新情况，上涨时加杠杆有助于快速兑现预期，调整时去杠杆加大市场波动。2015年“6·25”“8·25”股灾的根本原因是有毒资产（部分高估值小票）加杠杆（从两融到伞形信托和场外配资），由此导致市场微观结构恶化。未来应加强杠杆监管。

“历次股灾：原因、救市、效果和启示”一章通过比较全球历史上几次重要股灾、救市政策和最终效果，我们可以得出以下几点启示：一是股票市场有自身涨跌规律。所有的股灾均发生在股票价格偏高时期，而且泡沫化程度越高，跌幅越深；杠杆工具会放大股市的波动，比如美国1929年股灾、1987年股灾，中国台湾1990年股灾。二是新兴经济体在推动金融自由化过程中容易出现股灾，因为在资本账户开放、金融创新工具增加的过程中，政府监管体系不完善，投资者对新环境不熟悉。1989年日本股灾、1990年中国台湾股灾、1997年亚洲金融危机就是典型的例证，如果股灾发生在经济周期上升期或降息周期，股市具有较强的恢复能力且调整较浅较快，有基本面或政策面资金面的支撑，比如美国1987年股灾、2011年的主权债务危机，但是如果股灾发生在经济周期下降期或加息周期，股市恢复力较弱且调整较深，比如美国1929年大萧条、2008年次贷危机、日本1989年股灾。三是政府救市是正常的逆周期调节。股票市场也是市场经济体系之一，因此需要政府逆周期调节，比如股市过热时加息、增加IPO（首次公开募股）供给等，而在股市暴跌时注入流动性、降息、减少股票供给等。股灾发生时政府救市要及时有效，防止股灾对金融体系和实体经济的过大伤害。同样处于经济周期的拐点，1929年美国经济大萧条的最大教训是政府救助不及时，放任股灾蔓延成金融危机和经济危机；而2008年次贷危机由于及时启动注入流动性、QE（量化宽松）等，虽然一度被称为“百年一遇”，但对实体经济冲击相对较小，股灾后美国经济恢复较快。

总结历次股灾的救市措施，包括：政府发布声明，建立常态透明的沟通机制，稳定预期。比如美国1987年股灾，总统和财长发布稳定市场预期的声明，理性引导；投放流动性，降息降准，减缓或暂停IPO，属于逆周期调节工具；降低交易税费，将单边0.1%的印花税降至0.05%；政府及受政府影响的资金直接入市，包括但不限于汇金增持金融股，汇金申购ETF（交易型开放指数基金），保险资金入市等；打击做空投机，禁止裸卖空；鼓励上市公司回购股票，稳定投资者对公司发展的信心，比如美国1987年股灾；改革继续推进，增强社会各界对政府发展资本市场的信心，不要因噎废食，不能因遇到困难出现改革倒退，只有在水里才能学会游泳，在发展中解决问题。

“历次股灾中的大类资产表现和投资策略”一章旨在通过研究近30年全球重大股灾中的大类资产表现和成功投资者的交易策略，提出投资启示。沧海横流方显英雄本色，冷静才能做出最佳判断。（1）股灾中的大类资产表现：①股跌：每次危机发生时，股市总是率先大幅下跌；②债涨：危机爆发后，股市暴跌，除非本国货币有主权违约风险，央行会大幅降息，为市场注入流动性，叠加风险偏好下降，债市上涨；③黄金和大宗商品跌：除非美国发生滞涨，危机中经济迅速下滑，商品价格大跌；美元因避风港效应升值，以美元计价的黄金价格下跌；④房跌：市场担心股灾向金融危机和经济危机蔓延，叠加财富效应缩水，房市承压；⑤汇率跌：金融形势恶化、资本出逃。（2）股灾中的投资策略。通过研究近30年的重大股灾案例，我们发现成功投资者的交易策略有以下几点共性：危机前，成功投资者面对狂热的市场均选择独立思考，拒绝群体的非理性诱惑，注重价值。相信历史会不断重复，所有泡沫都将会破灭，耐心等待最佳时机的到来，并做好充分应对准备。比如都铎·琼斯在1987年股灾中的表现，索罗斯在1997~1998年亚洲金融危机中的表现，约翰·保尔森在2008年次贷危机中的表现。在股灾初期，经济下滑、股市大跌，央行降息并迅速向市场注入流动性。成功的投资者会利用股债跷跷板原理，采取卖掉股票，转投长久期国债的投资策略来为资产保值增值，还可以做空汇率。比如都铎·琼斯和索罗斯在1987年股灾中的表现。但到股灾后期，由于恐慌性地抛售，大量好公司的股票价格会明显低于其内在价值，投资价值凸显，这时成功的投资者会重回股市，寻找那些被错杀的优质股。逆向思维，风险是涨出来的，安全是跌出来的。比如巴菲特在2008年次贷危机中的表现。政府将积极救市，避免金融体系崩溃，如果再做空，将重蹈索罗斯1998年折戟香港市场的覆辙。危机过后，市场风格将更注重价值。1987年股灾后，有真实业绩支撑的IT（信息技术）股涨幅最好。1998年亚洲金融危机后，与中国经济高速增长相关性高的国企股成为港股市场主力。2008年次贷危机后，受QE和医疗保险改革影响，传统行业和医疗板块表现突出。在金融市场中，成功投资者始终做好面对黑天鹅事件的准备，准备好对冲策略。比如都铎·琼斯发现1987年股市与1929年股市大崩溃的技术图形非常相似，并做好了准备。发现判断错误时，及时纠错止损。“犯错并不可耻，可耻的是错误已经显而易见了还不去修正。承担风险，无可指责。但同时记住千万不能孤注一掷，只要活着，就有办法。”比如索罗斯在1987年股灾中超强纠错、先输后赢。

目 录

第三部分　中国经济的总量与结构

第四部分　拉斯普京市场之谜

第一部分

转型宏观：国际经验与中国未来

理论是应时代而生的，理论以解释、解决所处时代的重大关键问题为任务。本部分在“转型宏观”框架下，系统阐述了经济增速换挡、结构升级、政策应对、熊牛转换等问题，是笔者对这个时代宏观经济的系统性思考。

第一章　新5%比旧8%好

导语： 新5%比旧8%好。未来通过改革构筑的5%新增长平台，比过去靠刺激勉强维持的7%~8%旧增长平台要好，经济从要素驱动型向创新驱动型转变，增长模式从速度效益型向质量效益型升级，产业从重化工业为主向高端制造业和现代服务业为主升级，企业利润上升了，股市走牛了，居民生活改善了，政府威信提高了，迈向繁荣持续健康发展的"新常态"。能否理解"新5%比旧8%好"，是检验经济学者和市场人士对当前经济形势认识是否有洞察力的标志。

当前对中国经济前景有三种观点：

第一种过度看空，以部分国外机构为代表，迎合了国外部分投资者不了解中国、过度悲观的偏好。虽然唱空，但却可起到提醒的作用。

第二种过度看多，还能回到高增长轨道，"未来20年还能增长8%"，中国经济下行是因为外需不足和周期调整，政策应以刺激投资为主。这类观点貌似唱多，实则产生麻痹效果。

第三种理性乐观，看好中国经济发展前景，但认为中国经济正处于增速换挡期，近年经济下行主要是因为结构性和体制性问题，应在保持定力、守住底线的前提下，通过改革走出困局。如果通过不断刺激勉强度日，坐等周期回升和外需改善，不仅贻误改革时机，而且会酝酿更大风险。刺激是维持旧增长模式，是加杠杆，改革是释放新活力，是去杠杆。

虽然同属看好中国经济发展前景，但笔者区别于第二类学者的核心观点是："新5%比旧8%好"。未来通过改革构筑的5%新增长平台，比过去靠刺激勉强维持的7%~8%旧增长平台要好，经济从要素驱动型向创新驱动型转变，增长模式从速度效益型向质量效益型升级，产业从重化工业为主向高端制造业和现代服务业为主升级，企业利润上升了，股市走牛了，居民生活改善了，政府威信提高了，迈向繁荣持续健康发展的“新常态”。笔者主张的 5% 是呼唤改革的 5%，部分学者主张的 8% 是呼唤刺激的 8%。改革是唯一出路，刺激将酝酿危机。

能否理解“新 5% 比旧 8% 好”，是检验经济学者和市场人士对当前经济形势认识是否有洞察力的标志。

一、为什么增速换挡至 5% 了不起

1960 年以来，在全球 100 多个追赶经济体中，只有 12 个国家和地区完成了追赶任务，迈过高收入经济体门槛。在这 12 个成功实现增速换挡的经济体中有四个最优秀的毕业生：联邦德国、日本、中国台湾和韩国，这四个“优秀毕业生”大约在人均 GDP（国内生产总值）11000 国际元附近，经济增速平均从 8.3% 降到 4.5%，降幅在 50% 左右。

这四个经济体的规模大小各异（日本 13000 万国际元、联邦德国 8000 万国际元、韩国 5000 万国际元、中国台湾 2300 万国际元），增速换挡的时代背景跨越 20 世纪 60~90 年代，但增速换挡的人均 GDP 阈值时点和增速降幅具有较强的一致性，这暗含着内在的规律性。

根据国际经验，经济增速换挡的驱动力来自供给侧刘易斯拐点的出现和需求侧房地产投资长周期峰值的到来。韩国增速换挡发生在 1989~2003 年间，刘易斯拐点出现在 20 世纪 80 年代末，房地产投资长周期拐点出现在 90 年代中后期；日本的增速换挡发生在 1968~1978 年间，刘易斯拐点出现在 20 世纪 60 年代末，房地产投资长周期出现在 1969 年前后；中国台湾的增速换挡发生在 1985~1993 年间，20 世纪 80 年代末劳动力成本出现加快上涨，住宅投资接近峰值；联邦德国的增速换挡发生在 1965 年前后，出现了房地产投资长周期峰值。

表 1.1 “二战”以来 101 个追赶经济体跨过中等收入陷阱的 12 个样本

经济体	2014 年人均 GDP(美元)	跨过中等收入陷阱的年份
日本	36194	1971
以色列	37032	1972
希腊	21683	1973
爱尔兰	53314	1973
波多黎各	29575	1973
西班牙	30262	1974

（续表）

经济体	2014 年人均 GDP（美元）	跨过中等收入陷阱的年份
中国香港	40170	1977
新加坡	56287	1979
中国台湾	22635	1989
葡萄牙	22081	1990
韩国	27970	1991
赤道几内亚	18389	2005
中国（追赶中）	7575	

注：根据世行 2013 年新标准，人均 GDP 低于 1035 美元为低收入国家（地区），1035~4085 美元为中等偏下收入国家，4085~12616 美元为中等偏上收入国家（地区），不低于 12616 美元为高收入国家（地区）

数据来源：WIND，世界银行

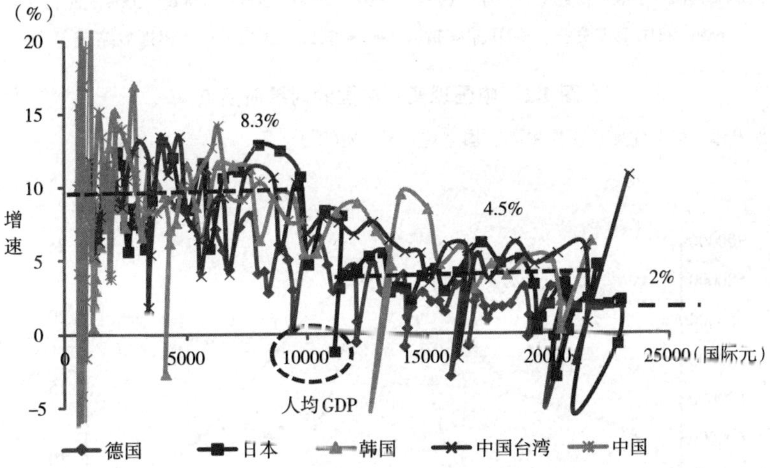

图 1.1　国际经验：增速换挡期四个“优秀毕业生”的成绩是 4.5%

数据来源：国务院发展研究中心、国家统计局、WIND

近年中国经济增速换挡的典型事实先后出现：2008 年前后越过了刘易斯拐点，2012 年劳动年龄人口开始净减少，2014 年房地产投资长周期拐点出现。

中国未来新的经济增长平台如果能够实现 5%，增速换挡的成绩堪称优秀，这是增速换挡期最优秀毕业生交出的答卷。新 5% 比旧 8% 好。

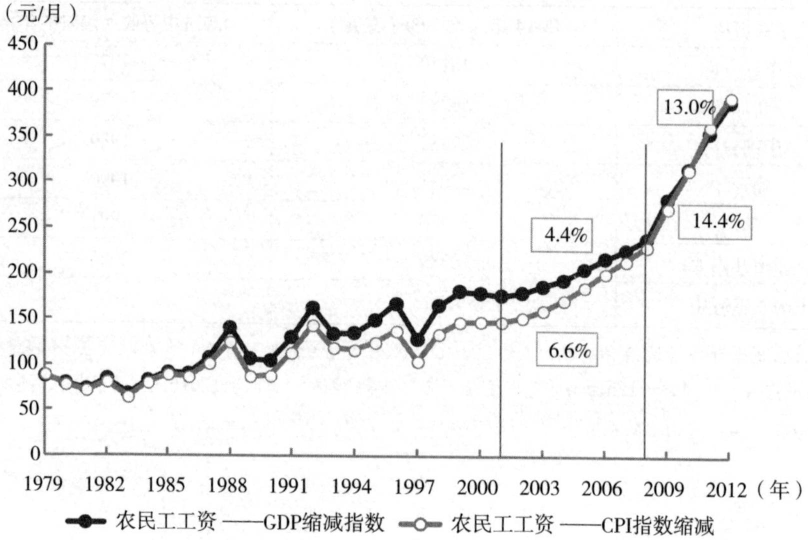

图 1.2　中国现实：中国的刘易斯拐点

数据来源：国务院发展研究中心、国家统计局、WIND

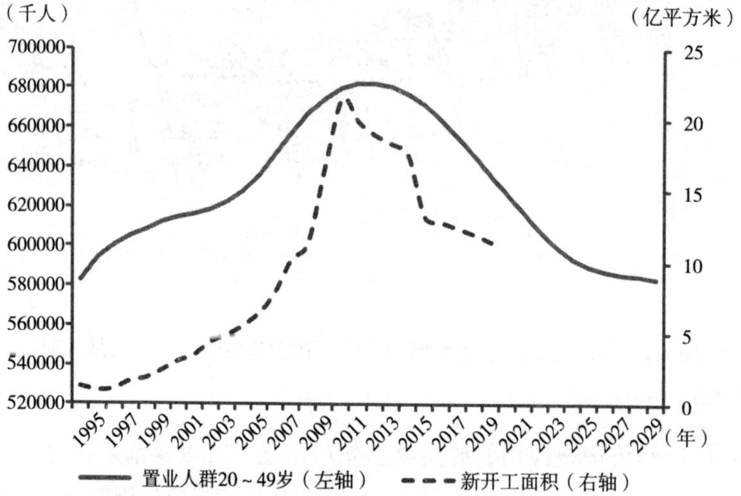

图 1.3　中国置业人群和新开工面积

数据来源：国务院发展研究中心、国家统计局、WIND

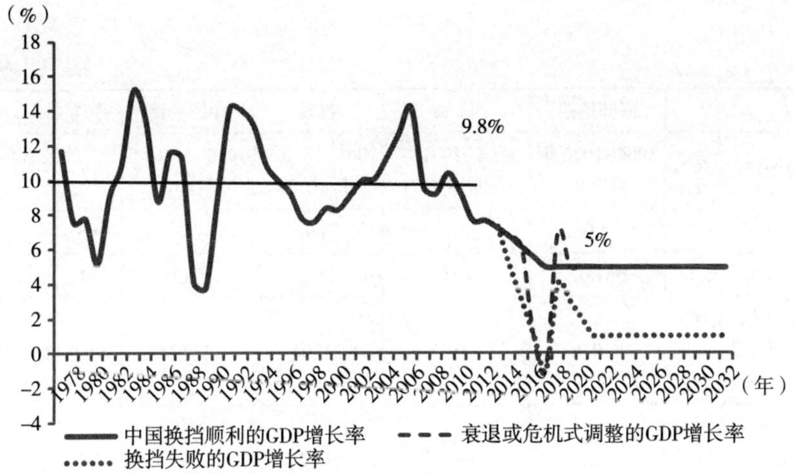

图 1.4　中国未来：增速换挡成功后新的档位在 5% 左右

数据来源：国务院发展研究中心、国家统计局、WIND

二、为什么未来 20 年不能增长 8%

也有观点认为，中国经济未来 20 年还可以达到 8% 的增长率，中国目前人均 GDP 只相当于美国的 30%，还有很大的后发优势。但经验证据不支持这样的判断，联邦德国、日本、韩国和中国台湾经济增速下台阶时人均 GDP 分别相当于美国的 68.5%、68.5%、51%、41.4%。

我们认为，这样的观点既缺乏足够样本的证据支撑，也缺乏严谨的逻辑推导。中国相对于美国存在较大的发展差距，这是事实，但为什么必须以 8% 的增长速度追赶，而不是以 5% 的增长速度追赶？ 5% 已是美国年均经济增速 2% 的 2.5 倍。

表 1.2　成功追赶经济体的追赶进程和典型事实

		联邦德国	日本	韩国	中国台湾	平均	中国
高速追赶期	持续期（年）	1951~1965 年共 15 年	1951~1973 年共 23 年	1961~1996 年共 36 年	1951~1989 年共 39 年	28	1978~2013 年共 36 年
	增速（%）	6.6	9.3	8.5	8.8	8.3	9.8
	期末人均 GDP(1990 国际元)	9186	11434	12860	9538	10754	9802
	期末人均 GDP 相对于美国水平（%）	68.5	68.5	51.0	41.4	57	30.1

（续表）

		联邦德国	日本	韩国	中国台湾	平均	中国
中速追赶期	持续期（年）	1966~1972 年共 7 年	1974~1991 年共 18 年	2001~2010 年共 10 年	1990~2010 年共 21 年	14	2014~2033 年共 20 年
	增速（%）	4.0	3.7	4.9	5.1	4.5	5.3
	降幅（%）	61.0	40.0	58.2	58.1	54	54
	期末人均 GDP(1990 国际元）	11966	19355	21701	23292	19078	27284
	期末人均 GDP 相对于美国水平（%）	71.7	84.7	71.2	76.4	76	56.5
人口（万人）		8176	12777	5000	2324		136072
面积（万平方公里）		35.7	37.8	10.0	3.6		960
GDP 规模（2013 年，万亿美元）		3.6	4.9	1.3	0.5		9.2

数据来源：国务院发展研究中心、国家统计局、WIND

从逻辑上看，一国经济增长潜力取决于供给条件和需求潜力。

（1）从供给条件看，近年中国经济增速换挡的典型事实先后出现，2008 年前后越过了刘易斯拐点，2012 年劳动年龄人口开始净减少，2014 年 20~50 岁适龄购房人群达到峰值后房地产投资长周期拐点出现。

（2）从内需看，增速换挡发生在住行向服务消费升级阶段。住行消费升级是居民最后一轮物质性消费升级，随后将步入服务类消费升级主导，相比于住行消费，服务类消费对物质投入和经济增长的带动能力明显弱化。这也就意味着，当居民消费从住行向服务升级时，经济将自然减速。那么，居民买车买房行为取决于自身的绝对收入水平还是跟前沿国家比的相对收入水平？显然，取决于自身的绝对收入水平。中国居民不会等达到美国人均 GDP 一半时再去买车买房。事实上，中国住行消费已经走过大半进程，快速增长的高峰期已经过去，中国居民正在向服务类消费升级。

（3）从外需看，中国劳动力成本还大幅低于美国，但是已经高于东南亚、拉美等出口竞争对手。因此，从需求侧来看，中国经济增速换挡主要因为人均收入水平上升引发的消费升级和低成本贸易优势削弱，衡量指标应是人均 GDP 绝对水平而不是相对水平。

（4）人均GDP相对水平可以部分地衡量与前沿国家的技术差距，但随着技术进步从简单模仿向原始创新转变，技术进步的速度也会放缓。

部分学者坚持的8%是拒绝减速、不断刺激的8%，是传统增长模式继续维持、新增长模式被抑制的8%，是风险不断积聚后摊、酝酿大规模危机的8%。

笔者主张的5%是呼唤改革的5%，改革创造红利，刺激将酝酿危机。

目前，业界对这一关键性问题没有达成共识。

三、新5%比旧8%：产业升级了

表面上是增速换挡，实质上是动力升级，根本上靠改革转型。

增速换挡期，产业结构将发生巨变。近年中国产业结构发生了一些具有长期趋势性的迹象和苗头，产业间出现结构性的衰退与成长，以房地产和重化工业为代表的传统产业集群日益放缓，以高端制造业和现代服务业为代表的新兴产业集群快速成长。国际经验表明，这种分化是追赶型经济体在增速换挡期的共同特征，反映了中国产业结构演变的长期趋势。

典型工业化国家经验表明，以钢铁、石化等为代表的重化工业比重在人均GDP达到11000国际元时出现峰值，然后大幅回落。随着中国居民住行消费向服务消费升级，中国重化工业峰值已经出现，产能过剩呈趋势性而非周期性，未来大幅回落。

根据典型工业化国家经验，以仪器仪表、医药、环保、汽车、电子等为代表的技术密集型产业比重持续上升，大约在人均GDP达到15000国际元左右时趋于稳定。服务业中，金融、信息、科技、商务等生产性服务业增长最快，教育、医疗等社会服务业增长较快。随着人力资本的积累、R&D（研发）投入的提高以及部分领域接近技术前沿面，中国经济将从要素驱动转向创新驱动，产业结构将从重化工业为主升级到高端制造业和现代服务业为主。

四、新5%比旧8%：企业利润提升了

随着产业从中低端制造业向高端制造业和生产性服务业升级，产品附加值和企业利润将会提高。近年来，中国产业间销售利润率出现了明显分化。

重化工行业销售利润率大幅下滑，包括煤炭、铁矿石、化工、钢铁、有色金属等。在2002~2007年的这一轮繁荣周期，这些行业的销售利润率大幅上升，但近年盈利能力大幅下滑，生产经营困难，未来面临深度调整。从国际经验和长期趋

势看，这些行业的需求历史峰值临近。由于2008年大规模刺激计划，这些行业需求峰值到来时点比国际经验提前了2~3年。

高端制造业销售利润率有上升趋势或保持较高水平，包括医药、仪器仪表、运输设备、专用设备等行业。这些行业的未来需求空间较大，技术含量较高，进口替代潜力大，增加出口能力较强。这些行业有可能成长为新的主导产业集群。

当前中国重化工业占工业比重高达51.3%，高端制造业只占25.1%。在转型初期，由于旧增长动力结构占比较大，且日益衰退，宏观经济和企业利润下行压力较大。但随着新增长动力结构日益“长大”，当新旧力量达到某一平衡点时，有可能经济增速下降到一个新平台，企业利润则有可能企稳回升。我们预测，到2023年中国高端制造业占工业比重将达到43.1%，超过重化工业比重。

五、新5%比旧8%：居民生活改善了，政府威信提高了

根据国际经验，居民消费升级的趋势是从生存型向发展享受型升级，从非耐用品向耐用品再向服务升级，更具体地讲，沿着衣食—耐用品—住行—服务的路径升级。增速换挡期发生在从住行消费向服务类消费升级的阶段。

对比国际经验可以发现，中国居民消费升级符合一般规律，先后在20世纪八九十年代完成了衣食、耐用品消费升级，2000~2014年处于住行消费升级期，近年来以健康、传媒、“互联网+”等为代表的服务类消费崛起。

目前中国居民消费处于从住行向服务消费升级的转换期，住行消费已临近峰值阶段。2014年初以来，中国房地产市场大幅调整，当前的房市调整符合人口周期规律，劳动年龄人口已经达到峰值，城镇户均住房已接近1套，需求和投资长周期见顶信号明确，利率市场化使之略提前。预计未来中国房地产投资名义增速将从过去的20%下降到0~5%。2013年中国千人汽车拥有量接近100辆，已从高速增长期步入中速增长区间。

与此同时，近年中国教育、文化、旅游、医疗、保健、娱乐等服务类支出呈爆发式增长。目前，中国食品、衣着等生存型支出比重偏高，发展享受型、服务类支出比重偏低。2011年中国城镇居民食品类支出比重高达36.2%，明显高于美国的8.7%、德国的14.7%、日本的16.7%以及韩国的15.6%。在新兴经济体中也偏高，比如此支出比重印度为33.7%，俄罗斯为39%，墨西哥为26.9%。未来中国居民食品支出比重有望下降20个百分点，为发展享受型、服务类支出腾出空间。

表 1.3　中国经济发展阶段转换与结构升级

时期	20 世纪 80 年代	20 世纪 90 年代	21 世纪初	2013 年至今
内需阶段	衣食	耐用品	住行	服务
外需阶段	设立特区	汇率超贬	加入世贸组织	金融自由化
	对外开放	出口导向	融入全球化	服务业开放
增长较快的行业	农业	电气	汽车	消费电子互联网信息
	住宿餐饮	电子	房地产	文化教育传媒
	批发零售	交运设备	建材	汽车
	金融	纺织	机械	仪器仪表
	金属制品	食品	冶金	科技研发
		化工	煤电	医疗保健
		冶金	化工	金融保险
		交通　通信	金融	节能环保
			电子	装备制造
			电气	居民服务

六、新 5% 比旧 8%：利率下来了，股市走牛了

近年来，中国地方融资平台、房地产和产能过剩的重化工业国企形成了资金需求“黑洞”。这三大融资主体有政府信用背书，财务软约束，对资金价格不敏感，通过不断占用信用资源负债维持，变成“僵尸企业”，进而推高了无风险收益率，对实体经济有效融资需求产生挤出效应，企业利润不断下滑，股票市场投资者普遍悲观。

这三大资金需求“黑洞”是旧增长模式的代表，刺激就是维持旧增长模式，由于旧增长模式以国有企业和地方政府主导，是拒绝出清的，并且在体制内有相当强的话语权，不断输血的结果是杠杆率和负债攀升，酝酿更大的风险。

未来通过改革“破”掉旧增长模式，中断无效资金需求，彻底降低无风险收益率，才有望“立”起来新增长模式，提高企业盈利水平。

七、改革是最大希望，刺激是最大风险

中国当前正处于增速换挡的关键期，刘易斯拐点到来，住行消费峰值出现，

供求两侧的种种迹象表明，中国经济的潜在增长率已经下降。这一轮经济回落的原因不主要是外需不足和周期调整，而是深层次的结构性和体制性问题。市场本该出清却由于体制性障碍难以实现，去产能和去杠杆进展缓慢，经济下行压力长期存在，产能过剩和债务风险攀升。2009 年重启“银政”“银企”联系之后，政府隐性担保泛滥，大量资源错配到低效部门，在加剧金融风险的同时，也增加了增长阶段转换和增长动力升级的困难。

鉴于当前经济下行主要是结构性和体制性的，而非外部性和周期性的，因此政策的应对主要是结构改革，而非大规模刺激。改革是唯一出路，刺激是最大风险。通过不断刺激勉强度日，坐等周期回升和外需改善，不仅贻误改革时机，而且会酝酿更大风险。刺激是维持旧增长模式，是加杠杆，改革是释放新活力，是去杠杆。面对经济下行，应在保持定力、守住底线的前提下，通过推动改革培育新增长动力和构筑新增长平台。

进一步地讲，未来新常态经济增速究竟是多少并不重要，它是通过改革释放活力以后市场自然实现的均衡状态，是供求关系重新匹配以后的增长状态。从这个意义上讲，经济学家争论未来经济增速究竟是 8% 还是 5% 没有多大意义，关键取决于我们做什么。如果只刺激不改革，即使短期稳定了经济增速，迟早还会出问题。如果改革成功了，企业盈利提高了，居民生活改善了，未来增速是多少都可以，那是市场选择的结果。如果只刺激不改革，即使短期稳定了经济增速，迟早还会出问题。

我们反对一味唱衰中国的观点，也反对一味唱赞歌的观点，我们支持理性客观的声音。经济学家最重要的是研究扎实和逻辑缜密，而不是简单粗暴的口号式观点。

在这样一个伟大的改革时代，在这样一个关系国家命运的时刻，我们特别需要勇于讲真话的学者，我们向业界呼吁，请肩负起一名传统知识分子的历史责任。

第二章　增速换挡期的宏观形势与牛熊催化剂：国际经验及中国未来

导语：本章为笔者下海前推演中国经济和股债未来的逻辑过程，有些已经验证，比如“新一轮改革发起了对熊市的最后一战”“经济增速到5%，股市可上5000点”，有些判断还有待历史的检验。原文发于2014年9月8日。

联邦德国、日本、韩国和中国台湾的经验表明，增速换挡期，无风险利率下降是牛市的催化剂，改革驱动风险偏好起落，这取决于改革提速和出清去杠杆进程开启。

2010年笔者原来所在的国研中心团队最早提出了“增长阶段转换”判断，后来中央采纳为“增速换挡”，并向社会进行了广泛的思想启蒙。

2014年笔者来到市场上，在“转型宏观”框架下提出了一些观点逻辑，“新5%比旧8%好”“改革比刺激好”“经济增速到5%，无风险收益率降一半，股市可上5000点。

本章为作者下海前推演中国经济和股债未来的逻辑过程。

一、增速换挡的国际经验与中国转型

根据国际经验，成功追赶的经济体在人均GDP 11000国际元附近出现增速换挡，经济增速平均从8.3%降到4.5%，降幅在50%左右。经济增速换挡的驱动力来自供给侧刘易斯拐点的出现和需求侧房地产投资长周期峰值的到来。近年中国经济增速换挡的典型事实先后出现：2008年前后越过了刘易斯拐点，2012年劳动年龄人口开始净减少，2014年房地产投资长周期拐点出现。种种迹象表明，中国经济长期潜在增长率正在下降，正经历增速换挡。未来中国经济新 5% 比旧 8 好 %。

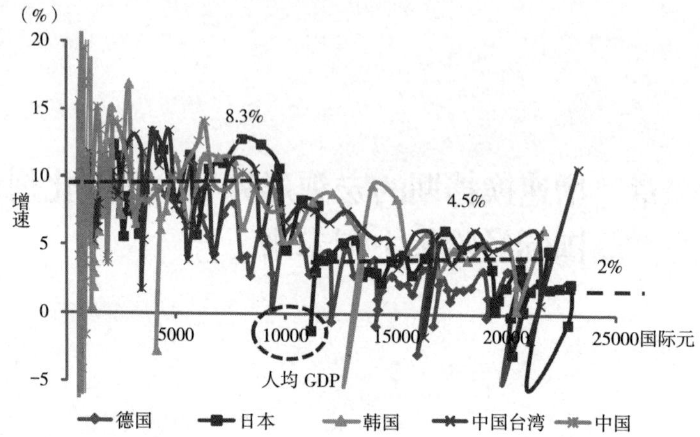

图 2.1　国际经验：增速换挡期四个优秀毕业生的成绩是 4.5%

数据来源：国务院发展研究中心、国家统计局、WIND

二、韩国增速换挡期的资本市场表现：危机倒逼，经济和股市深蹲起跳

韩国增速换挡发生在 1989~2003 年间，增速换挡期的资本市场表现可以概括为：1997 年金融危机之前，韩国处于增速换挡期的上半场，拒绝减速，刺激加杠杆，无风险利率高达 14%，股市长熊；1997 年金融危机之后，韩国进入增速换挡期的下半场，危机倒逼出清，四大部门结构改革实质推动，GDP 增速降一半，无风险利率大降至 4%，股市走牛。

（一）韩国在 1997 年金融危机前：拒绝减速，刺激加杠杆，无风险利率高达 14%，股市长熊

韩国增速换挡发生在 1989~2003 年间。1961 年朴正熙军变上台，开始了追赶进程，1961~1996 年间实现了 36 年年均 8.8% 的高速追赶。1996 年人均 GDP 达到 12860 国际元，相当于美国的 51%。经过 1997 年、1998 年的金融危机冲击和 1999 年、2000 年的恢复，2001 年以后进入中速增长阶段，2001~2010 年均增速 5%，2010 年人均 GDP 达到 21701 国际元，相当于美国的 58.2%，基本迈入前沿国家。

20 世纪 80 年代末至 90 年代初，支撑韩国高速增长的供求条件发生了基本面

性的变化，韩国面临增速换挡和动力升级的客观要求。

韩国的刘易斯拐点出现在20世纪80年代末，剩余劳动力从农村流向工业部门的潜力基本耗竭。加上1987年民主化宣言以后，工会活动活跃，劳资矛盾突出，工人工资水平迅速提高。同时，随着韩国在半导体、电子、造船等产业领域的快速技术进步，逐渐接近发达国家的技术前沿面，引进消化吸收的空间缩小，面临需要大量增加R&D投入、充满不确定性的创新风险。

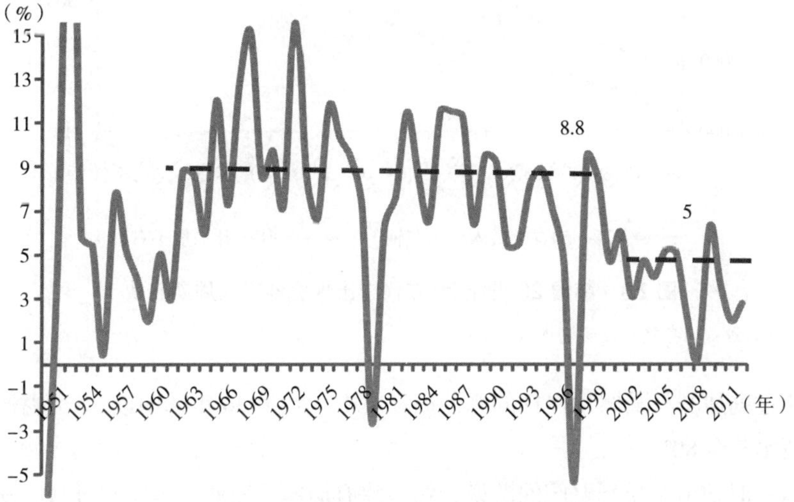

图2.2　韩国1992~2003年增速换挡

数据来源：国家统计局、WIND

韩国的房地产投资长周期拐点出现在20世纪90年代中后期。韩国的人口总和生育率在1970年初期开始显著下降，1970~1990年期间，每年人口出生数量从101万人下降到65万人。因此，1990年前后20~50岁的置业人群到达峰值之后回落，住房销售和开工量开始下降。

1990年前后是韩国经济减速的转折点，经济和出口增速出现了相当幅度的下降，制造业产值和就业比重达到峰值，FDI（外商直接投资）开始外流。经济减速导致重化工业产能过剩状况加重，但是由于政府行政性干预广泛存在，这加大了微观主体对政府隐性担保的预期，道德风险泛滥，“大马不死”，过剩产能难以退出。

20世纪90年代初，韩国政府和企业并没有意识到经济减速的客观要求，寄希望于通过放松货币，刺激经济重回高增长轨道，1992~1996年间（金泳三执政时期）韩国M2（广义货币）和CPI增速高达20%多。高通胀和资产泡沫进一步削弱了韩国的竞争力。总体宽松的货币政策环境使得企业比较容易获得融资，陷

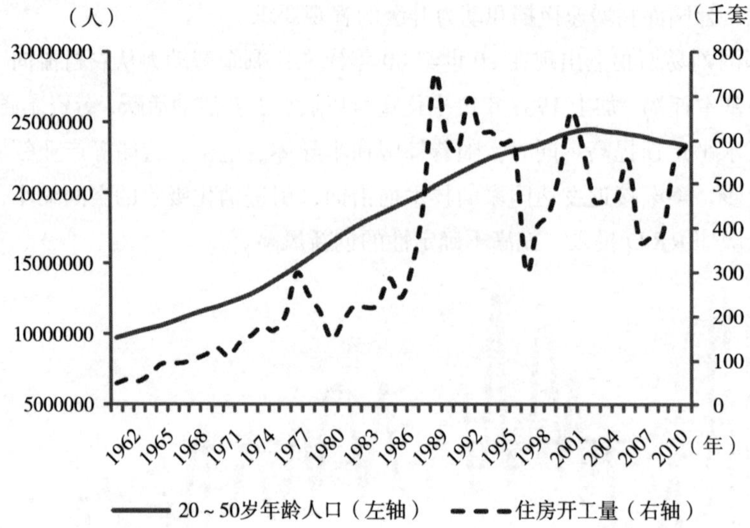

图 2.3　韩国 20 世纪 90 年代末出现房地产长周期峰值

数据来源：国务院发展研究中心、WIND

入产能过剩加剧与金融加杠杆的恶性循环之中，到 1996 年韩国前 30 大财阀的资产负债率升至 80%。

这一时期由于受到财阀的游说，韩国政府加速了短期资本账户开放，财阀大量兴办非银行金融机构，汇率升值和欧美低利率环境导致国际投机资本大规模流入。1992~1996 年间韩国外债规模以年均 27% 的速度增加，到 1996 年已经达到 1633 亿美元，其中短期外债达到 1000 多亿美元。而当时外汇储备只有 332.4 亿美元（可用外汇储备 294.2 亿美元），短期外债是外汇储备的三倍。货币错配与期限错配不仅使得金融机构而且使得整个国民经济都面临巨大风险。

由于重化工业的过剩产能难以退出，产生了大量无效资金需求。负债率攀升推高无风险利率，1992~1996 年韩国国债收益率高达 14% 左右，过高的融资成本对成长性产业产生了抑制和挤出效应。

由于无风险利率高达 14%，企业利润和 ROA（资产收益率）受到挤压，30 家大财阀的平均 ROA 在 1996 年、1997 年只有 0.2%、-2.1%，失去自我造血功能，1996 年企业贷款不良率达到 22%。因此，1992~1996 年间股市长熊。

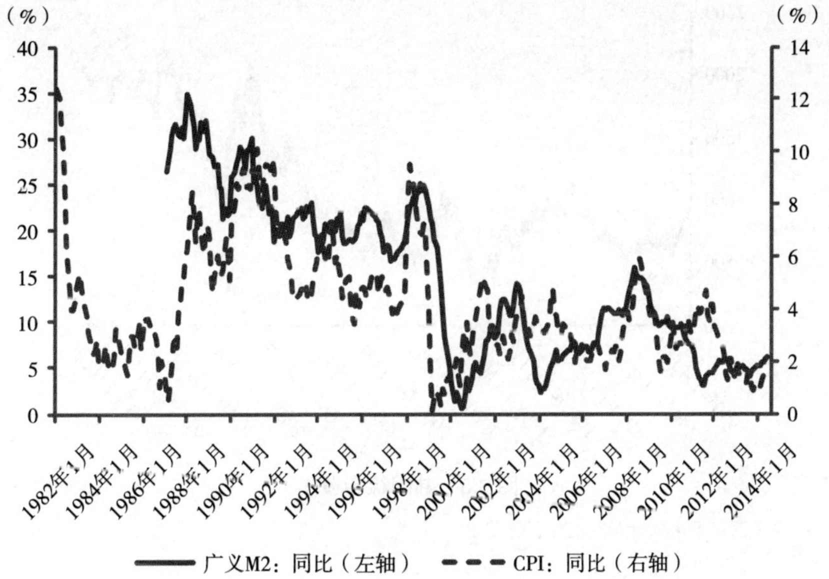

图 2.4　韩国 M2 和 CPI

数据来源：WIND、CEIC

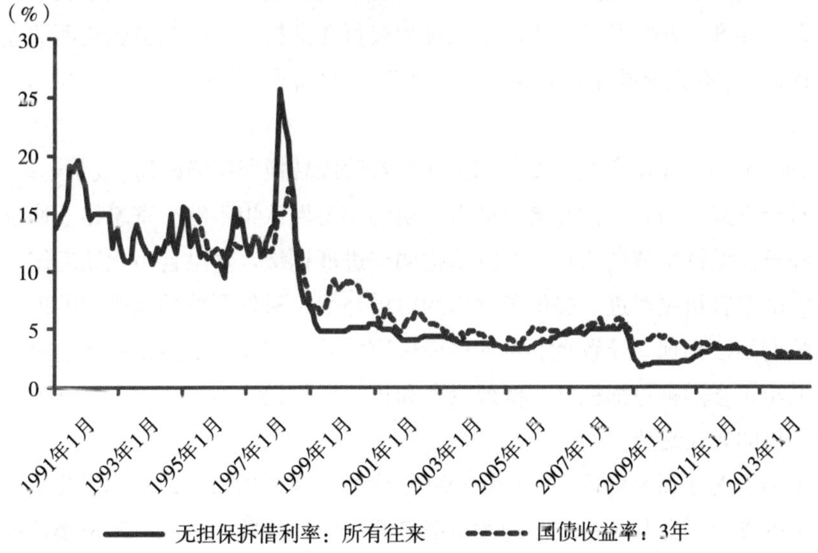

图 2.5　韩国利率

数据来源：WIND、CEIC

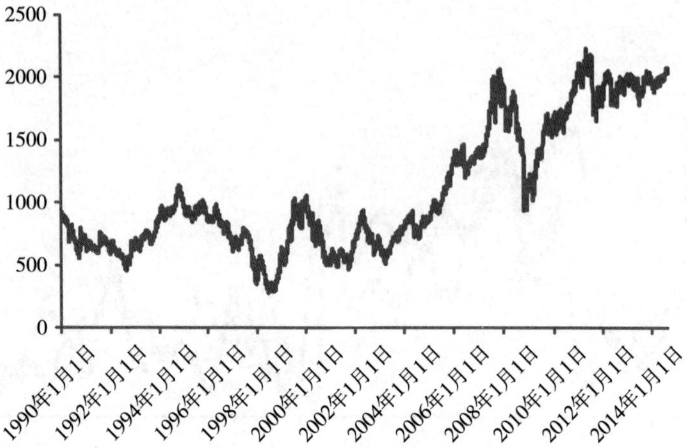

图 2.6　韩国综合股指

数据来源：国家统计局、WIND、CEIC

(二)韩国在 1997 年金融危机后：危机倒逼出清，改革实质推动，GDP 增速降一半，无风险利率大降至 4%，股市走牛

1997 年东南亚金融危机迅速蔓延至韩国，韩国金融危机从外汇危机开始，引发了资本外逃，并爆发了企业财务危机和银行业危机，最终升级成全面的经济危机。1997 年 30 大财阀中的韩宝、起亚等 8 大财阀破产倒闭，金融机构不良资产大幅增加。

1997 年韩国金融危机主要是因为在增长阶段转换期拒绝减速、改革迟缓所致。由于对经济减速的必然性和增长动力转换的必要性认识不够，寄希望于通过扩大投资和负债继续维持高增长，导致结构调整进展迟缓。金融自由化缺乏统一规划和相应的监管机制跟进，提供了宽松的货币环境。对外开放的速度和顺序失策，加上政府隐性担保，导致企业对外负债快速攀升。实体经济传统产业的过剩产能不能退出，金融被迫加杠杆，低效投资和传统增长模式不可持续，最终不得不以金融危机的方式终结。

笔者曾为了研究韩国在 20 世纪 90 年代的增速换挡经验，阅读了几十本有关经济史的图书，并与多位当时的改革操盘手交流。我曾经困惑，增速换挡期的韩国为什么在 1997 年爆发了危机倒逼式的调整？现在答案已经很清楚，是因为拒绝减速，不相信长达 30 年的高增长时代已经过去，寄希望于刺激重回高增长轨道，维持旧增长模式，导致负债循环和杠杆攀升，拉高无风险利率，对实体经济和股市产生抑制作用。1996 年韩国 30 大财阀资产负债率升至 80%，最终投资者用脚投票。

幸运的是，1998 年金大中总统主政以后，在采取投放货币大规模救助计划的同时，痛下决心推动四大部门结构改革，最终开启了韩国中速增长的新时代，三星、现代等一批国际企业脱颖而出。虽然 2000 年后，韩国经济再也没有回到高增长平台，只实现了 5% 左右的年均增长，但无效资金需求被中断了，无风险利率下降到 4%，股市走牛并翻了三倍了，产业升级了，企业盈利提升了，增速换挡成功了。

从金融危机前后韩国股市表现看，1997~1999 年韩国股市跌去 60%，随后，1999~2001 年韩国股指从低谷反弹了 300%，并在 2003~2007 年走出一波大牛市。

2008 年韩国经济和股市经受住了金融危机的考验，目前韩国的市场制度、创新能力、经济结构、金融市场等已经展示出了一个成熟发达经济体的姿态，基本完成了从奇迹到成熟的转变。

三、日本增速换挡期的资本市场表现：危机倒逼，经济和股市深蹲起跳

日本增速换挡发生在 1968~1978 年间，增速换挡期的资本市场表现可以概括为：1973 年石油危机之前，日本处于增速换挡期的上半场，拒绝减速，刺激加杠杆，M2 增速高达 20%~30%，无风险利率高达 10% 以上，股市、房市出现明显泡沫后深跌；1973 年石油危机之后，日本进入增速换挡期的下半场，采取中性偏紧的货币政策，进行产业结构合理化，无风险利率大幅下降，转型成功后股市走牛。

（一）日本在 1973 年石油危机前：拒绝减速，刺激加杠杆，无风险利率高达 10% 以上，股市出现泡沫后深跌

日本的增速换挡发生在 1968~1978 年间。日本在 1951~1973 年间开启经济高速追赶，实现了 23 年年均 9.3% 的增长，1973 年人均 GDP 达到 11434 国际元，相当于美国的 68.5%，到达增速换挡的收入阈值。增速换挡后，1974~1991 年的 18 年实现了年均 3.7% 的增长，属于中速增长阶段。1991 年人均 GDP 达到 19355 国际元，相当于美国的 84.7%，步入前沿国家的低速增长区间。

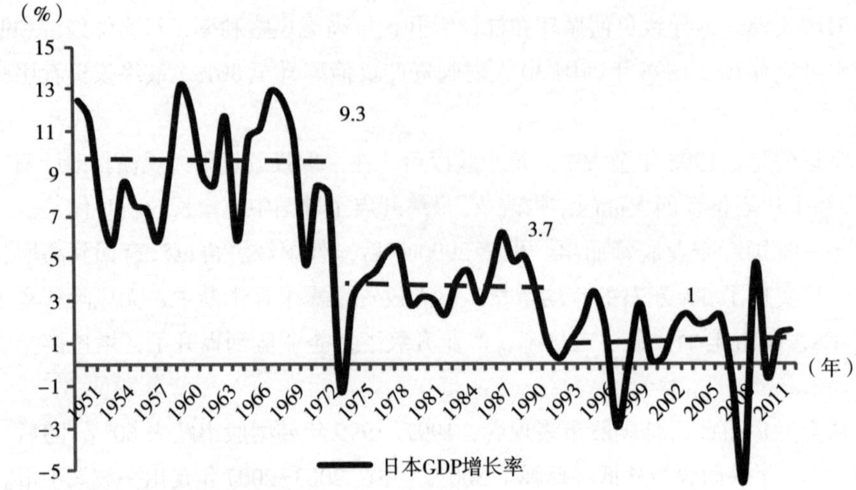

图 2.7　日本 1968~1978 年增速换挡

数据来源：国家统计局、WIND

日本在 1969 年前后面临经济增速换挡和动力升级的客观要求：

1. 日本房地产投资长周期出现在 1969 年前后。“二战”后，日本人口出现了一次人口出生潮。自 1960 年起，日本的出生人口数量进入了第二轮上升周期，自 1960 年的 160.6 万逐年上升（除 1966 年外）至 1973 年的 209.2 万，之后出生人口数逐步显著降低。

2. 日本刘易斯拐点出现在 20 世纪 60 年代末。日本自 20 世纪 60 年代末开始，随着农村可转移剩余劳动力的大幅减少，耐用消费品的广泛普及，支撑经济高速增长的基础条件发生变化。

虽然日本在 1969 年前后面临经济减速的要求，但是日本在 1969~1972 年间并没有认识到增速换挡的规律性和必然性，采取了刺激政策应对，大搞列岛改造，试图把全日本各岛都搞成三大都市圈一样发达（类似中国前几年中西部造城运动）。

日本在 1969~1972 年大幅投放货币，M2 增速高达 20%~30%，无风险利率高达 10% 以上。受刺激政策影响，日本通胀高企，股市房市出现明显泡沫。

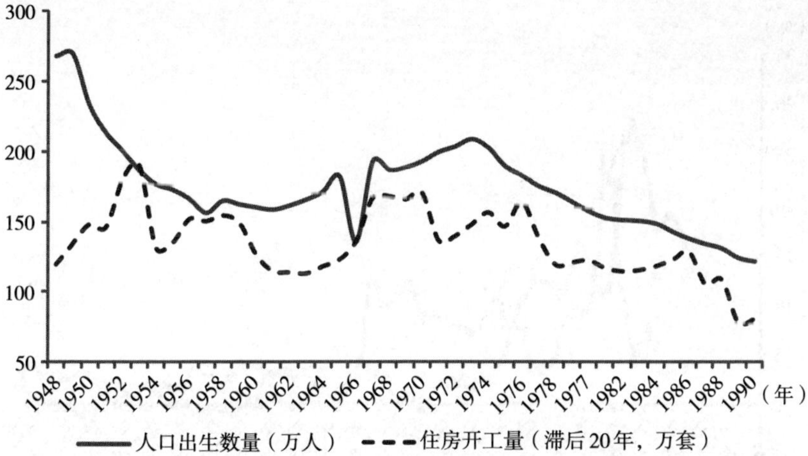

图 2.8　日本人口出生数量和住房开工量

数据来源：国家统计局、WIND

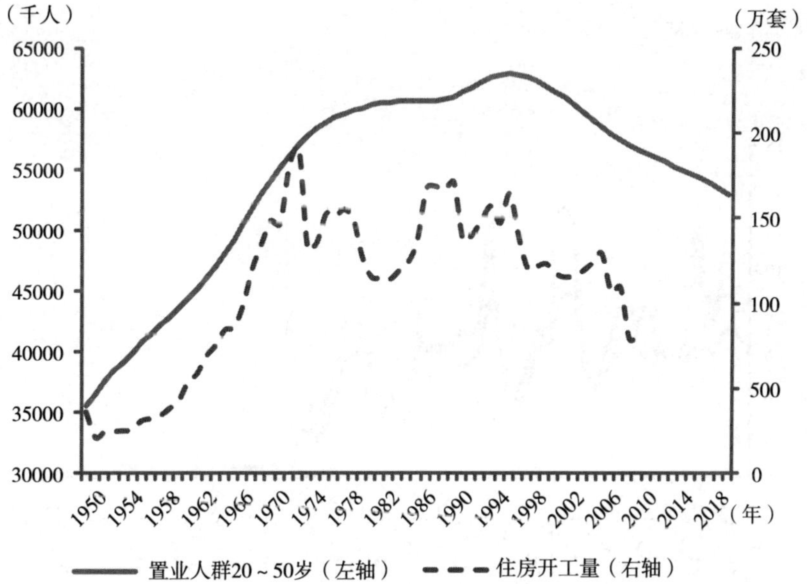

图 2.9　日本置业人群（20~50 岁）和住房开工量

数据来源：国务院发展研究中心、国家统计局、WIND

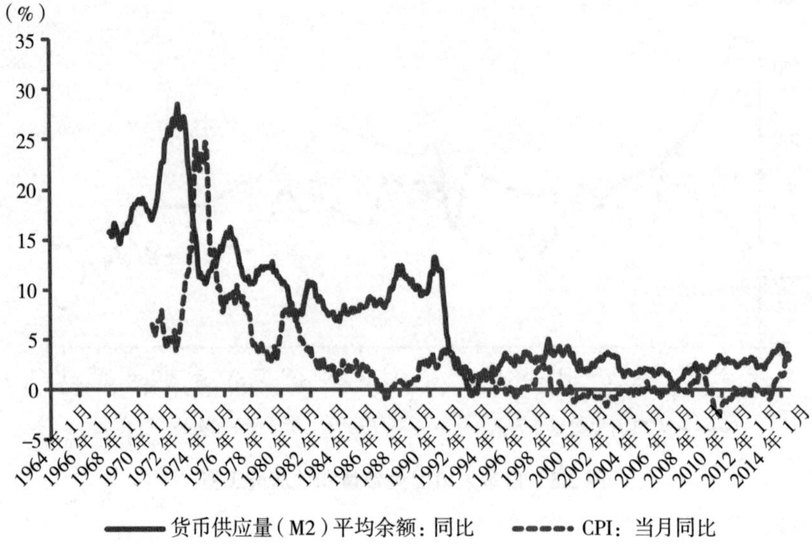

图 2.10　日本 M2 和 CPI

数据来源：WIND

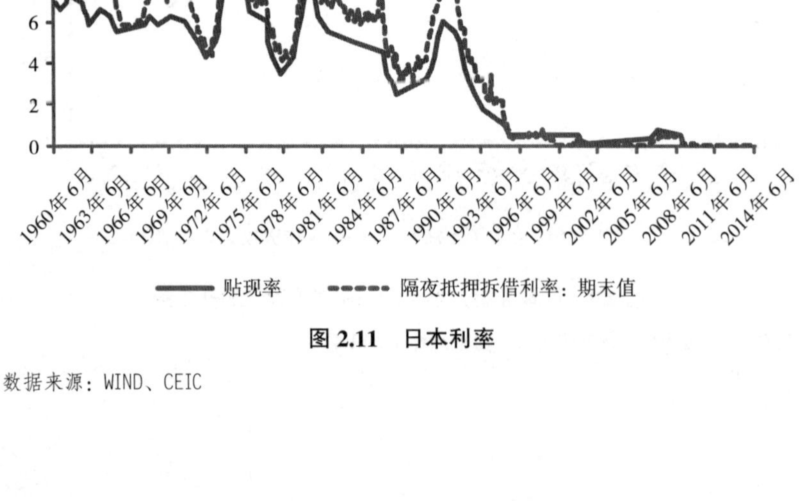

图 2.11　日本利率

数据来源：WIND、CEIC

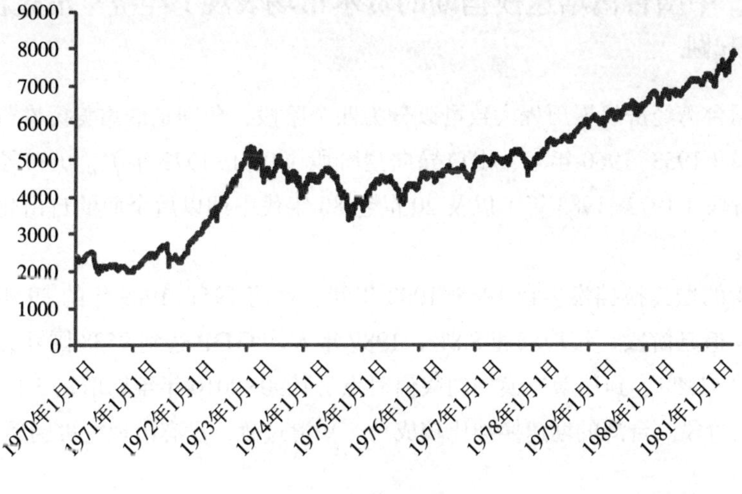

图 2.12　日经指数

数据来源：WIND、CEIC

（二）日本在 1973 年石油危机之后：采取中性偏紧的货币政策，进行产业结构合理化，无风险利率大降，增速换挡成功后股市走出长牛慢牛

1973 年第一次石油危机爆发，由于严重依赖外部资源、产业结构偏重，日本经济受到较大冲击，相对于欧美国家更加积极地进行调整。以 1973 年为转折点，日本从刺激政策转向采取紧缩性的货币政策，抑制物价、工资和资产价格上涨，挤出边际上无效产能和无效资金需求，同时给企业在调整产能、压缩成本、节约能源、技术创新等方面以压力。

20 世纪 70 年代后期，日本增速换挡取得成功，日本主导产业由高速增长期的钢铁、造船、石化等重化工业升级至中低速增长期的汽车、电子、精密仪器、机械等高端制造业。当第二次石油危机爆发时，对日本而言便成为重大机遇，日本节能汽车和家电产品在 20 世纪 80 年代畅销世界，甚至占领了美国市场。

在 1973 年 3 月至 1974 年 10 月期间，日经指数跌去了 40%。自 1974 年 10 月开始，日本股指在触底后反弹并走牛。1974~1981 年增速换挡成功后股市走出大牛市，日经指数进入慢牛、长牛。

四、中国台湾增速换挡期的资本市场表现：经济平滑过渡，股债直接起跳

中国台湾经济发展历程大致可以分为四个阶段，分别是依靠美援推行进口替代的阶段（1953~1960 年）、出口导向型阶段（1961~1972 年）、出口导向和重化工业阶段（1973~1983 年）以及 20 世纪 80 年代中期以后全面的自由化和科技导向阶段。

台湾的增速换挡发生在 1985~1993 年间。台湾 1951~1989 年的 39 年间属于高速增长追赶阶段，年均增速 8.8%，1989 年人均 GDP 达到 9538 国际元，相当于美国的 41.4%，到达增速换挡的阈值时点。1990~2010 年年均增长 5.1%，进入中速增长阶段。台湾的增速换挡比较成功，平滑过渡，没有出现危机倒逼。

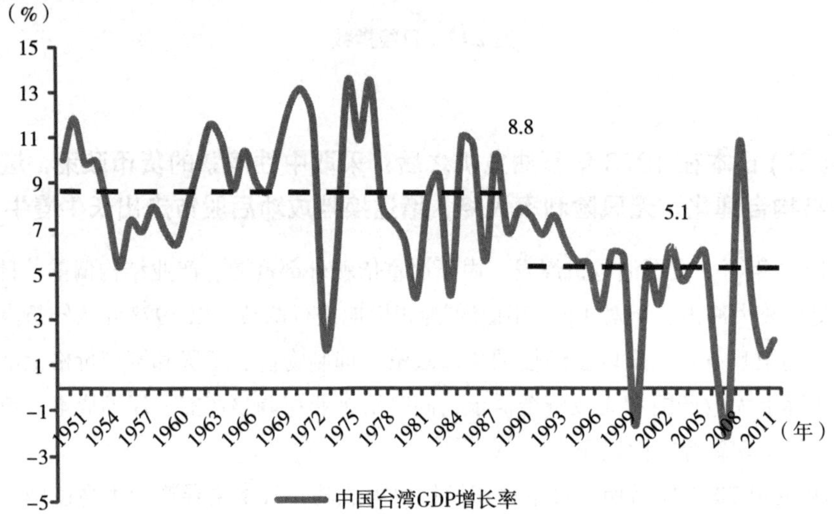

图 2.13　中国台湾 1985~1993 年增速换挡

数据来源：国家统计局、WIND、CEIC

中国台湾在 1987 年前后面临经济增速换挡的客观要求。20 世纪 80 年代末，台湾劳动力成本出现加快上涨，住宅投资接近峰值。1960~1993 年期间住宅投资保持快速增长。随着 20~50 岁置业人群的减少，到 1993 年，台湾地区的住宅投资形成（按照不变价格计算）达到峰值，对应的城市化率为 67.4%，人均 GDP 为 13354 国际元（1990 年国际元）。之后，城市化快速推进的阶段基本接近尾声，住宅投资逐步平稳甚至下降，经济高速增速阶段结束。

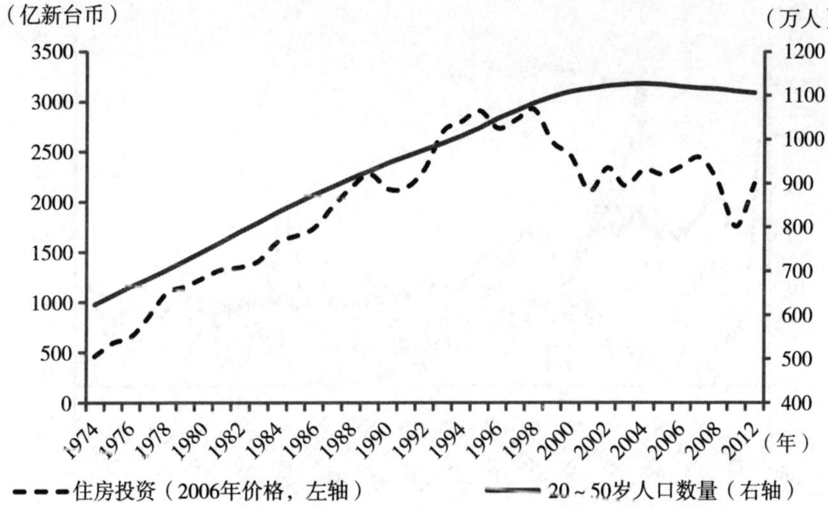

图 2.14　中国台湾 20~50 岁年龄人口数量和住房投资

数据来源：国务院发展研究中心、WIND、CEIC

中国台湾在 1985~1993 年间平滑过渡到中速增长平台。与日韩危机倒逼式调整不同，台湾的增速换挡十分成功，呈平滑过渡。作者认为，关键在于结构改革在增速换挡期之前已经基本提前完成了。蒋经国在 20 世纪 80 年代初受使命感和紧迫感驱动，提前推动了政治民主化（放开党禁）和经济市场化（自由化改革）。台湾在 20 世纪 80 年代面临低成本传统竞争优势削弱、耐用消费品趋于饱和、房地产投资长周期趋于峰值等挑战。因此，在蒋经国的推动下，台湾自 1984 年开启了第二轮自由化改革，主要措施包括：金融自由化，投资自由化，贸易自由化，公营企业民营化，1980 年设立了“新竹科学工业园区”，财税改革，土地改革等。台湾的电子信息产业嵌到美国的产业链上，受益于信息技术革命所带来的重大发展机遇。虽然台湾并未认识到增速换挡的客观要求，但是没有采取刺激性手段拒绝减速，而是采取了结构改革。由于制度改革和产业升级十分顺利且提前完成，这就使得台湾在增速换挡期没有经历危机倒逼式调整，呈平滑过渡。

1985~1993 年间，台湾在增速换挡期呈现出一种十分奇特的现象，虽然经济在减速，但股市却走牛并大幅创出新高。可能的原因是：台湾在增速换挡期，无风险利率大幅下降，提升了企业 ROA；由于台湾产业升级较快，从重化工业主导升级到电子信息和服务业主导，企业盈利大幅上升；依赖于电子信息产业强劲的出口竞争力，台湾贸易顺差大幅上升，M2 高达 20% 以上，流动性极为充裕。

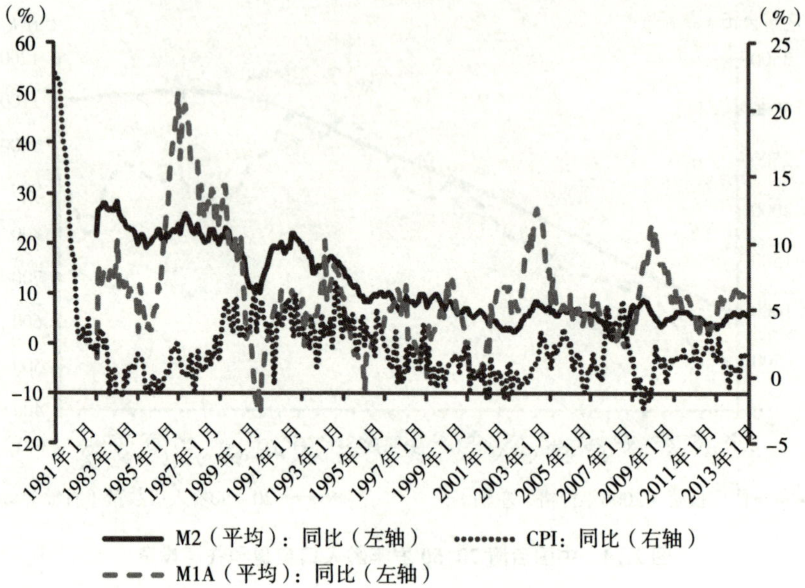

图 2.15　中国台湾 M2 和 CPI

数据来源：WIND、CEIC

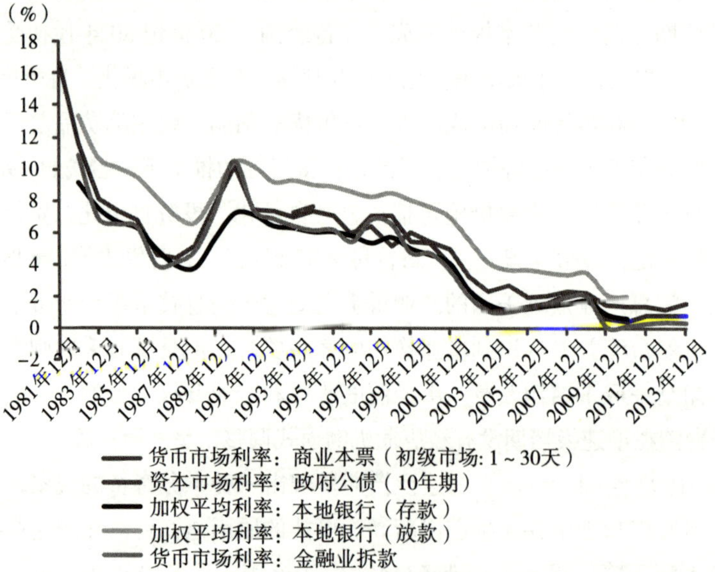

图 2.16　中国台湾利率

数据来源：WIND、CEIC

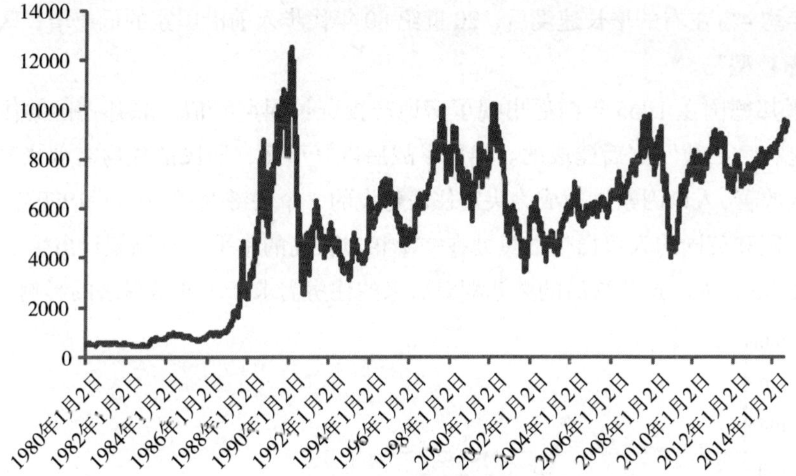

图 2.17　中国台湾股指

数据来源：国家统计局、WIND、CEIC

五、联邦德国增速换挡时期的资本市场表现：先是需求刺激，股债双熊；后是供给侧改革，股债双牛

联邦德国在 1951~1965 年的 15 年间实现了年均 6.6% 的快速增长，创造了“莱茵河奇迹”。1965 年人均 GDP 达到 9186 国际元，相当于美国的 68.5%，到达增

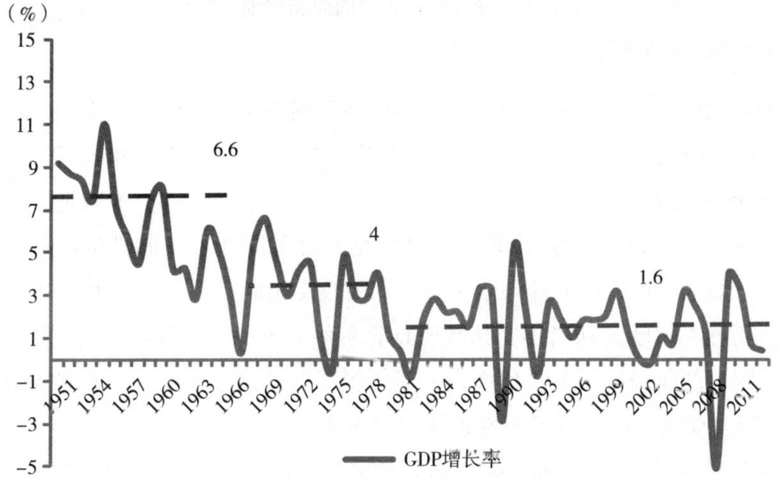

图 2.18　联邦德国 1965~1975 年增速换挡

数据来源：国家统计局、WIND、CEIC

速换挡的收入阀值区间。联邦德国的增速换挡发生在 1965 年前后。1966~1978 年降至年均 4% 左右的增长速度后，20 世纪 80 年代步入前沿国家的低速增长区间，“经济 L 型”。

联邦德国在 1965 年前后出现了房地产投资长周期峰值。联邦德国的住房大部分是在“二战”之后建成的。经历了战后恢复重建，居民的住房需求状况也有了很大改善，人口因素进而成为决定住房建设的一个关键变量。1950~1970 年期间，联邦德国和英国的人口出生数量处在一个相对较高的水平，分别累计出生了 2230 万和 1880 万人。这些战后的婴儿潮对后来的住房需求产生非常显著的影响。

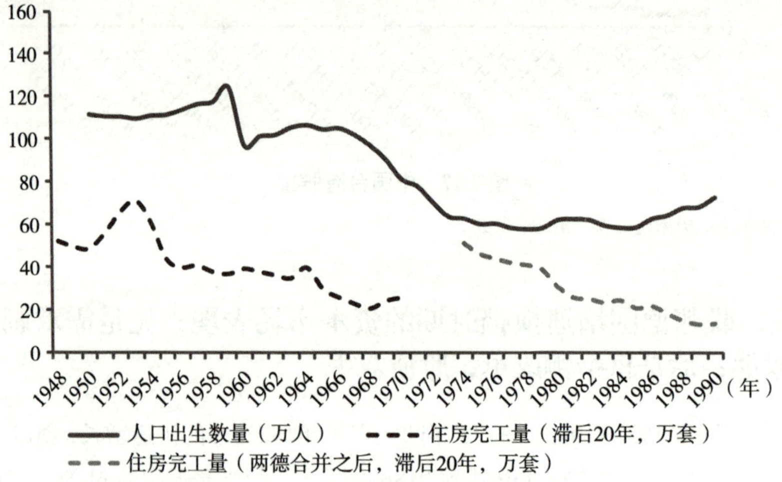

图 2.19　联邦德国人口周期和房地产周期

数据来源：国务院发展研究中心、WIND、CEIC

1966~1982 年，联邦德国在增速换挡后采用需求刺激政策，造成了政府债务和产业结构两大问题。在经历 15 年平均增速 6.6% 的高速经济增长期后，联邦德国于 1965 年开始增速换挡。增速换挡初期，联邦德国政府拒绝减速，加大财政投资力度，导致 80 年代初出现体制性和结构性的问题。体制性的问题是财政常年赤字，债务累积，极大地限制了逆周期财政支出刺激经济的空间，1983 年，光是国债利息支付就占到当年联邦政府预算总额的 12.3%，为第三大支出项目。结构性问题是产业结构调整步伐缓慢，对传统工业部门长期实施维持性补贴，造成企业国际竞争力下降，对外贸易连续三年赤字，马克贬值。

为应对体制性和结构性问题，联邦德国政府将经济政策转向供给侧。1982 年，科尔政府上台后提出了“多市场、少国家”的偏向供给侧的经济政策，采取了六个方面的行动：（1）整顿财政，削减社会福利，压缩政府开支。（2）实施减税。（3）帮助企业控制劳动力、能耗等成本的增长。（4）推进联邦资产的私有化。（5）推进产业结构升级，对“收缩部门”和“停滞部门”进行“有秩序的适应”，对有战略需求的部门进行“有目的的保存”，对新兴产业进行“有远见的塑形”。（6）货币政策与财政政策协调配合，保证币值稳定。

联邦德国的供给侧改革取得良好的效果。1983~1989 年供给侧改革期间，联邦德国的国家支出比例、财政赤字、新债务减少，经济实现稳定增长，通货膨胀温和，贸易顺差逐年增加，出口和净出口跃居世界第一位，马克成为欧洲货币体系的“定锚货币”和第二大国际储备货币，这些都为东西德统一打下坚实基础。负面影响则是这一时期联邦德国的失业率一直保持在高位。

供给侧改革期间，联邦德国资本市场走向繁荣。（1）财政风险下降，无效融资需求收缩，贸易逆差和马克贬值趋势得到扭转，联邦银行贴现率和无风险利率得以稳定下降。（2）改革提速提升市场风险偏好。（3）经济基本面全面向好。（4）居民财富的增长使增量资金进入股市。在以上因素的共同作用下，联邦德国股市指数在供给侧改革期间保持上涨趋势，1982~1989 年间，DAX 指数增长了 2.6 倍，上市企业数量持续增加，资本市场得到突破性发展。

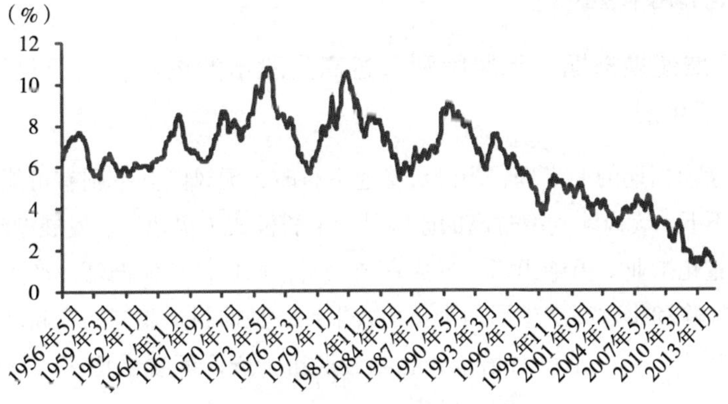

图 2.20 联邦德国长期国债收益率

数据来源：WIND、CEIC

图 2.21　联邦德国供给侧改革后股市不断攀升

资料来源：国泰君安证券研究，德国联邦统计局，CEIC，WIND

六、结论：增速换挡期，无风险利率下降是牛市的催化剂，这取决于改革提速和出清去杠杆进程开启

综合联邦德国、日本、韩国及中国台湾增速换挡期的资本市场表现，可得出三点结论和两个公式。

（一）增速换挡期，无风险利率过高是股市的杀器，无风险利率下降是牛市的催化剂

在增速换挡期的上半场，当经济增速下行时，无风险利率则有可能反而往上走或居高不下。无风险利率过高的原因是旧增长模式（房地产、发展型政府投资、产能过剩重化工业）拒绝出清，形成资金黑洞，加杠杆负债循环，产生无效资金需求。无风险利率过高产生了两个负面效果：一是抑制企业利润和新增长模式成长（估值层面）；二是没有增量资金来到股市（资产配置层面），导致股市大熊市。

在增速换挡期的下半场，刘易斯拐点、房地产投资长周期峰值到达、美元走强、改革提速等触发因素将开启出清去杠杆进程。去杠杆有两种方式：一种是主动改革破旧立新（中国台湾），另一种是危机倒逼被动出清（日本、韩国）。一旦开启出清去杠杆进程，无效融资需求收缩，无风险利率趋势性下沉，从而成为牛市的催化剂。

韩国在 1992~1996 年增速换挡期上半场拒绝减速，寄希望依靠刺激维持旧

增长模式，延缓出清，加杠杆负债循环，推高无风险利率，股市长熊。韩国在1997~2003年进入增速换挡期下半场，1997年金融危机倒逼韩国出清去杠杆，无风险利率大幅下降。韩国政府痛下决心推动改革，随后产业升级、企业利润上升，虽然2000年后韩国经济增速再也没回到高增长时代，但股市大幅走牛。

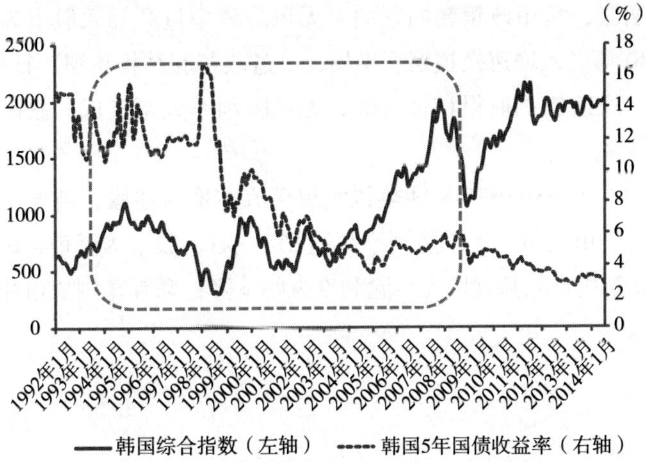

图 2.22　韩国增速换挡期的股指和无风险利率

数据来源：WIND、CEIC

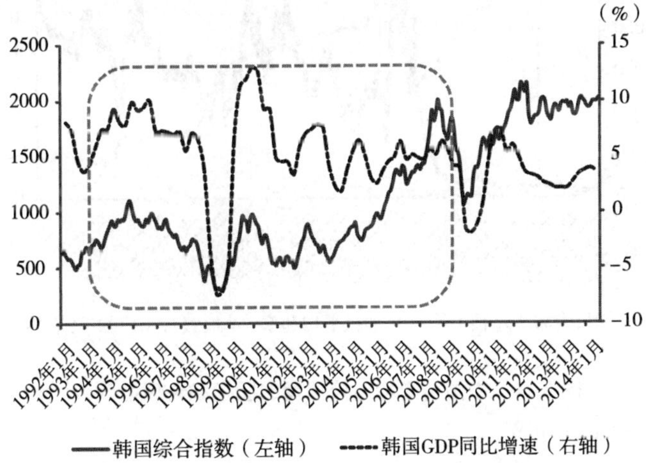

图 2.23　韩国增速换挡期的股指和 GDP 增速

数据来源：WIND、CEIC

中国台湾增速换挡发生在20世纪80年代后半段，但由于80年代初蒋经国身体每况愈下，在增速换挡之前已经提前推动了改革，产业成功升级到电子信息产业。因此，虽然 GDP 增速下台阶，但无风险利率大幅下降，加之贸易顺差热钱流入，股市走出一波大牛市。

日本在 1969~1973 年增速换挡期上半场拒绝减速，大搞列岛改造和货币投放刺激经济，房市股市出现短暂泡沫。1973 年前后石油危机和前期过度投放的货币引发高通胀，货币政策转向紧缩，无风险利率过高导致股市为熊市。日本在 1973~1980 年进入增速换挡期下半场，经过改革和结构调整，日本 1975 年以后产业升级，增速换挡取得积极成效，无风险利率大幅走低，股市出现了一波大牛市。

联邦德国在 1965~1975 年间热钱大规模流入推高通胀，被迫在增速换挡期采取了偏紧的货币政策，无风险利率高达 8% 左右，股市为熊市、做俯卧撑。直到 20 世纪 90 年代，联邦德国无风险利率大幅下降，联邦德国股市才出现一波大牛市。

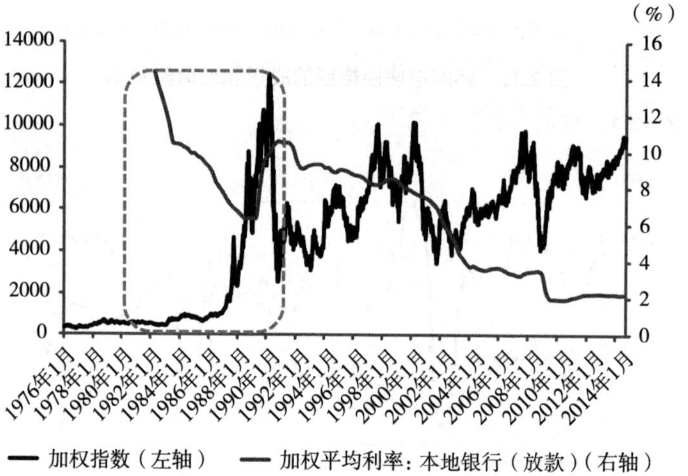

图 2.24　中国台湾增速换挡期的股指和无风险利率

数据来源：WIND、CEIC

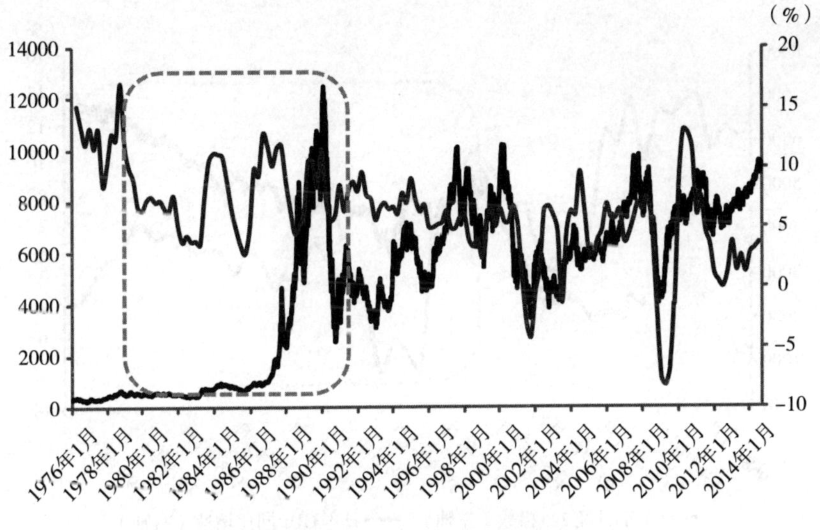

图 2.25 中国台湾增速换挡期的股指和 GDP 增速

数据来源：国家统计局、WIND、CEIC

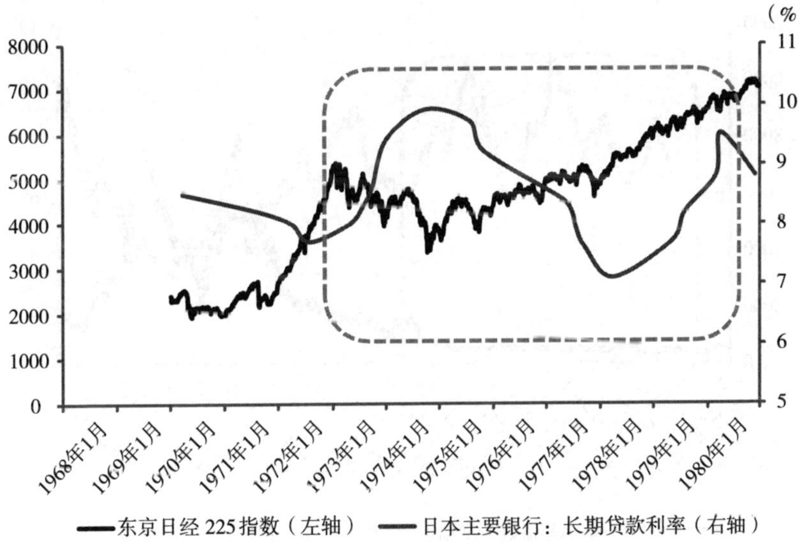

图 2.26 日本增速换挡期的股指和无风险利率

数据来源：国家统计局、WIND、CEIC

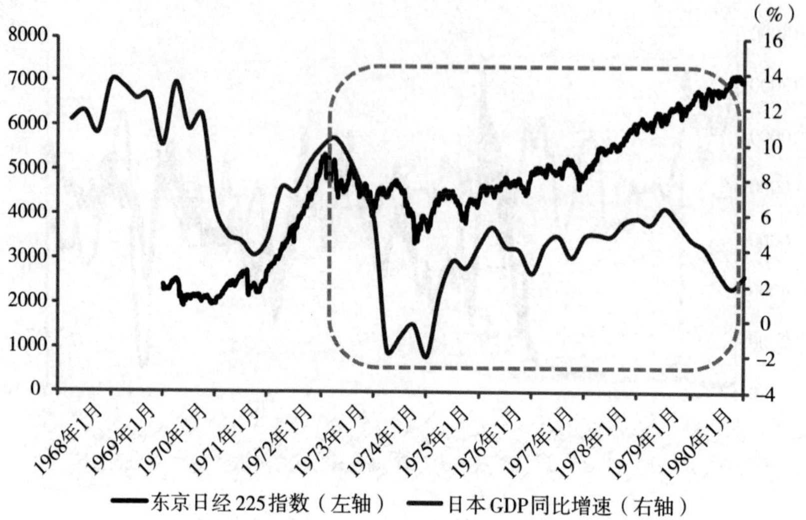

图 2.27　日本增速换挡期的股指和 GDP 增速

数据来源：国家统计局、WIND、CEIC

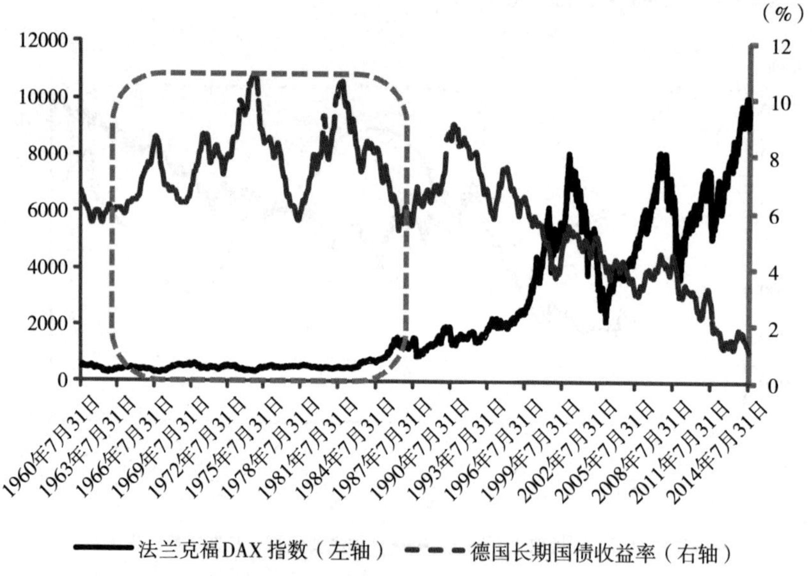

图 2.28　联邦德国增速换挡期的股指和无风险利率

数据来源：国家统计局、WIND、CEIC

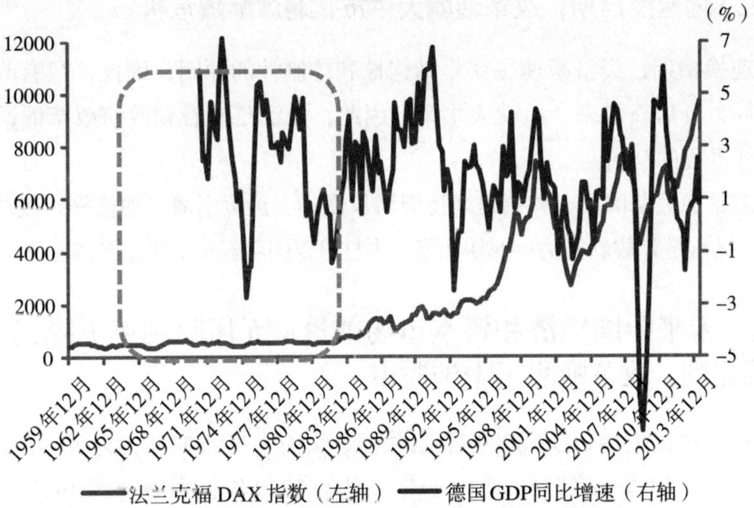

图 2.29　联邦德国增速换挡期的股指和 GDP 增速

数据来源：国家统计局、WIND、CEIC

（二）增速换挡期，有可能经济增速往下走，股市往上走

在增速换挡期，一个十分典型的现象是：在增速换挡期的下半场，有可能经济增速往下走，股市往上走。原因在于：

（1）一旦开启出清去杠杆进程，无效融资需求收缩，将导致无风险利率下沉，DDM 估值模型中的分母变小。

（2）无风险利率下沉将降低企业融资成本，如果企业的融资环境得到改善，产业从高杠杆、重资产、低利润率部门向低杠杆、重知识、高利润率部门升级，在新旧产业结构到达某个平衡点后，有可能出现经济增速往下走、企业利润往上走的情况，DDM 估值模型中的分子变大，这是增速换挡期的典型现象。

（3）出清倒逼改革提速，改善经济增长的长期前景，将提升风险偏好，降低风险溢价，资产配置转向风险资产，DDM 估值模型中的分母变小。当然这是相对中期视角的观察。从短期视角看，一旦开启出清去杠杆进程，高杠杆部门破掉庞氏融资，有可能在短期引发风险溢价飙升，如果货币政策采取大幅放水，有可能缓解关门前恐慌情绪，一旦情绪平复，风险偏好将得到恢复。

（三）增速换挡期，改革造就大牛市，刺激酝酿危机

增速换挡期，经济减速主要是结构性和体制性的原因，因此，只有改革才能走出困局，开启新未来，造就大牛市。因此，关键是要看到政府改革的诚意和出清去杠杆进程的开启。

刺激是稳短期增长，弊端是维持旧增长模式、延缓出清、加杠杆，改革是稳长期增长，优点是释放新活力、加快出清、去杠杆。国际经验表明，新5%比旧8%好。

七、未来中国经济和资本市场前景：无风险利率下降提供了牛市的催化剂，改革唤醒了中国股市

2013年中国人均GDP 6700美元，按照购买力平价为9800国际元（1990年G—K国际元），相当于联邦德国1968年、日本1970年、中国台湾1990年、韩国1992年的水平。这些追赶经济体在相同发展阶段前后均出现增速换挡，中国经济已经进入了增速换挡的收入阈值区间。2008年中国经济越过了刘易斯拐点，2014年到达房地产投资长周期峰值。种种迹象表明，中国经济正在增速换挡。

2014年以房地产投资长周期调整为标志，中国经济进入增速换挡期的下半场，市场出清和改革提速。改革将有效降低无风险利率，提升风险偏好。

（一）2010~2014年中国在增速换挡期上半场的资本市场表现：刺激多、改革少、加杠杆、出清慢、利率高、大熊市

2010~2014年间，我国处于增速换挡期的上半场，由于拒绝减速，出清缓慢，企业和地方融资平台加杠杆，旧增长模式负债循环，推高无风险利率。在此期间，我国货币供求增速远快于名义GDP增速，与此同时，企业融资“难、贵”问题突出，部分领域债务风险不断积累。钱去哪了？

1. 为什么融资增速远快于名义GDP增速？近年我国货币供求增长较快，但经济增速却不断下降，金融与实体之间背离扩大。2013年，社会融资总量余额增长18%，M2增长13.6%，而名义GDP仅增长9.5%。M2/GDP已达194.5%，货币宏观环境宽松，而微观主体却感到融资十分困难。金融与实体之间的“裂口”为过去20年所少有，仅在20世纪90年代末出现过类似情况。

根据货币数量方程MV=PQ[①]，M/GDP上升意味着货币流通速度的下降。虽

---

① M为货币量，V为货币流通速度，P为价格水平，Q为交易的商品总量。

然受统计口径、储蓄习惯、金融结构、货币化程度等影响，静态上 M/GDP 难以进行国际比较，但一国内 M/GDP 的动态上升则意味着资金使用效率的下降，资金流向低效率部门并沉淀下来，由于现金流无法覆盖借贷成本，低效率部门不得不靠举债维持，不断产生无效资金需求，积累债务风险。

2. 钱去哪了？融资结构、资金流向和资产负债率等情况表明，地方融资平台、房地产和产能过剩的重化工业形成了当前资金需求的“黑洞”。这三大领域的融资主体有政府信用背书或房价上涨预期作支撑，财务软约束特征明显，对资金价格不敏感，通过不断占用信用资源负债维持。进而推高资金价格，对实体经济有效融资需求产生挤出效应，经济过度去工业化，损害资源配置效率。

3. 问题的核心在于区分两种信用主体和两种出清方式。市场化的领域每天都在通过破产和兼并重组进行出清，而体制内的领域则存在财务软约束难以出清，表现为每次风险显露时均以“刚性兑付”解决。由于体制内领域的难以出清，可能已经导致了市场化领域的过度出清。

（二）2014 至今进入增速换挡期的下半场，无风险利率下降提供了牛市的催化剂，改革唤醒了中国股市

增速换挡期的国际经验表明，无风险利率过高是股市的杀器，无风险利率下降是牛市的催化剂，这取决于改革提速和出清去杠杆进程开启。刘易斯拐点、房地产投资长周期峰值到达、美元走强、改革提速等都可能成为开启出清和去杠杆进程的触发因素。一旦进入增速换挡期的下半场，有可能经济增速往下走，股市往上走，因为无风险利率下降减小了 DDM 估值模型中的分母、增大了分子，改革提速提升了风险偏好，从而系统性地提升股票市场的整体估值中枢。

2010~2014 年我国处于增速换挡期的上半场，股市五年长熊，关键性原因在于无风险利率过高。这产生了两个负面效果：一是抑制企业利润和新增长模式成长（估值层面），二是没有增量资金来到股市（资产配置层面），居民通过购买信托和理财向旧增长模式输血，五年大熊市。无风险利率过高的原因是旧增长模式（房地产、地方融资平台、产能过剩重化工业）拒绝出清，形成了三大资金黑洞，加杠杆负债循环，产生无效资金需求。

以此推断，如果这三大旧势力未来开启出清和去杠杆进程，无效融资需求收缩，无风险利率将会出现趋势性下沉，从而股市将迎来系统性机会。从近期看，这种情景似乎在逐渐明朗化，负债率的攀升导致资金运行进入敏感区，高杠杆部

门的“子弹”似乎已经接近打光了，加杠杆已经走到尽头甚至开始被迫去杠杆。

“房地产是周期之母”是符合逻辑的。2014年初以来，市场化程度高的房地产部门率先展开了长周期出清，并倒逼体制内两大领域的出清：重化工业过剩产能收缩，地方债务收缩。随着无效融资需求的收缩，无风险利率或已出现趋势性下沉，牛市的催化剂可能已经出现。但是，融资平台和重化工业相当一部分是体制内的领域，存在财务软约束和出清刚性，需要改革破旧立新。

近期，改革提速迹象越来越明朗。2014~2015年都是改革元年，2014年上半年定方案，下半年至2015年改革攻坚，重点在后面。中央全面深化改革领导小组第四次会议传递出的最重要信号是，给出了改革的时间表和路线图。未来中央深改组审议通过的财税、国企、司法、户籍、土地、教育等改革方案将逐步落地，实质推进。以《预算法》的修订为标志，新一轮财税改革的大幕已经开启。

改革提速将系统改善中国经济增长的长期前景，提升国内外投资者对A股市场的风险偏好（政策面）。2014年6月以来，在估值洼地、微刺激托底和改革预期推动下，外资通过各种渠道进入A股市场。同时，房地产投资长周期调整开启，无风险利率下沉，使得商品房、理财、信托等竞争性资产收益率出现趋势性下降，居民资产配置偏好开始向股票倾斜，近期房地产市场、期货市场、居民理财市场等其他市场的巨量资金陆续转战股市，或许受竞争性资产收益率的消长变化所驱动（资金面）。新一届中央领导集体强调要做好短期宏调和长期改革的协调，经济虽回调，但会有政策托底，同时随着低利润率的重化工业衰退以及产能调整，高利润率的高端制造业和现代服务业崛起，企业利润与经济增速的关系不再是线性的，甚至在某个新旧结构平衡点上，将出现经济增速往下走，企业利润往上走的增速换挡期典型现象（基本面）。

总的判断，我们可能正处在熊牛之界，或者更准确地说，处在一轮大牛市启动的初期。

如果中国经济能够通过改革成功实现增速换挡，未来经济将向质量效益型的5%新增长平台过渡，无风险利率将降一半。根据日本、韩国、中国台湾增速换挡期的资本市场表现看，由此推动的牛市应有翻倍及以上的量级。

还需进一步确认是快牛还是慢牛，这取决于出清去杠杆的速度（减少无效资金需求）、无风险利率下降的速度（提升估值中枢）以及改革推进的速度（提升风险偏好）。

可能破坏掉上述推断的因素来自于：

（1）政府不愿意承受房地产调整或改革所带来的阵痛，通过刺激延缓出清，无风险利率居高不下，改革诚意不够或旧势力反扑，市场预期再度悲观，风险偏好下降。

从目前来看，新一届中央领导集体所释放出的信号是要“真刀真枪推动改革”，不会启动大规模刺激。中央深改组第四次会议给出了改革的时间表和路线图，经济宪法《预算法》修订过会，改革提速的迹象越来越明朗，新一轮改革大幕已经开启。

（2）出清去杠杆过程中触发重大风险，影子银行坍塌，商业银行不良率显露并引发信用紧缩的加速器，导致风险溢价飙升。这种情景只能靠央行的大规模放水才能平复恐慌情绪，虽然需要在道德风险和危机救助之间寻求平衡，但不应过度迟疑。

这一推演属于典型的危机模式。“十次危机九次地产”，从目前来看，只要能够实现房市软着陆，中国经济增速换挡软着陆将是大概率事件。当前中国政府的公共政策资源丰富（4万亿元财政存款、20%的存款准备金率、4万亿美元外储），弹药充足，足以应对一次有量级的金融危机，无论是外部冲击型还是内爆型。这种情景属于典型的深蹲起跳。

（3）美国提前加息引发资本外流，高杠杆部门资金链大规模无序断裂，引发关门前的恐慌和踩踏事件。

对于国内的投资者而言，这是难以预料的，只能逐步跟踪观察。

站在现在的时点，瞭望远方，比较确定的是，无风险利率下降提供了牛市的催化剂，改革唤醒了中国股市。作为此轮牛市最早的点火者，我们认为，近期这一逻辑仍然存在，而且可能刚刚开始。新一轮改革开启了对熊市的最后一战，不要倒在黎明前。

我们正处于经济转型关键期，这是一个“转型宏观”的王者时代。“转型宏观”框架需要把长期与短期、改革与经济、宏观与中观、实体与货币等进行打通，这对研究人员的大格局观和综合素质是一个挑战。

“转型宏观”的核心观点逻辑是：增速换挡期，新5%比旧8%好，改革比刺激好，改革造就牛市，刺激酝酿危机。增速换挡期的上半场：刺激+GDP（8%）+延缓出清+无风险利率过高=熊市。增速换挡期的下半场：改革+GDP（5%）+破旧立新+无风险利率下降=牛市。

随着牛市的启动，“转型宏观”将把漫长的熊市和“周期宏观”一起埋葬！

第三章　韩国在增速换挡期面临的挑战、应对与启示

导语：1998年韩国金融危机前后政府的政策方针基本一致，但实际执行效果形成明显反差，危机前的改革呈局部性、被动式、偏政治化、上层精英主导、受利益集团影响、便宜行事、流于形式等特点，危机后的改革呈全局性、主动式、政治经济改革并行、全民共识、方向坚定、攻坚克难、实质推进等特点。韩国在增速换挡期的经验教训表明，中国当前必须增强危机意识，充分认识到增速换挡的必然性和动力转换的必要性，下决心推动改革转型。

在后发国家中，韩国是少数成功跨越中等收入阶段、翻过高收入之墙的经济体之一，创造了与联邦德国“莱茵河奇迹”和日本“隅田河奇迹”相媲美的韩国“汉江奇迹”。然而，20世纪60年代之前的韩国一度被认为是没有希望的国家，韩国在历史上长期处于封建时期，1910~1945年沦为日本殖民地，即使建国初期的李承晚政府也腐败无能，并遭受了战争的破坏和国家的分裂。就是这样一个贫穷落后、资源匮乏的农业国，在只有近10万平方公里国土面积、不到5000万人口的情况下，从20世纪60年代开始了快速的追赶，1996年加入“发达国家俱乐部”——OECD（经济合作与发展组织），2007年人均GDP达到2万美元，当今韩国的电子、汽车等产品行销世界，成为新兴国家的榜样。

站在今天，重新认识和解读韩国“汉江奇迹”，可将其划分为增长起飞奇迹和增长降落奇迹。相当一部分后发国家依靠重商主义战略，往往能够实现经济的起飞，但是在到达中等收入阶段以后，没有实现高速增长向中速增长的平稳降落，经济出现失速。而韩国则成功实现了增长动力转换和增长阶段跨越，迈过减速关。根据巴里•埃森格林（Barry Eichengreen）、德怀特•珀金斯（Dwight H.

Perkins）等（2012）的研究，当前韩国在增长态势、经济结构、创新能力、资本流动、金融体系等方面已经展现出作为一个成熟发达经济体的特征，完成了从奇迹到成熟的转变。

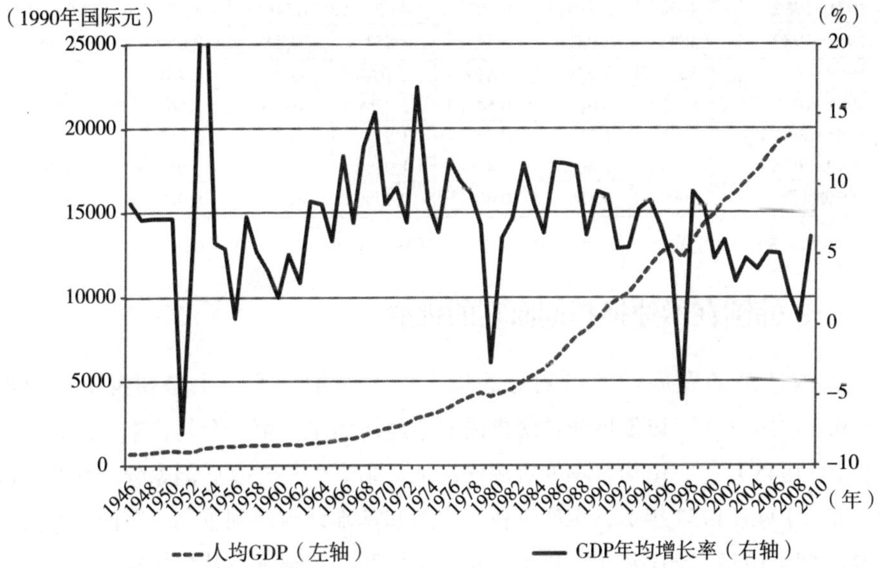

图 3.1　韩国经济增长与人均 GDP

资料来源：国务院发展研究中心“中长期经济增长”课题组数据库

那么，韩国在增速换挡期做对了什么？韩国增长降落的奇迹具有非常珍贵的案例价值，对于采取过赶超战略、处于相同发展阶段①、面临类似挑战的当前中国经济具有重要的借鉴意义。如果说改革开放 30 多年来，我们要是跟日韩等成功追赶经济体学习如何起飞的话，那么未来 10 年转型期主要学习如何降落。韩国在转型期走过很多弯路，存在深刻的正反两方面经验教训。本章属于经济片段史研究，聚焦在 20 世纪 80 年代到 2000 年初，尤其是 1989~2001 年期间，韩国在支撑高速增长的供求条件发生变化后所面临的挑战、政策应对与制度选择。分为四部分：一是韩国在增速换挡期面临的挑战；二是 1980~1997 年金融危机前韩国的应对 、进展与问题 ；三是 1998~2003 年金融危机后韩国的政策应对与结构改革 ；四是经验与启示。

① 2012 年中国现价人均 GDP 6077 美元，按照 1990 年 G—K 国际元，达到 9059 国际元，大致相当于联邦德国 1965 年、日本 1969 年、韩国 1991 年、中国台湾 1988 年的水平。这些成功追赶经济体在同样发展阶段的前后几年里，均出现了增长平台的下降。

表 3.1　GDP 增长率的贡献分解（1971~2005 年）（不含农业和采矿业）

时期	GDP 增长率	对 GDP 增长的贡献					劳动收入比重
		资本	人力资本	就业	劳动时间	TFP	
1971~1979 （1971~1982）	8.47% （7.44%）	3.54% （3.71%）	0.42% （0.29%）	4.88% （4.02%）	0.55% （0.00%）	0.17% （–0.58%）	0.66 （0.66）
1982~1989	9.48%	3.98%	0.44%	3.85%	–0.84%	2.05%	0.69
1989~1997 （1989~1998）	7.32% （5.86%）	3.22% （3.02%）	0.41% （0.54%）	2.76% （1.82%）	–0.47% （–0.58%）	1.40% （1.06%）	0.74 （0.74）
1998~2005 （1999~2005）	5.75% （5.29%）	1.61% （1.60%）	0.37% （0.42%）	1.91% （1.91%）	–0.20% （–0.68%）	2.06% （2.04%）	0.74 （0.74）
全部时期	7.10%	3.15%	0.40%	2.97%	–0.37%	0.94%	0.70

资料来源：Barry Eichengreen，Dwight H. Perkins, and Kwanho Shin（2012）

一、韩国在增速换挡期面临的挑战

韩国经济的发展过程可划分为以下八个时期：第一个是朝鲜王朝时期（1392~1910 年），以发展非常缓慢的农业经济为主。第二个是日本殖民地时期（1910~1945 年），沦为日本的资源输出地。第三个是光复后国家分裂和朝鲜战争时期（1945~1953 年），生产设备、房屋和基础设施遭到重创。第四个是战后恢复时期（1953~1961 年），接受大量“美援”，实施进口替代战略。第五个是政府主导下的经济高速增长时期（1962~1979 年），实施出口导向和重化工业发展战略。第六个是危机前的增速换挡期（1980~1997 年），实施稳定和自由化措施。第七个是危机后的增速换挡期（1998~2003 年），实施了全面而彻底的结构调整。第八个是迈向成熟经济体时期（2003 年至今），进入高质量的中低速增长阶段。

韩国经济起飞是从 1962 年实施第一个五年计划开始的，逐步形成了政府主导的出口导向型发展模式与制度体系。但进入 20 世纪 80 年代以后，支撑韩国经济高速增长的供求条件发生变化，原有制度体系不再适应新形势的要求，面临增长减速、动力转换和制度转型。

（一）1961~1979 年高速追赶期形成的体制机制和经济结构

1961 年朴正熙上台之后，认为韩国国内市场狭小、居民购买力低、资源短缺，进口替代战略不适合韩国现实。由于韩国劳动力丰富，以美国为主的西方市场对韩国完全开放，因此开始转向出口导向战略，提出了“贸易立国，出口第一”的口号。韩国的外向型发展战略大体可以分为两个阶段：第一阶段是 20 世纪 60 年代以轻纺工业品为主的出口导向战略，抓住了美欧日发达国家由于劳动力成本上升进行产业升级、让出劳动力密集型产品市场的机遇；第二阶段是从20世纪70年代开始以重化工业品为主的出口导向战略，抓住了美欧日受能源危机影响进行产业升级、让出资源和资本密集型产品市场的机遇。

在实施政府主导的出口导向型发展战略过程中，韩国形成了一系列的政策和制度体系，包括强势政府、五年计划、财税激励、大财阀、金融抑制、信贷分配、工会限制等。

1. 建立了权威主义和发展主义的政府

朴正熙利用军事力量镇压反对派，实行强权统治，为经济高速增长提供了长期稳定的政治环境。为保障经济发展计划和产业政策能够贯彻执行，朴正熙削弱了国会的作用，使国会沦为政府推进经济政策的“举手器”和“通过部”。经济工作的决策权和领导权集中于经济企划院和总统秘书室，形成了高度集中的中央集权体制，经济企划院全面负责制订国民经济发展计划、编制与执行预算、动员和配置国内外可用资源、对投资和技术发展计划进行调整、负责国外经济合作等重大经济事务。朴正熙总统任用了一批经济专家和军人分别担任决策与执行部门的官僚，甚至自1965年开始亲自主持召开“月例出口扩大会议”，与各经济部门长官、产业界和金融界代表、专家学者等一起，研究出口动向、存在的问题、扩大出口措施等，并对出口有功人员和企业进行表彰。

2. 制订五年计划，并配套相关奖惩和执行机制

韩国政府从1962年到1996年先后制订了7个五年计划，早期的发展计划得到了较好的贯彻实施。韩国政府为了确保计划得到贯彻，还采用广泛的奖励和惩罚机制，不仅采取了差别税收、信贷分配等激励措施，而且采取了税务审计、终止或收回银行贷款等惩罚措施。税务审计是指税务局对纳税申报单进行系统而周密的审查，目的在于惩戒那些与政府经济政策不配合的企业。韩国大多数企业负债率都很高，终止银行信贷或收回贷款往往对企业而言是毁灭性打击。

3. 为达到政府目标，对扶持的行业和企业给予信贷分配、减税等激励措施

政府通过官办金融，直接控制商业银行的行长任命、信贷分配和利率水平，对符合政策导向的产业和企业给予超低利率的贷款支持，对出口绩效好的企业给予大力支持，比如进入其他行业的权利，配给较为短缺的外汇资金支持以扩大进口等。在1966~1972年的高利率时期，出口信用贷款利率比一般利率水平低17个百分点。20世纪70年代为了支持重化工业的发展，政府直接对扶持的特定行业提供低利率中长期贷款，并进行大规模的税收减免。根据测算，在重化工业导向发展时期，重化工业的实际税负比轻工业低近30~35个百分点。

4. 为配合出口导向战略，实施了汇率贬值、进口管制、FDI 限制、资本账户管制等措施

20 世纪 60 年代之前，为了配合进口替代战略，韩元长期处于高估状态，官方汇率 1955 年为 36.8 韩元 / 美元，1960 年为 62.5 韩元 / 美元。为了实施出口导向战略，1961 年韩元大幅贬值至 127.5 韩元 / 美元，1963 年实施“5.3 措施”进一步贬值至 255 韩元 / 美元。同时，废除复数汇率制，实施单一浮动汇率制。韩国在提升出口竞争力的同时对进口实行了数量和关税管制，尤其是重点保护的重化工业和农业部门，进口自由化一直到 1978 年以后才逐步取得进展，而投资自由化和资本自由化直到 1997 年金融危机以后才完全放开。

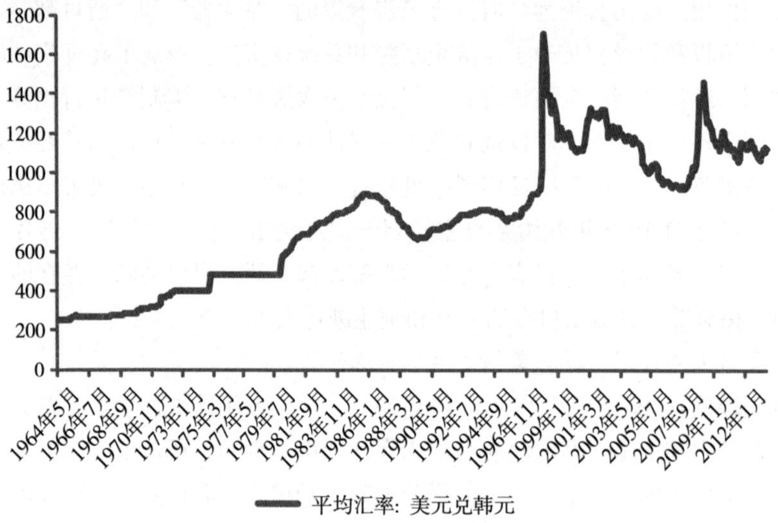

图 3.2 韩元汇率

资料来源：WIND

5. 培育私营企业和自主品牌，增强企业竞争和创新意识

与其他发展中国家不同的是，韩国政府主要通过扶持私营企业实现发展战略，而不是直接建立国有企业。韩国政府出口导向型战略一开始就使企业生产面向国际市场，并对出口绩效好的企业给予政策扶持，因此韩国企业竞争意识较强，企业在国际市场上通过竞争扩大出口份额，在国内通过竞争赢得政府资源。韩国国有企业主要集中在电力、金融等公用事业和服务业领域，但也在 20 世纪 80 年代加快了私有化进程。与中国台湾、马来西亚等过度依赖产品代工的发展模式不同，韩国企业很早就开始在国际上建立起自己的品牌，并且十分重视品牌知名度和技

术开发的投入（Michael E. Porter，1990）。

6. 政府重视基础设施、教育和研发投入

政府致力于改善经济基础设施的短缺状况，20 世纪 60 年代中期电力供给已经超过需求，60 年代末至 70 年代初随着主要交通干线的开通，运输瓶颈得到极大缓解。韩国历来重视教育，1985 年韩国 20~24 岁年龄段人口进入高等学校的比例比中国台湾、日本、联邦德国、法国和英国都要高。韩国政府重视研发投入，韩国政府建立了政府支持的研发机构，引进先进技术，消化吸收并作为公共产品进行扩散传播，20 世纪 70 年代韩国政府支持的 R&D 投入占到总投入的 50%~70%。

7. 在经济快速增长的同时注意保持收入分配公平

韩国和中国台湾是既实现高速增长又保持收入分配公平的成功案例，原因包括：1948 年韩国建国后，实施了彻底的土地改革，并限制农田拥有量。韩国在 20 世纪 60 年代大力发展劳动密集型产业，解决了大量就业，工资保持了较快的增长。20 世纪 70 年代开展的“新村运动”改善了农村的生产生活条件，塑造了民众“勤勉、自助、协同”的精神，缩小了城乡收入差距。对多套住宅课以重税，限制高档耐用消费品的进口。韩国教育重视优胜劣汰，公平性较好。韩国社会流动性较强，社会地位更多地取决于个人成就。

（二）高速追赶期的成就与产生的问题

韩国政府主导的出口导向型发展模式在初期取得了优异的成绩，经济和出口高速增长，产业结构不断升级，工业化基础逐步建立，企业国际竞争意识较强。1963~1979 年平均 GDP 增速达到 9.8%。1961~1979 年间，人均 GDP 由 1247 国际元上升到 4294 国际元，城市化率由 28.6% 上升到 55%，工业化率由 17.3% 上升到 36%，资本形成占 GDP 比重由 13.4% 上升到 36.1%，商品出口规模由 0.41 亿美元上升到 150.57 亿美元。

表 3.2　出口增长率（不变价格）

时期	平均实际出口增长率
20 世纪 50 年代	9.8%
20 世纪 60 年代	29.0%
20 世纪 70 年代	18.7%
20 世纪 80 年代	10.3%
20 世纪 90 年代	14.5%
2000~2007 年	10.4%

资料来源：计算基于韩国银行的出口数据，Barry Eichengreen，Dwight H. Perkins,and Kwanho Shin（2012）

表 3.3　韩国十大主要出口产品占总出口比重变动表　　单位：%

	1961 年		1970 年		1980 年	
1	铁矿石	13.0	纺织品	40.8	服装	16.0
2	坞	2.6	胶合板	11.0	钢铁	5.4
3	生丝	6.7	假发	10.8	鞋	5.2
4	无烟煤	5.8	铁矿石	5.9	船舶	3.6
5	鱿鱼	5.6	电子产品	3.5	音响	3.4
6	鲜鱼	4.5	小食品	2.3	纺织品	3.2
7	石墨	4.2	鞋	2.1	橡胶制品	2.9
8	胶合板	3.3	烟草	1.6	木制品	2.8
9	大米	3.3	钢铁	1.5	录像产品	2.6
10	鬃毛	3.0	金属制品	1.5	半导体	2.5
合计		62.0		81.1		47.6
	1990 年		2000 年		2009 年	
1	服装	11.7	半导体	15.1	船舶	12.4
2	半导体	7.0	计算机	8.5	半导体	8.5
3	鞋	6.6	汽车	7.7	手机	8.5
4	录像产品	5.6	石油产品	5.3	显示屏	7.0
5	船舶	4.4	船舶	4.9	汽车	7.0
6	计算机	3.9	手机	4.6	石油产品	6.3
7	音响	3.8	石化产品	2.9	石化产品	3.6
8	钢铁	3.8	钢铁	2.8	钢铁	3.3
9	纺织品	3.6	服装	2.7	汽车零部件	3.2
10	汽车	3.0	录像产品	2.1	计算机	2.2
合计		53.4		56.6		62.2

资料来源：韩国对外贸易协会（2010），《主要贸易动向指标》

与此同时，也积累了较多深层次的问题，主要表现为政府对经济干预过多和市场机制不健全。具体有：

一是政府干预过多与腐败。由于政府掌握了过多的资源配置权力，出现了普遍的政经勾结和腐败现象，影响了市场机制的正常发挥。

二是对国内市场的高度保护。存在广泛的进口配额限制、关税壁垒、FDI 进入限制、资本账户管制、汇率低估等，国内企业竞争力存在高估。

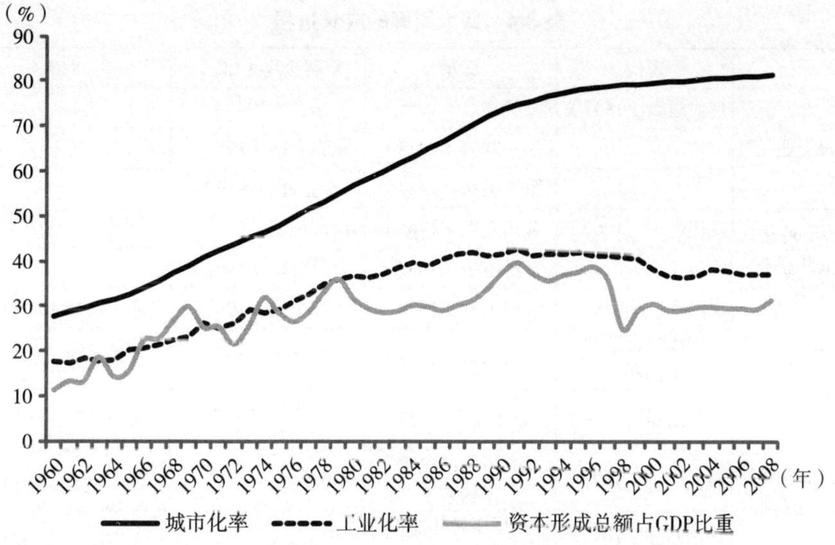

图 3.3　韩国工业化率、城市化率和资本形成占 GDP 比重

资料来源：国务院发展研究中心“中长期经济增长”课题组数据库

三是高负债。政府片面追求高速增长和规模扩大，企业实现了政府制定的目标可以获得低利率贷款、税收减免、新行业进入等权利，因此企业过度追求规模扩张而不是效益提高，企业负债率高企，20 世纪 60 年代中期企业的资产负债率高达 300%~400%。

四是高通胀与低储蓄。由于政府配置的信贷实际利率水平过低，出现了超额的信贷需求，并引发了持续的高速通货膨胀，进而导致低储蓄。

五是依赖外债。超额的信贷需求和储蓄之间的缺口由国外借款来弥补，政府在对 FDI 保持限制的同时，有选择地开放资本账户，并对企业举借外债进行政府担保，导致企业举借外债失控。

六是金融抑制。由于只是把金融作为发展的工具，对银行人事、经营管理和资金分配的干预，导致了金融抑制，金融产业发展落后。

七是企业缺乏自律性。大量政府隐性担保的存在导致企业盲目扩张，存在投资饥渴症，缺乏自律性，充满道德风险。

八是财阀垄断。企业做得越大越能得到政府各种支持，导致大企业与中小企业差距越拉越大，行业集中度过高，形成了多元化经营的财阀垄断局面。

表 3.4　四大财阀的成长过程

	现代	三星	乐喜金星（LG）	大宇
母企业	现代建设（1947）	三星物产（1951）	乐喜（1947）	
		第一制糖（1953）	乐喜商社（1953）	
		第一毛纺（1954）	金星社（1959）	
20 世纪 60 年代多元化企业	现代汽车（1967）	金州造纸（1965）	湖南炼油（1967）	大宇（1967）
		三星电子（1969）	金星电线（1962）	
20 世纪 70 年代多元化企业	现代重工业（1973）	三星电管（1970）	乐喜金星（1971）	大宇机械（1973）
	现代综合商社（1976）	三星电器（1973）	金星产电（1974）	永新土建（1973）
	现代商船（1976）	三星重工业（1974）	金星情报通讯（1978）	东洋证券（1973）
	现代精工（1977）	三星石油化学（1974）	金星半导体（1979）	韩国投资（1973）
	仁用制铁（1978）	三星半导体通讯（1977）		大宇电子（1974）
		三星航空（1977）		大宇重工业（1976）
		三星建设（1979）		大宇造船（1978）
				大宇汽车（1978）
20 世纪 80~90 年代多元化企业	现代电子（1983）	三星汽车（1995）	乐喜电子（1989）	大宇精密（1981）
	现代炼油（1993）			大宇通讯（1983）
				大宇电子元件（1983）

资料来源：高明华．韩国企业的发展及结构调整．打印稿

九是产能过剩与低效率。韩国国内市场狭小，工业化、城市化对重化工业产品需求带动有限。同时，大量资源密集型重化工业技术含量不高，容易被其他国家替代，且远洋贸易成本高昂。在 20 世纪 70 年代中后期，重化工业出现了严重产能过剩，过度的政策保护和扶持导致了低效率和高负债。

十是低成本竞争。韩国大多数产业依托成本优势在低价格领域里竞争，产品创新和差异化所需要的国内需求条件、相关支持产业表现等尚未起步（Michael E. Porter，1990）。

（三）20 世纪 80 年代以后进入转型期面临的新挑战

进入 20 世纪 80 年代，支撑韩国高速增长的供求条件发生了基本面性的变化，面临增长减速和动力转换，原有制度和政策体系不再适应增速换挡的要求。进入增速换挡期以后，韩国经济社会面临的新挑战包括如下方面。

1. 民众对政治民主和社会福利需求增加

进入中等收入阶段以后，社会民众对政治民主、政治参与、社会福利、分配公平、反对腐败等方面的诉求增加，这导致了广泛的集会活动、政府社会福利支出快速膨胀、工人工资快速增长，大量资源从生产领域转向分配和消费领域。过去军事独裁式的统治面临挑战，政府主导经济社会发展的方式面临转变。

2. 支撑高速增长的要素条件发生基本面性的变化

宋丙洛（1992）认为，在1977年前后韩国从劳动力过剩经济转变为劳动力短缺经济。巴里·埃森格林、德怀特·珀金斯等（2012）认为，韩国到20世纪80年代剩余劳动力从农村流向工业部门的潜力基本耗竭。加上1987年民主化宣言①以后，工会活动活跃，劳资矛盾突出，工人工资水平迅速提高。随着韩国在半导体、电子、造船等产业领域的快速技术进步，逐渐接近发达国家的技术前沿面，引进消化吸收的空间缩小，面临需要大量增加R&D投入、充满不确定性的创新风险。

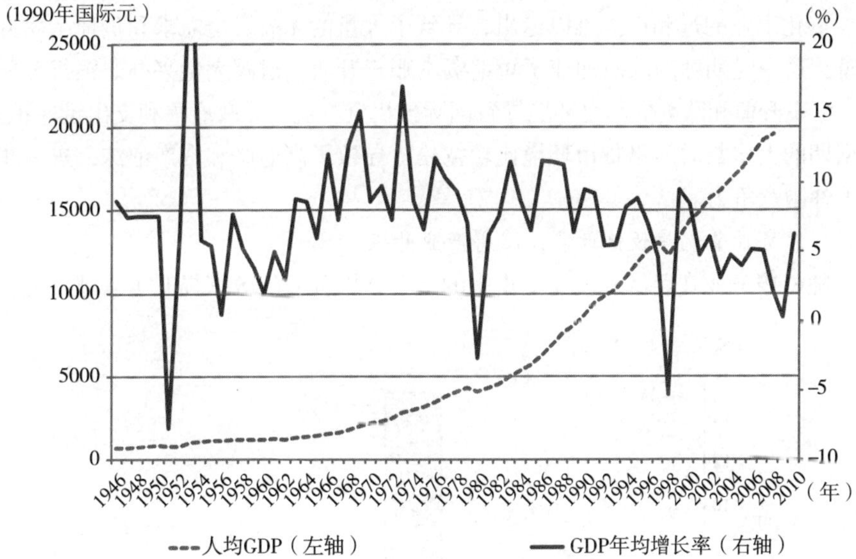

图3.4　韩国人均GDP与经济增速

资料来源：国务院发展研究中心

① 受民主化运动推动，1987年6月29日卢泰愚发表了八点"民主化宣言"：修改宪法，实行总统直选制；修改总统选举法，保障公平竞争；对金大中等政治犯大赦，恢复其政治权利；最大限度地保障国民的基本权益；修改言论基本法，实现言论自由；实行地方自治和教育自治；保障健全的政党活动；严惩腐败现象。

3. 房地产投资长周期峰值到达

韩国的房地产投资长周期出现在 20 世纪 90 年代中后期。韩国的人口总和生育率在 1970 初期开始显著下降，1970~1990 年期间，每年人口出生数量从 101 万人下降到 65 万人。因此，1990 年前后 20~50 岁的置业人群到达峰值之后回落，住房销售和开工量开始下降。

4. 经济减速带来财政金融风险和产能过剩风险

巴里·埃森格林、德怀特·珀金斯等（2012）认为，1989 年前后是韩国经济减速的转折点，经济和出口增速出现了相当幅度的下降，制造业产值和就业比重等达到峰值，FDI 开始外流。经济减速导致重化工业产能过剩状况进一步加重，企业效益恶化与高负债绑架了金融机构，大量呆坏账不断积累，经济局部性风险向系统性风险蔓延。雪上加霜的是，两次石油危机使得严重依赖外部资源的韩国重化工业遭受打击，海运业和造船业也受到重创。

5. 结构性矛盾和金融自由化引发高通胀与资产泡沫

重化工业的过剩产能难以退出，导致了大量的无效资金需求和负债率攀升。同时，这一时期韩国政府加速了短期资本账户开放，财阀大量兴办非银行金融机构，汇率升值和欧美低利率环境导致国际投机资本流入。政府福利支出迅速扩大。转型期的大多数时间里货币环境比较宽松，导致了高通胀和资产泡沫，进一步削弱了韩国竞争力。

6. 服务业管制导致低效率，阻碍产业升级

随着服务业在经济和就业比重中的上升，服务业的效率提升越来越重要。而

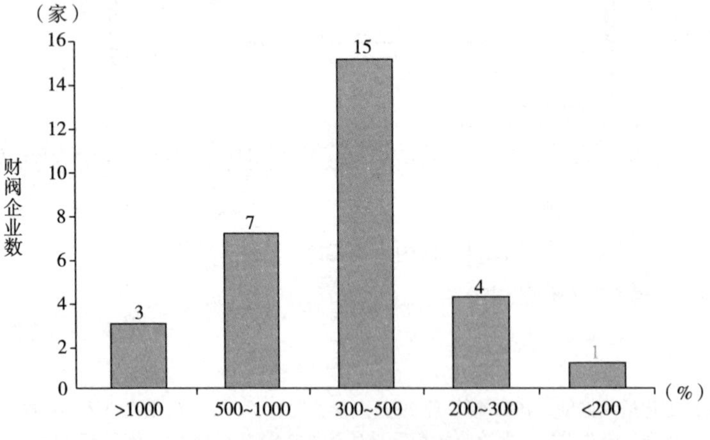

图 3.5　30 家大财阀的负债比率

资料来源：Boose alen & Hamilton：《韩国报告书》，P227，每日经济新闻社，1997

且在工业化中后期，制造业升级越来越依靠生产性服务业。但是韩国在金融、公共事业等领域存在大量管制，市场竞争不充分，效率低下。同时，产能过剩行业过度的无效资金需求对其他实体经济部门造成了挤出效应。

表 3.5　服务业部门的产出与从业人员比重

国家（地区）	占 GDP 的比重（%）				从业人员比重（%）			
	1990 年	1995 年	2000 年	2005 年	1990 年	1995 年	2000 年	2005 年
澳大利亚	63.7	67.6	69.6	69.9	69.3	72.2	73.3	75.0
奥地利	64.2	66.9	67.0	68.6	54.9	60.5	63.8	66.7
比利时	66.6	70.2	71.6	74.8	65.6	69.1	71.9	72.6
加拿大	65.8	66.4	64.5	—	71.9	74.0	74.1	75.3
捷克	45.0	56.7	58.0	58.7	42.2	51.5	55.3	56.5
丹麦	70.4	71.5	70.6	73.0	66.6	68.5	70.2	72.7
芬兰	60.3	62.8	62.8	65.7	61.0	64.9	66.3	69.4
法国	69.5	71.8	74.3	77.0	—	—	—	71.5
联邦德国	61.2	66.6	68.5	69.7	—	60.8	64.1	67.8
希腊	65.6	70.9	73.1	76.6	48.3	56.3	60.0	65.1
中国香港	75.4	84.7	86.5	90.6	62.4	72.4	79.4	84.6
匈牙利	46.4	60.6	62.5	65.5	—	59.3	59.7	62.6
冰岛	58.5	60.7	65.3	70.5	59.6	65.2	68.0	71.6
爱尔兰	56.6	55.3	53.9	61.9	56.4	59.9	62.9	65.6
以色列	—	—	—	—	67.5	67.6	73.0	75.6
意大利	64.4	66.4	68.8	71.2	59.3	59.9	62.8	65.1
日本	57.8	63.6	65.8	68.6	58.2	60.4	63.1	66.4
韩国	49.5	51.8	54.4	56.3	46.7	54.2	61.2	65.1
卢森堡	71.4	77.2	81.0	83.4	66.4	70.4	75.4	77.9
荷兰	66.2	69.2	72.4	73.7	68.6	70.3	71.6	72.9
新西兰	65.1	65.6	65.8		64.5	65.1	67.7	70.6
挪威	62.6	62.8	56.0	55.4	69.2	71.7	74.1	75.9
葡萄牙	62.3	65.9	68.6	72.2	47.6	56.6	52.9	57.5
新加坡	64.9	64.7	64.3	67.2	—	67.9	65.5	69.6
西班牙	60.8	66.1	66.4	67.5	54.8	61.0	62.3	65.0
瑞典	65.9	67.0	69.5	70.6	67.2	71.0	73.0	75.7
瑞士	64.1	66.5	69.6	70.3	63.6	67.6	70.4	73.2
英国	63.0	66.3	70.7	74.8	64.8	70.1	72.8	76.3
美国	70.1	72.1	74.6	76.0	70.7	72.9	74.3	77.8
G7	64.5	67.6	69.6	72.9	65.0	66.4	68.5	71.5
OECD	63.6	66.3	67.7	70.3	61.6	65.3	67.7	70.5

资料来源：世界银行世界发展指数，Barry Eichengreen, Dwight H. Perkins, and Kwanho Shin（2012）

表 3.6　韩国与其竞争者的服务贸易情况（特定年份）

	对外开放	1980 年	1990 年	2000 年	2005 年
拉丁美洲（8 个国家）	服务贸易 /GDP	7.5%	8.8%	9.2%	9.0%
	服务出口 /GDP	3.1%	4.0%	4.2%	4.3%
东亚（5 个国家）	服务贸易 /GDP	21.4%	22.6%	28.8%	34.6%
	服务出口 /GDP	11.1%	12.1%	13.0%	15.9%
中国	服务贸易 /GDP	2.2%	2.9%	5.5%	7.1%
	服务出口 /GDP	1.2%	1.7%	2.5%	3.3%
韩国	服务贸易 /GDP	9.2%	7.5%	12.5%	13.2%
	服务出口 /GDP	4.0%	3.7%	6.0%	5.8%
OECD	服务贸易 /GDP	11.3%	13.0%	19.1%	19.6%
	服务出口 /GDP	5.9%	6.7%	9.7%	10.2%

资料来源：世界银行世界发展指标，Barry Eichengreen, Dwight H. Perkins,and Kwanho Shin（2012）

说明：服务贸易为进出口中的服务贸易额。报告中的值为简单平均数。由于数据不可得，东亚和 OECD 分别未包括越南和卢森堡。

7. 国际环境发生变化，加大开放和产业升级的压力剧增

20 世纪 80 年代之前，国际环境对韩国的发展极为有利。韩国作为“自由世界的桥头堡”，受到以美国为代表的西方国家的大力扶持，向其开放国内市场和技术出口。同时，中国尚未实行改革开放，韩国产品在国际市场上低成本优势明显。但进入 20 世纪 80 年代以后，韩国面临的国际环境发生较大变化。由于美国对韩国存在巨额的贸易逆差，美国认为韩国维持了不公平的贸易壁垒和币值低估，要求韩元升值、实施贸易自由化和开放国内市场。美国作为韩国最大的出口市场和主要的技术引进地，美国的要求韩国政府不得不重视。同时，随着中国加大对外开放的力度，融入全球化，中国丰富廉价的劳动力优势吸引了大量国际 FDI，迅速抢占了韩国劳动密集型产品的出口市场。韩国面临两头挤压的困境，不得不进行产业升级，转向与日本、联邦德国、美国进行正面竞争。

二、1980~1997 年金融危机前韩国的应对、进展与问题

进入 20 世纪 80 年代以后，高速追赶期遗留的老问题与转型期产生的新问题交织在一起，引发了“韩国病”[①]，韩国在金融危机前已经表现出一些落入中等

① 20 世纪 80 年代末 90 年代初，“韩国病”引起韩国内外广泛讨论，主要表现为：政经勾结、官员腐败、物价飞涨、资产泡沫、劳动热钱减退、拜金主义盛行、人际关系冷漠、社会矛盾增多等，这与韩国 20 世纪 60~70 年代经济起飞时社会各界积极进取的精神形成明显反差。

收入陷阱的症状。

进入转型期，韩国面临着政治、经济、社会系统性的转型任务：政治由军事独裁转向政治民主，发展模式由政府主导转向市场主导，增长动力由要素驱动转向创新驱动，产业结构由重化工业为主转向高新技术产业为主，产业政策由倾斜性转向中性，对外开放由选择性、局部性转向全面性、全局性，国际竞争由两头挤压转向突围升级。

（一）金融危机前的政策应对与结构改革

曾经支撑高增长的供求条件逐渐耗竭，曾经创造奇迹的体制现在成为改革对象。如果说政府主导的出口导向型体制成功地实现了经济起飞，把韩国从低收入陷阱中解救出来，那么，现在这一体制在转型期则成了跨越中等收入陷阱的障碍。从市场失灵与政府失灵的低收入陷阱，到政府主导的起飞与高增长，再到市场主导的降落与成熟，这是一种规律性现象，是哲学上的否定之否定，是事物演进的基本方式。

金融危机前，韩国政府采取了一些应对措施，但进展缓慢，深层次结构问题没有根本解决。

1. 实施宏观稳定政策，但货币环境仍然宽松

20 世纪 60~70 年代的高速增长伴随着严重的宏观失衡。重化工业导向的发展政策导致了过多的投资需求和货币投放，加上财政赤字以及两次石油危机冲击，引发了持续的高通胀，削弱了韩国产品的价格优势。1979 年、1980 年出口和经济增长先后出现疲软。1979 年朴正熙遇刺，韩国政治出现动荡。

1980 年全斗焕上台后，在制订第 5 个五年计划时，提出宏观稳定政策和民间主导的增长模式。为了实现宏观稳定，政府接受 IMF（国际货币基金组织）的建议，实施了财政和货币紧缩政策，M2 增速由 1975~1982 年的 35% 下降到 1983~1985 年的 20%。1982 年政府开始追求财政平衡，削减财政支出，并取得了明显效果，1981 年财政赤字占 GDP 比重的 4.3%，到 1987 年则实现财政盈余占 GDP 比重的 0.2%。

财政整顿与石油价格回落使 CPI 由 1981 年的 20% 下降到 1983 年的 5%，此后通胀水平长期低于 10%。财政整顿使得中央政府债务水平下降到较低水平，这为应对 1997 年金融危机奠定了基础。虽然部分地牺牲了增长和就业，但韩国财政整顿政策取得了较大进展。

但是，货币政策在稳定物价方面没有发挥有效作用，主要是因为政府仍然直接控制信贷投放以及中央银行直接创造贷款。同时，1986~1988 年“三低”[①]时期，韩国经常账户出现了顺差，为了保护出口竞争力，韩国推迟了币值调整[②]，投机热钱流入导致了被动的国内货币投放[③]。

2. 实施重化工业投资调整与产业合理化政策，但主要是政府主导的反竞争措施

20 世纪 70 年代末，重化工业出现了产能严重过剩和企业效益恶化。1979~1983 年间韩国政府实施了三轮重化工业投资调整，对调整对象企业提供救助措施和信贷支持。尽管如此，重化工业在 20 世纪 80 年代中期仍然面临较大困难，而且调整政策进一步加剧了财阀的市场垄断，过剩产能也没有退出。因此，1985~1990 年间，政府又实施了系统的产业化合理政策，主要措施是对政策指定对象给予税收减免、信贷支持和限制行业新进入者。

无论是投资调整政策还是产业合理化政策，都是依靠反竞争措施，通过增强垄断和限制行业准入来实施。与此同时，政府大量提供信贷和税收优惠支持。1986~1988 年间对于无力偿还债务的企业，其超过资产部分的债务被免除。在此期间，总计 9863 亿韩元的债务被免除，16406 亿韩元的债务被展期，41947 亿韩元的利息支出被推迟或缩减，4608 亿韩元的长期贷款以低利率的方式重新提供，2414 亿韩元的税收优惠被提供给扶持的公司。为了弥补商业银行的损失，韩国中央银行给 6 家银行提供了 17221 亿韩元的低息借款。

这些政府主导的调整措施虽然在短期避免了危机的爆发，但增大了长期风险，增加了政府、企业和银行之间的道德风险。20 世纪 80 年代，银行与企业之间的风险关联被增强了，民间主导的增长方式也没有实现，财阀在这一过程中规模得到了扩张。有观点认为，如果在 20 世纪 80 年代韩国政府能够允许无力还债的企业倒闭，那么 1997 年企业的负债率和银行的呆坏账率也不会那么高，金融危机的冲击也不会那么深。

3. 推动金融自由化，但监管机制没有相应跟上

20 世纪 80 年代和 90 年代初，韩国金融自由化进展缓慢且很不平衡。本来 80 年代的通胀稳定时期，为利率市场化改革提供了良好的环境。但企业负债率过

---

① “三低”指低油价、低美元、低利率。

② 在《广场协议》签订后，日本、中国台湾于 1985 年开始汇率升值，韩国于 1988 年才开始币值重估。

③ 韩国中央银行为了吸收过多的流动性，试图发行货币稳定券强迫商业银行购买，利率明显低于市场水平，直到 1997 年 2 月才引入竞争性拍卖方式。

高，因为担心利率上升而导致偿付压力，利率市场化进程被一再推迟。1984 年、1986 年、1988 年都曾推出过相关政策措施，但均没有取得实质性进展。直到 1991 年，第四阶段利率市场化改革方案才推出，但从执行情况看一直被推迟，直到 1996~1997 年才完成。

信贷控制广泛存在于重化工企业、中小企业、农业等部门。1985~1987 年韩国中央银行给 6 家银行提供了 17221 亿韩元的低息借款以实施产业合理化政策。1992 年韩国中央银行给三大投资信托公司提供了 29000 亿韩元的资金，来支撑暴跌的股市，但最终却失败并亏损严重，政府不得不通过中央银行借款来弥补。中央银行直接提供借款的行为受到了越来越多的批评，但是这种状况在金融危机前没有得到明显改善。

20 世纪 80 年代初掀起了一波商业银行私有化浪潮，但政府对商业银行的干预仍然存在，包括银行行长任命、信贷分配、资产管理等。虽然 1993 年政府不再直接任命商业银行行长，但影响仍然存在。

20 世纪 80 年代和 90 年代初，大量非银行金融机构涌现，这些机构所受管制较少，存贷比高于商业银行，资产配置所受限制较少，市场进入较为容易，没有政策性贷款的义务。很多财阀控制了非银行金融机构，并游说政府进一步放松管制。因此，20 世纪 80 年代非银行金融机构得到快速发展。

由于非银行金融机构的发展，商业银行失去了大量的市场份额。意识到商业银行所面临的不利竞争局面，政府开始允许商业银行通过信托账户经营信托业务。商业银行的信托账户快速发展，其占国内负债的份额由 1984 年的 5% 迅速上升至 1993 年的 40%。

1993 年政府放开了商业票据市场利率，并允许商业银行的信托账户投资商业票据，投资上限也由信托账户资产总额的 40% 提高到 60%。这些改变使得商业票据市场快速发展，商业票据在企业融资中的比重由 1990~1992 年的 2.5% 上升到 1993~1996 年的 13.1%，在 1997 年更是达到 17.5% 的峰值。企业票据融资相对于银行贷款所受的约束较少。

在推动金融自由化的过程中，审慎监管机制却没有相应跟上，金融系统的风险不断增加。首先，快速扩张的商业票据市场和银行信托账户没有受到审慎监管。一般账户和信托账户的监管标准不一样，前者紧后者松。其次，监管标准过时，难以发现银行的问题，对非银行金融机构的监管标准在实践中甚至几乎没有。再次，不同的部门行使监督权力造成了职能重叠和混乱，韩国中央银行的银行监管院负责商业银行的监管，财政部负责非银行金融机构的监管。商业银行的一般账户由银行监管院监管，信托账户由财政部监管。韩国中央银行主要关心商业银行对政府指导的信贷分配和执行情况，对商业银行的风险控制关注不够，而财政部则没有能力执行对金融机构的监管。最后，政府对金融基础设施建设重视不够。

总体看，20 世纪 80 年代和 90 年代初，受财阀要求放松管制的影响，金融市场变得更加自由化，但是相应的审慎监管机制没有跟上，基础性改革被推迟。同时，政府虽然放松了直接控制，但是没有消除风险担保，产生了广泛的道德风险。

4. 实施进口自由化和资本市场开放，货币错配与期限错配现象严重

韩国曾在 1978 年宣布实施进口自由化，但在 1979~1980 年由于石油危机的原因而被搁置。1984 年以后，随着贸易经常账户的改善，进口自由化再次被提上日程，1989 年政府开始减少数量管制（进口配额限制）以缓解与美国的贸易摩擦。1981~1995 年间，平均法定关税由 34.4% 下降到 9.8%，进口自由化率由 60.7% 上升到 92%。韩国进口自由化政策并不是为了提高国内消费者的福利，而是为了提高国内企业的国际竞争力。尽管如此，到 20 世纪 90 年代中期，韩国贸易自由化程度已经达到了 OECD 的水平。

资本市场开放大大滞后于贸易自由化进程，主要是基于对控制国内货币供给和实际汇率波动的考虑。20 世纪 70 年代和 80 年代初，由于经常账户赤字，资本流出的管制甚至被加强。80 年代中后期，随着经常账户转为盈余，FDI 流出的管制被放松，同时加强了对国外借贷的管理，在此期间政府开始偿还外债。1990~1993 年随着经常账户再度转为赤字，政府开始放开长期资本流入管制，1992 年 1 月，股票市场开始对外开放，外国投资者可以在上限的约束下投资名单企业。

尽管如此，在 20 世纪 90 年代初，韩国国内资本市场对外开放程度仍然非常有限。1992 年在 OECD 列出的资本账户开放项目中，韩国管制程度达到 89%，大大高于 OECD 国家 17% 的平均水平。直到 1993 年 6 月，为了加入 OECD 和加快韩国融入全球化的需要，政府开始推行三阶段金融自由化和市场开放计划，1994 年 12 月开始实施外汇体制改革。韩国在 1997 年金融危机之前的资本市场改革基本是被动的。

政府在金融危机之前放开了企业贸易融资和银行短期海外借款，但是推迟了其他方面资本流动的开放。20 世纪 90 年代中期，政府减少了对银行和非银行金融机构海外经营的约束，认为金融自由化不会影响国内宏观经济稳定，而且会

有助于提高国内金融企业的国际竞争力。1994~1996年，国内商业银行在海外开设了28家分支机构，海外借款大量流入国内以满足投资驱动的景气繁荣。由于对短期海外借款的限制大大少于长期借款，因此金融机构的短期海外借款迅速增长。

货币错配与期限错配使得金融机构乃至整个国家经济都面临巨大风险，而政府在此期间并没有加强必要的监管。金融危机前，韩国在金融自由化和资本市场开放的过程中，审慎监管机制建设一直滞后。银行监管院直到1997年6月才对商业银行提出外币流动性比率准则，财政部在危机前对非银行金融机构甚至没有建立相关监管准则。

5. 实施鼓励竞争和限制财阀政策，但没有得到很好的执行

直到20世纪90年代初，政府都存在广泛的市场干预，进入和退出并不是由市场而是由政府决定。1980年韩国制定了《反垄断和公平竞争法案》，1981年成立了公平贸易委员会。但是市场竞争政策在80~90年代并没有得到很好的执行，政府主导经济发展的传统和惯性力量较强，政府仍然通过设置进入壁垒、实施产业合理化政策、保持大量的国有企业、控制价格等手段干预市场，这在制造业和服务业都普遍存在。管制放开和私有化进程缓慢在一定程度上也制约了市场竞争政策发挥作用。政策的反复在很大程度上造成了混乱和扭曲。监管改革不应是简单放松管制，在有些领域也应该加强监管，而后者在韩国的改革进程中没有受到应有的重视。

作为市场竞争政策的重要方面，私有化改革也并不顺利。1968年交通、采掘、制造等行业实施了私有化，20世纪80年代银行和化工行业实施了私有化。1987年政府宣布对韩国电信公司、韩国电力公司、浦项制铁公司等大型国企实施私有化。但是韩国的私有化措施只取得了部分成功，社会各界担心股市的压力和经济向财阀集中，国企管理层和工人也强烈反对私有化。1993年金泳三政府宣布将133家国企中的58家出售，但是在执行过程中也遭到了同样的反对，最终执行效果大打折扣。

20世纪80年代限制财阀扩张的政策开始实施。修订后的《反垄断和公平竞争法案》对财阀之间交叉持股给予了限制。后来政策对财阀企业相互债务担保、内部交易、多元化经营、所有权结构等方面也有诸多限制。但是这些措施并没有阻止韩国经济集中度的上升，1980~1990年间韩国采掘和制造业领域最大的100家公司产值占到40%~45%，就业占到20%，并没有明显下降。

由于“大而不能倒”的预期，政府对财阀扩张提供了隐性担保，当企业濒临破产时，企业越大越可能得到政府救助。国内市场太小，财阀难以通过专业化经营实现规模经济，自然选择多元化经营，对进口的管制也使得多元化战略容易取得成功。1987 年“民主化宣言”以后，财阀对政府政策的影响不断上升。

根本的解决办法在于解除政企关系、强化公平竞争政策、实施利率自由化、开放国内市场等，而这些改革措施直到 1997 年危机之后才得以实施。

6. 增加福利开支，但政府经济建设投资也大幅攀升

1987 年“民主化宣言”以后，政府公共支出快速上升，一般性财政支出占 GDP 比重从 1987 年的 18% 上升到 2009 年的 30%。福利支出增长强劲，1977 年建立的国民健康保险只覆盖了 500 家企业，但是到 1989 年则覆盖到所有人群。政府致力于提供住房供给，1990~2000 年家庭住房保障率从 72.4% 上升到 96.2%。除了福利支出，20 世纪 90 年代初用于道路、地铁、水利、供水等领域的经济建设支出大幅攀升。随着初高中升学率的提高，政府用于教育的支出也快速增长。

（二）金泳三政府对形势的认识与应对

在 1980~1997 年金融危机前的转型期，韩国经历了四届政府三任总统：全斗焕（1980~1988 年）、卢泰愚（1988~1993 年）和金泳三（1993~1998 年）。韩国在 20 世纪 80 年代经济仍然保持了高速增长的惯性。1979 年朴正熙遇刺后，靠政变上台的全斗焕继续实施军事独裁统治，军人出身的卢泰愚则把主要精力放在政治稳定上，因此 80 年代韩国经济改革相对缓慢，更多的是被动适应调整。进入 90 年代，韩国转型压力日益凸显，民主人士金泳三通过竞选上台，开始主动进行改革。

金泳三在竞选纲领①中分析了当时韩国面临的形势并提出了对策。他认为，在政治方面，民主与反民主的斗争随着“6 · 29 宣言”已经过去，未来的主要任务是建立民主政权和文人政府。应建立透明开放的政治，重新修订选举法、政治资金法和信息公开法，建立小而高效的服务型政府，“用玻璃制成权力的殿堂”。在经济方面，过去实现高增长的“药方”已经不能发挥效力了，政府主导、低工资、容易引进的技术、政府资金扶持、国内市场保护等条件已经不复存在了，必须实现由量的积累转向质的飞跃。调整政府的职能，促进自由市场经济，实现金融自律化，推

① 参见：金泳三 . 开创二十一世纪的新韩国 [M]. 北京：东方出版社，1993. 该书是金泳三在竞选总统前几个月完成的，反映出他的政治理想，可视为他的竞选纲领和施政蓝图。

进大企业专业化经营，推动科技创新，通过金融实名制、不动产实名制、综合税制等措施实现经济正义。

1993年2月就任总统以后，面对广泛蔓延的“韩国病”现象，金泳三提出了任内要解决的三大任务：清除腐败①、搞活经济和确立法治②。主要措施包括：

1. 改组政府，整肃军队

金泳三认为政治的基础在于人事，在新组建的内阁中，文官、专家、学者占较大比例，与以前历届内阁中军人占大多数明显不同，实现了由军人政府到文人政府的转变。金泳三更换了军队大多数重要职务的将领，确立了军队不介入政治的原则。

2. 公布官员财产，实行金融实名制和不动产实名制

金泳三认为“韩国病”的根本病因在于腐败，治理腐败必须从自身做起，高层要率先垂范，需要大力开展上层净化运动③。上任伊始，1993年2月金泳三公布了他和直系亲属的财产，随后300多名政府官员和国会议员也公布了家庭财产状况。1993年5月20日，国会通过了《公职人员伦理修正法案》，要求政府高级官员、高级公务员、国会议员等共3万多名公职人员必须于7月12日到8月11日一个月内进行财产登记，其中1100多名公职人员还必须进行财产公开。在巨大的舆论压力下，这一法案得到了较好的执行。1993年8月12日，金泳三以《总统紧急命令》的形式，颁布实施在金融交易中实行实名制。金泳三提出，“金融实名制是建成新韩国必须越过的关口”，“若不实行金融实名制，就不可能在这个国家从根本上杜绝腐败……也不可能实现政治和经济现代化”，“金融实名制是改革中的改革，是我们这个时代改革的中枢与核心”。为了配合金融实名制的实施，政府采取了一系列配套措施，包括：政府承诺将采取紧急措施应对企业可能的资金状况恶化；在韩国中央银行设立旨在稳定金融市场的非常对策小组；限制资金流往海外；保护国民隐私等。实行金融实名制后，韩国并没有出现此前所担心的金融大混乱，金融市场和不动产价格逐渐趋于稳定。与此同时，金泳三政府实施了不动产实名制，整顿了不动产市场的投机行为，抑制了物价水平的上涨。在反腐肃贪过程中，金泳三政府重视发挥检察院的作用，严惩贪污受贿的官员，并把前总统全斗焕和卢泰愚送上法庭。

---

① 韩国腐败主要包括政治腐败、官员腐败、企业腐败、社会腐败等。

② 李保平 . 文人总统金泳三 [M]. 中国广播电视出版社，1998:206.

③ “上游水清，下游水才不浊。”

3. 实行综合所得税制

金融实名制和不动产实名制为财政改革奠定了基础，1995 年初金泳三政府推行了以自理纳税为主要内容的税制改革，实行了综合所得纳税制度，扩大了财源，实现了税收公平。

4. 推动市场导向的改革

金泳三政府制订并实施了《新经济五年计划》，提出七大任务：鼓励投资，恢复经济景气；扶持中小企业；促进技术研发；取消对经济的行政管制，提高企业活力；改善农、渔村结构；稳定生活必需品价格；国民观念革新。政府推动了简政放权、国企私有化、金融自由化等方面的改革。

（三）金融危机前经济转型取得的进展与存在的问题

1980~1997 年金融危机前，韩国面对增速换挡期的挑战，进行了转型的努力，取得了一定的进展。

1. 沿着正确的方向，开启了民主政治和市场经济不可逆转的潮流

从 1987 年“6 · 29”民主化宣言开始，到金泳三文人政府改革，基本完成了军人独裁统治到文人民主政治的转变，实现了政治清明，使得金大中政府能够集中精力在经济改革上。从 20 世纪 80 年代初的经济稳定政策，到 90 年代初促进民间主导发展的经济改革，自由、竞争、公平、开放等市场经济的核心理念在改革的争论和推进过程中被广泛宣传和接受，市场经济观念被启蒙并深入民心。

2. 奠定了一定的制度基础，为进一步深化改革创造了条件

金泳三改革推动了金融实名制、不动产实名制和综合所得税改革，这是建设市场经济最基础的制度要求，既是“必须逾越的关口”，也是“一场硬仗”，为减少政府干预、促进自由竞争、公平税负、产权保护等提供了制度保障。在贸易自由化、金融市场开放、财税体制改革、鼓励企业创新投入等方面取得了一定进展，完善了市场经济的基础架构。

3. 奠定了一定的产业和技术基础，为开启新增长阶段创造了条件

韩国 R&D 投入占 GDP 比例由 1981 年的 0.76% 上升到 1992 年的 1.94%、1997 年的 2.48%。20 世纪 90 年代初，韩国在半导体、液晶显示器、电子、汽车、造船、信息、光电、精细化工等领域位居世界前列，具有较强竞争力。

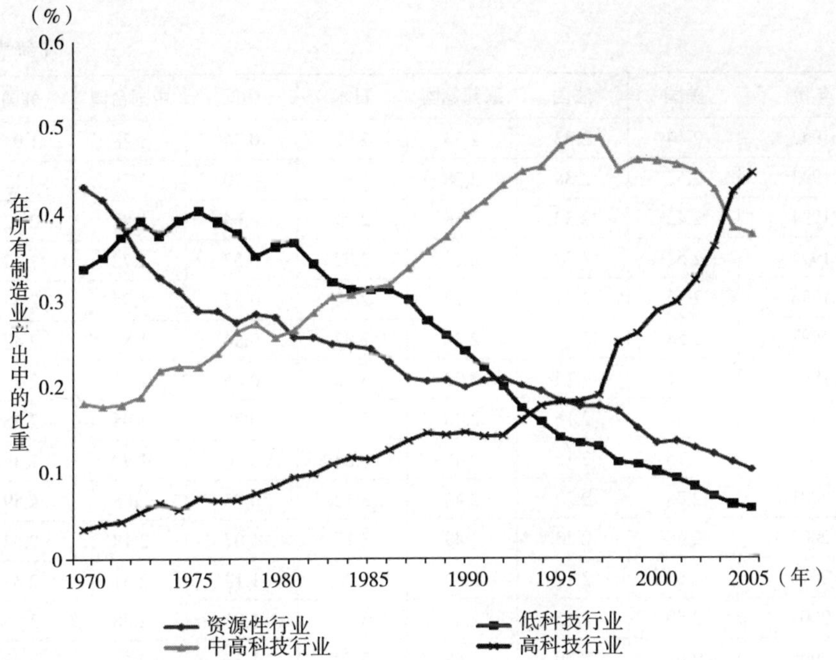

图 3.6　韩国各科技含量类别制造业产出比重的变化

资料来源：制造业科技含量类别的划分是根据联合国工业发展组织（UNIDO）公布的标准。计算基于 EUKLEMS 数据。Barry Eichengreen, Dwight H. Perkins,and Kwanho Shin（2012）

表 3.7　R&D 支出占 GDP 比重（%）

年份	美国	法国	联邦德国	日本	中国	中国台湾	韩国
1981	2.34	1.90	2.35	2.33	—	0.73	0.76
1982	2.51	1.99	2.42	2.42	—	0.68	0.96
1983	2.58	2.03	2.43	2.56	—	0.69	1.04
1984	2.64	2.12	2.43	2.64	—	0.73	1.21
1985	2.75	2.17	2.60	2.77	—	1.03	1.47
1986	2.72	2.15	2.63	2.73	—	1.01	1.64
1987	2.69	2.19	2.74	2.81	—	1.14	1.72
1988	2.65	2.19	2.73	2.82	—	1.24	1.84
1989	2.61	2.23	2.71	2.91	—	1.39	1.89
1990	2.65	2.32	2.61	2.99	—	1.66	1.87
1991	2.71	2.32	2.47	2.96	0.73	1.70	1.84

（续表）

年份	美国	法国	联邦德国	日本	中国	中国台湾	韩国
1992	2.64	2.33	2.35	2.92	0.74	1.78	1.94
1993	2.52	2.38	2.28	2.85	0.70	1.76	2.12
1994	2.42	2.32	2.18	2.79	0.64	1.80	2.32
1995	2.51	2.29	2.19	2.92	0.57	1.72	2.37
1996	2.55	2.27	2.19	2.81	0.57	1.74	2.42
1997	2.58	2.19	2.24	2.87	0.64	1.82	2.48
1998	2.61	2.14	2.27	3.00	0.65	1.91	2.34
1999	2.66	2.16	2.40	3.02	0.76	1.98	2.25
2000	2.75	2.15	2.45	3.04	0.90	1.97	2.39
2001	2.76	2.20	2.46	3.12	0.95	2.08	2.59
2002	2.66	2.23	2.49	3.17	1.07	2.18	2.53
2003	2.66	2.17	2.52	3.20	1.13	2.31	2.63
2004	2.59	2.15	2.49	3.17	1.23	2.38	2.85
2005	2.62	2.10	2.48	3.32	1.33	2.45	2.98
2006	2.66	2.10	2.54	3.39	1.42	2.58	3.22
2007	2.68	2.08	2.53	—	—	—	—

资料来源：OECD. Main Science and Technology Indicator（巴黎：经济合作与发展组织.2008年10月）。Barry Eichengreen, Dwight H. Perkins, and Kwanho Shin（2012）

但是，由于种种原因，一些深层次结构问题没有得到根本解决，为1997年金融危机埋下了隐患。

1. 政府干预与隐性担保仍然存在，道德风险没有根除

在金融危机前，韩国政府虽然推出了放松管制、国企私营化、金融自由化等措施，但政府随意性的行政性干预仍然广泛存在，这加重了微观主体对政府隐性担保的预期，道德风险没有根本消除，企业无法实现完全市场化经营，这是企业负债率和金融机构资产不良率不断攀升的重要原因之一。

2. 经济改革滞后于政治改革，没有实现同步推进

20世纪80年代民主化时期，军人出身的全斗焕和卢泰愚两任总统将主要精力放在政治稳定上。1993~1998年民主人士金泳三上台后，将主要精力放在建立民主政治上。受当时形势影响，经济改革始终未成为各界政府最主要的工作议程，出现了经济改革滞后于政治改革的局面。在金泳三政府时期，由于大力度的反腐败，原有的经济技术官僚不被重用，官员不作为现象较为严重。

3. 受利益集团和舆论影响，改革经常流于形式，并出现多次反复

财阀通过对新闻媒体和研究机构等的控制，制造有利于企业的舆论。国企、工人等各种利益集团利用民主化运动，影响政府决策。而受民主化运动和建立民主政治影响，三届政府的经济决策舆论化导向明显，政府无力实行系统、全面的改革措施，一些重要改革措施在出台不久便被推迟或搁置，很多改革流于形式。

4. 改革的顺序和速度失策

政府在推动金融机构私营化和金融市场对外开放的同时，没有加强风险监管，并且受到了财阀的较大影响，朝着有利于财阀更容易获得融资的自由化方向发展。在内部结构调整不到位的情况下，放开资本账户，加入 OECD，使得内部不平衡被放大，风险外露。在推动管制放开的同时，没有加强政府在促进竞争、风险监管等方面的公共职能。

5. 过剩产能缺乏退出机制，货币环境宽松导致无效资金需求和高负债

1989~1997 年，资本对经济增长的贡献率仍保持高位，但 FTP（内部资金转移定价）的贡献率明显下降。在政府隐性担保的情况下，“大马不死”成为企业的生存法则，企业过度追求规模扩张，过剩产能难以退出。在加大金融对外开放和财阀办非银行金融机构的情况下，总体宽松的货币政策环境使得企业比较容易获得融资，陷入产能过剩与金融加杠杆的恶性循环之中。大量过剩产能不能退出，导致了无效资金需求和高利率，对成长性产业产生了挤压作用。20 世纪 90 年代初，韩国半导体、汽车等新兴产业出现了较好的发展势头，但被捆绑在财阀集团内发展，受传统重化工业拖累。

表 3.8　韩国财阀的经营指标　（单位：亿韩元，%）

	平均负债比率	平均自有资本比率	平均金融费用承担率	销售额	负债额	资产总额
10 大财阀	420.2	20.9	4.7	294957683.4	102511869.6	25984776.5
30 大财阀	594.5	18.7	7.0	3538269.0	1472853.0	339879.0

资料来源：日本经济企划厅调查局编《亚洲经济》，1998 年第 126 页

总体来看，金融危机前，韩国经济改革取得了一定进展，但是呈局部性、被动式、偏政治化、上层精英主导、受利益集团影响、便宜行事、流于形式等特点，深层次结构问题没有得到根本解决，并被一再延误。更深层次地讲，在增速换挡期，韩国各界普遍对经济减速的必然性和增长动力转换的必要性缺乏充分认识，危机

意识和转型动力不强，风险不断累积，最终走向危机倒逼式的改革。

三、1998~2003 年金融危机后韩国的政策应对与结构改革

（一）金融危机爆发的过程与原因

1. 东南亚金融危机和韩国金融危机的爆发过程

20 世纪 80 年代末至 90 年代初，受波斯湾战争、第三次石油危机、日本经济泡沫破裂等影响，美国经济表现低迷。与此同时，泰国、马来西亚、印度尼西亚、韩国等国经济在此期间则实现了高速增长，吸引了大量国际资本流入东南亚地区，外债规模大幅上升。这些地区债务期限严重错配，大量中短期外债进入房地产投资领域，房地产投机盛行，资产泡沫不断膨胀。在汇率政策方面，泰国等国在扩大金融自由化、取消资本管制的同时，仍然维持固定汇率制，给国际投机资本提供了条件。

进入 20 世纪 90 年代中期，美国经济开始强劲复苏，美联储提高利率以应对可能的通胀风险，美元步入新一轮强势周期。采取固定汇率制的东南亚国家货币被迫升值，出口竞争力削弱。与此同时，人民币大幅贬值，中国在吸引外资和增加出口方面表现出强大竞争力。1996 年前后东南亚国家出口显著下滑，经常账户加速恶化。1997 年泰铢、菲律宾比索、印尼盾、马来西亚令吉、韩元等先后成为国际投机资本的攻击对象，资本大量流出，固定汇率制被迫放弃，货币大幅贬值。随后股市受到重创，房地产泡沫破裂，银行呆坏账剧增，金融机构和企业大规模破产。

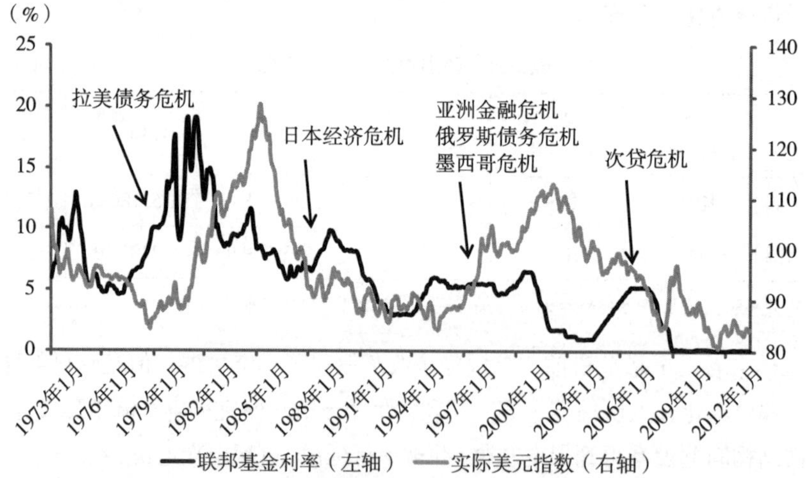

图 3.7 美国货币政策调整、美元汇率与历次金融危机

资料来源：WIND

东南亚金融危机沉重打击了韩国，韩国金融危机从外汇危机开始，引发了资本外逃，并爆发了企业财务危机和银行业危机，最终升级成全面的经济危机。1992~1996 年间韩国外债规模以年均 27% 的速度增加，到 1996 年已经达到 1633 亿美元，其中短期外债达到 1000 多亿美元。而当时外汇储备只有 332.4 亿美元（可用外汇储备 294.2 亿美元），短期外债是外汇储备的 3 倍。1996 年由于半导体等主要出口产品价格大跌，韩国经常账户大幅恶化，贸易赤字占 GDP 比例急升至 4%。金融机构风险管理水平较差，1996 年企业贷款不良率达到 22%。30 家大财阀的平均资产回报率在 1996 年、1997 年只有 0.2%、-2.1%，失去自我造血功能。1997 年 30 大财阀中的韩宝、起亚等 8 大财阀破产倒闭，金融机构不良资产大幅增加。1997 年 7~8 月间东南亚多国发生外汇危机，信用评级被大幅调降的东南亚各国无法继续从市场上融资，外国投资者大幅撤离。1997 年 11 月末韩国外汇储备减少到 244 亿美元，可用外汇储备只有 72.6 亿美元。为了获得援助，1997 年 12 月 19 日韩国与 IMF 达成协议，接受 IMF 条件进行改革和开放。

2. 韩国金融危机爆发的原因

克鲁格曼（1994）比较早地对“亚洲奇迹的神话”提出了质疑，他认为东亚新兴工业化国家快速的经济增长主要是依靠要素投入驱动，而不是通过提高效率实现的，这种增长是不可持续的。创造增长奇迹的东亚新兴工业化国家只是“一群纸老虎”，并不能证明西方传统的自由主义经济政策是错误的。

巴里·埃森格林、德怀特·珀金斯（2012）认为，1997 年韩国金融危机是韩国各界因拒绝经济减速而导致政策失误引发的。国际经验表明，当一国人均 GDP 达到 14000 美元（按照购买力评价 2000 年美元）时，普遍出现经济减速①。从大多数情况来看，这种增速放缓是一种规律性现象，是经济走向成熟的必经阶段。韩国在 1989 年前后由于出口增速放缓、制造业比重下降、劳动力成本上升等因素，已经出现了增长放缓的迹象②。但是，韩国政经各界拒绝减速，在 20 世纪 90 年代初期试图通过举借外债刺激投资继续维持过去的高增长，政策出现重大失误。

① 这一判断与刘世锦等（2011）一致，刘世锦等认为，潜在增速下台阶的时点在人均 GDP 11000 国际元（1990 年 G—K 国际元）左右。参见：刘世锦等 . 陷阱还是高墙？中国经济面临的真实挑战和战略选择 [M]. 北京：中信出版社，2011。

② 根据韩国大韩商工会议所（2010）的研究，近 20 年来，韩国经济“潜在增长率”持续下降。其中，1986 年至 1990 年平均为 10.1%，1991 年至 1995 年平均为 7.5%，1996 年至 2000 年平均为 5.4%，2001 年至 2005 年平均为 5.1%，2006 年至 2009 年平均为 3.0%。大韩商工会议所认为，“经济潜在增长率下降的原因，是老龄化和低生育率现象加重，劳动力供不应求，设备投资不振，资本投入减少，劳资关系紧张，服务产业效率低下，研发投资效益不高”。参见：《韩国经济》，2010 年 3 月 12 日报道。

在此期间，韩国全要素生产率（TFP）和投资回报率明显下滑，企业负债和金融风险大幅攀升，这种不可持续的增长方式最终在1997年被金融危机打断。

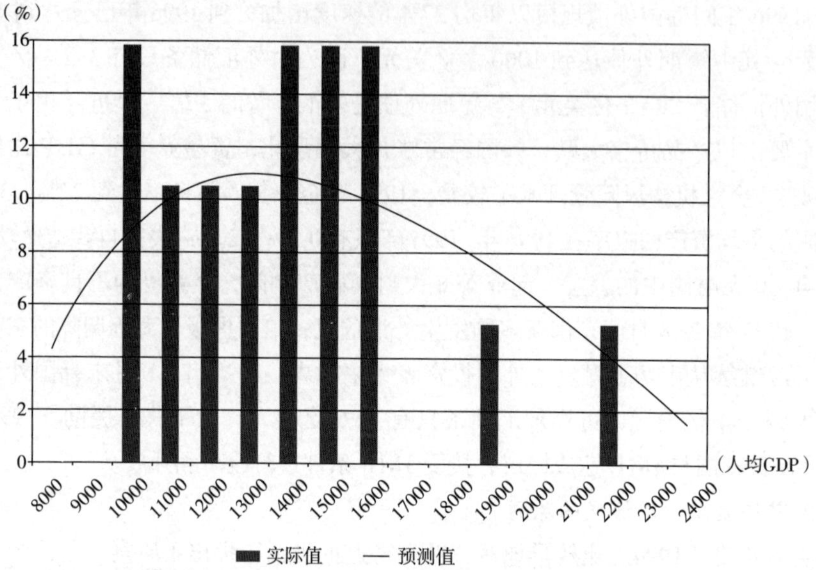

图3.8　经济减速与人均GDP

注：上图展示了20个GDP持续增速减缓的样本，其中有些国家有两次不同阶段的增速减缓。

资料来源：Barry Eichengreen, Dwight H. Perkins, and Kwanho Shin（2012）

郑德龟（2008）[①] 认为，韩国金融危机是外部东南亚金融危机传染和内部转型不到位的综合影响所致。韩国社会支配结构没有随着国内外形势的变化而及时革新，在转型期出现了系统、市场、政府的全面失灵。由于更多的是迫于外部压力和外部环境而被动地急速转型，导致从外部引入的市场经济制度的硬件设施与市场参与者思维模式的软件设施方面出现不协调、不一致。1997年韩国金融危机是外部东南亚金融危机传染和内部转型不到位的综合影响所致：过去高速增长的经历使经济主体对政府过分信任，各界沉迷于过去的成功神话，当金融危机爆发后，这种对政府的信任急转直下；虽然逐步建立了市场经济体制，但政府仍然实行暗示性的干预方式和隐性担保，道德风险蔓延；当时飞速发展的东亚经济和美国良好的经济状况导致很多人缺乏危机意识；在推动市场化、自由化改革的同时，没有建立相应的监督体系，导致企业负债和金融风险上升；缺乏淘汰不良

① 郑德龟曾任韩国IMF谈判首席代表，财政部副部长，产业资源部部长。

企业的退出系统，金融安全网和社会安全网不健全；内部调整不到位便主动加入OECD，加快开放进程；20世纪90年代的结构调整在速度和顺序上失策；总统五年单任制使政治不稳定，更多地注重政治而不是经济问题；过去支撑高增长的高效的经济政策决策结构——“总统—经济官僚—财阀企业”——被打破，新的机制没有有效建立运行起来；当时的国际金融社会重新调整而没能及时做出预警。

安玹镐[①]（2013）认为，导致1997年韩国金融危机的原因主要是：（1）缺乏行之有效的综合应对机制。缺乏对中等收入陷阱的了解，缺乏如何应对的知识，缺乏对生产要素投入型经济增长的局限性和对新型发展战略必要性的认识；采取随机应变的措施，导致管理体系和制度改革的失败。（2）确保投资效率的体制不健全。缺乏有效竞争；大企业决策机制落后，依赖于企业所有者的独断专行，缺乏有效的监管；金融制度的落后导致无法正确引导有效投资；大企业、政府、银行间的关系过于紧密，使得大企业的亏损积累变成银行系统的负债累积[②]。（3）向新经济增长阶段战略转型的努力非常欠缺。未能建立全要素生产率为主的经济增长体系，支持技术创新的R&D政策未能全面实施，未纳入国家最优先课题，缺乏引导企业及产业创新的R&D体系、人才培养(教育+培训)机制和税制。（4）维持要素投入型经济增长方式的努力以失败告终。政府未能遏制工资急剧上升，劳资谈判失败；缺乏限制大企业多领域盲目多元经营的制度，大企业、政府、银行间相互勾结。

金融危机爆发后，东南亚各国元首对危机原因也存在较大分歧。新当选的韩国总统金大中[③]（1998）认为，金融危机是经济全方位的问题，政府对银行贷款过多干预破坏了金融秩序，使企业失去了竞争力。应该将“民主主义与市场经济并行发展”作为解决办法，按照市场经济原理，加大改革力度。马来西亚总理马哈蒂尔认为，马来西亚一开始也开放市场，但是以对冲基金为代表的短期投机资本钻了自有市场经济的空子，操纵市场，造成了资金的恶性循环。“以后只能在生产范围内允许并鼓励引进外资，并计划对资本流动进行管制。”

总的来看，1997年韩国金融危机主要是在增速换挡期，由于韩国内部结构调整不到位所致。由于对经济减速的必然性和增长动力转换的必要性认识不够，寄

① 安玹镐任韩国贸易协会常务副会长。

② 1997年末根据韩国金融监管办公室的数据，五大企业集团的负债比率达到478.9%，大宇、韩宝集团负债比率约1000%。

③ 参见金大中在1998年4月亚欧会议（ASEM）和11月亚太经济合作组织首脑峰会（APEC）上的演讲。

希望于通过扩大投资和负债继续维持高增长，导致结构调整进展迟缓。金融自由化缺乏统一规划和相应的监管机制跟进，提供了宽松的货币环境。对外开放的速度和顺序失策，加上政府隐性担保，导致企业对外负债快速攀升。实体经济传统产业的过剩产能不能退出，金融被迫加杠杆，低效投资和传统增长模式不可持续，最终不得不以金融危机的方式终结。

（二）金融危机后金大中政府对形势的认识与结构改革

1. 金大中政府对当时形势的认识

看似已经迈入发达国家行列的韩国，在 1997 年爆发了严重的外汇、金融和经济危机，这引起了韩国各界的深刻反省。金大中政府认为，“韩国经济危机是由不良企业、不良金融的暴露，引发了对外信誉的急剧下降，以及忽视金融监管和国际金融市场的不稳定所导致的。但是最根本的原因还是过去 30 年间，进行压缩式增长过程中，积淀了经济结构脆弱性，市场经济体制未稳固，适应环境变化的改革政策由于领导的不得力和缺乏实践经验，频频失败”。[①]

金大中政府认为，发展初期，在政府主导下实现了经济的“压缩增长”，人均 GDP 表面上已经接近发达国家水平。但是，由于技术落后，大部分核心技术和零部件、生产资料依赖国外，因此只能通过规模扩张来提高收入，这种经济结构非常脆弱。低效投资缺乏约束和过剩产能缺乏退出机制，导致了不良企业增加。各界都预计政府会由于担心失业和金融风险而救助濒临倒闭的企业，助长了企业盲目投资和道德风险。不良企业导致了不良金融，金融自由化过程中疏忽了金融监管导致短期外债激增。政府主导的依靠要素投入的外延式增长模式，没有及时转换为市场经济体制，国家竞争力下降。

金大中政府提出了“民主主义和市场经济并行发展”的施政纲领，认为民主主义和市场经济都具有自由、竞争和责任的内涵，二者相辅相成、相互促进。依靠政府主导的体制，“在经济结构比较单一的发展初期能够产生高效率，但随着经济社会发展的多元化和经济结构的复杂化，这一模式就走到了尽头”。“把民主主义和市场经济同时发展的国家，已经迈入发达国家行列”，“实际上已实现经济现代化，但无论是民主主义未能真正扎根的联邦德国，还是明治维新后的日本，由于经济势力和政治权力的集中以及法西斯主义体制，都以演出了挑起世界大战

① 韩国财政经济部，韩国开发研究院．与国民同启未来：韩国总统金大中的经济哲学 [M]. 北京：中央民族大学出版社，1999.

的悲剧而告终。”韩国要按照自由、竞争、公平、开放的原则，重新界定政府职能，推动结构改革，完善市场经济。

2. 金融危机后韩国政府的应对

金融危机期间，韩国政府的应对措施主要是克服外汇危机和实施结构改革。

（1）克服外汇危机

当时韩国最紧迫的是克服外汇危机。为了获得550亿美元救助资金，1997年12月韩国政府与IMF（国际货币基金组织）签订了条件苛刻的协议①，主要内容包括：① 1998年经济增长率要恢复到3%；② 1998年、1999年两年的经常项目赤字要控制在国内生产总值的1%以内，或者缩小至50亿美元以下；③物价上涨率要控制在5%以内；④实施货币和财政紧缩政策，并增加税收；⑤进一步对外开放资本市场，允许外国人持股超过50%；⑥加快金融改革和产业结构调整；⑦加紧进行企业整顿和结构改造；⑧解除外国人兼并国内企业的限制等。与历史上其他接受救援国抵触IMF条款不同，金大中政府选择了与IMF积极合作，认为这也是韩国改革的方向，主动彻底地履行了关于结构改革和资本自由化的协议内容。

1998年1月韩国政府同国外债权人签订了短期外债转换为中长期外债的协定。4月在国际资本市场上发行了40亿美元的外汇平衡基金债券。截至1998年3月，韩国民众募集了226吨黄金（21.5亿美元），展现了全国上下共克时艰的团结精神，赢得了世界各国的尊重。同时，韩国政府积极引进外资，允许外国投资者收购、兼并国内企业，放宽了外国人购买国内土地的条件。对外国人直接投资领域进一步开放，到2002年年末，除广播电视业之外的所有领域均向外国投资者开放，其开放率达99.8%，并修改相关法规改善FDI投资环境。

韩国政府积极开展外交活动，力图重新赢得世界的信任，吸引国外投资者。在1998年4月的欧亚会议（ASEM）上，金大中阐明经济危机的根源在韩国经济本身，韩国将实行民主主义与市场经济并行，加大经济改革和对外开放力度，

① IMF成立的宗旨之一是“通过其职能向会员国提供短期信用，帮助解决国际收支的不平衡”。IMF在向会员国提供贷款的同时，会向借款国推行一套国际收支调节政策，以实现借款国经常项目的可维持性，使借款国恢复从国际金融市场筹集资金弥补经常项目逆差的能力。IMF推行的国际收支调节政策的主要内容有：紧缩性货币政策；紧缩性财政政策，限制政府预算赤字和向银行透支的限额；取消进口和外汇管制；提高利率，吸引外资流入，等等。这套政策在不同时期不同国家效果差别较大，20世纪80年代的拉美债务危机和20世纪90年代的墨西哥金融危机效果均较差。2009年欧债危机中，IMF对“欧猪五国”提出的救援条件基本类似。

并向各国首脑发出了派遣投资考察团的邀请。1998 年 6 月金大中访问美国，签订了韩美投资协议，扩大了美国进出口银行的贸易信用额度，签署了美国派遣投资考察团的协议。1998 年 11 月，金大中访问中国，向朱镕基总理提出了人民币不贬值的请求，以及经济合作方案：允许韩国企业在华建立进口车零部件组装工厂、中国引进韩国 CDMA 通信技术等，为韩国手机、汽车等产品进入中国市场奠定了基础，2000 年以后韩国经济极大地受益于中国经济的快速发展。

1998 年 7 月末，韩国外汇储备升至 393 亿美元，短期外债比例大幅减少。1998 年韩国出口快速反弹，经常账户出现盈余，经济增速由 1997 年的 –5.7% 回升至 1998 年的 10.7%。快速贬值的汇率趋于稳定，急升的国内利率开始下降。韩国外汇危机基本缓解，为全面开展企业、金融、政府和劳动力市场四大领域的结构改革创造了必要条件。

（2）金融部门改革

随着韩国外汇情况逐步稳定，政府工作的重点从确保外汇流动性转向恢复国内金融市场功能。金大中政府非常重视金融改革，改革的重点是尽快从危机中恢复金融机构正常融资功能，防止资金紧缩的恶性循环，同时加强金融制度建设，强化金融机构自律性，提高竞争力。“四大领域中最重点的改革是金融改革，金融改革的焦点是银行……只有银行恢复正常机能，企业才能站起来；企业健康，国家才能强大。”（金大中，2012）金融部门改革的主要措施包括：

首先，迅速整顿不良金融机构。

——尽快清理不良债权。根据韩国财政经济部和韩国开发研究院统计，1998 年 3 月末，韩国金融机构不良债权规模达 68 万亿韩元，如果包括今后还有可能转换为不良债权的授信业务，共 118 万亿韩元。其中减去通过资产出售和海外合作等自身努力能消除的不良债权，还需要整理的不良债权有 100 万亿韩元左右。由于股市和不动产市场的持续低迷，金融机构自我筹资能力有限。而且如果不良债权整顿推延，将使金融系统不能有效恢复，给国民经济带来重大的负担。因此，韩国政府决定动用财政的力量，1998 年 5 月政府追加投入 50 万亿韩元（加上先期投入的 14 万亿韩元，总计 64 万亿韩元）公共资金以帮助金融机构调整。其中 25 万亿韩元用于购买可能恢复经营的金融机构的不良债权，16 万亿韩元用于金融机构增资，9 万亿韩元用于弥补储户的损失。1999 年和 2000 年由于大宇集团破产和现代集团经营不善，不良贷款再度增加，政府追加了 40 万亿韩元资金（至此，政府总计投入 104 万亿韩元资金）。1999 年专门成立了韩国资产管理公司来购买和处置金融机构不良资产。

——进行银行结构调整。1998 年 4 月，金融监管委员会按照 BIS（国际清算银行）标准，让自有资本比率不足 8% 的 12 家银行制定实现经营正常化计划书。1998 年 6 月 29 日金融监督委员会决定将被判定为经营正常化可能性不大的 5 家银行（东华、东南、大同、京畿、忠清）关闭，将其资产、负债转交接管银行。而对被判定为可以恢复经营正常化的 7 家银行（朝兴、商业、韩一、外汇、平和、忠北、江原），要求实施大幅度重组管理层、扩大股权出售、合并、裁员、减少分支机构等自救措施，以实现经营正常化。

韩国积极引进外资以改善银行资本结构，使处于困境的银行获得新生，同时引进外国的先进管理经验，全面提升韩国金融产业的经营水平。1999 年 7 月 3 日，韩国金融监督委员会宣布，将韩国第一银行出售给美国新桥银行财团；而后将外汇银行 31. 6% 的股份卖给联邦德国布莱尔集团，韩国国际银行 11. 8% 的股份卖给美国特曼沙克斯集团，住宅银行 10% 的股份出售给荷兰 ING 集团。

——对第二金融圈进行结构调整。在韩国，除了银行以外的保险、证券、信托、投资等金融机构被称为“第二金融圈”。这些机构大多掌握在大企业财团手中，经常成为大企业为自己融资的工具而危及金融安全。改革第二金融圈的目的就是切断韩国大企业特别是五大财团对第二金融圈的控制，防止这些金融机构成为大企业的“小银行”，使大企业集团的结构调整得以顺利进行。根据这一目的，韩国政府对非银行金融机构结构调整的基本原则是，分阶段强化小股东的权利，限制大企业在第二金融圈中持有的股份，在第二金融圈中引进“独立董事制度”。并且建立监督委员会，实行综合财务报告书制度，对经营不力的负责人进行财产检查的同时，要求其赔偿损失。而对于经营不善的非银行金融机构，也同银行改革一样限期整顿，对无法恢复正常的机构果断处理。1998 年 6 月韩国政府对 22 家保险公司进行清查，8 月决定关闭 4 家经营不善的人寿保险公司，要求另外 7 家因经营条件变化而财务状况恶化的人寿保险公司提交紧急自救计划。综合型金融机构是从国外借入短期资金并贷给企业投资的主要渠道，是引发外汇危机的重要原因。1998 年 6 月韩国政府以对 30 家综合金融机构的资产调查和经营正常化计划书评价结果为基础，取消了 16 家综合金融机构的资格，对余下的 14 家，也按 BIS 标准，限期整顿；对发生支付困难的高丽证券等公司采取取消经营许可的措施，对发生支付困难的产业证券等公司采取停业整顿的措施，对 1998 年 6 月末资产负债比率达 100% 的 4 家证券公司的经营改善计划进行评估，并对有条件的许可经营的证券公司的经营状况每季度检查一次；解散无支付能力的 5 家投资信托公司，对 214 家互助信用金库与信用协同组合进行整顿。

其次，改革金融机构的经营机制，开放国内金融市场。韩国在金融机构调整的同时，也把提高金融产业竞争力和效率列为重要课题。努力使金融机构成为自主经营、自负盈亏的盈利实体，同时，提高其贷款审查能力，改革财会制度和公告制度，提高经营透明度。为了使金融机构彻底以营利为经营目的，韩国政府将对金融机构的政策从事前管制转为事后监督体制，使金融机构发放贷款和退出市场完全自由化，贯彻自我生存原则。并在 1998 年 5 月修改的银行法中规定，非合资银行也可任用外国雇员，通过聘用专业人才，改进金融管理。政府为促进金融市场的竞争，还积极扩展金融机构的营业领域，减少融资限制，规定了金融机构合并、接收标准及支援事项。开放金融市场，允许外国银行和证券公司在韩国设立现地法人机构，向外国投资者开放综合金融业、证券投资信托等领域，促进金融经营的自由化。政府为提高金融机构的贷款审查能力，建立评估体系，开放信用情报业，按国际标准改革会计制度和公告制度，使金融机构与投资者能准确了解贷款者的信用情况。

再次，建立独立统一的金融监管机构，提高金融体系的安全性。危机前，韩国的金融机构依各自性质分别归属不同的机构监管，由于各自管理，政出多门，难以实现有效监管。尤其是对非金融机构通过离岸市场和海外机构筹措外资方面的管理制度相当松散，引发了韩国的外债危机。所以金融危机后，韩国大力调整货币政策机构，于 1997 年 12 月修改了韩国银行法，使韩国银行独立、自律地执行货币政策，强化了金融货币委员会的独立性。于 1998 年 4 月将过去分散执行监督职能的财政经济部、银行监管院、证券监管院统一由金融监管委员会和金融监管院管理，完成了对金融监管机构的合并，最终确立了金融监管部门的独立性和统一性。

最后，培育资本市场。韩国此次金融危机的直接原因是金融机构不良债权的积累，而这是由于韩国资本市场不健全、企业过分依赖银行贷款。韩国政府一方面责令银行调整结构，化解不良债权；另一方面积极发展资本市场，通过培育长期稳定的机构投资者促使证券市场健康发展，通过国债市场激活债券市场，并努力将股票场外市场 (KOSDAQ) 确立为中小风险企业的资金市场，使金融市场均衡发展。

从总体上看，政府资金的注入，有助于迅速稳定金融和恢复经济，从而提高了韩国的国际信誉。韩国纳税人付出的代价尽管沉重，收益也很明显。金融部门改革被认为是韩国四大部门改革中最彻底、最有效的改革，恢复了正常融资功能，为企业、政府和劳动力市场部门改革创造了宏观稳定环境。

表 3.9　韩国金融机构重组情况

部门	1997 年底的机构数量（个）	被重组的机构数量（个）	重组比率（%）	处置方式与数量
银行	33	11	33.3	关闭 5，并购 5，外资收购 1
商业银行	30	21	70.1	关闭 18，合并 3
证券公司	36	6	16.1	关闭 6
信托投资公司	31	7	22.6	关闭 6，合并 1
保险公司	50	13	26	合同转让 5，合并 1，出售 5，自愿撤资 2
租赁公司	25	9	36	关闭 9
互助储蓄和财务公司	231	28	33.8	关闭 43，合并 19，出售 16
贷款协会	1666	340	20.4	关闭 2，合并 101，自动清算 97，破产 140
总计	2102	485	23.1	

资料来源：Samsung Economic Research Institute Three year after the IMF Bailout, April 2001, P·117

（3）企业部门改革

金融危机后，韩国企业大批倒闭，过度负债、多元化经营、管理不规范、财务不透明等是主要原因。韩国政府实施了基于“5+3”原则的企业部门结构改革。

1998 年 1 月，金大中政府与四大财阀①达成了企业结构调整的五大原则：①提高企业管理透明度；②禁止相互间债务担保；③改善财务结构；④集中专业化经营，加强与中小企业分工协作；⑤强化大股东和管理者责任。韩国政府通过修改法律和制定规章制度，大力提高企业经营透明度，加强利益当事人的监督，以提高国内外投资者对国内企业的信任。政府要求财阀企业必须制定包含子会社的“综合财务报表”，公开经营情况。按照国际标准修改了企业会计准则，提高企业财务透明度。自 1998 年 4 月 1 日起，禁止相互间债务担保，已有债务担保到 2000 年 3 月底要全部解除。加强了监事会、小股东、机构投资者对企业的监督。负债率较高财阀企业与主要债权银行签订了财务改善协定，要求五大财阀要到 1999 年末，其他企业集团要到 2000 年末，将负债率降到 200% 以内。为帮助

① 三星、现代、LG 和 SK。

企业筹措资金、降低负债，对国外投资者放开不动产市场，免除不动产转让差价税，允许银行开展基于不动产的资产证券化业务。政府修改了《破产法》《证券交易法》《反垄断和公平交易法》等相关法律，搞活企业兼并、重组市场。为促进企业调整，组成以银行为主的不良企业判定委员会，1998年6月宣布55家企业将被注销。2001年2月韩国制定了“企业信用风险定期评价制度”和“结构调整促进法”，债权银行根据标准定期对企业进行风险评估，并根据情况采取相应措施。

为了提高企业竞争力，调整过剩产能，防止企业内部经营恶化的行业部门拖累经营良好的部门，纠正财阀“章鱼爪式”的多元化经营模式弊端，从1998年7月开始，政府在财阀间推动行业交换计划(Business-swap Plan)，被称为“Big Deal”。围绕资产评估、经营主体等问题财阀间争论激烈，行业交换计划一度陷入僵局。但财阀经营的行业结构还是得到了一定优化，30家大财阀在1997年4月共拥有821家企业，到2000年4月减至544家。

1999年8月韩国政府又增加了企业结构调整的三大补充原则：①提高非银行金融机构的治理结构，防止产业资本对非银行金融机构的支配；②限制企业间循环出资和不正当内部交易；③禁止非法继承和馈赠。这三大原则旨在阻止财阀通过对非银行金融机构的支配控制，以逃避结构调整，制止财阀所有者向继承人和亲属非法输送公司利益。

韩国政府对企业部门的结构调整提高了企业市场竞争力，消除了政企间的隐性担保和道德风险。1998年大宇集团破产使得“大而不倒”的神话破灭，随着“破产法”的修订和执行，政企间道德风险逐渐解除。

（4）公共部门改革

金大中倡导民主主义和市场经济并行发展。为适应市场经济体制，需要建立小而高效的服务型政府，建立以需求者为中心的公共服务供给体制，以结果为导向的预算管理和后评价体制。公共部门改革的主要内容包括简政放权、压缩预算、国有企业私营化等。

韩国在1998年2月和1999年5月两次进行政府机构改革，进行了机构合并和人员精简，削减财政支出，涉及中央政府、地方政府、附属机构和政府出资的研究机构。韩国中央政府计划清退16％的职员，即25955人。到2000年年底，清退了2100人，完成计划的82％。地方政府基本上将低级职员全部清退。一些行政机构也逐步合并或精简。

为了放松行政管制，促进市场经济发展，政府对现有规章制度进行细致的审查，1998年末中央政府部门的11125件规章制度中的5430件（占48.8%）被废除，2411件（占21.7%）得到改善。1999年又集中进行审查，废除了503件，改善了570件。

1998年7~8月，韩国政府决定对26个公共机构中的11个进行私营化。其中，确定浦项制铁、韩国重工、韩国综合化学、韩国综合技术金融、国政教科书等5家国有企业在短期内进行彻底的私营化，韩国通信、韩国烟草人参公司、韩国电力、韩国煤气公司、韩国输送管道公司、地区热力公司等6家国企进行阶段性私营化。在金大中任内，有8家国企实现了私营化，只有韩国电力、韩国煤气公司、地区热力公司3家能源公共机构没有实现私营化。在私营化的同时，政府清退了国有企业的剩余劳动力，清退率为24.8%。政府对国有企业和政府出资机构的经营机制也进行了改革，建立责任与效益为主的经营机制，实行经营公开制、年薪制、经理经营合同制等新的管理措施。

为了促进结构调整，韩国政府有针对性地修订了税制，并实施了一系列延期征税或减免税措施，以降低交易费用，便于结构调整过程中相关交易的顺利进行。税收激励的重点在所得税、资本利得税和清理一些相关地方税方面，主要有：对公司购并产生的利润，在这些资产转让前，可延迟缴纳公司所得税，也免征注册登记税 (Registration Tax)；公司拆分经营部分的资产重估所产生的资本利得税，在拆分部分资本转让前，可延迟缴纳；等等。

（5）劳动部门和社保改革

金融危机前，韩国劳动力市场过于僵硬，多数企业存在类似终身雇佣现象。工会势力较强，工资涨幅经常超过劳动生产率。金融危机之后，为了配套金融、企业和公共部门改革，必须要改革劳动雇佣制度，提高劳动力市场弹性。

1998年1月成立了劳资政委员会，制定了结构改革和分担困难的社会协议。1997年以前的劳动法虽然允许解雇员工，但限制很多。1998年2月在IMF的督促下，政府修改了劳动法，放宽了解雇条件，增强了劳动力市场的流动性，促进了企业和金融机构的重组和调整。1998年7月将劳动派遣制合法化。

受金融危机和结构调整影响，韩国失业率由1997年的2.7%上升至1998年的7%，解决就业和扩充社会安全网成为韩国政府重要课题。1996年3月制定了雇佣维持、增加雇佣、职业培训、职业介绍、失业保障等“失业问题综合对策”，政府拨款10.5万亿韩元用于失业安置工作，加大了基础设施投资，对于解决临时就业起到了较大作用。失业保险制度由覆盖30人以上的企业，1998年1月扩展到 10 人以上企业，3 月扩展到 5 人以上企业，10 月扩展到所有企业。2000 年政府出台了覆盖所有人群的最低生活保障制度。1999 年 4 月国民养老保险扩大到城市所有居民。韩国以前的医疗保险按地区、工作单位等分别运营，1998 年 10 月至 2000 年 7 月逐渐实现了合并，推动了医药分离。

（6）扩大对外开放

韩国作为世贸组织会员国，贸易自由化程度较高，金融危机后进一步加快了开放速度，如取消贸易补贴制度，简化进口手续等。

危机前韩国对外商直接投资和资本市场管制程度较高，危机后大幅扩大了外国投资领域，提高了资本账户自由化程度。1998 年 4~5 月先后放开了 11 个行业的外商直接投资限制，1148 个行业中，除了涉及国家安全和保护国家文化等不宜开放的 31 个行业外，基本已对外国投资者开放，达到发达国家水平。1998 年 5 月放开了外国投资者兼并重组国内企业的各种限制，可以不经董事会同意获得国内企业 100% 股份。1998 年 6 月全面放开外国投资者购买国内土地。制定了外国人投资促进法，改善对外国投资者的服务，简化投资程序，并提供税收减免等优惠措施。

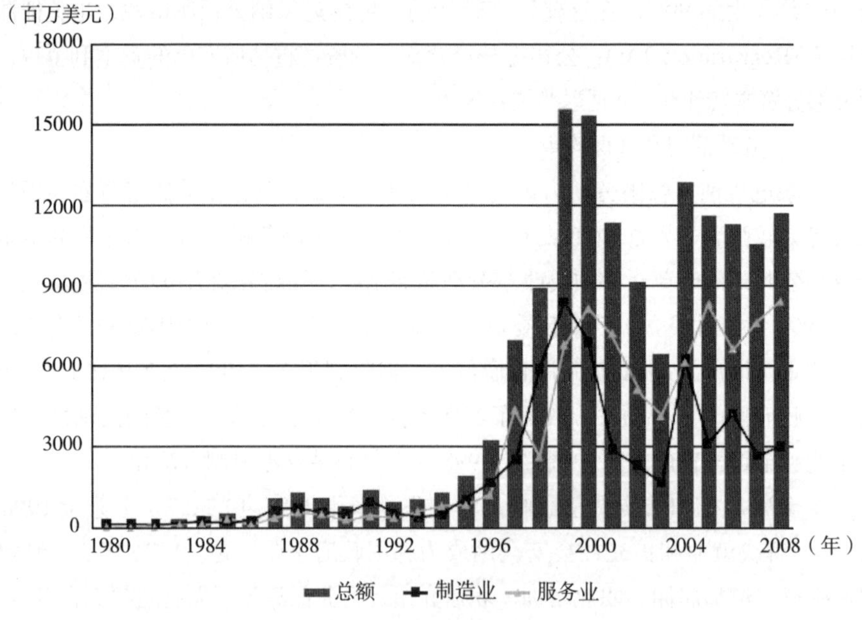

图 3.9 对韩国制造业和服务业的外国直接投资（FDI）

资料来源：Barry Eichengreen, Dwight H. Perkins, and Kwanho Shin（2012）

为了尽早克服外汇危机和更多地引进外资，韩国政府大力推进股市、债市和资本账户开放。1998 年 5 月 25 日完全废除了关于外国人入股的投资限制，扩大了债券市场的开放，废除了所有长短期国债、公司债的外国人投资限度，废除了民间企业不许从海外借入 3 年以上资金贷款的规定。

（7）信息化和科技创新能力建设

金大中政府认为高速宽带网是建设信息社会的基础设施，1999 年政府开始进行大规模投入。信息通信部提出“网络韩国 21 计划”：建立信息基础设施；提高政府、企业和个人使用信息基础设施的便利性和透明性；利用信息化创造就业岗位；培育信息化人才和出口商品。其中信息化基础设施建设被作为计划首要目标，4 年间投资了 10 万亿韩元用于高速通信网建设。2001 年末韩国互联网普及率高达 17.16%，位居 OECD 成员国第一位，超过美国。2000 年年底，韩国政府以信息高速公路开通为契机，开始推进电子政府建设，制定了《信息化促进基本法》《电子署名法》《电子政府法》等。2002 年 5 月美国《商业周刊》报道，“韩国有着 2000 万的网络用户和 3000 万的手机用户，他们正在把韩国建成能够试验新资讯服务和无线技术的独一无二的市场”。

要摆脱外延扩张型的经济增长模式，必须提高科技创新能力。金大中政府提出要由应试教育转向以企业需求为中心的教育，加强教育的民主化、信息化和福利化。实施科技强国战略，提高自主创新能力，建立以企业为主体、以生产效益为目标的创新体系，提高研发投资的商业化导向，培育中小企业和风险投资。韩国 R&D 投入占 GDP 比例由 1998 年的 2.34% 上升到 2003 年的 2.63%。21 世纪以来，手机、汽车、半导体、数码家电、影视创意、特种船舶等一大批新兴产业快速成长，韩国产业结构不断优化升级。

金大中政府把文化、旅游业作为战略性产业进行培育，坚持“积极支持但不进行干涉”的原则，采取了扩大政府投资、培养创意人才、加强知识产权保护、提升自由创作环境等措施，取消了电影上映前审查。在金大中政府任内，总体预算增加不到 5%，但文化部门的预算增加了 40%。21 世纪以来，全世界范围内掀起了一波“韩流”热潮，韩国制作的电影、电视、歌曲和饮食等受到广泛欢迎，韩国文化软实力大幅上升。

（三）金大中政府改革的效果

金融危机后，韩国政府克服了外汇危机，实现了全面而彻底的结构改革，为走向持续健康发展奠定了制度基础。1999 年韩国经济增速由上年的 –5.3% 反弹至 9.5%。2001 年 8 月 23 日，韩国政府还清了最后一笔紧急救济借款，摆脱了 IMF 经济托管体制。9 月 15 日，外汇储备超过 1000 亿美元，成为继日本、中国等之后的第五大外汇储备国。

与此同时，韩国金融、企业、政府、劳动四大部门结构调整取得重大进展。金融机构不良债务被清理，正常的融资功能得以恢复，避免了信用环境继续恶化。金融机构股权和治理结构得到改善，独立统一的监管机制建立起来。企业负债率大幅下降，经营主业更加突出，财务结构和治理结构大幅改善，政企间“大马不死”的道德风险解除。小而高效的服务型政府逐步建立，简政放权、压缩预算、国企私营化等取得实质性进展。劳动力市场变得更具弹性，社会安全网更加完善。贸易自由化、投资自由化和资本自由化全面推进，对外开放上升到新的高度。科技创新能力增强，一大批新兴产业快速成长，产业结构不断优化升级。

四、金融危机前后的政策比较与启示

韩国在发展过程中犯过很多错误，比如，20 世纪 50 年代推动进口替代战略、60~70 年代实行高度军事独裁统治、80 年代重化工业战略转型迟缓、90 年代国内结构调整不到位便仓促加快开放、金融自由化过程中缺乏监管等，甚至在 1997 年爆发了严重的金融危机。但是，韩国最终还是实现了增长阶段跨越和增长动力转换，用了 10 多年的时间迈过减速关，用了 60 多年的时间从贫穷落后的农业国转型为成熟发达的经济体。

不可否认，韩国在经济减速期的转型成功具有很多特殊性，比如，韩国处在重要的地缘政治位置，以美国为首的西方国家长期把韩国作为“自由世界的桥头堡”，给予大力扶持，对其开放出口和技术市场，在金融危机时施以援助，“跌倒了有人扶一把”；韩国即使在 1961~1979 年的军事独裁统治时期，以金泳三、金大中为代表的民主化势力仍然得以保存，这为韩国在工业化后期过渡到民主政治和市场经济奠定了基础；韩国只有不到 5000 万人口，属于中型国家，“船小好调头”，在国际上有几个产业或几个企业具备竞争力就足以迈进高收入阶段；韩国从一开始起飞就以私营企业为主，企业竞争意识比较强，当政府不再提供隐性担保以后，能够在国际上较快建立竞争力；韩国收入分配比较公平，社会相对稳定；等等。

但是，韩国迈过减速关主要还是得益于全面而彻底的结构调整①。韩国的转型成功不是偶然现象，也不是某一项政策的结果，而是一系列政策措施和制度改革综合作用的必然产物。

如果对比金大中政府的施政纲领②、金泳三政府的施政纲领③、全斗焕和卢泰愚政府的施政纲领④，可以发现，转型期间四届政府（1980~2003年）的政策方针基本一致⑤，即按照民主政治和市场经济的方向进行改革。但实际的执行效果形成明显反差：危机前，深层次结构改革被一再延误，风险不断积累，最终爆发金融危机；危机后，实现了全面而彻底的改革，奠定了建立经济强国的制度基础，成功实现了增长阶段跨越和增长动力转换。如果说，危机前的改革呈局部性、被动式、偏政治化、上层精英主导、受利益集团影响、便宜行事、流于形式等特点的话，那么，危机后的改革呈全局性、主动式、政治经济改革并行、全民共识、方向坚定、攻坚克难、实质推进等特点。

当然，我们并不能完全否定危机前韩国的转型努力，此前的改革进展也为危机后的改革奠定了一定的经济和制度基础，但显然总体上没有解决深层次结构问题，没有扭转低效扩张、产能过剩、金融加杠杆、风险积累的不可持续局面。金大中政府的改革也并不是完美的，为了扩大内需、鼓励消费，滥发信用卡产生了大量不良信用；新自由主义式的结构调整，导致收入差距扩大；等等。但总体上，金融危机后的改革在失业严重、社会矛盾激化等情况下，还是迈出了坚实的一步，无论在宏观上还是微观上，经济运行机制都向市场经济转变。

韩国在增速换挡期的结构调整为我们提供了重要启示，处在同样发展阶段、面临类似挑战的中国，如何避免危机倒逼式的改革？答案只有一个，就是必须要增强危机意识，充分认识到增长减速的必然性和动力转换的必要性，下定决心推动改革和转型，这一点我们具有知识的后发优势。

---

① 结构调整的核心是转换增长动力，只有采取“挤压式增长”的追赶经济体在到达人均GDP 11000国际元左右时，才同时面临增速换挡（高速向中速）和增长动力转换。因此，不仅在高速增长向中速增速换挡期面临结构调整，比如20世纪70年代的日本、80年代的中国台湾和90年代的韩国，即使在中低速时期也面临结构调整，比如80年代的美国和英国。

② 韩国财政经济部，韩国开发研究院．与国民同启未来：韩国总统金大中的经济哲学[M].北京：中央民族大学出版社，1999.

③ 参见：[韩]金泳三．开创二十一世纪的新韩国[M].北京：东方出版社，1993；“新经济五年计划”（1993~1997）。

④ 参见韩国“五五计划”（1982~1986）、“六五计划”（1987~1991）。

⑤ 政策方针与IMF式调整的理念和政策取向也是基本一致的，虽然在技术细节上存在差异。

第四章 中国 1996~2001 年供给侧改革面临的挑战、应对与启示

导语： 本章分析了 1996~2001 年经济面临的挑战、应对和牛熊转换，与当前形势比较。为大牛市贴标签之作，在市场上首提“改革牛”，发于 2014 年 12 月 3 日。作者先后为这轮牛市起名“转型牛”“改革牛”“水牛”，创建话语逻辑分析体系。

1996~2001 年，面对复杂严峻的经济形势，我国政府成功进行了市场化改革和宏观调控，开启了经济社会发展的新篇章，奠定了 2000 年以后“黄金十年”的坚实基础。当前经济形势与 1996~2001 年颇为相似。

一、1996~2001 年面临的经济困难与原因

当前经济形势与 1996~2001 年颇为相似，都在前期经过一轮高速增长之后，遇到外部冲击和内部调整，经济增长乏力，企业亏损、产能过剩、金融风险、通缩、失业等问题凸显。

各界对原因和政策存在分歧：是外需不足和周期调整，还是体制和结构性问题？再度刺激，还是推动改革？ 1996~2001 年前后，我国成功进行了宏观调控和市场化改革，推动了去产能、去杠杆和结构转型，开启了经济社会发展的新篇章，当时对问题的认识和应对值得借鉴。

（一）形势严峻：亏损、通缩、失业、高不良率

1992 年初，邓小平同志南方谈话极大地解放了思想，掀起了新一轮改革开放热潮，经济快速回升。当年 GDP 增速达 14.2%，CPI 增速达 6.4%，M1

和 M2 增速高达 35.9% 和 31.3%。与此同时，集资热、开发区热、房地产热、股票热等经济泡沫加重，各地铺摊子上项目、乱集资、乱拆借、乱设金融机构等现象严重，经济明显过热，中央开始采取紧缩措施。

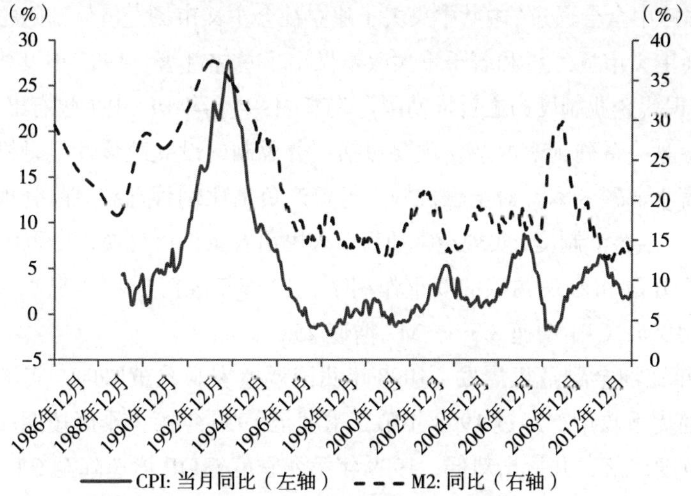

图 4.1　1992 年通胀和经济泡沫加重

数据来源：WIND

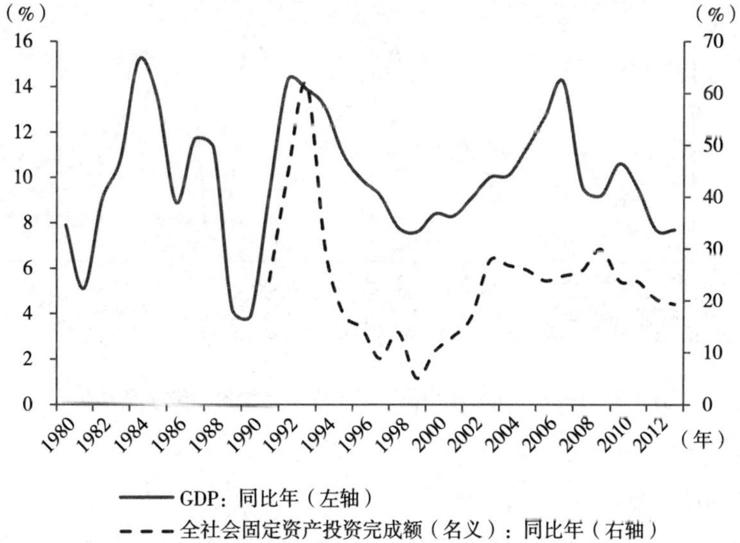

图 4.2　1992 年经济过热

数据来源：WIND

1993年6月，党中央、国务院出台《关于当前经济情况和加强宏观调控的意见》，采取控制货币发行、严禁违规拆借资金、提高利率、制止乱集资、严控信贷规模等经济和行政手段相结合的“16条措施”，经济过热压力得到缓解。1993年11月，党的十四届三中全会通过《中共中央关于建立社会主义市场经济体制问题的决议》，对构建社会主义市场经济和若干重大改革做出了总体部署。1993年设立国家经贸委，以建立现代企业制度为主旨推动国企改革。1994年年初，中央政府出台了财税、金融、外汇等一系列配套改革，主要包括：分税制，设立政策性金融机构，政策性金融与商业金融分离，对金融机构实行资产负债比例管理和风险管理；汇率并轨，实行银行结售汇制度，实现经常项目下人民币有条件可兑换，人民币深度贬值。

在改革开放和宏观调控的双重作用下，1996年经济成功实现“软着陆”，GDP增速10%，CPI增速8.3%，M2增速25.9%。

1997年亚洲金融危机爆发，1998年我国调整宏观政策取向，实施积极财政政策和稳健货币政策。经过1998年第3季度至1999年第1季度短期回升之后，经济增速再度回落，并探出新低，1999年第4季度GDP增速降至6.1%，甚至低于金融危机最严重时期1998年第2季度的6.8%。

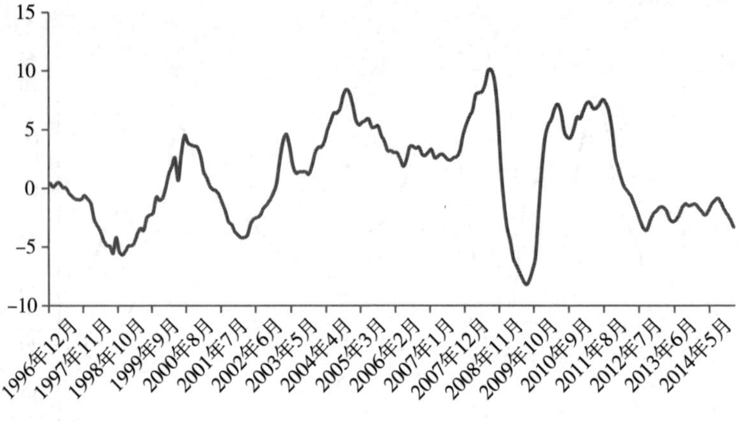

图4.3　1996~1999年中国PPI（生产者物价指数）负增长

数据来源：WIND

各类风险凸显：

一是国有企业大面积亏损，基本是1/3明亏、1/3暗亏、1/3盈利；当时国企对经济增长、利润和就业的贡献大幅下降。国有工业企业产值占全部工业企业总产值的比重从1979年的78.5%降至1997年的26.5%；在城镇新增就业人口中所占的比重从 1978 年的 72% 降至 1996 年的 34.4%；1994~1996 年国有工业企业利润占比从 50.5% 降至 29.3%，在一些竞争性行业甚至出现了全面亏损。与国有经济的困境相反，非国有经济（集体、个体、私营和外资经济等）快速成长，逐渐成为国民经济的主体。1996 年非国有经济在全部工业企业总产值中占比为 71.5%，占城镇新增就业人口的比重为 65.6%。

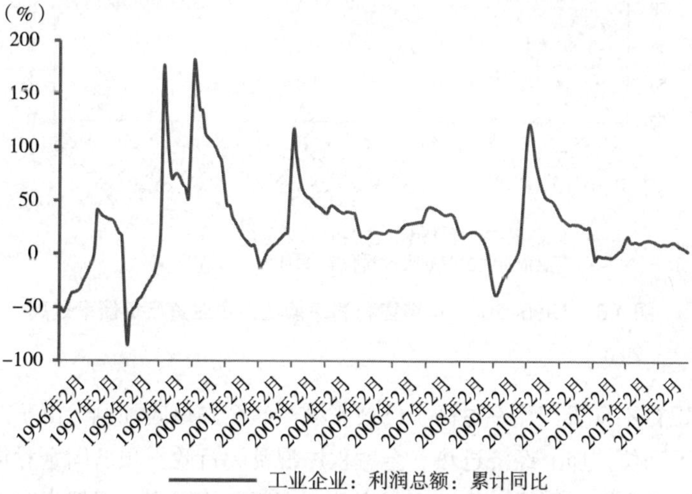

图 4.4　1996~1998 年企业盈利负增长

数据来源：WIND

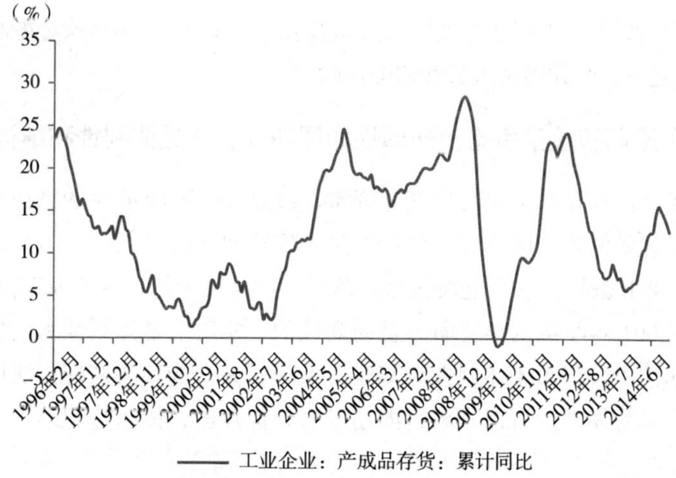

图 4.5　1996~2001 年企业被动去库存

数据来源：WIND

二是产能过剩严重，陷入通缩—债务循环，显性和隐性失业率上升。

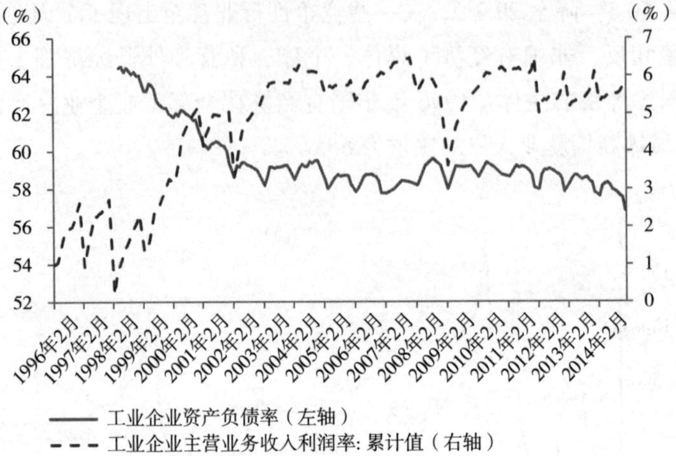

图 4.6　1996~2001 年销售利润率偏低，企业资产负债率过高

数据来源：WIND

三是银行不良资产比率过高，已技术破产，金融风险加剧。由于产权约束、公司治理不到位，加上经济过热、金融秩序混乱、行政干预、国企亏损等因素，商业银行的不良资产剧增，不良资产率甚至高于危机国家。根据当时较低的会计标准，我国商业银行不良资产率在 20 世纪 90 年代末为 30% 左右，已经在技术上破产。非银行金融机构不良资产比率更高，有些地方和部门擅自设立大量非法金融机构，股票、期货市场违法违规行为大量存在。随着 1997 年整顿金融秩序，银行收紧信贷，进一步恶化经济形势和通缩风险。

（二）原因和政策争论：外部性和周期性，还是体制性和结构性

当时经济低迷存在一定的周期性因素，经过 1992~1996 年的高速增长，国民经济积累了大量低效产能和过度杠杆。虽然宏观政策持续收紧，但是由于体制性障碍，去产能和去杠杆一直进展缓慢，落后产能得以维持，企业库存高企。

1996~2001 年经济困难表面上是周期性的，实质上是体制性和结构性的，市场本该周期性出清却由于体制性障碍难以实现，去产能和去杠杆无法展开，产能过剩和债务风险攀升。可以推断，即使没有外部冲击，体制性和结构性问题也会暴露出来。

当时的结构性问题是指无效供给过剩和有效供给不足并存。大量产能集中在低端同质产品供给领域，满足消费和出口升级的高端优质产品供给匮乏，金融资

源浪费在“低效产能—被动库存”循环上。

当时的体制性问题是指市场经济的宏观架构和微观基础不完善。国有企业和地方政府长期存在预算软约束和投资饥渴症，政府对竞争性领域的资源配置干预过多，国有企业的现代公司治理“形似神不似”。国有银行为主的金融结构对不同所有制的融资主体存在“身份歧视”，信用资源倾向于配置到低效、亏损的国有部门，沦为“第二财政”补贴。融资结构与经济增长结构和绩效结构不匹配，资源错配严重。信用资源持续流向国有亏损部门导致巨额社会金融债权悬空，酝酿金融危机或货币危机。

二、1996~2001 年的政策应对：政策宽松和改革提速

一是实施以增发长期建设国债为主的持续温和的积极财政政策，实施间接调控为主的稳健货币政策，没有因短期目标而出现信贷失控和体制“复归”。这次宏观调控有四点经验十分宝贵：一是相继采取了取消贷款规模管理、下调法定准备金率、开展公开市场操作、降息等放松银根、反通缩的有力措施，实现了从直接调控向间接调控的转变，坚持了市场化改革取向。1996 年 5 月至 1999 年 6 月期间，1 年期贷款利率从 12% 下调到 5.85%。存款准备金率从 1997 年的 13% 下调到 1999 年 11 月的 6%。二是以增发长期国债、加强基础设施建设为主要内容，由中央负担，既提升了长期增长潜力，又没有增加地方政府和企业的负担。三是持续、温和地实施积极财政政策，平均每年增发 1000 亿元国债，7 年间共发行约 9000 亿元，没有进行短期大规模的强刺激，既守住了底线，也避免了对市场预期和微观主体行为的过度干扰。四是政府没有强压银行大量放贷，防止了 1992~1993 年式的信贷失控，没有出现向计划体制“复归”。

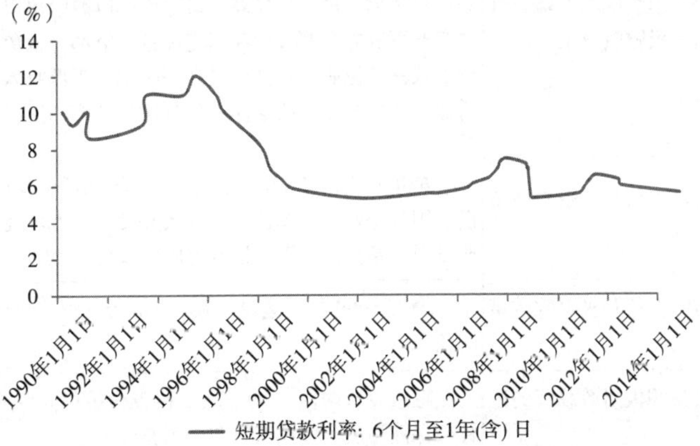

图 4.7　1996~2001 年一年期贷款利率从 12% 降到 5.85%

数据来源：WIND

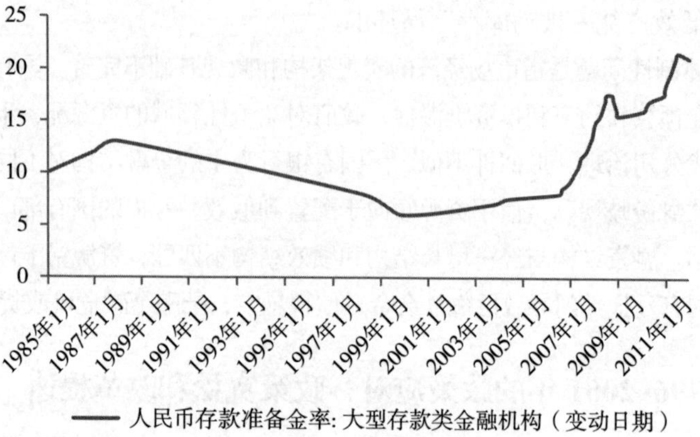

图 4.8　1996~2001 年存准率从 13% 降到 6%

数据来源：WIND

表 4.1　1998~2004 年积极财政政策回顾

年份	阶段	政策手段与力度
1998	正式启动积极财政政策	当年增发 1000 亿元长期国债并配套 1000 亿元银行贷款用以加强基础建设，主要用于农林水利、交通通信、城市基础设施、城乡电网、国家直属储备粮库建设。调整税收政策，分批提高了一些大宗出口产品的退税率。共清理整顿乱收费 727 项，减轻企业和社会负担 370 多亿元
1999	经济形势继续严峻，继续实施积极财政政策	增发国债共 1100 亿元，用于各项固定资产投资。发行期限 30 年的 2700 亿元特别国债充实国有商业银行资本金。调整部分税种税率，进一步提高出口退税率以鼓励出口，通过降低固定资产投资方向调节税和国产设备投资部分抵免企业所得税。增加预算单位职工工资、提高下岗职工等低收入人员的最低生活保障水平和企业离退休人员待遇等共增加支出 540 多亿元
2000	继续保持积极财政政策实施力度	全年共安排了 1500 亿元长期建设国债主要用于基础设施建设、国有企业技术改造、西部大开发、生态环境建设及科教事业发展。停征固定资产投资方向调节税
2001	继续保持积极财政政策的稳定性	增发 1000 亿元建设国债和 500 亿元支持西部开发的特种国债
2002	维持积极财政政策的连续性	继续发行国债 1500 亿元，降低金融保险营业税率等，提高社会保障程度，继续支持农村税费改革

（续表）

年份	阶段	政策手段与力度
2003	经济自主增长机制已经得到增强，积极财政政策逐渐淡出	政府投资以外的各主体投资占到投资总额的 80%，居民消费价格首次由负转正，通缩阴影逐渐散去，外需拉动强劲，积极的财政政策开始进入收缩阶段，全年国债安排使用 1400 亿元，同时，继续调整国债支出结构，加大公共支出
2004	积极财政政策开始转型，进一步缩小国债规模	全年只安排 1100 亿元（后调减为 900 亿元），同时，减少生产性固定资产投资支出和加大公共社会保障方面的支出
合计	实施积极财政政策的七年间共发行长期建设国债约 9000 亿元	

资料来源：国家发改委、财政部、国家税务总局、国家统计局

二是调整国有经济布局，搞活民营经济和中小企业，提升微观效率。提出国企“三年脱困”，推进劣势企业的关闭破产和淘汰落后产能，采取了必要的行政手段推动“纺织压锭”；“抓大放小”，促进企业兼并重组，“放小”的主要方式是把部分或全部产权转让给内部职工、整体出售给非公有法人或自然人等，推动地方中小国有企业转制；战略性调整国有经济布局，收缩战线；实施“债转股”，三年间把 600 多户、近 5000 亿元银行债权转为国有资产公司对借款企业的股权；对中小企业给予减税和信贷支持；打破行业垄断，降低准入门槛等。到 2000 年年底，大多数国有大中型亏损企业实现脱困，同时，民营中小企业快速成长。

三是出台了一系列重大金融市场化改革措施，有效化解了金融风险。其一，国有商业银行进行财务重组。1998 年定向发行 2700 亿元特别国债，专门用于补充资本金。1999 年将 1.4 万亿元资产剥离给新成立的四家资产管理公司。其二，改善国有银行内部管理。取消贷款规模，实行资产负债比例管理和风险管理，改革和完善国有商业银行资本金补充机制以及呆账、坏账准备金提取和核销制度，扩大贷款质量 5 级分类法的改革试点。其三，1998 年中国人民银行管理体制实行重大改革，撤销省级分行，跨省（自治区、直辖市）设置 9 家分行，增强了中央银行执行货币政策的权威性和实施金融监管的独立性。完善分业管理体制，先后成立了证监会和保监会。其四，为了防范金融风险，1999 年着手整顿城市信用社、信托投资公司等金融机构，先后关闭了海南发展银行、广东国际信托投资公司等一批出现风险的机构。

四是实施住房制度改革，加快对外开放。1998 年 7 月国务院发布《关于进一步深化住房制度改革加快住房建设的通知》，宣布全国城镇从 1998 年下半年开始停止住房实物分配，全面实行住房分配货币化，同时建立和完善以经济适用住

房为主的多层次住房供应体系，发展住房金融，培养和规范住房交易市场。我国居民住房消费全面启动。2001 年 11 月 11 日我国正式加入世界贸易组织，深度融入全球化，依靠廉价劳动力和完善基础设施优势，对外贸易快速增长。

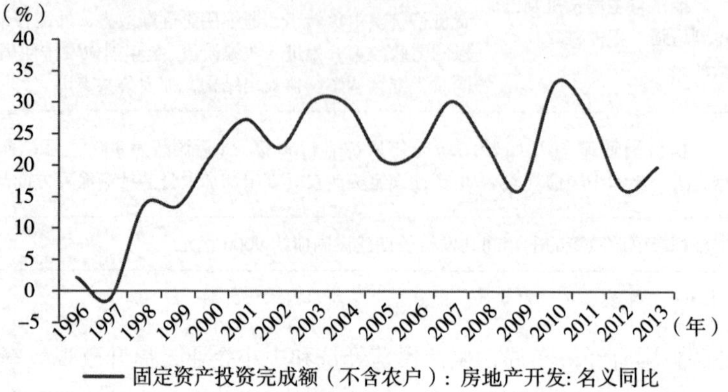

图 4.9　1998 年住房制度改革后地产投资高速增长

数据来源：WIND

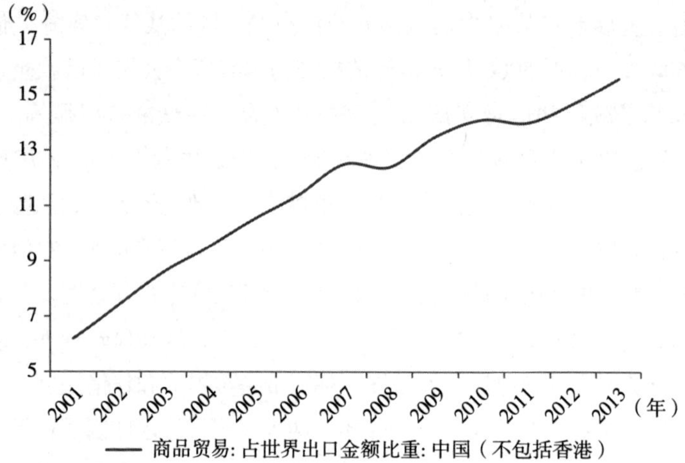

图 4.10　2001 年以后中国出口占全球市场份额上升

数据来源：WIND

三、2010 年以来的经济形势与 1996~2001 年类似

一是当前经济回落的原因表面上是外需不足和周期调整，本质上是深层次的结构性和体制性问题。经过 2002~2007 年的高速增长，国民经济积累了大量低效

产能和过度杠杆，即使没有 2008 年金融危机，经济也有内在周期调整的要求，而且可以预计，周期衰退式的市场出清仍然可能面临与 1996~2001 年类似的体制性障碍。

二是“4 万亿”刺激计划在当时的国内外背景下出台是正常之举，问题在于重启“银政”（国有银行和地方政府）、“银企”（国有银行和国有企业）联系，且出手过快过重。过去十多年，国有企业和国有银行的改革目标一直是推动建立现代公司治理机制，但 2009 年为了短期强刺激政策目标，在行政干预放贷面前出现机制倒退，这为后面的政府隐性担保泛滥、道德风险、产能过剩、财政金融风险、无风险利率过高等埋下隐患。

三是由于政府隐性担保的存在，资源错配，金融风险和隐性失业加剧。大量金融资源配置到地方融资平台、产能过剩领域国企和房地产，而这些领域的相当一部分已越来越难以创造现金流，不得不靠负债维持，酝酿金融风险和隐性失业。

四是去产能和去杠杆进展缓慢，经济下行压力长期存在。为了防止短期经济过快下滑，在每次触及底线时应出台稳增长措施。但每一次稳增长拉动的主要是基建和重化工业，造成了维持落后产能和延缓市场出清的负面效果，而这又由于防风险而不得不为。

五是当前经济形势与 1996~2001 年的一个重要区别是经济潜在增长率不同。1996~2001 年长期潜在增长率没有大的变化，当前我国正处于增速换挡的关键期，未来结构调整成功，构筑的将是中速增长平台，我们估计在 5% 左右，但增长的质量将提升，新 5% 比旧 8% 好。

四、供给侧改革是成功实现经济增速换挡的关键

由于当前经济下行主要是结构性和体制性的，而非外部性和周期性的，因此政策的应对主要是供给侧结构改革，而非大规模财政货币刺激。改革是唯一出路，刺激是最大风险。面对经济寻底下行应在保持定力、守住底线的前提下，通过推动改革培育新增长动力和构筑新增长平台，从而实现经济平滑增速换挡。

现阶段我国同时面临抓改革、调结构、稳增长、防风险、保就业、守底线等多个政策任务，根据“丁伯根法则”，需要几个独立、有效的政策工具协同配合。

一是当前可考虑通过增发长期建设国债的方式稳增长。稳增长十分必要，主要是为了防风险、保就业以及为主动改革赢得时间，而不是为了被动等待周期复苏或外部环境改善。宏观调控是中央政府的职能，通过增加地方财政负担来稳增长是事

权错配，未来应通过中央政府增发长期建设国债和配套政策性金融机构融资的方式实施，并避免对商业银行正常放贷行为的干预。

二是实施大规模、大范围、大力度的减税，提振企业信心，引导市场预期。投资刺激等短期政策只有短期效果，减税、放松管制等长期政策将产生巨大的长期效果。国之根本是企业活力，经济转型阵痛期政府通过减税让利放水养鱼，有利于微观企业和居民休养生息。推动综合和分类相结合的个人所得税制度，调低跟居民消费升级和刚性相关的品类的消费税税率，允许企业将创新相关投入在企业所得税中进行一定扣除，下调高端制造业领域的增值税税率，完善出口退税。

三是采取市场和行政手段相结合的方式推动体制内部分过剩产能的市场出清。当前问题的核心在于，市场出清面临体制性障碍，市场优胜劣汰的功能难以充分发挥。由于地方保护、政府信用背书、银行不愿不良贷款显性化等因素，产能过剩国企和地方融资平台等体制内的领域难以进行市场出清，表现为每次风险显露时均以“刚性兑付”解决，产能过剩企业沦为“僵尸企业”，酝酿金融风险和隐性失业。对体制内的领域，应市场和行政手段相结合以强制出清。同时，允许不良贷款的显性化，提高对经济短期下行的容忍度，做好风险隔离和缓释，完善失业救济。

四是可考虑剥离现有商业银行不良资产，重新恢复金融体系正常的融资功能。当前商业银行对产能过剩领域制造业企业、三四线城市中小房地产开发商和加工贸易企业存在大量风险敞口，这些隐性不良贷款部分是由于2009年前后银行替代财政功能形成的，重新将不良贷款和对应的资产剥离回国有资产管理公司，具有合理性。但这个过程要花钱买制度，建立存款保险和破产退出机制，加强内部风险控制机制建设，并适当下调存款准备金率，取消存贷比考核。

五是加大服务业开放，大力度放松管制。中国经济过去30年的成功是制造业开放的成功，未来30年的成功取决于服务业开放的成功，这是大方向。中国制造业已经相对开放、充分竞争，但服务业领域存在大量的管制，尽快推动金融、文化、传媒、体育、教育、交运、通信等服务业领域的管制放开，对内国企向民企开放，对外内资向外资开放，道路自信、理论自信、制度自信，最大的自信是开放，只有在开放中形成的竞争力才是真正的竞争力，这对于培育经济新动力、吸纳就业保证社会稳定至关重要。

六是发挥资本市场在供给侧改革推动转型创新中的重要作用。加快形成融资功能完备、基础制度扎实、市场监管有效、投资者权益得到充分保护的股票市场，推动经济转型升级。大力推进资产证券化，化解金融风险。发展开放、包容的多层次资本市场，降低企业融资成本。鼓励通过资本市场优化重组，化解落后产能。依托资本市场，放宽准入，引入新的投资者，加快行政性垄断行业改革，推动混合所有制改革。实施结构性减税，鼓励创新。推动国企改革，提高资产证券化率。

七是在推动供给侧改革的同时，建设社会“完全网”，兜住社会稳定的底线。供给侧改革将会对银行不良、P2P 借贷（peer-to-peer lending）、就业等产生冲击，化解之策在于债务重组剥离、大力发展服务业、完善社会保障体系、完善失业救济等。

八是大力改革市场经济的宏观架构和微观基础，让市场在资源配置中起决定性作用，这是解决问题的根本。在做好稳增长和防风险的同时，加快简政放权、财税改革、国企改革、服务业放开、利率汇率市场化、资源要素价格市场化等领域的改革。

五、1996~2001 年资本市场表现：改革成功推进、GDP 增速降 50%、股市涨 200%

1992 年我国出现经济过热和大幅通胀后，宏观调控开始收紧。1996 年是整个经济预期的低谷，也是股市的低谷。1993~1996 年熊市的原因主要是：

一是利率过高，CPI 增速高达 8.3%，1 年期贷款利率高达 12%。

二是政策偏紧，主要是为了治理 1992 年之后的经济过热，促使经济软着陆。

三是国有企业大面积亏损，基本是 1/3 明亏、1/3 暗亏、1/3 盈利，1994~1996 年国有工业企业利润占比从 50.5% 降至 29.3%，在一些竞争性行业甚至出现了全面亏损。

四是银行不良率过高，已技术破产，金融风险加剧，金融秩序混乱，根据当时较低的会计标准，我国商业银行不良资产率在 20 世纪 90 年代末为 30% 左右。1997 年亚洲金融危机爆发，进一步加重了经济形势的恶化。

从 1996 年 5 月，我国开始大幅降息，1996 年 5 月 ~1999 年 6 月期间，1 年期贷款利率从 12% 下调到 5.85%。

从 1996 年初开始，股市开始大幅上涨，1996 年初 ~1997 年初，上证综指从 600 点涨到 1200 点，涨幅高达 100%，而与此同时，季度 GDP 增速从 1995 第 4 季度的 11.8% 一路下滑到 1997 第 3 季度的 8.3%，出现了“经济增速往下走，股市大幅走牛”的分母驱动特征明显。这是第一波行情。

受1997年亚洲金融危机影响，1997~1998年股市开始震荡，横盘两年，经济继续下滑。

1998年我国调整宏观政策取向，实施积极的财政政策和稳健的货币政策，利率继续下降 。此后GDP增速基本是“七上八下”平着走，再次出现第二波行情“5•19”行情，并受全球网络泡沫影响，1999年初至2001年初，上证综指从1200点上涨到2100点，牛市持续两年多，涨幅近100%。

1996~2001年“经济往下、股市往上”的原因主要是：

（1）利率下降：利率从12%下调到5.85%，降幅超过一半。存款准备金率从1997年的13%下调到1999年11月的6%。

（2）政策宽松：实施积极的财政政策和宽松的货币政策缓解经济失速风险。

（3）改革提速：国企改革、金融改革、住房改革等一系列重大改革实质推动，提升风险偏好。

（4）金融风险拆弹： 1999年将1.4万亿元资产剥离给新成立的四家资产管理公司，提升风险偏好。

（5）牛市终结：国内监管收紧，美国互联网泡沫破裂。

1995年至2000年间，在欧美及亚洲多个国家的股票市场中，与科技及新兴的互联网相关企业股价高速上升，在2000年3月10日纳斯达克（NASDAQ）指数到达5048.62点的最高点时到达顶峰，随后泡沫破裂，史称互联网泡沫。

“5•19”时期，股票坐庄行为盛行，经济学家吴敬琏抛出“赌场论”，怒斥股市黑庄并引发中国股市“推倒重来”的呼声。对于股市的一些不良现象，监管层已经不能坐视不理，时任证监会副主席史美伦开始加大对股票市场的坐庄行为进行打击，掀起旨在强化上市公司治理的监管风暴，使得股票市场承受了巨大的压力。就在史美伦上任的第一年，监管层掀起旨在强化上市公司治理的监管风暴。中国证监会颁布的有关证券监管的法规或条例就达51件，有80多家上市公司和10多家中介机构受到公开谴责、行政处罚，甚至立案侦查。

2001年6月14日，国有股减持办法出台，成为压倒牛市的最后一根稻草。当时财政部部长项怀诚表示：“国有股减持是一个利好因素。”但减持就是变相摊派和扩容，中国股市开始过度扩容，尽管股市一直走弱，融资额却达到了近15年来融资额的40%左右，也使大盘承受巨大压力。最后，股市义无反顾地走上漫漫“熊”途。

需要说明的是，无论是当时全球的互联网泡沫，还是中国国内改革开放，都为 2000 年以后的经济黄金增长奠定了坚实的创新和制度基础。

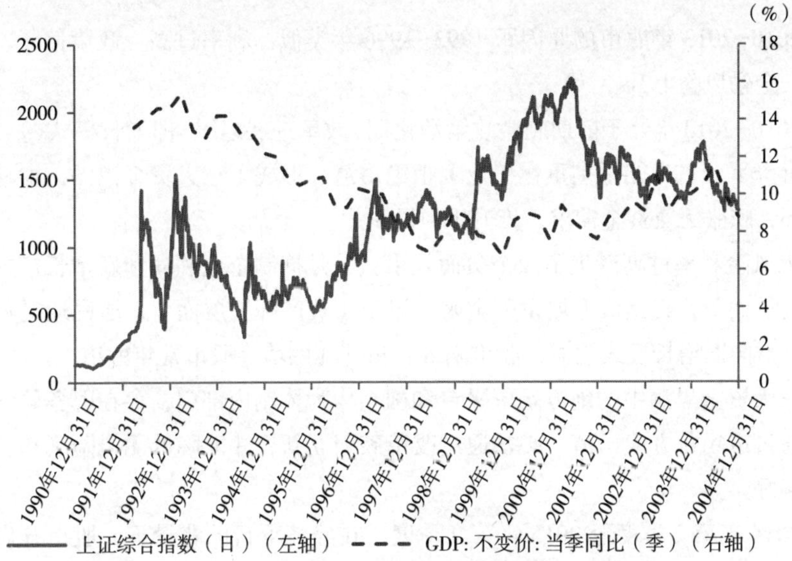

图 4.11 1996~2001 年股指和 GDP 增速：GDP 增速下降，股指上涨 200%

数据来源：WIND

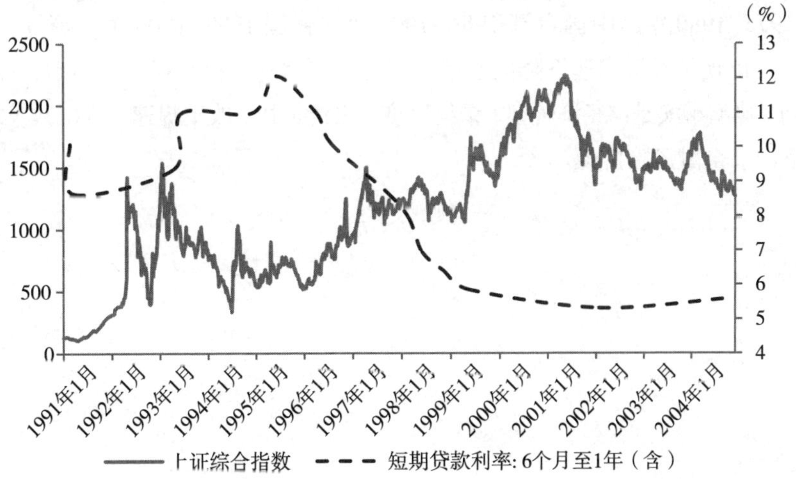

图 4.12 1996~2001 年股指和利率：利率降 50%，股指涨幅 200%

数据来源：WIND

六、2014~2015 年牛市与 1996~2001 年类似

2010~2013 年熊市的原因跟 1993~1996 年类似：利率过高、政策偏紧、改革迟缓、金融风险上升。

2010~2013 年处于前期刺激政策消化期，改革进展迟缓，旧增长模式（房地产、地方融资平台、产能过剩重化工业）拒绝出清，形成了三大资金黑洞，加杠杆负债循环，膨胀无效资金需求，推升无风险利率。

无风险利率过高产生了两个负面效果：一是抑制企业利润和新增长模式成长（估值层面），二是没有增量资金来到股市（资产配置层面），居民通过购买信托和理财向旧增长模式输血，股市陷入存量博弈困境。股市常年熊市。

三大资金黑洞中的地方融资平台和国企作为体制内部门，存在财务软约束，难以通过市场化方式出清，必须通过改革破旧立新，才能降低无风险利率，提升风险偏好。

2014 年第 2 季度至 2015 年第 2 季度，在经济下行的背景下，股市开启了一轮波澜壮阔的大牛市。这一轮大牛市的原因跟 1996~2001 年类似：利率下降、政策宽松、改革提速。

2015 年第 2 季度以来由于改革预期调整、去杠杆等原因，A 股出现调整。

转型时期股市走牛的其他典型案例还有中国 1996~1999 年、2010~2017 年，日本 1975~1980 年，中国台湾 1986~1990 年，韩国 1999~2006 年，等等。这些时间段均出现了经济增速下降但股市大幅走牛的情况，核心在分母驱动，而非分子驱动。典型事实是：经济转型、结构巨变、出清加快、改革提速、货币政策放松、利率下降、金融风险拆弹。

第二部分

中国经济的长周期和短周期

“增长与波动”是经济形势分析最基础的框架体系，长周期（潜在增速）决定了经济运行的长期趋势，短周期决定了经济运行的短期波动态势，是对“转型宏观”和“周期宏观”分析框架的综合与兼容。商业周期包括70年左右的人口周期、60年左右的创新周期、30年左右的建筑周期及房地产周期、10年左右的设备投资周期、3年左右的库存周期。随着我国市场经济不断完善，商业周期影响越来越大。当前我国理论界对经济周期的研究仍然局限在总量波动分析（基于GDP和工业生产），缺乏对创新周期、人口周期、房地产周期、设备投资周期、存货周期等各类商业周期的深入挖掘和分析，跟国外研究差距较大。

本项研究的远景是建立商业周期方法，与潜在增速的逻辑结合起来，形成“增长与波动”经济形势分析框架。与产业结构升级、行业景气轮动等结构方法相互补充印证，完善经济形势分析方法体系。综合分析潜在增速和商业周期，可以判断未来经济运行的长期趋势和短期波动，进而得出对经济整体运行状况的判断。

第五章　中国人口周期研究

导语：中国人口数量还在增长，但增长率大幅下降；总和生育率过低，符合人口再生产规律，但计划生育影响大；劳动年龄人口减少，老龄化加速，抚养比上升，受教育程度提高，人口向大城市迁移；随着2008年前后刘易斯拐点出现和2012年前后人口红利结束，中国经济长期潜在增长率下降，需要从人口数量红利向人力资本红利转变；人口通过经济增长、流动性、风险偏好等影响股市；人口通过通胀、流动性、风险偏好、利率等影响债市；房地产周期在很大程度上也是人口周期的一部分，人口出生数量领先住宅开工数量20年，20~50岁是适龄购房人群，中国房地产投资到达长周期拐点。

人口与资本、技术一起在供给侧决定长期经济潜在增长率，是引发经济长期拐点、结构转型的重要因素，深刻影响着房市、股市、债市、储蓄率、投资率、贸易顺差、流动性、通胀、利率等领域。本章重点研究中国人口周期的规律、特征、趋势及其影响，我们既强调人口的基础性重要作用，也避免“唯人口决定论”。

一、人口总量与结构：未富先老

人口特征包括总量和结构。

（一）人口数量还在增长，但增长率大幅下降

中国人口数量从1949年的5.4亿人快速增长到2014年的13.7亿人，根据联合国人口署的预测，2030年将达到14.5亿人的峰值，随后开始下降。

人口增长率和出生率较高的年份为：1950~1953年、1962~1976年、

1985~1989 年，这也就意味着中国主流年龄人群为 1962~1976 年出生的这一批，随后出生率出现断崖式下降，到 1995 年综合生育率降到 1.87% 的低点，人口增长率降到 1% 以下（出生人口领先房地产开工投资 20 年，2014 年中国房地产投资长周期拐点出现）。目前主流年龄人群处在 39~54 岁之间，为主要劳动年龄人口，决定了目前及未来中国经济结构的各项主要特征。需要注意的是，6 年后，即 2022 年以后，中国主流劳动力人群将开始到达退休年龄并退出劳动力市场，随后中国劳动力将出现断崖式下降。

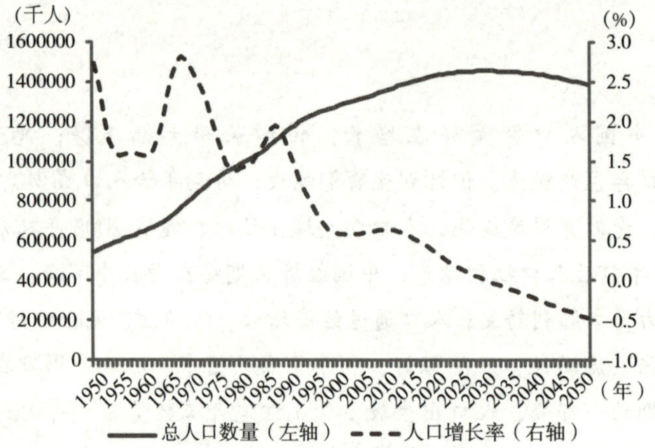

图 5.1　中国人口数量和增长率

资料来源：联合国，WIND

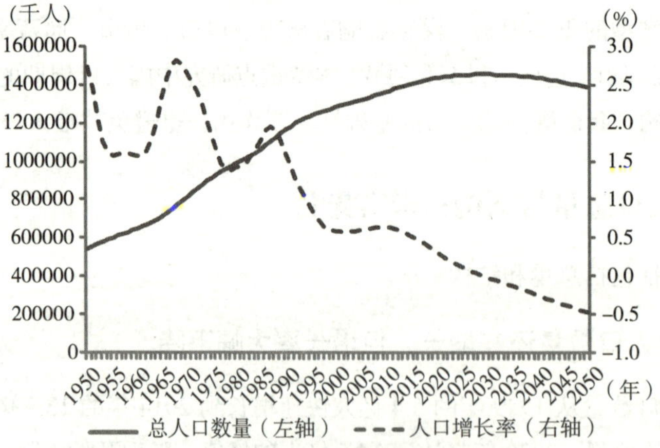

图 5.2　中国总和生育率

资料来源：联合国，WIND

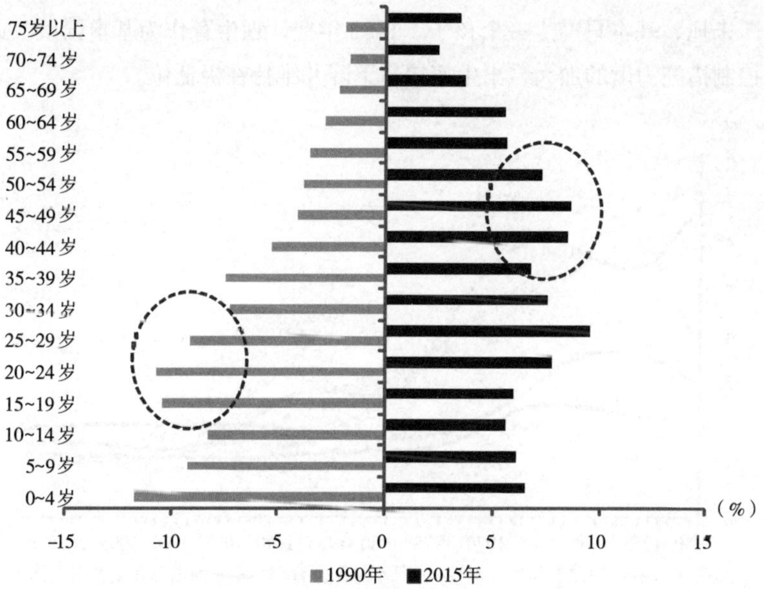

图 5.3　中国年龄人口分布

资料来源：联合国，WIND

（二）总和生育率过低，符合人口再生产规律，但计划生育影响大

中国的人口增长率和总和生育率在 20 世纪七八十年代快速下降，其下降的原因可归因于人口再生产规律和计划生育政策。

中国人口总和生育率的下降一定程度上符合人口再生产规律。随着收入水平上升，人口自然增长率先升后降呈倒“U”形，人口再生产分为三个阶段：高出生、高死亡、低增长；高出生、低死亡；低出生、低死亡、低增长。

但是，2014 年中国人口总和生育率只有 1.67，不仅大大低于国际公认维持人口正常更替需要的 2.1 的水平，而且低于美欧发达国家的水平。美国是发达国家里生育率较高的经济体，维持了健康可持续的代际平衡，这可能跟其社会保障体系、开放社会的自由度、民众幸福感等有关。

中国人口总和生育率超乎寻常的下降和如此之低很大程度上要归因于计划生育政策。中国 1970 年开始实行计划生育政策。1973 年明确“晚、稀、少”的方针，政策明确要求，一对夫妇生育子女数最好一个，最多两个，生育间隔 3 年以上。1980~1984 年计划生育政策进一步抽紧。1980 年 9 月普遍提倡一对夫妇只生育一个孩子。在此情况下，计划生育政策一度抽紧。地方政府最终把“提倡”当作“政治任务”来抓，基本只准生一个孩子。1982 年把计划生育作为基本国策。此后随着人口控制措施力度的加大，出生率快速下降并维持在极低位。

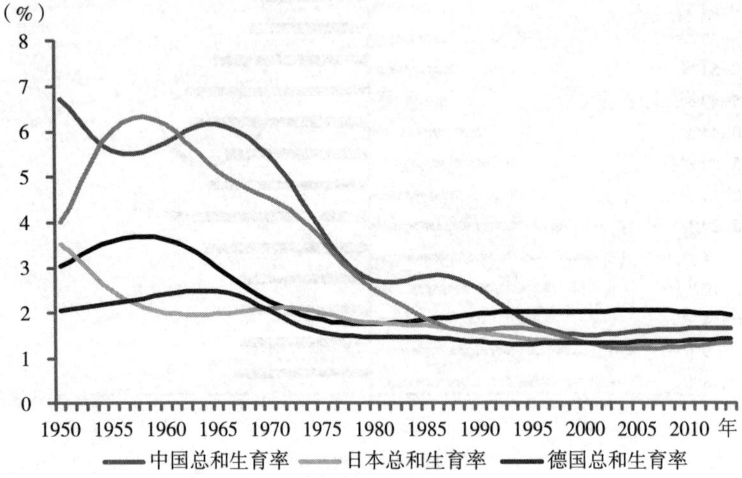

图 5.4　各国总和生育率比较

资料来源：联合国，WIND

计划生育政策虽然实现了控制人口的目的，但其“唯数量控制论”和“唯国家利益论”带来了诸多负面影响，给个体生育者带来外部性，产生大量失独现象，忽略世代更替，造成国家严重的老龄化、未富先老的格局。近年全面放开二胎引起广泛讨论。

2013 年 11 月 15 日，党的十八届三中全会提出“启动实施一方是独生子女的夫妇可生育两个孩子的政策”，这标志着“单独二孩”政策实施。

2015 年 10 月 29 日，党的十八届五中全会提出允许实行普遍二孩政策。

由于抚养成本、消费升级等原因，近年居民生育意愿显著下降。

（三）人口结构趋势：劳动年龄人口减少，老龄化加速，抚养比上升，受教育程度提高，人口向大城市迁移

1. 家庭小型化，性别比下降

根据 2010 年 11 月的第六次全国人口普查数据，31 个省、自治区、直辖市共有家庭户 40152 万户，家庭户人口 124461 万人，平均每个家庭户的人口为 3.10 人，比 2000 年人口普查的 3.44 人减少 0.34 人。家庭户规模继续缩小，主要是由于中国生育水平不断下降、迁移流动人口增加、年轻人婚后独立居住等因素的影响。

2014 年男性人口占 51.23%，女性人口占 48.77%，总人口性别比由 2000 年人口普查的 106.74 下降为 105.06（以女性人口为 100.00）。

2. 老龄化加速，少子化加重

2014 年 60 岁以上人口占比 14.4%，64 岁以上人口占 9.1%，分别比 2000 年提高 4.4、2.3 个百分点。根据国际标准，老龄化社会的界定是一个国家或地区 60 岁以上老年人口占人口总数的 10%，或 65 岁以上老年人口占人口总数的 7%。按照此标准，中国于 2001 年进入老龄化社会。

2014 年 0~14 岁人口占 18.1%，比 2000 年人口普查下降 7.5 个百分点。（0~14 岁人口占总人口的比例在 15% 以下，为超少子化；15%~18%，为严重少子化；18%~20%，为少子化；20%~23%，为正常；23%~30%，为多子化；30%~40%，为严重多子化；40% 以上，为超多子化。）

3. 2012 年劳动年龄人口达到峰值，开始出现净减少

15~59 岁、15~64 岁的劳动年龄人口在 2012 年、2016 年第一次出现下降，意味着传统意义上的人口红利逐渐消失。考虑到中国劳动力 60 岁退休制度，2012 年 15~59 岁劳动年龄人口开始下降，标志着中国人口红利开始消失。同时，劳动年龄人群结构呈年长化趋势，年轻劳动年龄人口（15~29 岁）逐渐下降，年长劳动年龄人口（30~64 岁）显著上升。

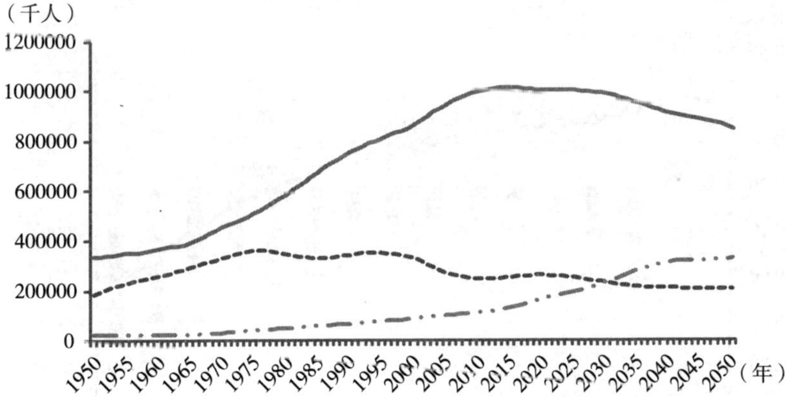

图 5.5　2012 年 15~59 岁劳动年龄人口开始下降

资料来源：联合国，WIND

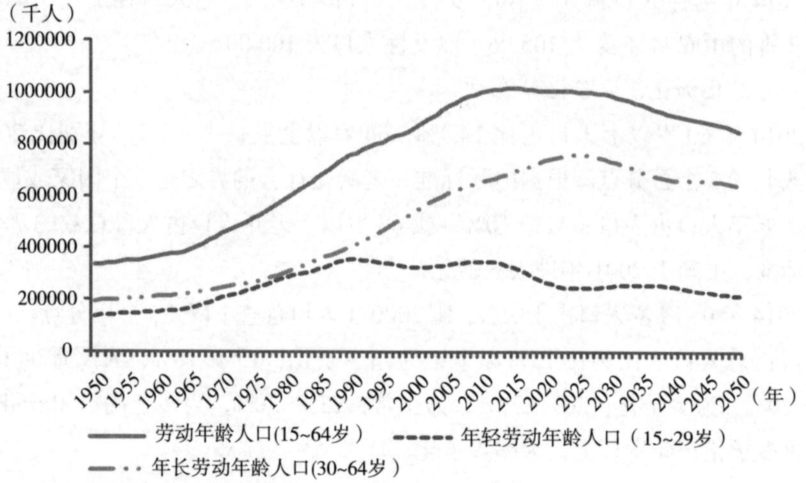

图 5.6　劳动年龄人口年长化

资料来源：联合国，WIND

按照联合国经济与社会事务部人口司 2013 年的最新预测，“十三五”规划期间中国 15~59 岁劳动年龄人口将从 2015 年的 9.38 亿人下降到 2020 年的 9.29 亿人，平均每年减少 175 万人，占劳动年龄人口的 0.18%。

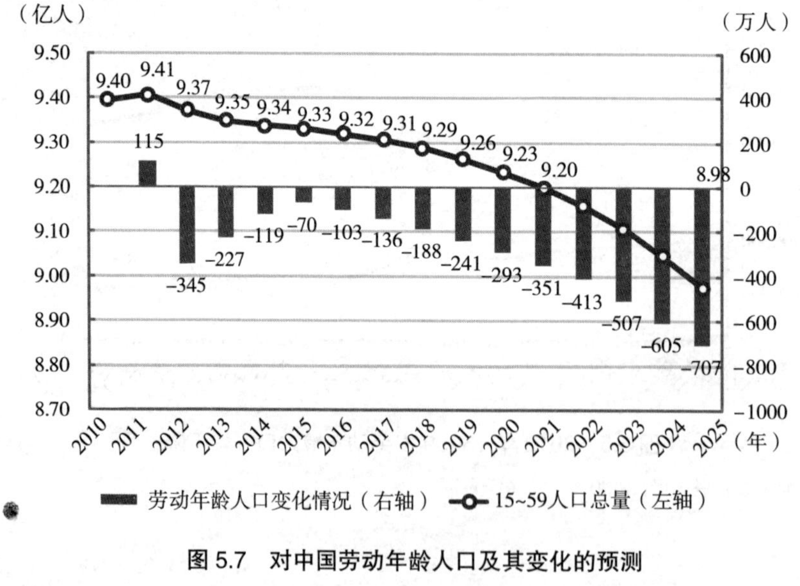

图 5.7　对中国劳动年龄人口及其变化的预测

数据来源：中国人口与发展研究中心预测结果

4. 人口抚养比尤其老年抚养比加速上升，但仍低于发达国家水平，未来十年我国仍处于人口负担较轻的“人口机会窗口”期

总抚养比在2010年到达低谷，2011年以来开始上升，2014年上升到34.72%。其中，少儿抚养比变化不大，老年抚养比加速上升。目前中国人口抚养比仍明显低于发达国家水平，但少儿抚养比过低，老年抚养比上升过快。

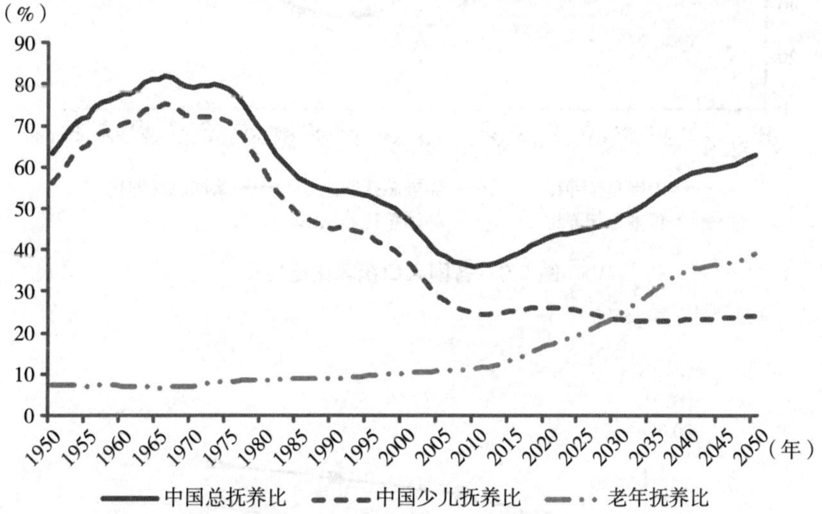

图5.8　中国人口抚养比

资料来源：联合国，WIND

与其他主要经济体相比，中国未来十年的人口抚养比处于较低水平。根据联合国的预测，到2020年，在主要经济体中，日本的抚养比高达70.2%，即平均每个劳动年龄人口（15~64岁）要抚养0.7个儿童和老人，其次是法国，人口抚养比达61.9%，美国、英国和联邦德国的抚养比差不多，在55%~58%之间，印度和俄罗斯的为48%~49%，巴西、中国和韩国较低，约为42%（图5.10）。

未来十年我国仍处于人口负担较轻的“人口机会窗口”期。与人口红利相关的概念是“人口机会窗口”，指人口负担系数较小的时期（通常以50%作为界限）。在人口机会窗口期，劳动力供给充足而且社会负担相对较轻，很容易带来劳动力增加、储蓄和投资增长、人力投资增加和妇女就业机会增加等，从而对社会经济发展有利。穆光宗（2008）认为中国的人口机会窗口大致是从1990年打开，到2030年关闭，前后持续时间大约40年，其中2010年前后人口负担系数降到最低。

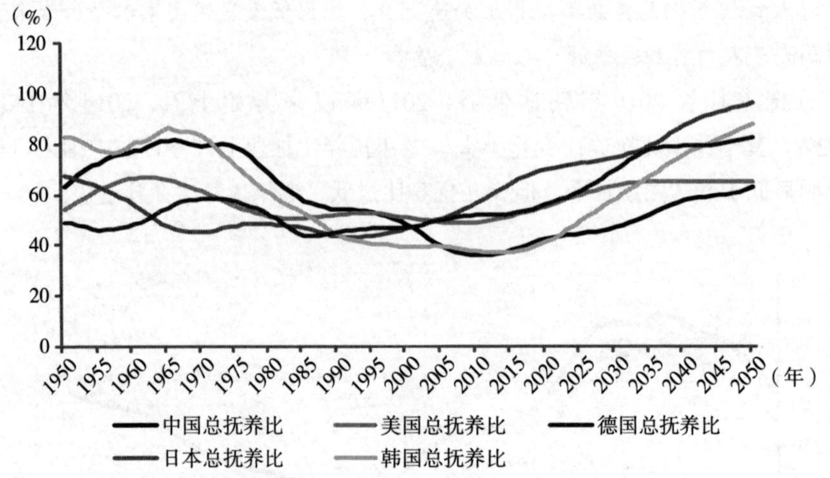

图 5.9　各国人口抚养比比较

资料来源：联合国，WIND

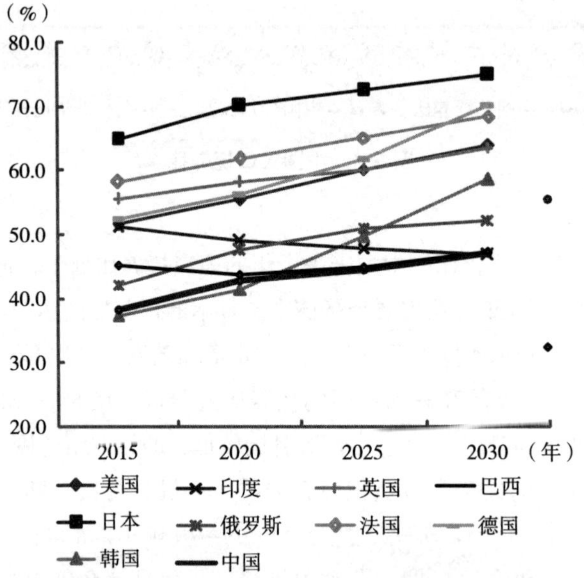

图 5.10　世界主要国家抚养比的变化及比较

数据来源：联合国经济与社会事务部人口司 2013 年人口预测结果

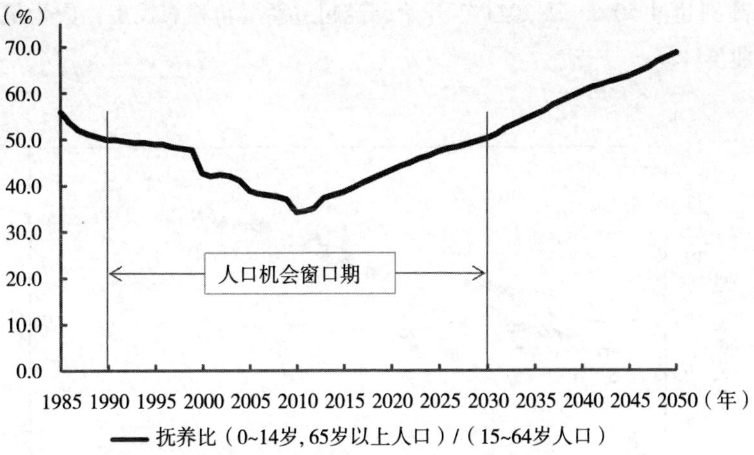

图 5.11　中国人口抚养比的变化

数据来源：中国人口与发展研究中心预测结果

理论上，人口机会窗口期对经济社会发展带来多个方面的好处。一是劳动力资源丰裕，有助于经济发展。二是储蓄率较高，为经济发展提供资金支持，在人口年龄结构较轻的情况下，居民储蓄率往往较高，从而可以为经济增长提供积累资金。三是由于社会消费人口比例低，在人口老龄化的高峰到来之前，社会保障支出少，财富积累速度快，也有利于经济增长。

5. 劳动年龄人口受教育程度上升，人力资本优势显现

根据 2010 年人口普查，与 2000 年人口普查相比，每 10 万人中具有大学文化程度的由 3611 人上升为 8930 人，具有高中文化程度的由 11146 人上升为 14032 人；具有初中文化程度的由 33961 人上升为 38788 人；具有小学文化程度的由 35701 人下降为 26779 人。文盲率（15 岁及以上不识字的人口占总人口的比重）为 4.08%，比 2000 年人口普查的 6.72% 下降了 2.64 个百分点。

我国平均受教育水平仍处于快速提高进程中。根据我国《国家中长期教育改革和发展规划纲要（2010~2020 年）》，到 2020 年我国劳动年龄人口平均受教育年限将从 2010 年的 9.5 年提高到 2020 年的 11.2 年。从世界银行的统计数据比较看，我国仍然有较大的提升教育水平的空间。

从新增劳动力的结构也可以发现受教育水平的显著提高。2003~2012 年的十年间，我国城镇新增就业保持了每年 1000 万 ~1200 万人的规模，其中，高校毕业生从期初的 212 万人迅速增加到 699 万人，占城镇新增就业的比重也从不到

30% 提高到超过 50%，从 2011 年开始已经超过新增转移农民工，成为最主要的新增就业群体。

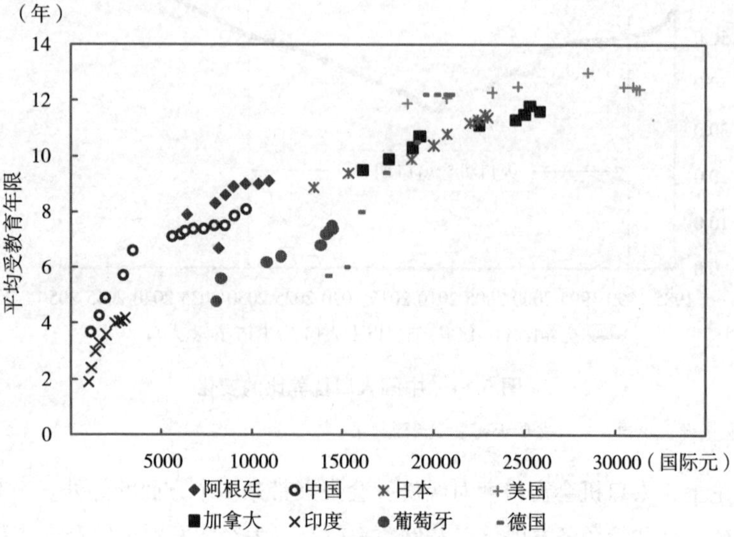

图 5.12　各国平均受教育年限与经济发展水平的关系

数据来源：http:// hdrstats.undp.org/en/indicators/103006.html

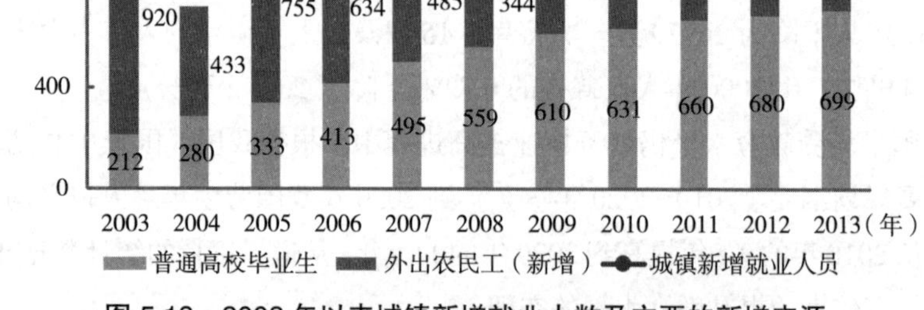

图 5.13　2003 年以来城镇新增就业人数及主要的新增来源

数据来源：教育部统计数据及国家统计局农民工监测报告，国务院发展研究中心

6. 城镇人口比重上升，城市化进程将逐步放缓

2014 年城镇人口 7.5 亿人，城镇化率 54.77%，比上年提高 1 个百分点，2000

年以来年均提高1.3个百分点。改革开放之初，1978年我国城镇人口只有1.7亿人，城镇化率只有17.92%。

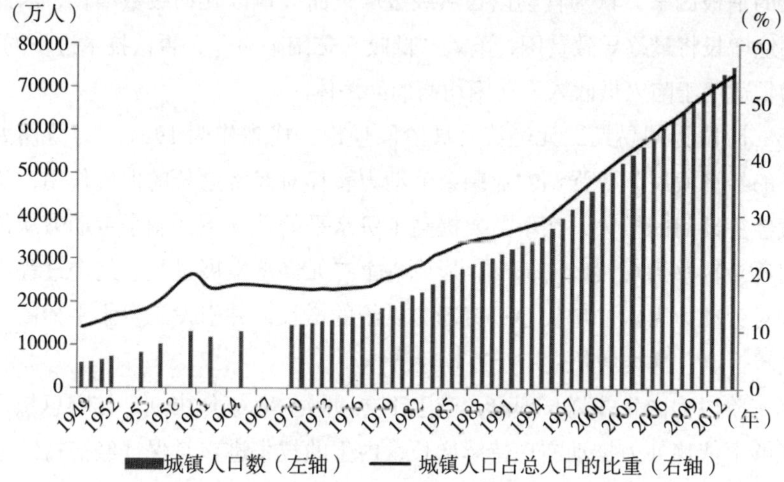

图 5.14　中国城镇化进程

资料来源：联合国，WIND

7. 人口向东南沿海迁移，东北地区人口出现流出

城市化的自然规律就是人口向大城市集聚。根据2010年人口普查，东部地区人口占31个省（区、市）常住人口的37.98%，中部地区占26.76%，西部地区占27.04%，东北地区占8.22%。与2000年人口普查相比，东部地区的人口比重上升2.41个百分点，中部、西部、东北地区的比重都在下降，其中西部地区下降幅度最大，下降1.11个百分点；其次是中部地区，下降1.08个百分点；东北地区下降0.22个百分点。按常住人口分，排在前五位的是广东省、山东省、河南省、四川省和江苏省。2000年人口普查排在前五位的是河南省、山东省、广东省、四川省、江苏省。

根据2010年人口普查，居住地与户口登记地所在的乡镇街道不一致且离开户口登记地半年以上的人口为26139万人，比2000年增长81.03%。这主要是由于多年来中国农村劳动力加速转移和经济快速发展促进了流动人口大量增加。

二、人口与经济增长：从人口红利到人力资本红利

（一）人口推动经济增长的理论：从刘易斯式增长到内生式增长

人口经济学是人口学和经济学的交叉学科。关于对人口和经济增长关系的认

识可分为三个阶段：

第一阶段为马尔萨斯式增长，代表作为1798年《人口论》，强调人口是经济增长的消极因素，认为食物以自然级数增长而人口以几何级数增长，因此人口无限制地增长将最终导致贫困，陷入“低收入贫困陷阱”，否认技术进步的可能，这类增长适用于陷入低收入、贫困均衡的经济体。

第二阶段为刘易斯二元经济发展阶段理论，代表作为1954年《劳动力无限供给下的经济发展》，强调农业剩余劳动力转移对经济增长的促进作用，认为随着现代经济部门的扩大，在不需要提高工资水平的情况下，剩余劳动力从传统农业部门逐渐转移到现代经济部门，形成一个二元经济发展过程。这个过程将一直持续到对劳动力需求的增长超过劳动力供给的增长，并引发工资水平提高，迎来刘易斯转折点，这类增长适用于追赶经济体。

第三阶段为内生式增长理论，产生于20世纪80年代中期，核心思想是认为经济能够不依赖外力推动实现持续增长，内生的技术进步是保证经济持续增长的决定因素，强调不完全竞争和收益递增，这类增长适用于处在技术前沿的高收入低稳态增长经济体。

因此，当人口红利消失以后，必须提高生产率和技术创新。

（二）经济潜在增长率下降：人口红利、城乡转移和刘易斯转折点

人口因素推动经济增长的动力机制包括供求两端，供给端主要是人口红利和城乡转移，中国过去30多年的高增长正是这两大因素的叠加，需求端主要是生命周期消费理论。

1. 人口红利渐逝

所谓人口红利（Demographic dividend）是指由于劳动人口在总人口中的比例上升，所导致的经济增长效应。人口红利理论最先由布鲁姆与威廉姆森（Bloom & Williamson）于1998提出，布鲁姆与威廉姆森（1998）估计，东亚地区1965年至1990年间经济增长中约有1/3要归功于人口结构变化所带来的人口红利。

人口红利影响经济增长的基本逻辑是：一开始劳动年龄人口增加，抚养比下降，“生之者众，食之者寡”。生产和储蓄多，消费少，导致储蓄率和投资率上升，从而提高经济潜在增长率。储蓄超过投资部分产生贸易顺差。过剩的流动性和人均收入水平提高推动消费升级。随着人口红利消失，劳动年龄人口下降，老龄化到来，抚养比上升，储蓄率和投资率下降，消费率上升，贸易顺差收窄，经济潜

在增长率下降。

中国过去30多年的高增长受益于人口红利，“十三五”规划期间我国处于人口红利消失的阶段，即人口年龄结构的转变对经济增长有拖累作用。有专家（Cai & Wang，2005）估算认为，人口红利对1982~2000年间中间人均GDP增长率的贡献为26.8%，同时指出，随着大约在2013年人口抚养比由下降转为提高，传统意义上的人口红利趋于消失。从2012年开始，15~59岁劳动年龄人口开始出现净减少，2014年15~64岁劳动年龄人口占比72.4%，比上年下降0.4个百分点。储蓄率和投资率开始出现趋势性下降，贸易顺差收窄。

2. 城乡转移与刘易斯拐点到来

城乡人口转移影响经济增长的基本逻辑是：一开始农村存在大量剩余廉价劳动力，在低工资水平下，剩余劳动力从传统农业部门逐渐转移到现代经济部门，提高全要素生产率。劳动密集型产业具有比较优势，通过技术模仿提高人力资本。随着农村剩余劳动力枯竭，刘易斯拐点到来，劳动力成本加快上涨，国际比较优势面临从劳动密集型向资本和技术密集型产业升级，经济潜在增长率下降。

中国过去30多年的高增长受益于城乡人口转移，随着刘易斯拐点的到来，低端劳动力从供给过剩到供不应求，劳动力成本上升，城乡人口转移对经济增长

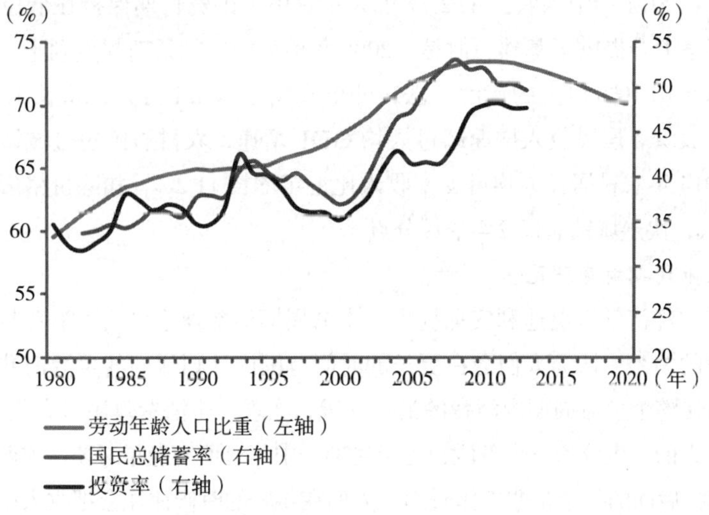

图5.15　中国劳动年龄人口比重、储蓄率和投资率

资料来源：WIND

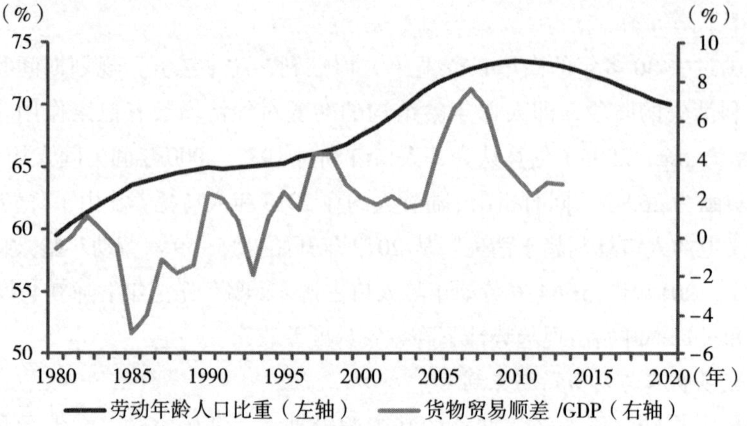

图 5.16 中国劳动年龄人口比重和贸易顺差

数据来源：国泰君安证券研究、WIND

的贡献减弱。改革开放之初，1978 年我国城镇人口只有 1.7 亿人，城镇化率只有 17.92%，十亿人口有八亿农民，农村有大量剩余劳动力，但计划经济、户籍制度等制度安排阻止了劳动力在城乡之间和工农业之间的流动。改革开放 30 多年来，城镇化率以每年 1 个百分点的速度递增，2014 年城镇人口 7.5 亿，城镇化率 54.77%，比上年提高 1 个百分点，2000 年以来年均提高 1.3 个百分点；农民大量外出打工，2014 年中国农民工 2.74 亿人；农民工工资长期保持在低位为企业和政府储蓄率上升提供了基础。但是，2008 年前后中国刘易斯拐点到来，农民工工资水平以年均 10% 以上的速度上涨，外出农民工 16821 万人，增长 1.3%，比前些年明显放缓。居民收入增速超过人均 GDP 增速，农村居民超过城镇居民收入增速。2014 年农村居民人均可支配收入比上年增长 11.2%，扣除价格因素，实际增长 9.2%，快于城镇居民 2.4 个百分点。

3. 生命周期消费理论

由美国经济学家莫迪利安尼提出，生命周期消费理论强调了消费与个人生命周期阶段的关系，认为人们会在更长的时间范围内计划他们的生活消费开支，以达到他们在整个生命周期内消费的最佳配置，实现一生消费效用最大化。

假定人的一生分为三个阶段：青年时期、中年时期和老年时期。前两个阶段是工作时期，后面的一个是非工作时期。人们在年轻的时候往往会把收入中的很大一部分用于消费，甚至贷款消费与购买房屋、汽车等耐用品。这时候储蓄很小甚至为零。进入中年，收入日益增加，这时的收入大于消费，因为一方面要偿还年轻时的负债，另一方面要把一部分收入储蓄起来用于防老。当他们进入老年期，基本没有收入，消费又会超过收入，此时的消费主要是靠过去积累的财产，而不是收入。

按照生命周期理论，理性的消费者总是期望自己的一生能够比较安定地生活，使一生的收入与消费相等。根据这一理论，如果一个社会的人口年龄结构发生变化，则边际消费倾向也会发生变化，如果社会上年轻人和老年人的比例增大，则消费倾向就会提高，如果中年人的比例增大，则消费倾向会降低。

随着中国老龄化的加速到来，未来中国储蓄率将下降，消费量将上升。

4. 经济增速换挡：刘易斯转折点和房地产投资长周期拐点叠加

国际经验和理论推理表明，成功追赶的经济体在人均 GDP 11000 国际元附近出现经济增速换挡。在经济增速换挡的驱动力来自供给侧刘易斯拐点的出现和需求侧房地产投资长周期峰值的到来。

韩国增速换挡发生在 1989~2003 年间，刘易斯拐点出现在 20 世纪 80 年代末，房地产投资长周期出现在 20 世纪 90 年代中后期，1990 年前后是韩国经济减速的转折点。日本的增速换挡发生在 1968~1978 年间，刘易斯拐点出现在 20 世纪 60 年代末，房地产投资长周期出现在 1969 年前后。中国台湾的增速换挡发生在 1985~1993 年间，刘易斯拐点出现在 20 世纪 80 年代末，房地产投资长周期出现在 90 年代初。联邦德国的增速换挡发生在 1965 年前后，1965 年前后出现了房地产投资长周期峰值。

中国经济在 2008 年前后越过了刘易斯拐点，并且在 2014 年到达房地产投资长周期峰值。种种迹象表明，中国经济长期潜在增长率正在下降，正经历增速换挡。

（三）从人口红利到人力资本红利

增速换挡期的经济减速主要是由于人口红利逐步消失、刘易斯转折点、房地产投资长周期拐点等因素所致，投资率、资本回报率下降，经济潜在增长率下降。需要通过制度改革以提高生产率，试图通过需求刺激拉高经济增长超越潜在增长率是危险的，日韩在增速换挡初期拒绝减速，中国 2009 年 4 万亿元刺激的经验教训值得借鉴。

增速换挡期延长人口红利、提高生产率的措施包括：放开城镇户籍限制，基本公共服务均等化，社保改革，延长退休年龄，提高女性劳动参与率，发挥人力资本优势鼓励研发创新，从国有企业、机关事业单位等非市场化冗员就业中释放劳动力，等等。

三、人口与经济结构：消费升级、年龄消费投资特征、世代消费特征①

人口对经济结构的影响，除了体现为人口年龄结构引发的储蓄率、投资率变化，同时体现在对消费结构升级的影响上。

表 5.1　2015~2020 年从人口看经济结构变化趋势

规模效应			世代效应		收入效应	
年龄段	消费投资特征	总数、与2015年同年龄相比	对应世代	世代消费投资特征	收入水平变化	综合效应
60 岁以上	医疗保健消费的主力	2.29 亿元 增 1967 万元	30~50 后	消费倾向低，储蓄意识强	全社会收入中枢上升：2020 年人均可支配收入实现比 2010 年翻番。麦肯锡预测：年均可支配收入 $16000~34000 的主流消费者占比从 2010 年 6% 增长到 51%。主要对应于 30~59 岁社会中坚人群 房价增速下降降低了房产的投资功能，通过财富效应抑制拥有房产的中老年人消费，通过溢出效应使年轻人消费支出和金融投资增加	●医疗、养老产业受益 规模效应：50 岁以上人口数量大幅上升 ●中老年食品服饰休闲娱乐产业、汽车产业 规模效应：50~59 岁人口数量大幅上升 世代效应：60 后对衣食行改善和娱乐的需求 ●健康产业 规模效应：50 岁以上人口数量大幅上升 世代效应：所有年龄段人口对健康的重视程度提高 ●金融投资 规模效应：30~59 岁人口数量大涨 收入效应：30~59 岁人口收入中枢大幅提高 + 房价增速下滑 ●中青年人非生活必需品消费：信息消费、旅游休闲、体育健康、文化娱乐 收入效应：20~49 岁人口收入中枢大幅提高 世代效应：80、90 后对休闲娱乐、新兴消费、个性化消费的偏好 ●电子商务产业 世代效应：80、90 后互联网购物习惯 收入效应：80、90 后收入提高 ●看空房地产 规模效应：20~39 岁数量大幅减少 世代效应：80、90 后购房需求下降
50~59 岁	总消费最高 证券保险购买主力 医疗保健、汽车、食品、文化娱乐消费主力	2.19 亿元 增 4043 万元	60 后	消费倾向低，追求传统消费改善，储蓄意识强，子女少，时间多，有娱乐需求		
40~49 岁	总消费最高 证券保险购买主力 汽车、食品、文化娱乐消费主力	2.12 亿元 减 3014 万元	70 后	消费较克制 品牌忠诚度高		
30~39 岁	购买房产、保险、文化娱乐消费的主力	2.27 亿元 增 3258 万元	80 后	独生，父母多是 60 后，在父母帮助下完成购房 品牌忠诚度高 重视休闲娱乐 个性化 互联网消费		
20~29 岁	购买房产的主力	1.84 亿元 减 5117 万元	90 后	独生，父母为 60 后或 70 后，在父母帮助下完成购房或愿意租房 消费倾向高 重视休闲娱乐 个性化 互联网消费		
10~19 岁		1.54 亿元 减 68 万元	00 后	独生 父母为 70 后		
0~9 岁		1.62 亿元 减 19 万元	10 后	父母为 80 后		

资料来源：国泰君安证券研究

① 张婕珂为本部分资料整理做了贡献。

（一）日本年龄消费投资特征分析

1. 消费与消费倾向

我们以同为东亚国家的日本的居民消费习惯进行分析。从 2014 年日本居民的支出组成看，总消费最高的为年龄在 40~59 岁之间的中年人，消费倾向最高的为 50 岁以上的老年人。

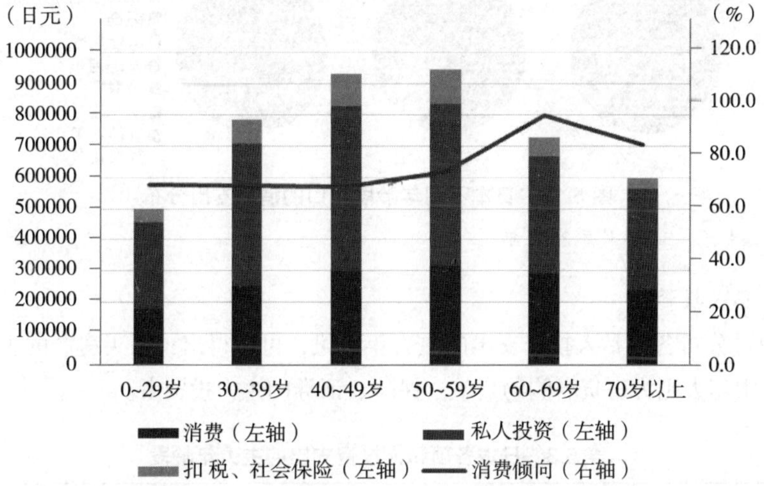

图 5.17　日本各年龄段每月支出组成与消费倾向

数据来源：日本统计局，2014 年

2. 消费支出

通过分析每个年龄段的消费支出的分布，可以得出：房租的消费主力为青年人；交通通信（以及其中的私人汽车消费）、食品、教育、文化娱乐的消费主力为中年人；医疗保健、社交等其他杂项消费项的主力为老年人。

表 5.2　日本各项消费支出的主力年龄段

类型	消费支出项目	主力人群
青年消费	房租	0~39 岁
中年消费	交通通信	30~59 岁
	交通通信：私人汽车	40~69 岁
	食品	40~69 岁
	教育	30~59 岁
	文化娱乐	30~69 岁
老年消费	医疗保健	50 岁以上
	社交等其他杂项消费	50 岁以上

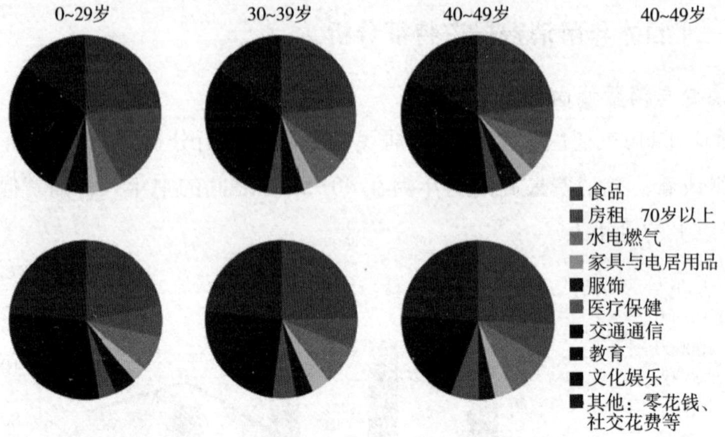

图 5.18 日本不同年龄段人口的消费支出分布

数据来源：日本统计局 2014 年

3. 私人投资

通过分析各项私人投资支出的主力年龄段，可以得出：购买房产的主力为青年人，中年人则为房贷、购物贷款、保险、证券的主力投资者。

表 5.3 日本各项私人投资支出的主力年龄段

类型	私人投资支出项目	主力人群
青年投资	购买房产	0~39 岁
中年投资	房贷	30~59 岁
	购物贷款	30~69 岁
	保险	30~69 岁
	证券	40~59 岁

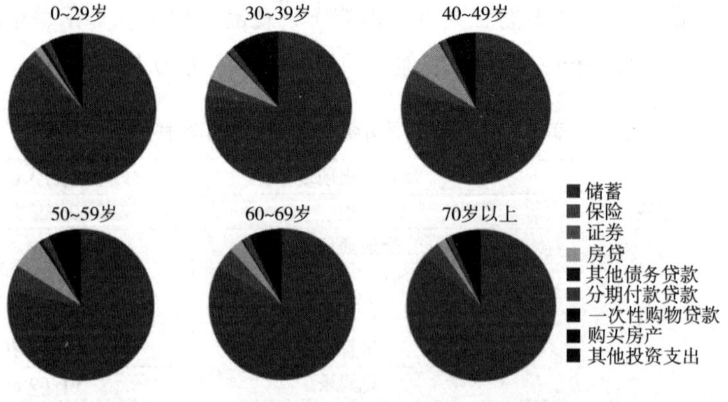

图 5.19 日本不同年龄段人口的私人投资支出分布

数据来源：日本统计局 2014 年

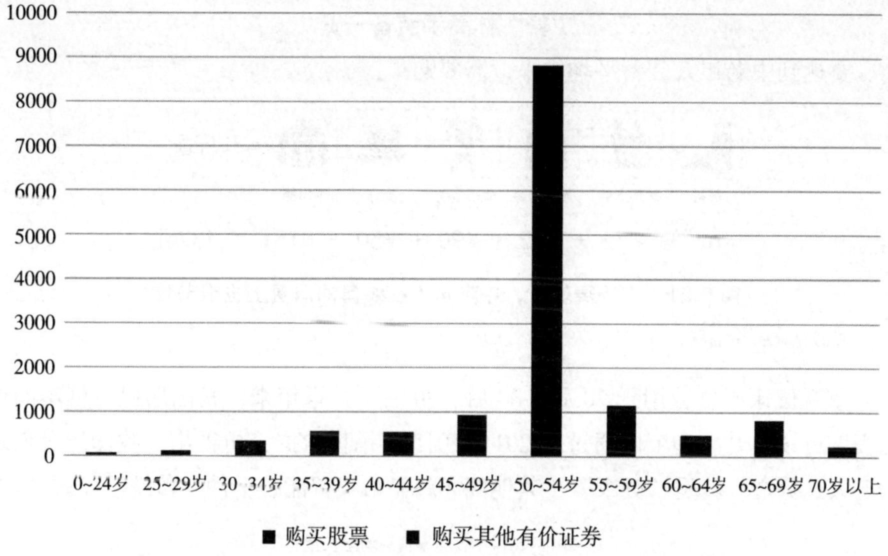

图 5.20　40~59 岁是投资股票和其他有价证券的高峰

数据来源：日本统计局，2014 年

（二）中国世代消费投资特征分析

1. 30~50 后

消费倾向低，储蓄意识强（也适用于 60 后）：社会心理学家认为，青少年时期的成长环境和经历会影响到人一生的消费观念、生活方式和价值观。30~60 年代出生的我国居民在青年时期经济困难，生活条件落后，由此形成节俭的消费习惯。这部分人群的子女为逐渐富裕起来的“60”“70”“80”后，所以可以保障他们的养老和医疗需求。

2. 60 后

保守：60 后对新兴消费接受能力不强，但受到青少年时期相对富有的人群的消费方式的影响（“敏感心理”效应），对衣食、汽车等传统消费升级需求较高。

休闲娱乐需求：子女为独生子女，60 后抚养后代所需精力较少，有休闲娱乐需求，广场舞等中老年休闲娱乐活动盛行。

图 5.21 广场舞盛行，中老年人在装备的消费上也很节俭

资料来源：淘宝网，《2015 我们为什么埋单》

重视健康（也适用于 70 后、80 后、90 后）：近年来，我国居民对健康的重视程度持续上升。淘宝网通过对 2011~2015 年销售数据分析得出，我国居民消费的五大趋势之一就是“健康”（其他四大趋势为“智能、个性、传统、年轻”）。

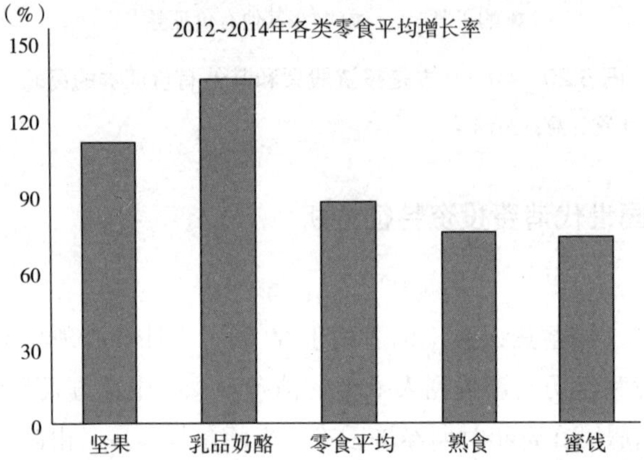

图 5.22 主打“健康牌”的食品增长率高于平均，而传统肉食和蜜饯等销量放缓

资料来源：淘宝网《2015 我们为什么埋单》

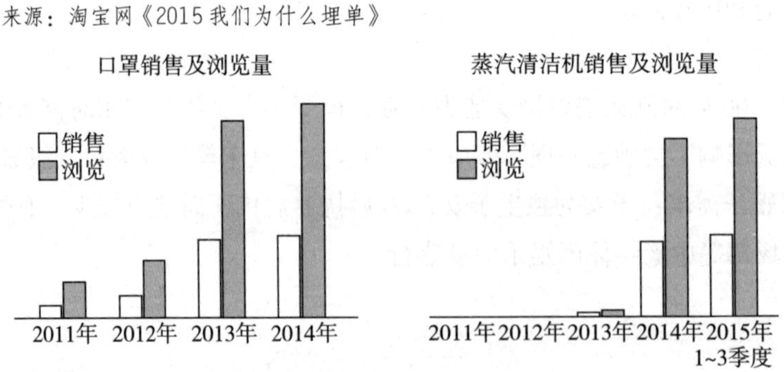

图 5.23 消费者对家用健康产品的关注度猛增

资料来源：淘宝网《2015 我们为什么埋单》

3. 70 后

消费较克制：70后是独生子女政策实行前的最后一代非独生子女，青少年时期消费很克制。成长过程伴随我国体制巨变，既接触到新鲜事物，又受到一定冲击，形成了较为保守和克制的消费习惯。

品牌忠诚度高（也适用于80后）：70后、80后成长过程伴随着我国改革开放的进行，对品牌的认知水平相比60后明显上升。2015年BCG（波士顿咨询公司）消费者调查表明，我国18~35岁消费者平均知道20个护肤品牌，而美国同龄消费者仅知道14个。

4. 80 后

对休闲娱乐需求上升（也适用于90后）：80后大学以上学历占19%，显著高于70后的10%。女性生育第一胎的年龄从2010年的27岁推迟到2020年的30岁。教育时间和单身时间的延长伴随着对休闲娱乐和改善个人及生活品质的服务类消费的消费增长，如健身、兴趣培养、境外游、家政服务等。

追求个性化、善于接受新鲜事物（也适用于90后）：易观智库、腾讯《2014年中国90后青年用户调查报告》显示，80后、90后购物时，"自己喜欢"是最重要的考虑。淘宝网《2015我们为什么埋单》显示，智能产品作为新兴消费从2013年下半年到2015年底同比增长率接近250%，而80后、90后是智能产品的主力消费人群。

互联网消费（也适用于90后）：80后、90后是互联网世界成长起来的原住民。互联网购物平台也很好地满足了他们的个性化购物需求。从人数上看，80后与90后共同构成网络购物主力人群。

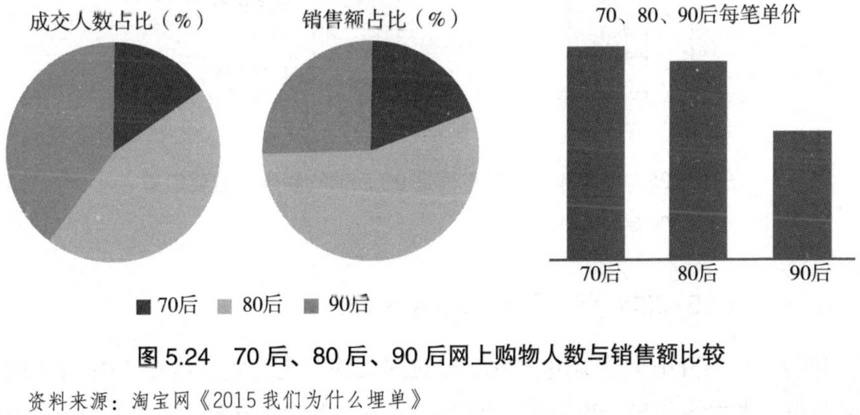

图 5.24　70 后、80 后、90 后网上购物人数与销售额比较

资料来源：淘宝网《2015 我们为什么埋单》

5. 90 后

消费倾向高：青少年时期高速发展的经济和日渐富足的生活带来 90 后高消费、重休闲倾向。根据西南财经大学中国家庭金融调查与研究中心数据，90 后消费倾向 88%，远高于所有人口的平均消费倾向 77% 和 80 后的 74%。

偏好娱乐：物质条件优越以及独生子女成长过程中的孤独感带来 90 后对娱乐和兴趣爱好的需求。腾讯《2014 年中国 90 后青年用户调查报告》显示，56% 的 90 后最关注的新闻类型是娱乐新闻，80% 会玩网游。北京大学市场与媒介研究中心 2015 年数据显示，90 后想要做的事：45% 选择旅游，远超排在第二的“从事某职业”（7%）。

购房需求下降：对购买住房需求度下降，愿意租房或可以从父母继承。社科院《社会蓝皮书：2015 年中国社会形势分析与预测》显示，55% 的 90 后毕业生相比贷款买房更愿意提高生活质量。

品牌重视程度降低：百度《90 后洞察报告》指出，90 后购物时对品牌和广告不再看重。

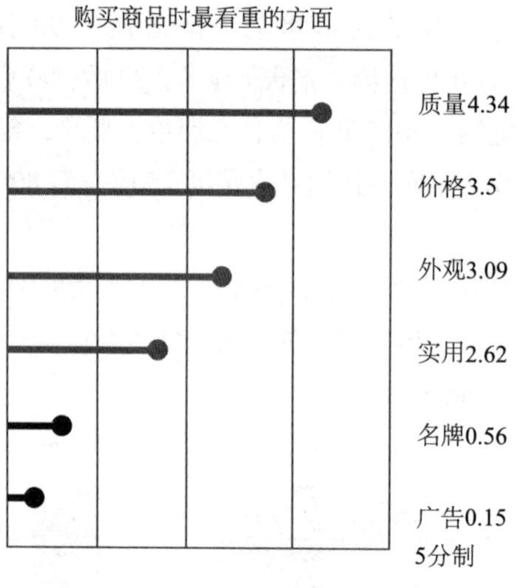

图 5.25　名牌和广告已不再是 90 后购物看中的首要因素

资料来源：百度《90 后洞察报告》

（三）2015~2020 年中国收入水平分析

党的十八大五中全会指出，2020 年我国人均可支配收入将在 2010 年基础上实现翻番。麦肯锡预测，2020 年，城市居民中，人均可支配收入在 16000~34000

美元的主流消费群将从2010年的6%增长到2020年的51%，人数接近4亿；人均可支配收入在6000~16000美元的价值消费群从2010年的82%减少到2020年的36%，人数约3亿。以上两部分居民占到了城市居民总量的87%。对应的年龄段主要是收入最高的30~60岁人群。随着整体收入的上升，服务、耐用品、半耐用品消费将进一步提升。

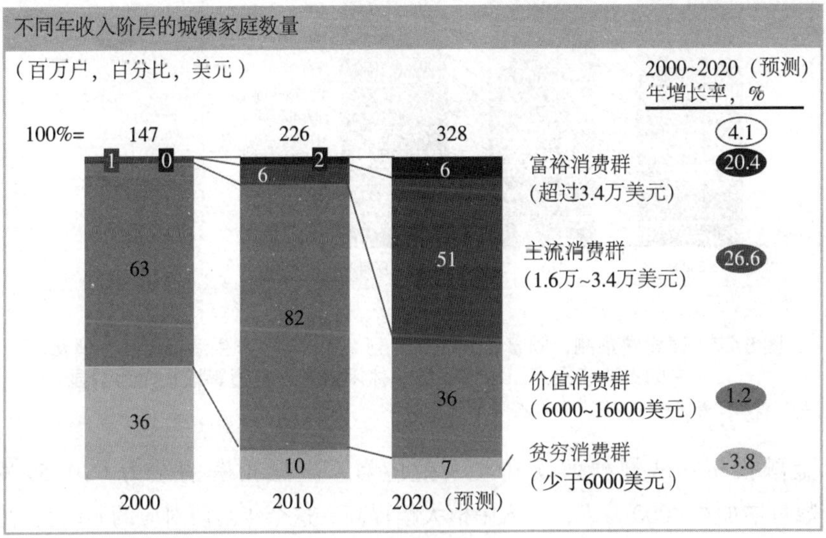

图 5.26　主流消费人群占比大幅上升

资料来源：麦肯锡《“会见”2020中国消费者》

（四）综合效应分析

医疗、养老产业：主要受益于50岁以上人口在未来五年大幅增加6000万人的规模效应，这部分人口是医疗保健产品服务的主要消费者。

中老年食品服饰休闲娱乐产业、汽车产业：40~59岁是汽车和食品消费的主力。从世代效应看，这个年龄段对应的60后对传统消费的改善和休闲娱乐有较强需求。中老年消费市场也将受益于50~59岁人口未来五年大幅增加4000万人带来的规模效应。

健康产业：从规模效应看，到2020年，保健产品服务的消费主体（50岁以上人口）数量大幅增加6000万人。加之所有年龄段人口对健康的重视程度提高，将带动健康产业高速发展。

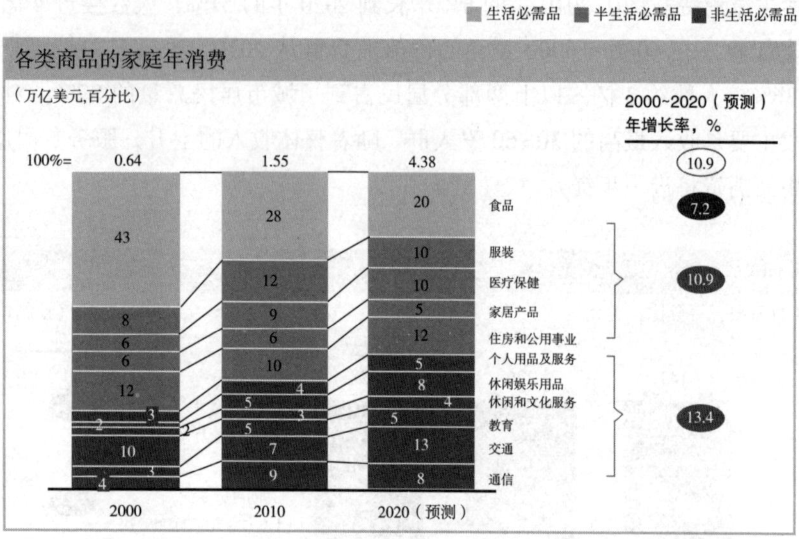

图 5.27 麦肯锡预测，随着收入提高，到 2020 年，非生活必需品在消费中的占比将提高，医疗保健、休闲娱乐、交通等增长尤为明显

资料来源：麦肯锡《"会见"2020 中国消费者》

金融投资：从规模效应和收入效应看，金融投资的主力（30~59 岁人口）数量增加约 4000 万人，收入中枢大幅提高。这个年龄段对应的 60 后、70 后消费倾向较低。房价增速下降降低了房产的投资功能，通过溢出效应使这部分人群对金融资产的投资增加。

中青年人非生活必需品消费，信息消费、旅游休闲、体育健康、文化娱乐：受益于 20~49 岁人口收入中枢大幅提高带来的收入效应，以及 80 后、90 后消费倾向高，对休闲娱乐、新兴消费、个性化消费的偏好的世代效应，信息消费、旅游休闲、体育健康、文化娱乐等产业将迎来高速发展。

电子商务产业：80 后、90 后的互联网购物习惯这一世代效应，随着 80 后、90 后进入劳动年龄，总体收入提高，将带动电子商务产业的高速发展。

房地产配置效应减弱：20~50 岁主流适龄购房人数将减少。从世代效应看，80 后、90 后购房需求下降。

四、人口与股市：经济增长、流动性、风险偏好

人口影响股市的主要逻辑和渠道是：

（一）基本面

在人口红利期，经济潜在增长率高，企业盈利快速增长，如果股市能够反映“经济预期的晴雨表”，那么股市的 PE（股票的市盈率）将长期享受高估值，资产价格虽有波动但趋势性上涨，比如 1992~2007 年的中国股市长牛。

在人口红利消失期，经济潜在增长率下降，如果能够通过改革转型实现从人口红利向人力资本红利转变，虽然 PE 不再享受高成长性溢价，但企业盈利能力提升，股市趋势仍将长牛，比如 20 世纪 70 年代的日本、2000 年以后的韩国；但如果改革转型失败，落入中等收入陷阱，经济将失去增长的动力和希望，股市将陷入低迷，比如 20 世纪 80 年代的拉美。

A 股比美股 PE 始终高估：关于成长性溢价的解释。一种流行的观点认为，A 股 PE 始终比美股大幅高估，因此 A 股不具备长期投资价值，仅仅是短期博弈的赌场。这可能是一个比较的逻辑陷阱。从历史上看，A 股 PE 始终比美股系统性高估，价值股平均高估 1 倍左右，成长股平均高估 1.5 倍左右。即使 2014 年 7 月大牛市启动前夜的 2000 点，A 股分行业 PE 中值也比美股平均高 50% 左右，我们怀疑可能跟成长性溢价有关。过去 30 多年中国实际 GDP 年均增长 10% 左右，名义为 15% 左右，美国实际增长 2% 左右，名义为 5% 左右，这意味着以名义 GDP 增速代表的中美宏观资产回报率差距在 2 倍左右。同样，美股中的纳指（尤其去除微软、谷歌等之后）比标普 PE 高 1 倍多，这同样可以用成长性溢价解释。以传媒行业为例，美国票房只有个位数增长，但中国 2015 年增长高达 60%。而且中国 A 股还有壳价值等特殊溢价。因此，简单比较 A 股和美股的整体或行业 PE 可能是一个逻辑陷阱，忽视了经济发展阶段、产业发展阶段和成长性的区别。从历史的比较来看，比较 A 股和美股的 PE，应该用成长性溢价率是否处在一个相对合理区间来衡量。

（二）资金面

在人口红利期，内部的高储蓄率和高投资率必然对应着外部的高外汇占款，快速提高的前提是生产率引发货币升值预期及资本流入，基础货币投放增加；金融中介强烈的顺周期行为使得经济高速增长期银行放贷意愿增强，货币流通速度和流动性创造加快；流动性过剩，推升股市、房市等资产价格泡沫，比如 2005~2007 年的中国。

在人口红利消失期，如果能够通过改革转型实现从人口红利向人力资本红利转变，外占虽收窄但仍有望保持经常顺差，货币仍具备升值基础，比如 20 世纪

70 年代的日本、2000 年以后的韩国；但如果改革转型失败，落入中等收入陷阱，货币将大幅贬值，资本大幅流出，比如 20 世纪 80 年代的拉美。

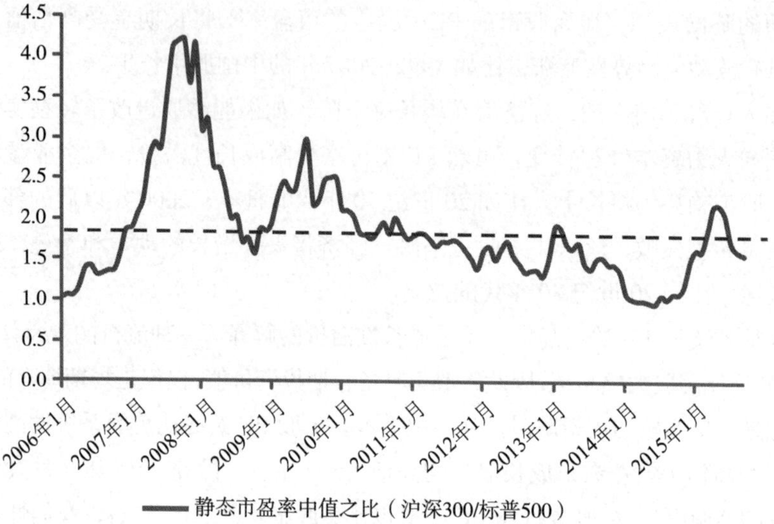

图 5.28　中美价值股市盈率的历史比较：成长性溢价

资料来源：WIND

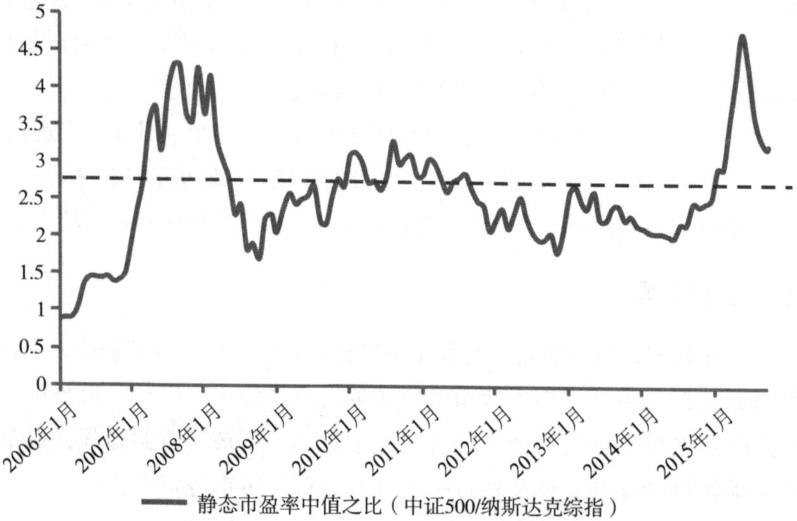

图 5.29　中美成长股市盈率的历史比较：成长性溢价

资料来源：WIND

（三）政策面

人口红利期，经济潜在增长率较高，经济的调整主要是周期性和外部性，政策主要依靠财政货币需求侧政策平滑波动，大类资产轮动按照周期宏观的投资时钟展开，政策底—市场底—经济底、政策顶—市场顶—经济顶先后出现。在人口红利消失期，经济的调整主要是结构性和体制性，政策主要依靠供给侧改革，财政货币需求侧政策只能起短期兜底作用，货币政策降低无风险利率并提高流动性，改革驱动的风险偏好大起大落，大类资产轮动按照转型宏观的投资时钟展开，改革底—市场底—经济底、改革顶—市场顶—经济顶先后出现。随着人口老龄化的到来，政府将建立一系列养老制度安排应对，比如美国的401K，增加机构投资者比重。

（四）风险偏好

年轻人普遍风险偏好高，倾向于配置股票、地产等高风险偏好资产。老人风险偏好低，倾向于配置债券、存款等低风险偏好资产。

35~54岁的人群最有储蓄能力，而且风险偏好高，是股票的主要投资者。因此35~54岁人群占比较高的发展阶段一般PE较高，比如美国1980~2000年、日本1980~1990年。

（五）消费升级、主导产业与主涨板块

随着收入水平提高和年龄结构变化，居民消费升级将引发主导产业升级更迭，股票市场的主流板块改变。现在的价值股是过去的成长股，现在的成长股是未来的价值股。

五、人口与债市：通胀、流动性、风险偏好、利率

人口对债市的影响逻辑是：

（一）基本面：人口红利期，经济高增长、高通胀、高波动，利率中枢总体较高。人口红利消失期，经济潜在增长率下降，物价通缩，利率中枢下移，欧洲、日本等经济体进入老龄社会以后长期零利率。

（二）储蓄借贷需求：35~54岁人群收入水平高、物质基础有一定积累，代表高储蓄人群，充当社会贷款人角色；25~34岁处在工作的早期阶段，人群收入低，买房、成家、抚养小孩等负担重，充当社会借贷人角色。

从美国的情况来看，用“低储蓄人群（25~34 岁和 65 岁以上）/ 高储蓄人群（35~54 岁）”来拟合 10 年期国债收益率（或贷款利率）效果较好。虽然由于 QE、零利率政策，2010~2014 年两大曲线出现暂时的背离，但近年美国正进入加息周期，两大曲线有再度趋同走势。

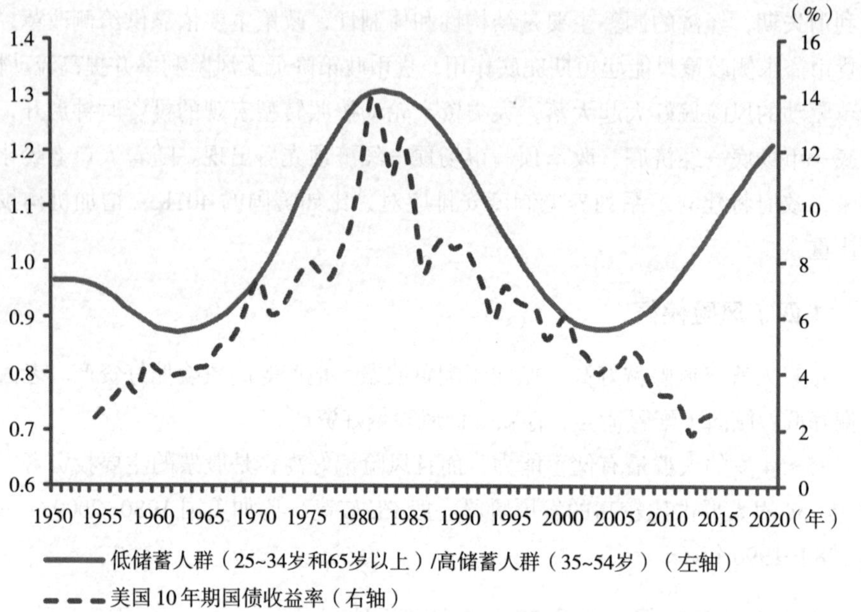

图 5.30　美国 10 年期国债收益率和低储蓄人群（25~34 岁和 65 岁以上）/ 高储蓄人群（35~54 岁）

资料来源：WIND

中国的曲线拟合情况基本相符但没有美国的拟合度高，这可能和美国是消费主导的社会有关，中国是投资、消费、出口共同主导的社会，三大需求都会产生借贷需求。从储蓄借贷需求看，如果中国成功转型成为消费主导社会，利率有阶段性上升压力，零利率是极端情况。

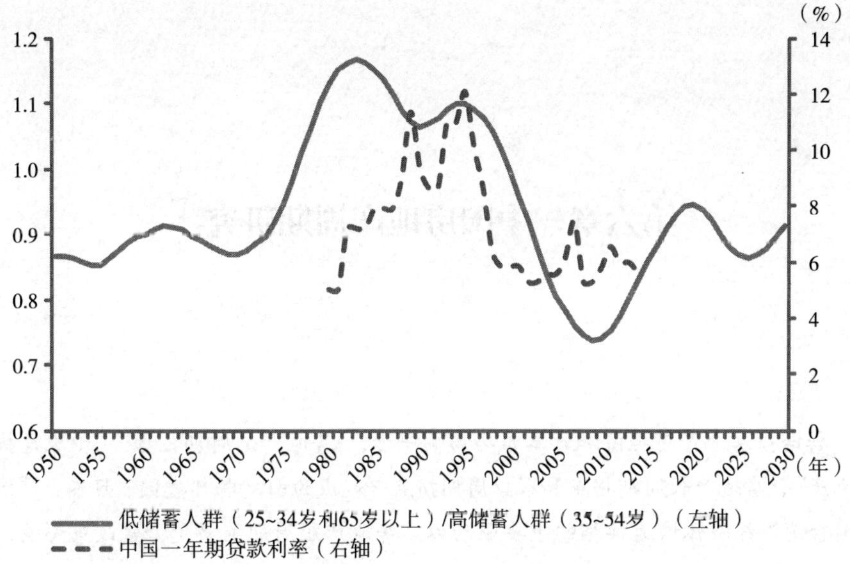

图 5.31　中国贷款利率和低储蓄人群（25~34 岁和 65 岁以上）/ 高储蓄人群（35~54 岁）

资料来源：WIND

六、人口与房市：房地产投资长周期拐点到来与后房地产时代

房地产投资周期在很大程度上也是人口周期的一部分。人口影响房地产市场的逻辑是：（1）在房地产投资周期的左侧，人口红利和城乡人口转移提升经济潜在增长率，居民收入快速增长，消费升级带动住房需求，20~50 岁置业人群增加（20~35 岁首次置业，35~50 岁改善型置业），带来购房需求；高储蓄率和不断扩大的外汇占款，流动性过剩，推升房地产资产价格。（2）在房地产投资周期的右侧，随着人口红利消失和刘易斯拐点的出现，经济增速换挡，居民收入放缓；随着城镇住房饱和度上升，置业人群达到峰值，房地产投资长周期拐点到来。随着房地产黄金时代的结束，后房地产时代的典型特点是“总量放缓、结构分化”，人口迁移边际上决定不同区域房市，根据国际经验，人口将继续往大城市迁移聚集。

第六章　中国房地产周期研究①

导语：房地产对经济和资本市场影响深远，“房地产是周期之母”“十次危机九次地产”，房地产长周期拐点和人口周期拐点一起成为引发联邦德国、日本、韩国、中国台湾等经济体增速换挡的重要驱动力。房地产短周期主要受金融政策影响，长周期主要受经济增长、城市化、人口数量和结构等影响，短期看金融，长期看人口。在房地产市场发展初期，住宅开工数量的推动因素主要来自经济高速增长、居民收入水平快速提高、城镇化率快速上升；在房地产市场发展后期，住宅开工数量的推动因素主要来自人口出生数量和适龄购房人口数量。对照典型工业化经济体房地产发展的历程，中国房地产发展正进入新阶段：从高速增长到平稳或下降状态；从数量扩张到质量提升；从总量扩张到“总量放缓、区域结构分化”。增速换挡期，住宅投资告别高增长时代，房地产政策应适应新发展阶段特征，避免寄希望于刺激重归高增长的泡沫风险。

房地产对经济和资本市场影响深远，经济史上有名言：“房地产是周期之母”“十次危机九次地产”。房地产周期缓慢、持久且振幅很大，在向上时具有很强的带动力，在反转向下时势大力沉。同时，房地产长周期拐点和人口周期拐点一起成为引发联邦德国、日本、韩国、中国台湾等经济体增速换挡的重要驱动力。

一、房地产周期的决定因素：理论逻辑和国际经验

房地产包括住宅和商业地产，其中以住宅为主，并且二者周期具有一致性。房地产兼具消费品属性（居住需求，包括首次置业的刚需和第二次置业的改善性

① 本章参考了刘世锦、邓郁松、许伟、邵挺等的研究成果。

需求）和金融属性（投资或投机性需求，在价格的博弈中获得价差，并且可以加杠杆）。影响房地产周期的因素包括经济增长、收入水平、城市化进程、人口数量和结构等长期变量，也包括利率、抵押贷首付比、税收、土地政策等短期变量，因此，房地产周期可以分为长周期和短周期，长周期看人口，短周期看金融。

衡量房地产周期的指标包括销量、价格、开发商资金来源、土地购置、新开工、投资、库存等，衡量房地产市场泡沫化程度的指标包括房价收入比、租金回报率、空置率等。

（一）房地产的短周期

人口周期因素是决定房地产走势的重要中长期因素，但是，住房市场是受政策变化影响较大的市场。其中，住房金融政策对典型经济体住房市场的短期波动影响最为显著。房地产短周期是指在长周期趋势背景下，由于利率、抵押贷首付比、税收、土地政策等短期变量引发的波动。比如，如果政策为刺激房地产，下调利率和抵押贷首付比，将提高居民支付能力，通过鼓励居民加杠杆来透支住房需求；如果政策为抑制房地产，则可以采取提高利率和首付比操作，以降低居民支付能力并延迟住房消费。与长周期不同，短周期不改变房地产运行的长期趋势。

由于商品房具有消费升级属性，且产业链条长，因此，房地产市场的销量、土地购置和新开工投资是重要的经济先行指标。一轮完整的房地产短周期为：政策下调利率和抵押贷首付比，居民支付能力提高，房地产销量回升，商品房去库，供不应求，开发商资金回笼后购置土地，加快开工投资，房价上涨，商品房作为抵押物的价值上涨会放大居民、开发商和银行的贷款行为；当房价出现泡沫化，政策上调利率和抵押贷首付比，居民支付能力下降，房地产销量回落，商品房库存增加，供过于求，开发商资金放缓购置土地和开工投资进度，房价回落，商品房作为抵押物的价值缩水会减少居民、开发商和银行的贷款行为。在这个过程中，情绪加速器、抵押物信贷加速器会放大房地产短周期波动。

美国经验表明住房金融政策与住房市场波动密切相关。上一轮美国房地产泡沫，开始于2001年美联储的低息政策刺激。2001至2002年度，美联储连续11次降息，累计降息4.75个百分点。直至2002年11月，基准利率降至1.25%，美联储的低息政策一直延续到2004年。在此期间，过低利率刺激抵押贷款大幅增加，从而造成了房地产泡沫。随后美联储的连续加息则刺破了美国房地产泡沫。2004至2006年度，美联储连续加息17次，累计加息4.25个百分点，直至2006年6月基准利率升至5.25%，而美国标准普尔/CS10个大中城市房价在2006年6月到达历史高点之后就开始了连续下跌，说明联储加息政策是刺破美国房地产泡沫的主要原因。

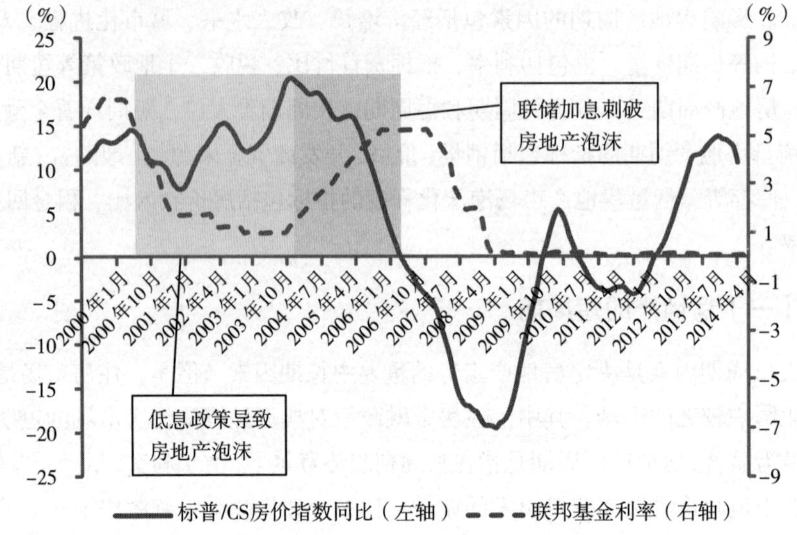

图 6.1　美国房地产价格波动与联邦基金利率

数据来源：国务院发展研究中心，WIND

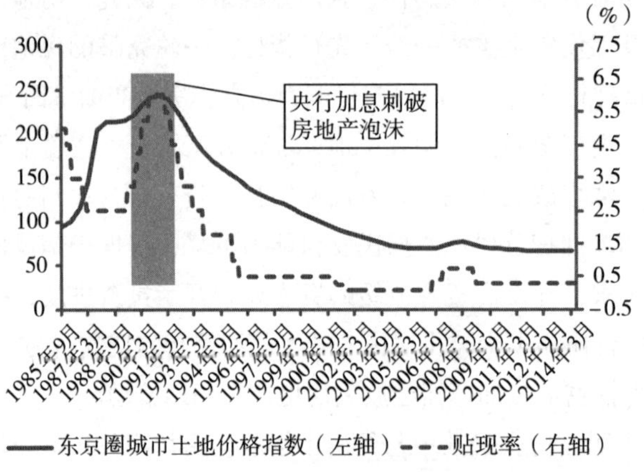

图 6.2　日本房价波动与利率

数据来源：WIND，CEIC，国务院发展研究中心

日本经验同样表明住房金融政策与住房市场波动密切相关。日本的房地产泡沫，与日本央行下调利率有密切关系：1986~1987 年，日本银行连续 5 次降息，把中央银行贴现率从 5% 降低到 2.5%，不仅为日本历史之最低，也为当时世界主

要国家之最低，日本央行维持低息政策长达两年之久。低息政策促进了房地产市场的空前繁荣，反映在土地价格的迅速上涨上。与美国相同，央行随后的加息刺破了日本房地产泡沫：1989 年 5 月 31 日，日本央行加息 0.75 个百分点，此后的 15 个月内，日本央行再度 4 次加息，将贴现率提高到 6%，连续加息对日本房地产市场造成了巨大打击，东京圈城市土地价格开始了长达 15 年的持续下跌。

从国内的经验来看，金融政策对国内房地产市场的影响同样非常显著。例如，1993 年央行大幅加息是海南房地产泡沫破裂的重要因素。作为当年宏观调控的 16 条措施之一，1993 年 5 月 15 日和 7 月 11 日，央行两次分别加息（一年期贷款利率）72 个基点和 162 个基点，累计加息 234 个基点。央行大幅加息导致海南房地产泡沫破裂，烂尾楼、积压房地产大量增加。据中国人民银行调查统计，截至 1998 年底，海南房地产占压四大专业银行的金融资产累计达 406.57 亿元，且多数已成不良资产。海南人均占压房地产面积 1 平方米，是全国平均水平的 17 倍。

（二）长周期视角下的房地产发展阶段

房地产周期在很大程度上也是人口周期的一部分。人口影响房地产市场的逻辑是：①在房地产周期的左侧，人口红利和城乡人口转移提升经济潜在增长率，居民收入快速增长，消费升级带动住房需求；20~50 岁置业人群增加（20~35 岁首次置业，35~50 岁改善型置业），带来购房需求和投资高增长；高储蓄率和不断扩大的外汇占款，流动性过剩，推升房地产资产价格。②在房地产周期的右侧，随着人口红利消失和刘易斯拐点出现，经济增速换挡，居民收入放缓；随着城镇住房饱和度上升，置业人群达到峰值，房地产长周期拐点到来。随着房地产黄金时代的结束，后房地产时代的典型特点是"总量放缓、结构分化"，人口迁移边际上决定不同区域房市，根据国际经验，人口将继续往大城市迁移聚集。

根据典型工业化经济体房地产发展的经验，其发展过程具有明显的阶段性特征：

（1）高速增长期和平稳或下降期。在经济高速增长、居民收入水平快速提高、城镇化率快速上升的阶段，房地产销量和投资处于高速增长期，并与上述变量呈显著的正相关性，房价上涨有长期基本面支撑。当进入经济增速换挡、城镇化率放缓阶段，大部分人群的住房需求基本得到满足，大规模住宅建设高潮过去并转入平稳或者下降状态。住房开工量与经济增速以及城市化水平的关联度下降，而与每年出生人口数量以及有能力、有意愿购买住房的适龄人口数量的关联性更强，房价受居民收入和利率政策影响较大。比如，20 世纪五六十年代西方国家出现的婴儿潮，以及成功实现追赶之后日本社会的低生育率和老龄化，都对各自的住宅发展产生了显著影响。

（2）数量扩张期和质量提升期。初期，住房饱和度不高，住宅开工高速增长，以满足居民快速增长的最基本的首次置业居住需求；随着住房趋于饱和（比如城镇户均一套），居民对住宅质量、成套率、人居环境等改善性需求提高。

（3）总量扩张期和“总量放缓、区域结构分化”期。综合典型国家城市化过程中人口区域分布结构和经济发展阶段、产业结构的关系来看，人口空间的分布大体经历了三个阶段。第一个阶段是人口从农村向城市转移，不同规模的城市人口都在扩张，而且在总人口当中的占比均在上升。这一个阶段和经济快速增长、制造业快速发展相关，而城市化率还没有达到 55%。第二个阶段主要是郊区化，一些中小型城市增长放缓，而大都市人口比重继续上升，这一阶段伴随着制造业的绝对衰退、服务业的相对发展。对应的城市化水平大致在 55%~70% 之间。第三个阶段则是城市化率超过 70% 以后，人口继续向大都市圈集中。中小型城市的人口增速缓慢。这一时期人口的聚集和服务业比重占据主导之后经济聚集程度的进一步提升有很大关系。

1. 在房地产市场发展初期，住宅开工数量的推动因素主要来自经济高速增长、居民收入水平快速提高、城镇化率快速上升

在房地产市场发展初期，推动因素主要来自经济高速增长、居民收入水平快速提高、城镇化率快速上升，新增大量买房需求的同时，居民购房支付能力快速上升。

美国“二战后”重建，经济高速增长，并叠加 1946~1964 年第一次婴儿潮影响，住宅开工数量大幅上升，从“二战”前的年均不足 50 万套大幅上升至“二战”后的年均 100 万套以上，到 20 世纪 70 年代住房开工量达到 170 万套 / 年的水平。之后，住房发展基本稳定下来，并且和人均 GDP、城市化水平的关联度不再明显，更多地受人口出生数量和适龄购房人口数量影响。1960 年美国城镇化率已经高达 70%，但 2008 年才到 81.7%，进程缓慢。

日本在“二战”后实现了二十多年的经济高速增长。其中，1960~1973 年期间 GDP 年均增长速度达到了 9.9%，人均 GDP 从 3986 元增加到 11434 元（1990 年购买力平价美元，下同），城市化率从 43.1% 上升到 55.4%。住宅建设随着经济高速增长和城市化水平快速推进而迅速上升。整个 50 年代，日本每年新开工建设的住宅数量平均不足 30 万套，1960 年以后加速上升，到 1973 年经济高速增长

阶段基本结束时已经升至 176 万套。1973 年之后，日本经济增速和城市化进程明显放缓，住宅新开工增速相应下降，每年开工量基本维持在 140 万套左右。在日本高速增长的阶段 (1948~1973 年之间) 人均 GDP 水平或城市化率与住宅开工量呈明显的正相关关系。

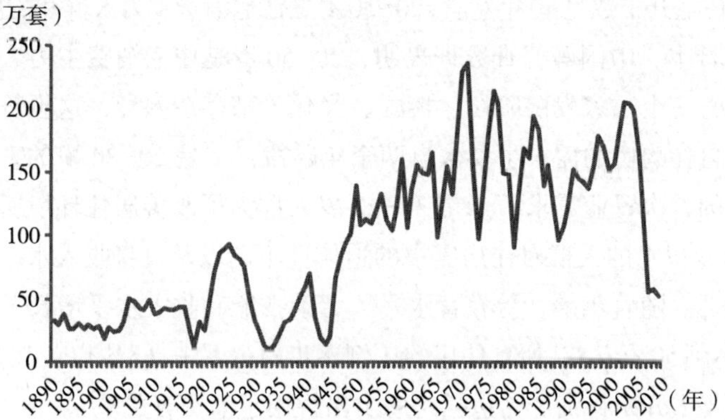

图 6.3　美国住宅开工量

数据来源： Bureau of Labour Statistics, Census Bureau

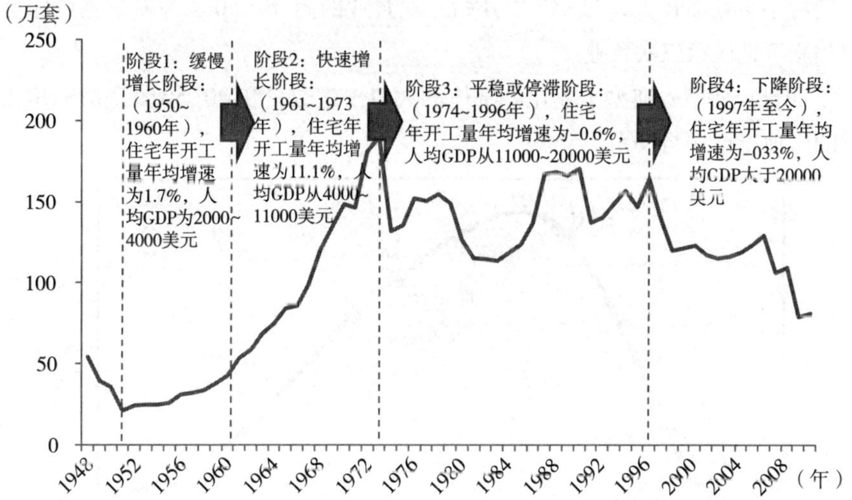

图 6.4　日本住宅开工量

数据来源：CEIC，许伟（2014）[①]

① 许伟 . 城镇住宅：需求峰值临近 [M]// 刘世锦 . 需找新的动力和平衡——中国经济增长十年展望（2013~2022）. 北京：中信出版社，2013.

2. 在房地产市场发展后期，住宅开工数量的推动因素主要来自人口出生数量和适龄购房人口数量

随着经济增速和城镇化进程放缓，住宅开工数量从高速增长期转入平稳或下降通道，驱动因素越来越受人口出生数量和适龄购房人口数量影响。统计表明，人口出生数量领先住宅开工数量20年左右，20~50岁是住宅消费主力人群和购房适龄人群。

美国、日本、中国等普查数据表明，20~50岁是住宅消费主力人群和购房适龄人群，尽管三个国家发展阶段、模式、文化等都存在差异，这也符合消费生命周期理论。自住购房的需求主要来自两个年龄段：一是20~34岁的青年人群为了结婚而产生的首次置业需求，二是35~50岁人群为了改善居住环境所产生的改善性需求。20岁以下的人群对住房需求的迫切性不高以及自身收入水平偏低，拥有住房比例较低。随着年龄、受教育水平、劳动技能和收入水平增长，拥有住房比例不断提高。到50岁左右，拥有住房的比例逐步稳定下来，65岁以后甚至出现下降，这可能与老年人开始将资产（包括房屋）出售用于消费有关系。

美国相关研究显示，大多数美国人18岁进入大学，22岁开始工作，26岁为平均结婚年龄，大多数在30岁前有小孩，首次置业则从20岁开始，35岁趋近高峰；随着小孩逐渐长大，35~42岁开始二次置业的高峰；50岁左右富裕的家庭在度假和旅游地区第三次置业。

下面重点检验各典型工业化经济体的人口出生数量和20~50岁适龄购房人口数量的房地产市场与关系。

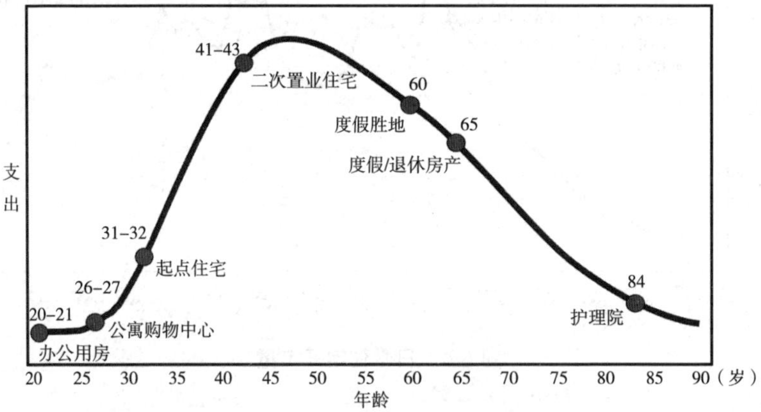

图 6.5 美国不同年龄段购房需求曲线

数据来源：国务院发展研究中心，WIND

日本增速换挡期发生在1973年前后。1960~1973年间，日本人口出生数量进入了一轮上升周期，自1960年的160.6万上升至1973年的209.2万。之后，出生人口数显著降低，1973~1990年间，出生人口数量年均下降5万人，年均下降幅度为3.1%。我们将人口出生数量与20年之后的住房开工量进行比较发现，二者具有显著的正相关性。采用20~50岁年龄段人口数量和同期的住房开工量进行对比，二者同样具有显著的正相关性。

美国1945~1957年间出生人口数量快速增长，1957~1975年间出生人口数量开始下降，从1957年的431万下跌到1975年的314万，随后1975~1990年间出现了明显的反弹，1990年回升到418万。与之相对应的是，1965~1977年间住宅开工量快速增长，自1977年起逐步下降，在1995年到达底部，随后又出现了明显的反弹，剔除金融危机的影响，人口出生数量和住宅开工投资之间具有很强的正相关性。同样，当20~50年龄段人口上升时，住房开工量也同样逐步上升。

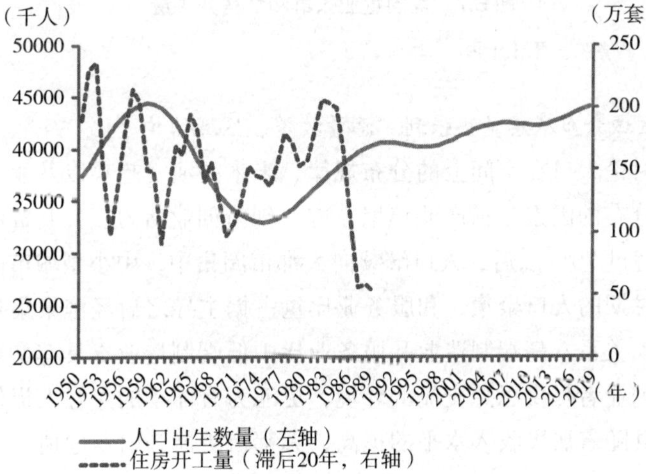

图6.6　美国人口出生量和住房开工量

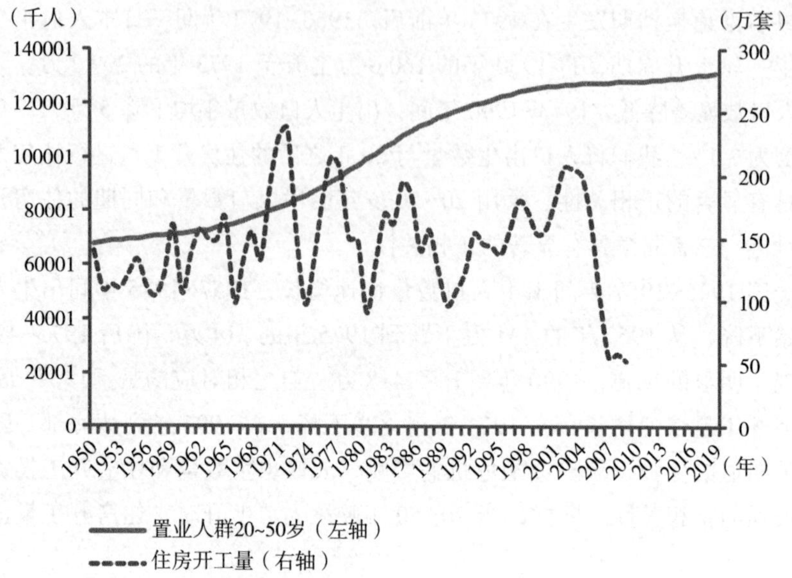

图 6.7　美国置业人群和住房开工量

资料来源：国务院发展研究中心，许伟（2013）①

3. 人口区域分布从总量扩张到“总量放缓、区域结构分化”

本部分讨论人口在空间上的分布规律、未来的演变趋势以及驱动因素。驱动人口空间分布的因素包括产业集聚效应、创新创业活力、公共资源差异等。当城市化率超过 70% 以后，人口继续向大都市圈集中，中小型城市的人口增速缓慢。这一时期的人口聚集，和服务业比重占据主导之后经济聚集程度的进一步提升有很大关系，高端制造业和服务业比中低端制造业更具有集聚效应，大都市更能为创业者提供思想交流的环境，更能为有才华的年轻人提供实现梦想的舞台。而且随着居民收入水平的提高，大都市更能为财富净值人士提供优质的公共资源。

（1）日本人口区域分布的阶段性变化。“二战”后，结合 GDP 增速、产业结构等经济方面的因素来看，日本人口区域分布结构大体经历了三个阶段的变化

第一个阶段是日本战后起飞到 20 世纪 70 年代中期。这一时期，日本经济高速增长，城市化水平迅速提高。主要都市圈的人口数量及其占全国人口的比重都

① 许伟 . 城镇住宅：需求峰值临近 [M]// 刘世锦 . 需找新的动力和平衡——中国经济增长十年展望（2013~2022）. 北京：中信出版社，2013.

有不同程度的提升。同时，这个时期也是日本制造业发展比较快的阶段。

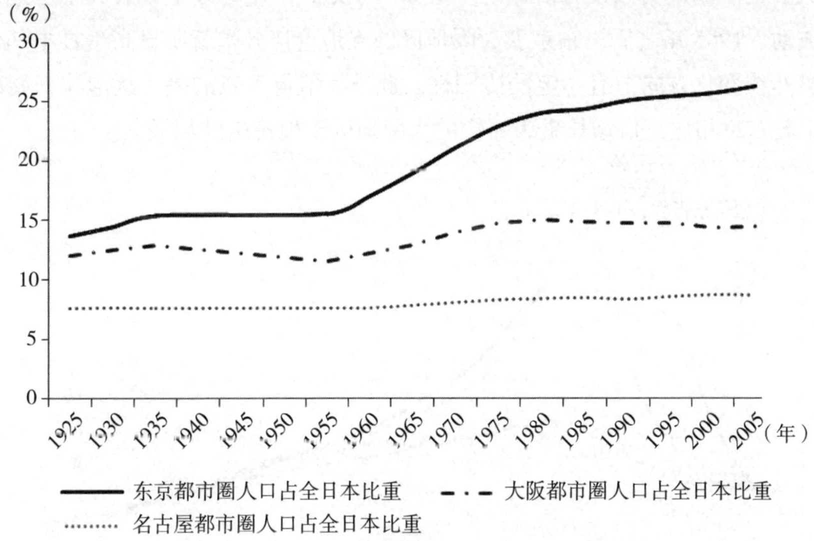

图 6.8　日本主要都市圈人口增长情况

数据来源：许伟（2014）[①]根据 Japan Statistics Bureau & Statistics Center 的数据整理

第二个阶段是从 20 世纪 70 年代中期到 90 年代初。第一次石油危机之后，日本经济高速增长阶段结束，转而过渡到中速增长阶段。在此后近 20 年的时间里，主要都市圈人口数量及其占全国人口的比重上升的势头明显，城市化率业已超过 60%。与此同时，不同都市圈的人口增长趋势出现分化。其中，东京都市圈的人口数量以及占全国人口的比重继续上升，而居第二的大阪都市圈由于制造业转移，大量人口开始迁出这一区域，大阪的人口占全日本人口的比重开始下降。名古屋则因丰田总部在爱知县，留住了部分与制造业相关的岗位，人口占比继续小幅上升。

第三个阶段是从 20 世纪 90 年代至今。这一时期，日本经济增速进一步降低，城市化率缓慢上升。与日本其他地区相比，日本人口继续向东京聚集。到 21 世纪初，东京都市圈以 3.5% 的土地，承载了 26% 的人口以及 30% 的产出。从更长的时间段来看，1920~2000 年期间，日本非大都市人口比重从 36.4% 下降至 17.9%，其中大部分被东京吸收（东京人口比重从 11.8% 上升至 25.1%），而大阪在 1970 年达到

① 许伟 . 城镇住宅：年度需求接近峰值，区域结构出现分化 [M]// 刘世锦 . 在改革中形成增长新常态——中国经济增长十年展望（2014~2023）. 北京：中信出版社，2014.

9.5% 之后，就逐步稳定下来。

人口的不断聚集以及可能进一步聚集的预期，一定程度上也放大了房地产市场的波动。1985 年之后，东京和大阪地区的土地价格升幅就明显高于日本其他地区，虽然在变化方向上有一定的协同性。此外，值得注意的是，从泡沫开始破裂至今，与东京相比人口增长更为缓慢的大阪地区土地价格跌幅最大。

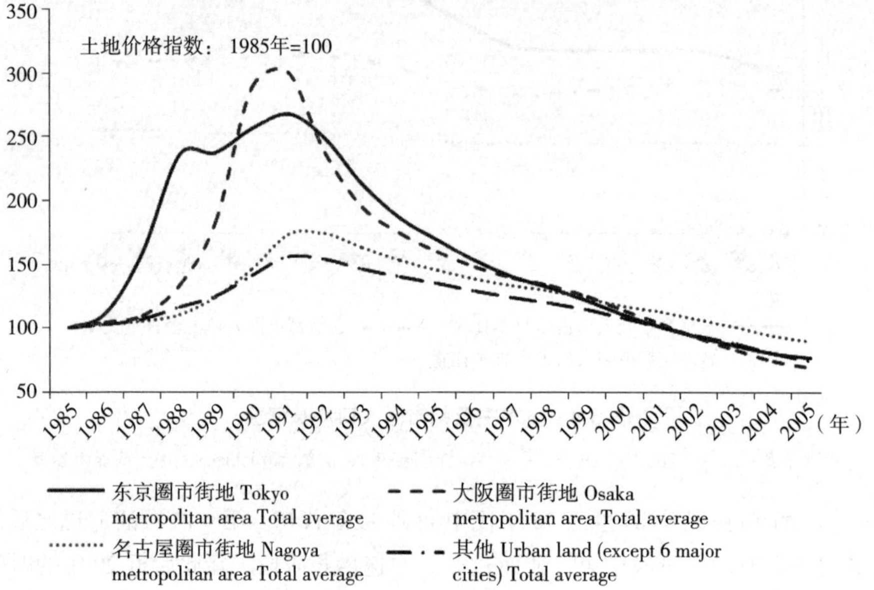

图 6.9　日本的土地泡沫

数据来源：许伟[①]根据 Japan Statistics Bureau & Statistics Center 的数据整理

（2）韩国人口区域分布的阶段性变化

韩国人口的迁徙也与经济发展和产业发展相关，呈现一定的阶段性。在 1990 年之前，人口基本都流向以首尔为核心的大都市圈（该都市圈由首尔、仁川以及京畿道组成）。1949~1990 年期间，韩国非都市圈人口占比从 79.3% 降至 38.3%，降幅为 40 个百分点。同期，首尔占比 7.1% 上升至 24.4%，京畿道则从 13.6% 上升至 14.2%，升幅分别为 17.3 和 0.6 个百分点。也就是说，非都市圈的人口比重下降幅度的近一半被首尔和京畿道的人口占比上升所吸收。

① 许伟 . 城镇住宅：年度需求接近峰值，区域结构出现分化 [M]// 刘世锦 . 在改革中形成增长新常态——中国经济增长十年展望（2014~2023）. 北京：中信出版社，2014.

表 6.1 韩国区域人口分布（占总人口比重） （单位：%）

区域	1949	1955	1960	1966	1970	1975	1980	1985	1990	1995	2000	2005	2010
首尔	7.1	7.3	9.8	13.0	17.6	19.8	22.3	23.8	24.4	22.9	21.4	20.8	20.1
釜山	—	—	—	4.9	6.0	7.1	8.4	8.7	8.7	8.6	7.9	7.5	7.1
大邱	—	—	—	—	—	—	—	5.0	5.1	5.5	5.4	5.2	5.1
仁川	—	—	—	—	—	—	—	3.4	4.2	5.2	5.4	5.4	5.5
光州	—	—	—	—	—	—	—	—	2.6	2.8	2.9	3.0	3.1
大田	—	—	—	—	—	—	—	—	2.4	2.9	3.0	3.1	3.1
蔚山	—	—	—	—	—	—	—	—	—	—	2.2	2.2	2.2
京畿道	13.6	11.0	11.0	10.6	10.7	11.6	13.2	11.9	14.2	17.1	19.4	22.0	23.3
江原道	5.6	7.0	6.5	6.3	5.9	5.4	4.8	4.3	3.6	3.3	3.2	3.1	3.0
忠清北道	5.7	5.5	5.5	5.3	4.7	4.4	3.8	3.4	3.2	3.1	3.2	3.1	3.1
忠清南道	10.1	10.3	10.1	10.0	9.1	8.5	7.9	7.4	4.6	4.0	4.0	4.0	4.2
全罗北道	10.2	9.9	9.6	8.6	7.7	7.1	6.1	5.4	4.8	4.3	4.1	3.8	3.7
全罗南道	15.1	14.5	14.2	13.9	12.7	11.5	10.1	9.3	5.8	4.6	4.3	3.9	3.6
庆尚北道	15.9	15.6	15.4	15.3	14.5	14.0	13.2	7.4	6.6	6.0	5.9	5.5	5.4
庆尚南道	15.5	17.5	16.7	10.9	9.9	9.5	8.9	8.7	8.5	8.6	6.5	6.5	6.5
济州岛	1.3	1.3	1.1	1.2	1.2	1.2	1.2	1.2	1.2	1.1	1.1	1.1	1.1

数据来源：Statistics Korea

1990~2010 年期间，韩国非主要都市圈的人口占比下降了 7.1%，其中的 6.1% 被首尔都市圈（首尔、仁川以及京畿道）吸收，光州和大田分别吸收了 0.4% 和 0.7%，而大邱下降了 0.1%。这表明，在经济高速增长阶段基本结束之后，韩国的人口主要向大都市圈聚集。到 2010 年，整个首尔都市圈经济总量占韩国 GDP 的比重约为 47%，该都市圈人口 2350 万人，约占韩国总人口的 49%。其中，首尔人口 960 万，约占韩国总人口的 20%，创造了韩国 GDP 的 23%。

与日本进行比较，韩国的人口迁徙可能还处在第二个阶段：制造业逐步向大城市周边分散，而大都市圈的核心地带服务业发展还不足以聚集更多的人口，从而造成大都市人口占比有些微下降，同时整个大都市圈的人口比重则在逐步上升，或者说大都市周边的人口增长最快。

（3）美国人口区域分布的阶段性变化。与上述两个经济体相比，美国的经济增长相对较缓，且人口密度也有很大的差异。但人口区域分布的结构也呈现明显的阶段性。1940 年以后，美国大都市人口分布大体也分为三个阶段：第一个阶段是从 1940 年开始到 1960 年。这一时期，不同规模的城市人口数量都有不同程度增长，且美国的制造业发展也比较快。第二个阶段是从 1960 年开始到 1990 年。这一时期，美国城市的发展呈现明显的郊区化特征，不同规模的城市人口增长出现分化。中型城市人口比重下降，而小型城市人口比重基本保持不变，100万人以上的城市人口比重继续上升。第三个阶段是1990年以后至今。除了100万人以上的大城市人口还在继续增长以外，其他规模城市的人口比重均有不同程度的下降。

表6.2 1940~2010年美国大都市区数量和人口演变情况

规模类型	1940年	1960年	1990年	2000年	2010年
城市数量（个）					
50000~100000人	15	24	26	30	23
100000~250000人	69	91	143	168	159
250000~500000人	30	52	75	80	82
500000~1000000人	13	31	45	39	51
1000000人以上	11	24	46	49	51
全部大都市区	138	222	335	366	366
人口分布（比重，%）					
50000~100000人	1	1.1	0.9	0.9	0.6
100000~250000人	8.5	8.2	9.1	9.1	8.0
250000~500000人	8.3	9.7	10.6	10.2	9.3
500000~1000000人	6.9	12	13.1	9.6	11.5
1000000人以上	26.2	34.3	43.9	53.0	54.1
全部大都市区	50.9	65.3	77.6	82.8	83.7
人口数量（百万人）					
大都市区	67.1	116.6	192.9	233.1	258.3
美国	131.7	178.5	248.7	281.4	308.7

数据来源：美国人口普查：1990年、2000年以及2010年；1940年和1960年数据来自美国《各县数据手册》，1947年，《美国统计摘要》，1965年

二、中国房地产的未来

（一）中国房地产市场的历史演变

计划经济时期所有物资均实行分配，中国没有商品房市场，只有房地产开发，事业单位或者企业单位造房子主要是用于内部职工福利分配。

从1981年开始，在深圳和广州开始搞商品房开发试点。由于当时搞试点比较成功，后来就小范围地开始试点开发。1992年邓小平到深圳后发现，特区搞市场经济建设之后城市面貌翻天覆地，房地产开发非常成功，认为开发区的经验值得

向全国推广。之后中国开发区建设愈演愈烈，出现了房地产开发热，海南等地区甚至出现严重的泡沫。

1993 年政府宏观调控，收紧银根，1993 年下半年到 1998 年上半年房地产热迅速降温。

1998 年面对亚洲金融危机，政府开始实施住房制度改革，成为房地产市场发展的关键分水岭，开启黄金发展阶段。1998 年 7 月国务院发布《关于进一步深化住房制度改革加快住房建设的通知》，宣布全国城镇从 1998 年下半年开始停止住房实物分配，全面实行住房分配货币化，同时建立和完善以经济适用住房为主的多层次住房供应体系，发展住房金融，培养和规范住房交易市场。

1998~2003 年房地产市场快速恢复，随后 2004 年调控供给、2005 年调控需求、2006 年调控结构、2007 年继续调整，但房地产市场在长周期力量支撑下销量、价格、投资等持续保持高增长。直到 2008 年国际金融危机爆发，房地产市场受到短暂冲击，但 2009 年的降低首付比、利率等政策又刺激房地产市场快速恢复并趋热。2010 年宏观调控开始重新收紧，2010~2011 年房地产市场略有降温，2012~2013 年再度恢复。2014 年房地产长周期拐点出现，虽然“9・30”“3・30”政策不断刺激，但房地产投资快速下滑，并呈“总量放缓、结构分化”的后房地产时代新特点。

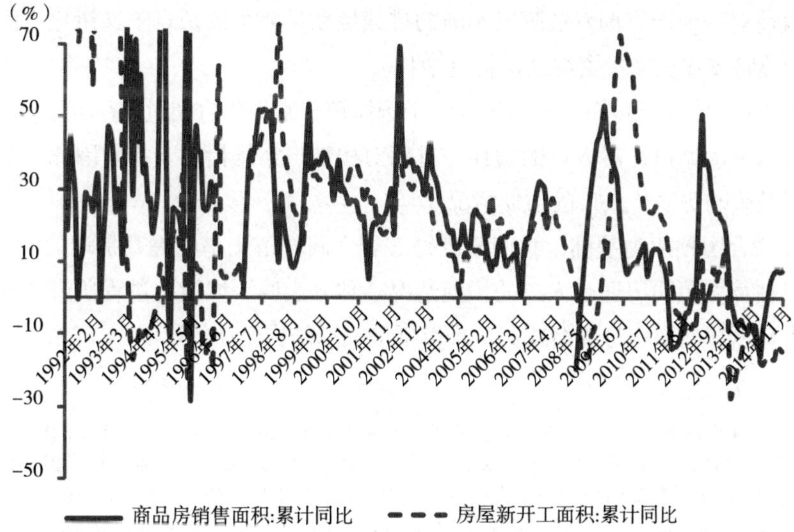

图 6.10　中国房屋销售和新开工面积

资料来源：WIND

（二）长周期视角下的中国房地产发展阶段

对照典型工业化经济体房地产发展的历程，中国房地产发展正进入新阶段。

1. 中国住宅开工从高速增长转入平稳或下降状态

根据典型工业化经济体房地产发展规律，在房地产市场发展初期，住宅开工数量的推动因素主要来自经济高速增长、居民收入水平快速提高、城镇化率快速上升。

过去三十多年，伴随着中国经济高增长和城市化进程快速推进，中国住宅开工也处于高速增长期。

自 2014 年以来，中国住宅开工投资从高速增长转入平稳或下降状态。随着 2008 年刘易斯拐点的到来、2012 年 15~59 岁劳动年龄人口开始净减少、2014 年 20~50 岁置业人群达到峰值，中国经济已经告别高速增长期，步入增速换挡期，如果改革转型成功未来有望实现中速增长；中国城镇化率从 1978 年的 17.92% 快速上升到 2014 年的 54.77%，根据国际经验，未来城镇化率还有 10~20 个百分点的空间，但城镇化推进速度将逐步放缓；根据国务院发展研究中心的研究，2014 年中国城镇户均住房套数已达到 1 套左右[①]。

总的判断，中国住宅开工投资已经从高速增长期进入平稳或下降状态。未来人口出生数量和 20~50 岁适龄购房人口数量对住宅开工的影响将更为显著。

目前对房地产市场发展阶段判断的挑战性意见或争议来自于城镇化空间和家庭小型化将支撑住宅投资继续保持高增长。

根据联合国预测，2015~2030 年，中国城镇化水平仍有超过 10% 的提升空间，由此可以带动城镇适龄人口的增加，进而对房地产市场提供支撑。因此，我们需要计算城镇购房适龄人口的预期情况。

以联合国预测为基础，我们假设每 5 年之间城镇化率的提升是均匀的[②]，由此可以估算城镇购房适龄人口的预期情况。估算表明，城镇化进程所带来的城镇适龄人口增加的影响将逐渐减弱，难以抵消人口结构变动的影响。

① 2014 年城镇居民人均约拥有一套住房。2014 年中国城镇化率 54.77%，城镇常住人口约 7.5 亿人。按照户均 2.85 人折算，大体上有 2.6 亿个家庭（暂时不区分家庭户和集体户）。2014 年，我国城镇住宅总面积大约为 215 亿平方米，人均拥有住房建筑面积 28.7 平方米；套均面积超过 85 平方米，住房总量超过 2.5 亿套 。因此，按照常住人口口径推算，每户城镇家庭拥有的住房数量接近一套 。另据第六次人口普查的结果，2010 年我国城镇家庭数量为 2.21 亿，其中家庭户 2.07 亿，集体户 1400 万，占比分别为 93.7% 和 6.3%。按此比例推断，截至 2014 年我国城镇家庭户数量为 2.5 亿。按家庭户口径推算，每户城镇家庭拥有住房数量超过 1 套。

② 需要说明的是，城镇率将在 55%~65% 区间逐步放缓。

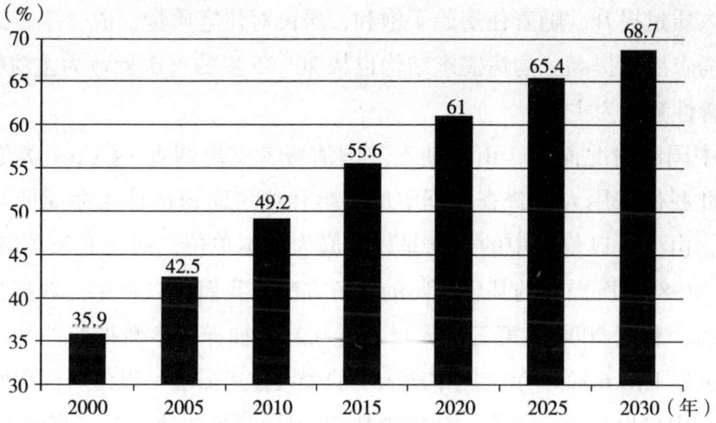

图 6.11　中国城镇化率

资料来源：WIND

此外，家庭小型化同样也是住房需求上涨的原因之一。五次普查数据显示平均家庭人口规模在改革开放后不断下降：1982 年每户家庭人数 4.41 人，2000 年为 3.44 人，2010 年人口普查最新公告显示，平均每户家庭人口规模进一步下降为 3.10 人。由于家庭规模已经经历了快速下降，未来下降空间已经不大。

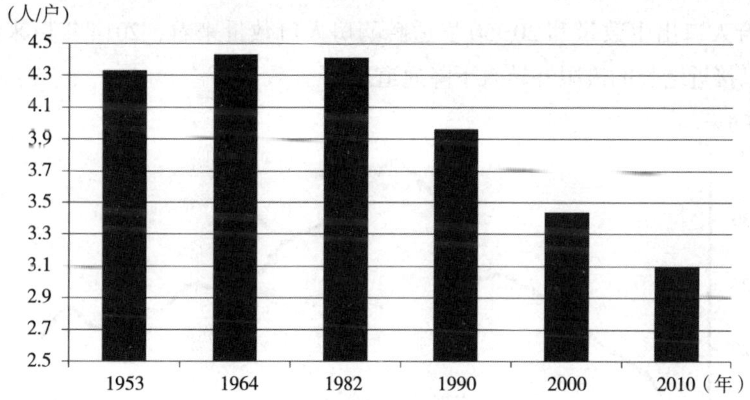

图 6.12　中国家庭小型化趋势

资料来源：WIND

2. 房地产市场已从数量扩张转入质量提升，未来中国住宅开工的推动因素主要来自人口出生数量和适龄购房人口数量

根据典型工业化经济体房地产发展规律，在房地产市场发展后期，住宅开工数量的推动因素主要来自人口出生数量和适龄购房人口数量。房地产市场从数量

扩张转入质量提升，随着住房趋于饱和，居民对住宅质量、成套率、人居环境等改善性需求要求提高。购房需求结构也从20~35岁的首次置业为主演变为35~50岁的改善性置业为主。

就中国的情况而言，由于缺乏美国消费者支出调查（CES）类似的权威数据，因此我们采用人口普查数据中的年龄和住房面积估计生命周期对房产消费的影响，由于人口普查中的数据是以家庭为基本单位，通过专家（Mankiw and Weil）（1989）所提出的基于回归的分解方法，我们可以将家庭数据分解为个人住房需求，利用2000年第五次人口普查0.95%抽样样本数据所估计出来的个人住房需求如下图6.13所示，图中所表示的个人住房需求是以住房面积所表示的。

从图中可以看出，个人住房需求从20岁后开始快速上升，直到50岁后住房需求开始下降。由此可以推断，新生婴儿会在20年后才开始逐步提高对住房的需求，主要影响到20年后的房地产市场。在50岁以后个人的住房需求逐年下降，因此不再是购房主力。基于以上的分析，我们将中国适龄购房人口年龄段界定为20~50岁，与美国、日本等国际经验相符，中国该年龄段人口长期上升趋势在2014年已经迎来拐点。由于计划生育和人口再生产自身规律，1994年中国人口增长率和总和生育率到达低点，随后在20年以后即2014年，房地产迎来长周期拐点。

综合人口出生数量和20~50岁适龄购房人口数量来看，2014年以来住宅开工数量已接近增长的极限并转入下降通道。

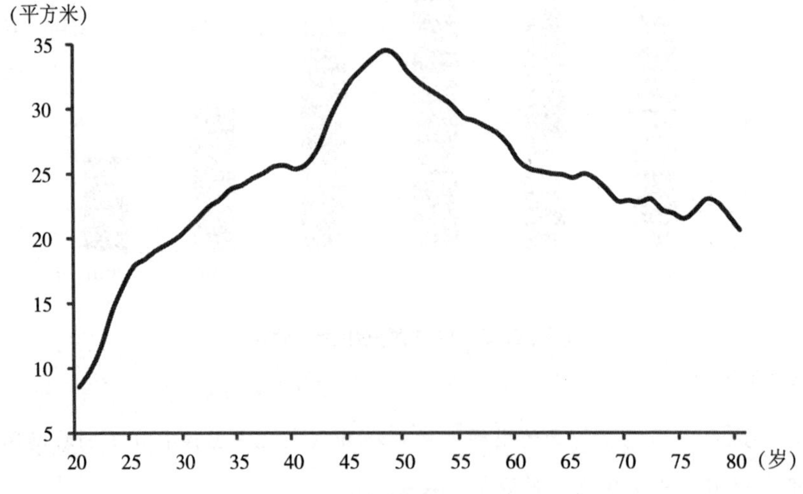

图6.13　中国分年龄段住房需求

资料来源：WIND

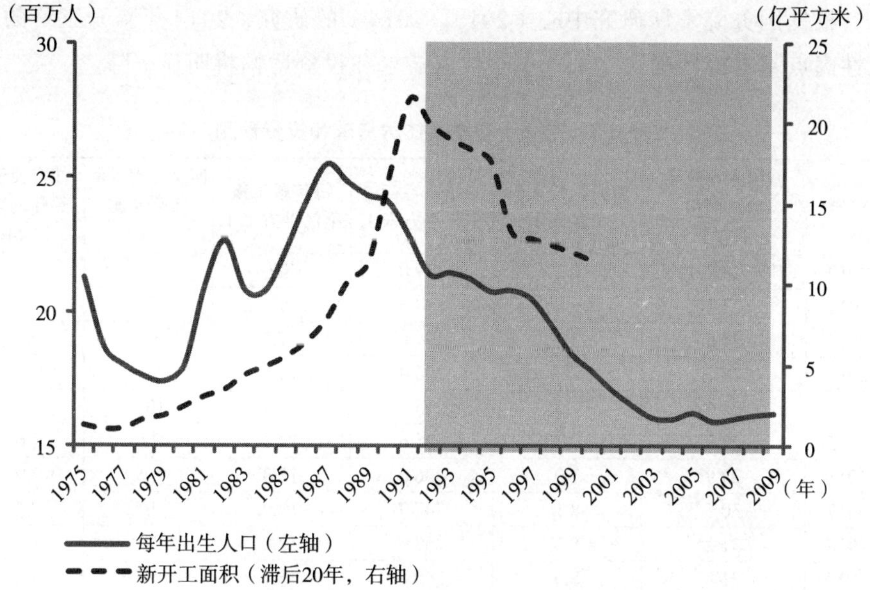

图 6.14　中国人口出生数量和新开工面积

资料来源：国务院发展研究中心，许伟（2013）

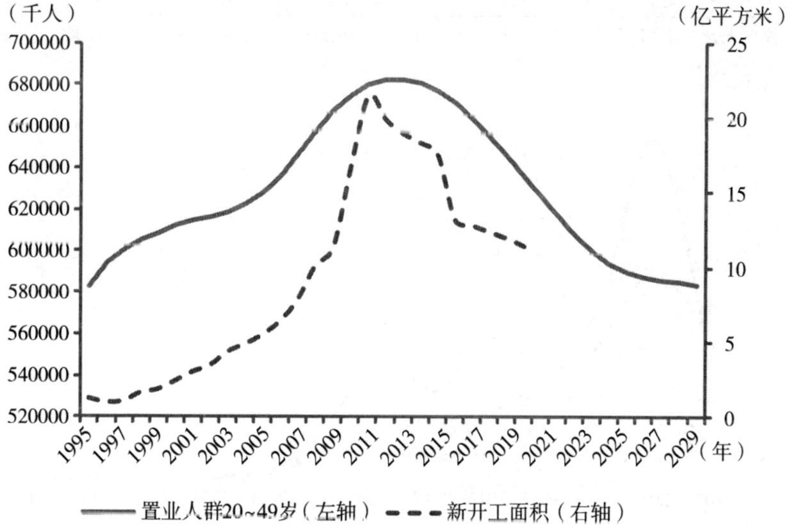

图 6.15　中国置业人群和新开工面积

资料来源：国务院发展研究中心，许伟（2013）

根据国务院发展研究中心（2013、2014）的研究，2014 年新开工量的阶段性高点基本得到确认，未来十年住房需求和投资增幅将明显下降。

表 6.3　未来十年城镇住房需求和投资预测

年份	城镇人均住宅建筑面积（平方米）	城镇常住人口（亿人）	城镇住宅存量（亿平方米）	每年竣工量（亿平方米）	商品住宅投资实际增速（%）	住宅投资实际增速（%）
2010	26.7	6.7	179.0	8.7		
2011	27.2	6.9	187.6	9.7		
2012	27.6	7.1	196.6	10.2	8.4	9.2
2013	28.1	7.3	205.4	10.1	23.3	14.7
2014	28.6	7.5	215.4	11.4	10.7	7.9
2015	29.2	7.7	225.6	12.1	7.0	5.6
2016	29.9	7.9	236.5	12.3	8.5	2.9
2017	30.5	8.1	247.7	12.7	4.7	2.7
2018	31.2	8.3	258.9	12.8	7.7	1.4
2019	31.8	8.5	269.8	12.7	1.7	–0.3
2020	32.3	8.7	280.4	12.6	–1.2	–1.5
2021	32.9	8.8	290.8	12.3	–1.8	–1.8
2022	33.4	9.0	300.7	12.1	–1.8	–1.8
2023	34.0	9.1	310.5	12.1	–1.8	–1.8
2024	34.8	9.2	320.0	11.8	–1.9	–1.9

数据来源：Wind 资讯、中国统计年鉴 2014、联合国人口署、许伟（2014）计算

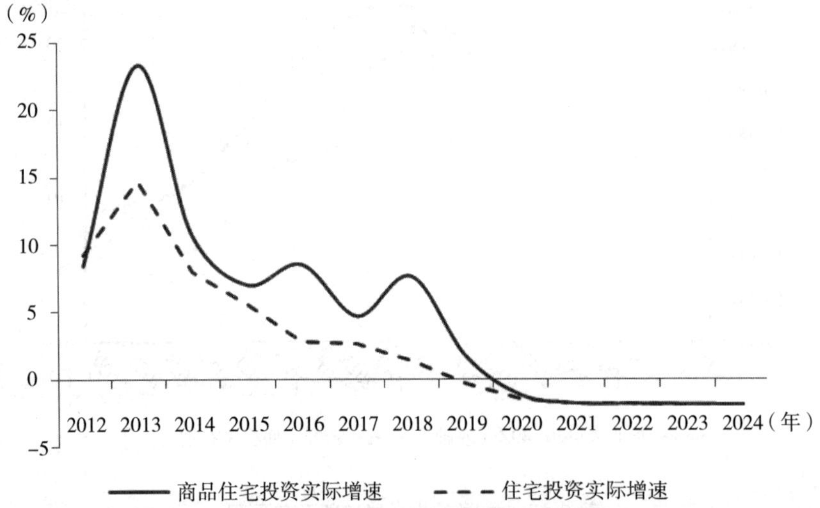

图 6.16　未来中国城镇住房投资增速预测

数据来源：许伟（2014）计算

3. 后房地产时代：总量放缓，区域结构分化，人继续往大都市迁移

人口的迁移跟区域发展紧密关联，中国区域发展呈大国雁阵式梯次跃迁特征。中国地区间发展极不平衡，在增速换挡的进程中，各地区呈现出大国雁阵模型中的梯次跃迁。从人均 GDP、市场化程度、产业结构、创新活力、增速水平等指标看，大致分为三类：

第一类，已经基本跨越了中等收入陷阱的省市，比如天津、北京、上海、江苏、浙江、广东、福建 7 个省市，2014 年人均超过 1 万美元，超过或接近高收入国家门槛值，这些省市在 20 世纪 90 年代初以后经历了对外市场开放和经济高增长，在 2008 年前后开始增速换挡，经过转型，近年增速相对平稳，高端制造业和现代服务业支撑作用凸显，人口继续流入，类似韩国、中国台湾等高收入俱乐部新贵。

第二类，初步呈现掉入中等收入陷阱迹象的省市，比如部分东北、中西部资源型省市，经济起飞落后于东南沿海地区，在 2003~2009 年依靠资源经历了短暂的高增长，产业升级失败，并于 2012 年以后经济增速大幅下滑，人口出现净流出，类似拉美的资源陷阱。

第三类，处在从中等收入往高收入阶段跃迁的进程中的省市，比如山东、重庆、四川、河北、湖南、湖北等省市，人均 GDP 6000~8000 美元，受益于较好的工业基础和产业转移，经济增长和产业结构相对第二类条件较好，近年劳动力出现回流，具备跨越中等收入陷阱的条件，也面临较大的挑战，类似马来西亚、土耳其、越南等依靠工业化的追赶中经济体。

从人口区域分布的现状看，从第六次人口普查的县域数据来看，长三角、珠三角、京津冀、山东半岛、两湖、北部湾、成渝地区、哈大线等地是城镇人口密集地区。中国城镇人口主要集中在东部和中部地区，呈现组团分布的格局，城镇人口的分布与区域住房价格水平基本吻合。

从人口区域分布的趋势看，东部大都市圈人口占比继续上升但幅度放缓，东北、西部资源省市等部分地区出现人口净减少。2010~2012 年期间，北京、上海和天津三个直辖市常住人口占全国人口的比重上升了 0.18 个百分点，几乎吸收了东部发达省份全部人口占比增幅。这和日本、韩国在第一阶段基本结束时的情况比较类似：当经济潜在增速开始放缓，人口总量增速放缓的背景下，大都市圈吸收了大部分迁徙人口。与之相对照的是，受重化工业衰退、资源品价格暴跌等因素影响，东北、西部资源省市经济大幅回落，部分出现人口净流出现象。

总的来看，我国人口的区域分布结构正逐步从第一个阶段向第二个阶段过渡，

随着产业从重化工业向高端制造业和现代服务业升级，未来农村人口将继续向城市转移，但大都市圈人口占比将继续上升但幅度放缓，大都市圈周边交通便利、产业基础较好的郊区县有望分流都市核心区转移的产业和人口，重化工业和资源型产业主导的东北及部分西部省市面临人口净流出的压力，大多数三四线城市人口迁移将放缓。中国房地产已告别高速增长阶段，步入后房地产时代，将呈“总量放缓，区域结构分化，人口继续往大都市迁移”的新特点。

（三）衡量房地产市场泡沫程度

衡量房地产市场泡沫程度或健康程度的指标主要有房价收入比、租金回报率、空置率、去化周期等。

（1）房价收入比是指一套住房价格与一个家庭年收入的比值。房价收入比是大多数国家和国际组织进行住房支付能力评价时所采用的主要指标，是各界对房地产市场形势进行分析、判断和预测时广泛使用的一个指标。

房价收入比本质上反映的是特定国家或地区土地和劳动力两种要素价格的比例关系。由于不同国家或地区土地和劳动力的资源禀赋不同，这就决定了不能简单地用某一个国家或地区的房价收入比作为判断另一个国家或地区房价是否合理的标准。一般来说，大城市的房价收入比会显著高于中小城市，人多地少的国家

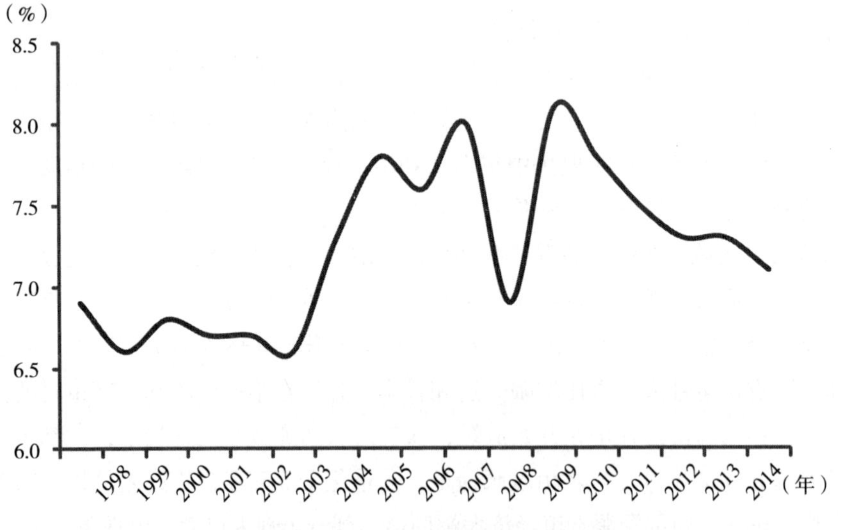

图 6.17 全国商品房住宅房价收入比

资料来源：上海易居研究院，《全国 35 个大中城市房价收入比排行榜》，2014 年

房价收入比一般会高于人少地多的国家。

首先分析全国的房价收入比，1998~2003 年全国房价收入比走势稳定，维持在 6.6~6.9 区间，2004 年后快升至 2007 年的 8.0，随后受国际金融危机影响跌至 2008 年的 6.9，2009 年又迅速反弹至 8.1，随后逐步回落，2012 和 2013 年稳定在 7.3 的水平，2014 年下降到 7.1。

以上分析的是全国平均情况，不能反映部分地区的差异性，下面对我国 35 个大中城市进行具体分析，包括北京、上海、广州、深圳（一线城市）、天津、重庆、杭州、南京、武汉、沈阳、成都、西安、大连、青岛、宁波、长沙、济南、厦门、长春、哈尔滨、太原、郑州、合肥、南昌、福州（二线城市）、石家庄、呼和浩特、南宁、海口、贵阳、昆明、兰州、西宁、银川、乌鲁木齐（三线城市）。

我们将 35 个城市划分为一、二、三线城市，2014 年一线城市房价收入比大幅上升至 14.6，二线城市小幅回落至 8.19，三线城市小幅回落至 7.45，反映了后

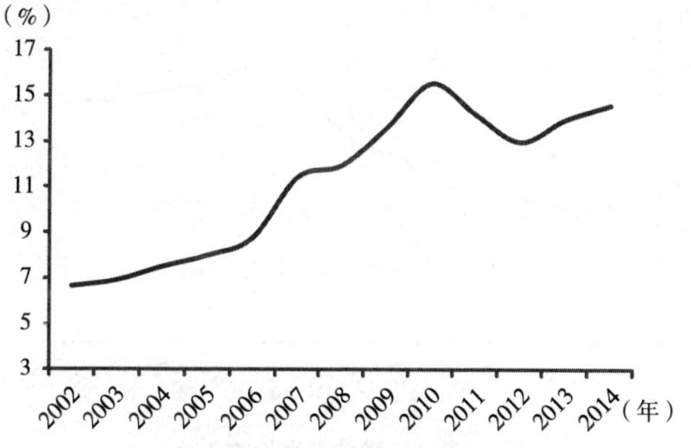

图 6.18 一线城市房价收入比

资料来源：上海易居研究院，《全国 35 个大中城市房价收入比排行榜》，2014 年

房地产时代“总量放缓、区域结构分化、人口继续向大城市迁移”的新特征。

35 个大中城市中，房价收入比较高的多为东部城市，其中深圳高达 20.2，深圳一个达到该市平均收入水平的家庭，如果购买一套 100 平方米的普通商品住房，需要花费 20.2 年才能实现。其后依次是厦门、北京、上海、广州、杭州和福州，分别达到 15.5、14.5、11.9、11.8、10.8 和 10.8。与 2013 年相比，2014 年长沙、南昌、哈尔滨、郑州、武汉、长春房价收入比出现不同程度的下降，反映了东北、中西部等以重化工业和资源为主的城市经济回落、人口流出的状况。

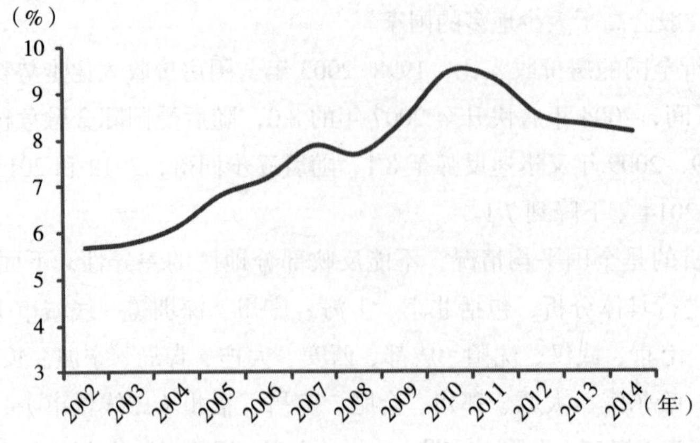

图 6.19　二线城市房价收入比

资料来源：上海易居研究院，《全国 35 个大中城市房价收入比排行榜》，2014 年

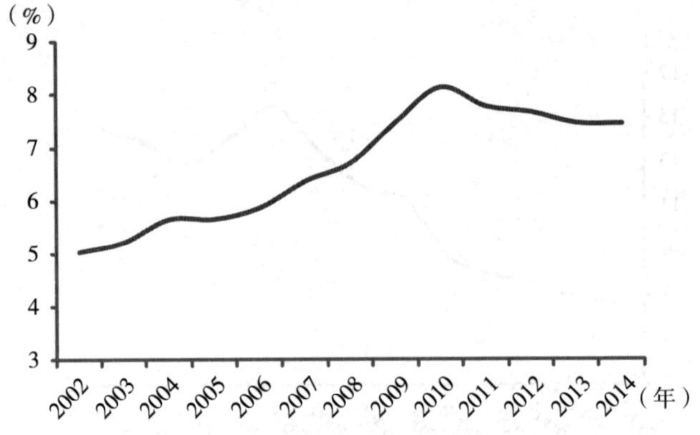

图 6.20　三线城市房价收入比

资料来源：上海易居研究院，《全国 35 个大中城市房价收入比排行榜》，2014 年

（2）商品房库存去化周期

商品房库存去化周期是指某地区过去开盘楼盘的剩余量和新开盘的剩余量总和的售空时间。尽管一线城市的存销比有所下降，但从全国来看，2015 年去库存的压力仍然很大。对比历年新开工面积（扣除大约 6% 的不可销售的面积）和销售面积，可以发现，最近十年房地产库存增长较快主要有三个时期，分别是 2008 年底至 2009 年初、2010 年到 2012 年和 2014 年初至今。尤其是最近两个时期，住宅新开工和住宅销售之间的缺口尤为显著。初步估计 2014 年全国库存消化时间比平常年份多出 1 年左右。当然，如果分区域来看，一二线重点城市的库存压力稍小。

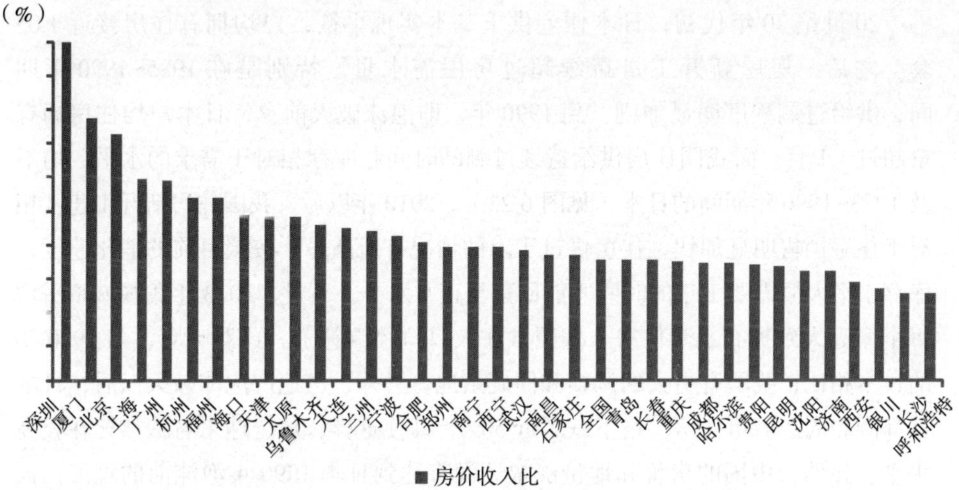

图 6.21　2014 年 35 个大中城市房价收入比排序

资料来源：上海易居研究院，《全国 35 个大中城市房价收入比排行榜》，2014 年

目前有部分研究将 20 世纪 90 年代初日本的房地产泡沫和中国房地产市场的近期情况进行简单类比，并由此得出比较悲观的判断。但详细对比中日住房供求格局的演变历程可以发现，我国当前城镇住房供求格局更接近于 20 世纪 70 年代初日本的情况，库存和债务仍然有化解空间。

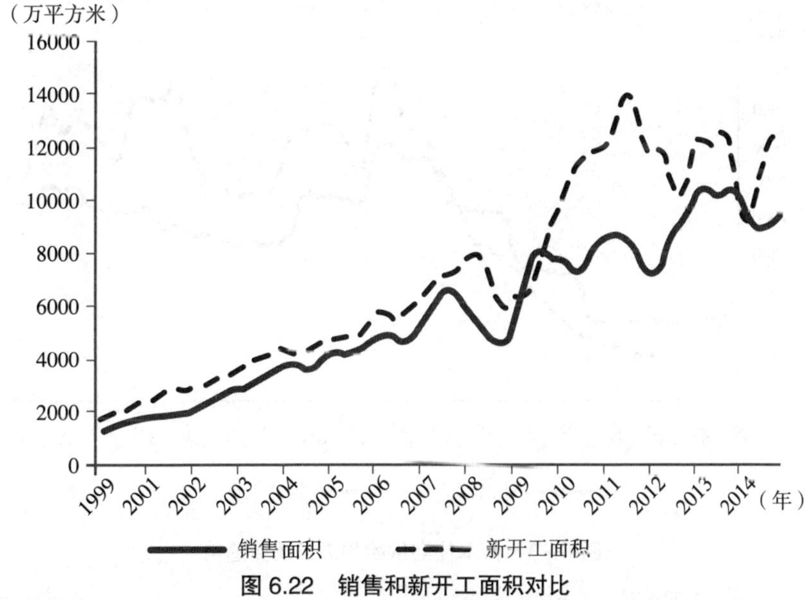

图 6.22　销售和新开工面积对比

数据来源：Wind 数据，许伟（2014）计算

20世纪70年代初，日本住宅供求基本实现平衡，户均拥有住房接近1.05套。之后，房屋新开工量持续超过房屋需求量，特别是在1985~1990年期间，供给过剩程度明显加剧。到1990年，即泡沫破灭前夕，日本户均住房拥有量超过1.1套。而我国住房供给持续过剩的时间和库存相对于需求的水平，均不及1973~1990年期间的日本（见图6.23）。2010年以后，我国住房新开工速度相对于住房销售明显加快，住房供过于求的情况有所凸显。按照目前的消化速度，库存水平大概需要1年的时间才能回落至正常水平。不过，2013年我国城镇平均每个家庭大致拥有1套住房（按照常住人口口径测算）。这意味着，与1990年的日本相比，我国有更大的调整和回旋余地。另外，房地产泡沫破灭以后，日本首都圈和周边城市住房价格下跌了近50%，即使这样，从全球来看依然处在较高水平。显然，中国的房价和地价涨幅还没有达到日本1990年泡沫前的程度，大致类似于1973年前后的泡沫程度，如果调控得当，经济中速增长、城市化尚有一定空间等基本面因素为消化现有库存提供了有利条件。

根据国家统计局的统计数据显示，我们的商品房待售面积有6.6亿平方米，其实这个面积并不大，也只相当于全年销售面积的一半左右。但截至2015年9月底，在建施工面积已达到69.3亿平方米，比2014年同期增加了2亿平方米，即便按照历史最高峰的2013年的销售面积，也至少需要五年时间才能全部销售出去。

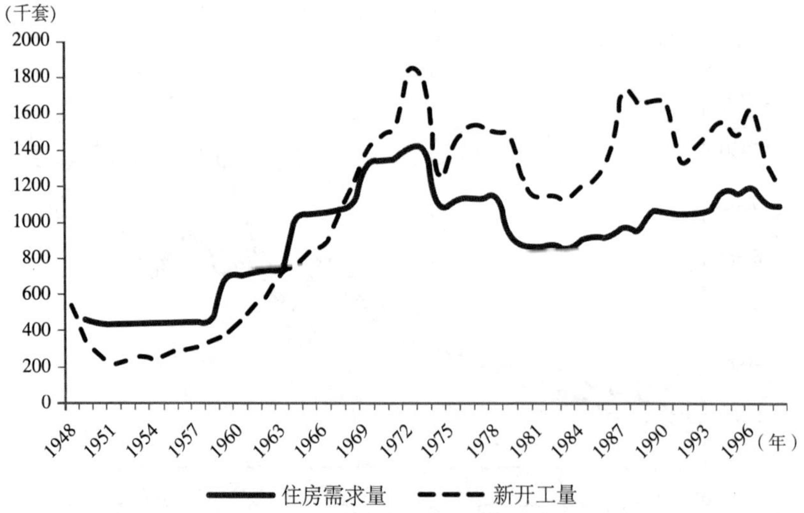

图6.23 日本住宅供给和需求演变趋势

数据来源：Wind资讯，日本统计局

易居研究院智库中心2015年10月发布的《中国50城住宅库存报告》显示，截至2015年第三季度去化周期较长的10个城市分别为北海（30）、烟台（26）、呼和浩特（25）、荆门（24）、三亚（23）、茂名（23）、淮南（21）、沈阳（20）、济宁（19）、海口（19），而去化周期较短的10个城市分别为合肥（6）、珠海（7）、深圳（7）、南京（7）、苏州（7）、郑州（7）、南昌（8）、济南（8）、武汉（9）、厦门（10）①。

表6.4　2015年第三季度50城存销比排序　　（单位：月）

序号	城市	存销比	序号	城市	存销比
1	北海	30	26	重庆	13
2	烟台	26	27	九江	13
3	呼和浩特	25	28	成都	13
4	荆门	24	29	昆明	13
5	三亚	23	30	青岛	12
6	茂名	23	31	南通	12
7	淮南	21	32	宁波	12
8	沈阳	20	33	太原	11
9	济宁	19	34	杭州	11
10	海口	19	35	北京	11
11	无锡	18	36	南宁	11
12	乌鲁木齐	18	37	广州	11
13	常州	18	38	贵阳	10
14	兰州	18	39	上海	10
15	天津	17	40	大连	10
16	西宁	17	41	厦门	10
17	长沙	16	42	武汉	9
18	温州	16	43	济南	8
19	西安	16	44	南昌	8
20	哈尔滨	15	45	郑州	7
21	福州	15	46	苏州	7
22	马鞍山	15	47	南京	7
23	石家庄	14	48	深圳	7
24	银川	14	49	珠海	7
25	长春	14	50	合肥	6

数据来源：CRIC，乐居研究院

① 以上括号内数据的单位为“月”。

（3）租金回报率

从表6.5中可以看到目前中国主要城市的静态租赁回报率为2.6%，一线城市在2%左右，低于二、三线城市，但都高于目前的一年期存款利率1.5%。根据国际租赁比合理区间推断，静态租赁回报率应该为4%~6%，而我国水平远低于国际标准水平，侧面反映了房价水平与真实价值的背离。

另外，表6.5中显示，过去4年，主要城市的租金回报率基本保持稳定。深圳近一年来，租金回报率出现明显下降，主要是由于在2015年创业板大牛市的带动下，深圳房价出现大幅上涨所致。

表6.5　2015年上半年普通住宅投资回报率　（单位：%）

城市	静态租赁	长期租赁	2010~2015年 5年租赁后转售	2015~2020年 5年租赁后转售
平均值	2.6	6.1	8.9	6.3
北京	1.8	5.1	13.9	5.9
上海	1.9	5	13.2	6
广州	2	5.6	17	6.1
深圳	2.3	6.9	11.4	7.5
天津	2.2	5.6	9.6	6.8
南京	2	6.1	9.1	7.1
杭州	2.3	3.3	1.2	3.9
成都	2.9	6.6	8.9	6.1
武汉	2.9	6.7	13.8	7
长沙	3.2	6.3	6.4	6.3
西安	3.5	7.3	9.8	6.7
重庆	3	8	9.4	5.8
苏州	2.5	6.1	7.1	6.5
宁波	2.5	6	-0.4	6.4
无锡	3	7	5.1	7.1
沈阳	3	6.8	10.3	6.4
大连	2.9	6	5.4	6.2

数据来源：乐居网

（4）空置率

空置率是指某一时刻空置房屋面积占房屋总面积的比率。按照国际通行惯例，商品房空置率在5%~10%之间为合理区，商品房供求平衡，有利于国民经济的健康发展；空置率在10%~20%之间为空置危险区，要采取一定措施，加大商品房销售的力度，以保证房地产市场的正常发展和国民经济的正常运行；空置率在20%以上为商品房严重积压区。

2014年6月10日，中国家庭金融调查与研究中心①发布的“城镇住房空置率及住房市场发展趋势”调研报告表明，2013年全国城镇家庭住房空置率高达22.4%，其中六大城市重庆、上海、成都、武汉、天津、北京的空置率分别为25.6%、18.5%、24.7%、23.5%、22.5%、19.5%。报告表明，我国家庭的住房拥有率已达90.8%，其中城镇为87%，农村家庭为95.8%。同时，2013年中国城镇家庭多套房拥有率为18.6%，与2011年相比增长了15.9%。2014年3月的季度数据显示，城镇家庭多套房拥有率已上升至21%。截至2013年8月，空置住房占据了4.2万亿的住房贷款余额。空置住房占用的银行贷款属于资本闲置，降低了金融市场的效率。空置住房的资产价值在有空置住房家庭总资产中的比重为34.4%，在城镇所有家庭总资产中的比重为11.8%，是社会资源的巨大浪费。从区域差异看，三线城市住房空置率最高，为23.2%；一、二线城市分别为21.2%与21.8%。此外，我国的住房空置率已高于美国、日本、欧盟等国家和地区。2015年初国际货币基金组织副总裁朱民曾表示，“目前中国楼市的首要问题是空置率太高，空置面积高达10亿平方米”。

针对目前楼市的状况，2015年6月4日，腾讯网、腾讯房产研究院与《中国房地产报》《腾讯智慧》联合发布《2015年5月全国城市住房市场调查报告》（以下简称“报告”），该报告的调查结果显示，中国主要城市的住房空置率整体水平在22%~26%之间，尚在安全范围之内。

《中国房地产报》针对“一二级地产开发公司、代理行、营销机构、二手房中介、房产电商等”房地产业内人士的定向调查则显示，目前一线城市空置率为22%；二线城市为24%。一、二线城市新房住宅整体供求水平处在动态平衡中，过低的去化年限（低于0.9~1年）有可能导致房价快速上涨，1~1.5年的去化年限将有助于稳定房价，而大于2年的去化年限将迫使局部区域开发商降价销售。

（四）房地产对经济和资本市场的影响

房地产对经济和资本市场影响深远，房地产周期缓慢、持久且振幅很大，在向上时具有很强的带动力，在反转向下时势大力沉，经济史称“房地产是周期之

① “中国家庭金融调查与研究中心”是由西南财经大学与央行金融研究所共同成立的学术调查研究机构。

母”“十次危机九次地产”。即使在美欧等发达国家，房地产对经济的影响也举足轻重，比如2008年次贷危机本质上是一次房地产泡沫危机。房地产长周期拐点和人口周期拐点一起成为引发联邦德国、日本、韩国和中国台湾等经济体增速换挡的重要驱动力。

商品房具有消费品属性，且产业链条长，因此，房地产市场的销量、土地购置和新开工投资是重要的经济先行指标。一轮完整的房地产短周期为：政策下调利率和抵押贷首付比，居民支付能力提高，房地产销量回升，商品房去库，供不应求，开发商资金回笼后购置土地，加快开工投资，房价上涨，商品房作为抵押物的价值上涨会放大居民、开发商和银行的贷款行为；当房价出现泡沫化，政策上调利率和抵押贷首付比，居民支付能力下降，房地产销量回落，商品房库存增加，供过于求，开发商资金放缓购置土地和开工投资进度，房价回落，商品房作为抵押物的价值缩水会减少居民、开发商和银行的贷款行为。在这个过程中，情绪加速器、抵押物信贷加速器会放大房地产短周期波动。

2014年资本形成总额占GDP比重46%，对经济增长贡献率高达46.7%，考虑到消费波动性小，经济波动主要看投资。在固定资产投资的构成中，房地产投资占23.3%，考虑到制造业投资一半左右跟房地产业链相关、地方基建投资很大程度上受土地财政支撑、服务业部分领域投资跟房地产相关，房地产业链上带动的相关投资占整个固定资产投资的一半左右。

在中国房地产投资的区域构成中，一线城市占10%左右，核心二线城市占10%左右，三、四线城市合计占80%左右。当前中国房市呈“总量放缓、区域结构分化”的新阶段特征，一线和核心二线城市有销量没土地，表现为价格上涨和地

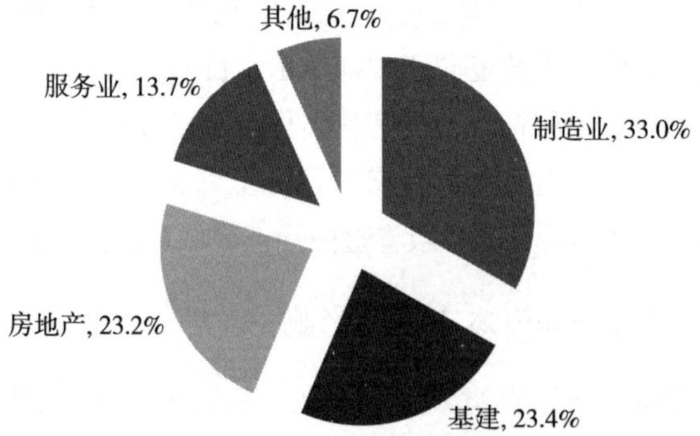

图6.24　2014年全社会固定资产投资比重

数据来源：WIND

王再现；三、四线城市销量低迷，部分东北和中西部重化工业和资源型城市甚至出现人口净流出，但商品房库存高企，土地工业过剩。这也就意味着，在占房地产投资80%的三、四线城市去库的背景下，房地产投资不可能重回高增长，所以我们看到，自2014年“9·30”、2015年“3·30”刺激以来，一线和核心二线城市房价上涨，三、四线城市房市继续去库，房地产投资增速从2014年初的19.3%下滑到2015年1~11月的1.5%，试图依靠刺激房地产重归高增长的时代已经一去不复返了。

由上面的分析可见，房地产投资下滑对于经济的拖累有直接影响和间接影响两个方面。下面我们根据2010年投入产出比来测算房地产投资下滑对经济的间接影响。首先计算投入产出比中有关房地产的完全消耗系数，由于房地产投资主要体现在建筑业上，所以我们计算建筑业的完全消耗系数，即地产投资每增加一个单位，需要直接和间接消耗的各部门产品或服务的价值量。计算结果显示，房地产投资对钢铁、有色、建材、化工、机械、电力、石化、煤炭等重化工业具有明显的产业带动关联作用。

表6.6　房地产建筑业完全消耗系数

行　　业	建筑业完全消耗系数
金属冶炼及压延加工业	0.3246
非金属矿物制品业	0.3086
化学工业	0.2093
交通运输及仓储业	0.1781
电力、热力的生产和供应业	0.1425
通用、专用设备制造业	0.1251
石油加工、炼焦及核燃料加工业	0.1137
煤炭开采和洗选业	0.0871
电气、机械及器材制造业	0.0823
金属制品业	0.0797
金属矿采选业	0.0748
石油和天然气开采业	0.0730
批发和零售贸易业	0.0671
金融业	0.0651
农林牧渔业	0.0594
交通运输设备制造业	0.0494
食品制造及烟草加工业	0.0442

（续表）

行　业	建筑业完全消耗系数
通信设备、计算机及其他电子设备制造业	0.0405
木材加工及家具制造业	0.0384
非金属矿及其他矿采选业	0.0356
造纸印刷及文教体育用品制造业	0.0355
工艺品及其他制造业（含废品废料）	0.0347
住宿和餐饮业	0.0340
租赁和商务服务业	0.0301
信息传输、计算机服务和软件业	0.0278
综合技术服务业	0.0245
纺织业	0.0220
纺织服装鞋帽皮革羽绒及其制品业	0.0158
仪器仪表及文化办公用机械制造业	0.0144
建筑业	0.0133
居民服务和其他服务业	0.0133
房地产业	0.0109
文化、体育和娱乐业	0.0057
研究与实验发展业	0.0044
燃气生产和供应业	0.0035
卫生、社会保障和社会福利业	0.0029
水的生产和供应业	0.0021
水利、环境和公共设施管理业	0.0020
邮政业	0.0017
教育	0.0009
公共管理和社会组织	0.0005
合计	2.4987

数据来源：国家统计局，作者计算

三、房地产政策工具的影响机制分析与国际比较

影响房地产周期的因素包括经济增长、收入水平、城市化进程、人口数量和结构等长期变量，也包括利率、抵押贷首付比、税收、土地政策等短期变量。住房市场受政策影响较大，政府也经常通过对金融政策、土地政策、税收政策、住房保障政策等的调整来影响住房市场，这些政策对住房市场的影响机制是不同的。

（一）住房金融政策尤其利率政策变化是影响房地产市场短周期波动的最重要因素

金融政策（利率、流动性投放、信贷、首付比等）既是各个国家进行宏观经济调控的主要工具之一，也是对房地产市场短期波动影响最为显著的政策。住房的开发和购买都高度依赖银行信贷的支持，利率、首付比、信贷等政策将影响居民的支付能力，也影响开发商的资金回笼和预期，对房市供求波动影响较大。国内外房地产泡沫形成大多受低利率和充裕流动性推动，而房地产泡沫破裂则大多可归因于加息和流动性收紧。

住房金融政策保持基本稳定是住房市场保持基本平稳的最重要条件。例如，联邦德国在1981~2011年间的房价平均涨幅是1.5%左右，这30年间实际利率水平基本维持在8.5%左右。美国1991~2000年的10年间，房价平均涨幅在3%左右（最高点只有5.6%），抵押贷款利率始终在7.0% ~8.1%的区间里小幅波动。

住房金融政策的大幅调整是房地产泡沫产生和破灭的主要原因[①]。比如，日本从1986年初至1987年2月，贴现利率从5%降到2.5%，一直维持到1989年5月31日，这在很大程度上导致了这一阶段房价的快速上涨和泡沫快速积累。到1989年5月底，日本央行选择提高官方贴现率，并在之后一年多的时间内（1989年5月31日~1990年8月30日）将贴现利率从2.5%迅速提高到6%，结果刺破泡沫，导致包括土地在内的各种资产价格大幅下跌。再比如美国，网络股泡沫破裂以后，从2001年1月3日到2003年6月25日，美联储13次降息，使联邦基金利率（即银行间隔夜拆借利率）降至1%，为40年来最低点，且一直保持到2004年6月30日。利率的大幅下降大大刺激了住房消费。由于金融支持力度较大，低利率、低首付等政策造成购房人支付能力短期内大幅提高，从而使美国住房交易量和房价出现空前的上升，泡沫快速积累。而从2004年6月30日到2006年6月30日的两年内，美联储又连续17次加息，利率水平总计上升了4.25个百分点。利率大幅上调成为美国次贷危机爆发的直接诱因，并由此引发了全球金融危机。虽然各经济体金融政策的调整主要根据整个经济形势的变化确定，但金融政策的调整客观上对房地产市场的影响最为显著。

① 邓郁松，邵挺．不同政策工具组合对住房市场的影响及效应分析——典型经济体的做法及启示[N]．中国经济新闻网，2013-06-26.

（二）土地政策对住房供求波动影响较大

土地供应量的多少是住房市场供求平衡和平稳运行的重要基础。如果出现短期内土地供应过多（或过少），极易造成住房供给过剩带来的供求失衡（或供应不足造成的房价过快上涨），因此，土地市场供求平衡对住房供求平衡十分重要。

中国香港、日本住房市场波动历程表明，土地供应不足是房价过快上涨的重要原因。以香港为例，从1985年开始，港英政府出台了“每年供地规模不超过50公顷”的政策规定，这是1985~1994年间香港房价较快上涨的重要原因之一。2004~2011年间的住房价格大幅上涨，也与当时出台“2002年宣布取消拍卖土地，暂停‘勾地’一年，直至2004年5月再作土地拍卖”的政策规定密切相关。两年停止供地计划必然加剧了未来住房供给的短缺。2011年和2012年香港房价快速上涨，与前期土地供应量不足也有密切关系。2008~2009年，新增住宅用地只有0.019公顷。2010年香港仅有约19800个住宅单位建成，不到2000年的1/4。从日本的情况看，在房价、地价上涨过快的阶段，也出现过土地供应不足的问题。

（三）房产税收政策短期会对市场产生一定影响，但在防范长期的房地产泡沫等方面作用不明显

美国、英国等典型经济体普遍征收房产税。需要指出的是，这些经济体征收房产税的主要目的是为地方筹集税源，而并不是将其作为房地产调控的政策工具。从国际经验看，房产税既未起到稳定市场运行的作用，也无法防范房地产泡沫的产生和破灭。美国各州从19世纪中期就开始普遍征收房产税，但房产税的征收并没有改变美国房地产价格的波动，也没有避免次贷危机的爆发。英国政府从1993年8月1日开始执行新的住房财产税，由英格兰、苏格兰、威尔士地方政府负责征收。从1993年至今，英国的房价仍然出现大幅上涨。香港的税收体系中与不动产直接相关的税种有房地产税、差饷税、遗产税、利得税和印花税等，虽然其不动产税制完备，但既没有解决香港的高房价问题，也没有解决香港房地产市场的暴涨暴跌问题。韩国2004年以后住房价格不断走高，出现泡沫积累迹象。为了抑制住房价格的过快上涨，2005年8月，韩国政府颁布了《不动产综合对策》，包括征收综合不动产税，2005年韩国房地产市场出现了明显降温（涨幅为 −4.2%），但到2006年，韩国房价涨幅又达到11.6%。

这表明税收政策在实现住房市场平稳运行方面作用并不显著。因此，借鉴典型经济体的房产税政策，宜将重点放在完善税制、筹集财政收入等方面，而不宜

将其作为房地产调控的主要政策选择。

四、增速换挡期德日韩及中国台湾的房市走势及启示

（一）日本增速换挡期的房地产市场

日本在1973年前后和1991年前后发生过两次房地产泡沫的形成与破裂，但这两次的影响差别很大。

日本的增速换挡期发生在1968~1978年间。日本房地产长周期出现在1969年前后，20~50岁置业人群开始接近峰值并增长放缓。虽然日本在1969年前后面临经济减速的要求，但是日本在1969~1972年间并没有认识到增速换挡的规律性和必然性，采取了刺激政策应对，大搞列岛改造，试图把全日本各岛都搞成三大都市圈一样发达（类似中国前几年中西部造城运动）。日本在1969~1972年大幅投放货币，M2增速高达20%~30%。受刺激政策影响，日本通胀高企，股市房市出现明显泡沫，1973年住宅用地价格涨幅高达28.9%。日本在1973年石油危机之后，采取中性偏紧的货币政策，房地产市场回归理性，进行产业结构合理化，增速换挡成功。

日本在1985~1991年间发生了第二次更为严重的房地产泡沫，这一次就没那么幸运。1985年9月“广场协议”之后，日元大幅升值，为应对日元升值对国内经济的冲击，日本政府采取宽松的财政货币政策。1986年1月~1989年5月日本央行连续五次降息至2.5%，货币供应量连续四年超过两位数增长，与此同时，实施扩大内需的财政政策。1980~1990年间京都府、东京都和大阪府地价涨幅均在4倍以上，最高峰时日本土地价值约为当时美国的4倍多[①]。但1990年3月大藏省启动了对房地产金融实施总量控制政策之后，房地产价格从1991年开始转为直线下滑，之后再也没有回升过。[②]日本经济陷入失去的20年。

如果对照日本1973年前后和1991年前后房地产泡沫的形成与破裂，可以发现，1973年前后的第一次调整幅度小、恢复力强，原因在于经济中速增长、城市化空间、适龄购房人口数量维持高位等提供了基本面支撑。1973~1985年日本虽然告别了高速增长，但仍实现了年均3.5%左右的中速增长。1970年日本城市化率72%，还有一定空间。1973年20~50岁适龄购房人口数量接近峰值后，并没有转而向下，在1973~1991年间维持在高水平。但是，1991年前后的第二次调整

① 巴曙松．房地产大周期的金融视角[M]．厦门大学出版社．2012：57.

② [日]大野健一．从江户到平成：解密日本经济发展之路[M]．臧馨等译，北京：中信出版社，2006.5：177.

幅度大、持续时间长，原因在于经济长期低速增长、城市化进程接近尾声、适龄购房人口数量大幅快速下降等。1991 年以后日本经济年均仅 1% 左右的增长，老龄化严重，人口抚养比大幅上升。1990 年日本城市化率已经高达 77.4%。1991 年以后，20~50 岁适龄购房人口数量大幅快速下降。

（二）联邦德国增速换挡期的房地产市场

联邦德国的增速换挡期发生在 1965 年前后。联邦德国在 1965 年前后出现了房地产长周期峰值。联邦德国的住房大部分是在“二战”之后建成的。经历了战后恢复重建，居民的住房需求状况也有了很大改善，人口因素进而成为决定住房建设的一个关键变量。1950~1970 年期间，联邦德国和英国的人口出生数量处在一个相对较高的水平，分别累计出生了 2230 万人和 1880 万人。这些战后的婴儿潮对后来的住房需求产生非常显著的影响。

1965 年前后，联邦德国为了应对资本流入和输入性通胀压力，采取了偏紧的货币政策，并未形成房地产泡沫。

放长远来看，“二战”以来的 70 年间，联邦德国房价总体上波动幅度不大，是世界公认的房地产市场运行平稳的榜样。半个多世纪以来联邦德国房价长期处在低水平区间。1955 年到 2011 年第三季度，联邦德国房价年均涨幅为 3.79%。1967~1992 年间上涨相对较快，年均涨幅是 5.79%。1992 年以后，房价涨幅持续回落并长期保持较低水平，1992 年到 2011 年第三季度，房价年均涨幅只有 1.27%。对比发现，联邦德国房价指数同居民工资指数变化呈现较强正相关性，反映了 1962~2010 年间联邦德国居民工资年均增幅 5.91%。1962~1992 年居民工资增幅较大，年均上升 8%。1993~2010 年居民工资年均增幅降至 2.6%，这与房价指数的变化率情况相当吻合。房价涨幅较快的阶段也是居民工资收入上升较快的阶段，使得整体房价水平处在居民合理支付能力范围内。以 2009 年为例，联邦德国人均月收入在 2400~3000 欧元之间，普通住宅均价是 1000~2000 欧元 / 平方米。两口之家平均需要两年半的家庭收入即能购买一套 100 平方米的普通住宅①。

联邦德国房价涨幅长期保持较低水平的原因包括：

1. 以法律形式强化以居住为导向的住房制度设计

联邦德国《宪法》和《住宅建设法》都明确规定，保障居民住房是联邦政府首要的政策目标之一。建造面积、布局、租金适合广大居民需要的住房，是联邦德国

① 邵挺 . 德房价涨幅低水平的经验及启示 [N]. 中国经济时报，2012-7-20.

政府制定房地产政策的出发点。联邦德国政府始终把房地产业看作是属于国家社会福利体系的一个重要组成部门，没有过多地强调其“支柱产业”的地位。政府所重视的支柱产业是高附加值和技术密集型的汽车、电子、机械制造和化工等产业。

联邦德国还出台了《租房法》和《经济犯罪法》，用来保护租客利益和遏制投资投机性需求。《租房法》规定房租涨幅不能超过合理租金的20%，否则房东就构成违法行为，房客可以向法庭起诉；如果超过50%，就构成犯罪，房东甚至要被判刑。合理租金的界定标准非常严格，是由当地房屋管理部门与房客协会、中介组织沟通协商，定期给出不同类型、不同地理位置房屋的合理租价水平。这是法庭判定房租是否合理的重要依据。

联邦德国还先后出台了多项严厉遏制住房投资投机性需求和开发商获取暴利行为的政策。比如，联邦德国对住房交易及所获收益征收高额土地购买税和资本所得税。土地购买税率是3.5%，税基是土地和地面建筑物的价值总和。对住房交易获利部分，如果该房在十年内出售，就征收资本收益的25%，这一税率还适用于买卖房地产公司的股票。联邦德国法律还严格规定房地产开发商的定价行为，按照《经济犯罪法》规定，如果开发商制定的房价超过合理房价的20%，购房者就可以向法庭起诉。如果超过50%，就定性为“获取暴利”，开发商将面临高额罚款和最高三年徒刑的严厉惩罚。

2. 长期稳定的房贷政策

联邦德国实行“先存后贷”合同储蓄模式和房贷固定利率机制，为稳定购房者预期和房价水平提供制度保障。联邦德国对住房储蓄业务实行严格的分业管理，购房者不会受到国家宏观调控政策特别是货币政策变动的影响，也不受通货膨胀等利率变动的影响。第一，联邦德国居民要得到住房储蓄银行的购房贷款，必须在该银行存足相应款项，一般是存款额达到储蓄合同金额的50%以后，住房储蓄银行才把合同金额付给储户。第二，存贷利率固定不变。存贷款利率分别是3%和5%，抵押贷款固定利率期限平均为11年半。这种长期固定的房贷利率，对房贷市场起到了重要的稳定器作用。

3. 实行多元化的住房供应体系

联邦德国住房供应体系的多元化特征明显。政府每年按照人口需求制定住房建设规划，对高、中、低各档房屋的结构做出明确规定。特别是对低收入者，各地方政府会根据当地人口结构明确规定所有住房中保障房的比例，来满足不同收入阶层居民的住房需求。另外，联邦德国政府鼓励合作建房。政府通过贷款、土地、税收、补贴等方面的优惠政策，鼓励居民通过合作社方式共同建房，目前合作建房数量已占到每年新建住宅总量的30%以上。

另外，联邦德国租赁市场非常发达，对分流购房需求有很大作用。与欧洲各国相比，联邦德国的自有住房率很低。2007年，联邦德国自有住房率是41.6%，租房率是58%，其中42%是社会出租房，16%是各类公共租赁住房。柏林、汉堡等大城市的租房率都达到了80%。

4. 布局合理的城市发展模式

联邦德国城市数量多且分布均匀，柏林和汉堡的人口分别只有340万和180万。2004年，联邦德国有82个10万人口以上的行政区，70%的人口分布在2000~10000人的小型城镇里。合理的城市布局，使大多数联邦德国居民分散在众多中小城市里，不会出现大城市甚至超大型城市的集聚效应，有利于大城市房价涨幅长期保持在合理区间。

（三）韩国增速换挡期的房地产市场

韩国增速换挡期发生在1989~2003年间，刘易斯拐点出现在20世纪80年代末。韩国的房地产长周期出现在20世纪90年代中后期。韩国的人口总和生育率在1970年初期开始显著下降，1970~1990年期间，每年人口出生数量从101万下降到65万人。因此，1990年前后20~50岁的置业人群到达峰值之后回落，住房销售和开工量开始下降。

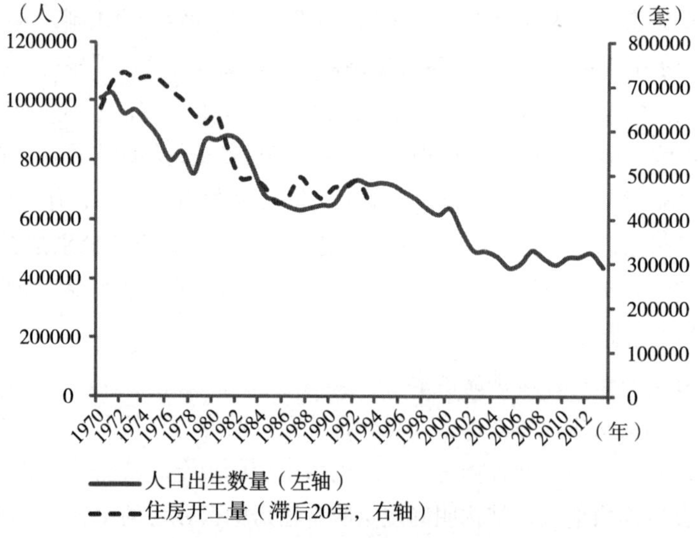

图 6.25　韩国人口出生数量和住房开工量

数据来源：国务院发展研究中心，许伟（2013）

20世纪90年代初，韩国政府和企业并没有意识到经济减速的客观要求，寄希望于通过放松货币刺激经济重回高增长轨道，1992~1996年间（金泳三执政时期）韩国M2和CPI增速高达20%，房市出现泡沫，1998年爆发金融危机，泡沫破裂。1998年以后，由于20~50岁适龄购房人群下降、经济增速换挡等因素，住宅开工数量下降。

（四）中国台湾增速换挡期的房地产市场

中国台湾的增速换挡期发生在1985~1993年间。20世纪80年代末，中国台湾劳动力成本出现加快上涨，住宅投资接近峰值。1960~1993年期间住宅投资保持快速增长。随着20~50岁置业人群的减少，到1993年，中国台湾地区的住宅投资形成（按照不变价格计算）达到峰值，对应的城市化率为67.4%，人均GDP为13354国际元（1990年国际元）。之后，城市化快速推进的阶段基本接近尾声，住宅投资逐步平稳甚至下降。

1985~1993年间，中国台湾处于增速换挡期，虽然经济在减速，但股市房市出现大幅泡沫，可能的原因是，由于中国台湾产业升级较快较顺利，从重化工业主导升级到电子信息和服务业主导，企业盈利大幅上升；依赖于电子信息产业强劲的出口竞争力，中国台湾贸易顺差大幅上升，M2高达20%以上，流动性极为充裕。但1993年由于政府收紧货币，股市房市泡沫破裂。

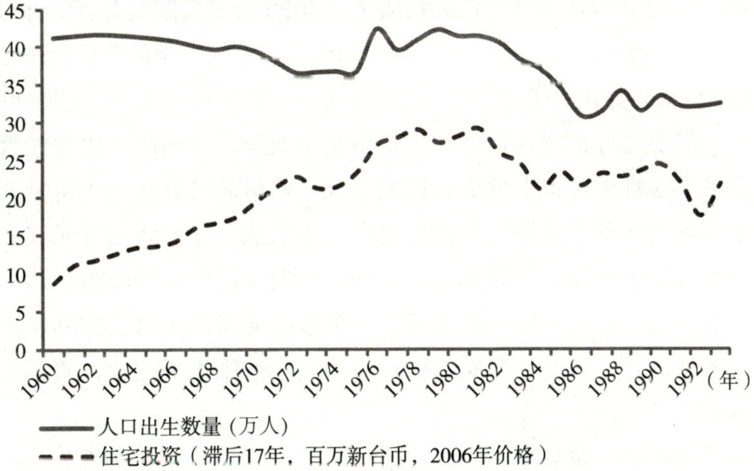

图6.26　中国台湾的人口出生数量与住房投资

数据来源：国务院发展研究中心，许伟（2013）

（五）启示

第一，增速换挡期，住宅投资告别高增长时代，房地产政策应适应新发展阶段特征，避免寄希望于刺激重归高增长的泡沫风险。住房市场具有非常明显的阶段性特征，增速换挡期，住宅投资从高速增长步入平稳或下降状态，从数量扩张步入质量提升，从总量扩张步入"总量放缓、区域结构分化、人口继续向大都市圈迁移"。房地产政策应适应新发展阶段的特征，避免寄希望于刺激房地产重归高增长轨道，否则将形成泡沫酝酿金融危机，日本在1969~1973年、韩国在1992~1996年都曾犯过类似的错误。新阶段的房地产政策应注重提高住房质量、改善人居环境、提高住房成套率，更注重区域差异。

第二，必须建立起比较完善的住房法律体系①。通过法律形式明确以居住为导向的住房制度设计，建立遏制投资投机性需求的长效机制是联邦德国的主要经验，对我国有很大的启示。在我国《城市房地产管理法》基础上，应抓紧起草《住宅法》《住房租赁法》和《住房保障房法》等各项专门法律，构建完整的住房法律体系。借鉴联邦德国经验，法律首先要明确住房的居住属性，强化对市场投机性需求和开发商"囤地""囤房"等扰乱市场正常秩序行为的法律约束和处置。其次，要构建租户和购房者利益维护机制。对房东和开发商短期内过快提高租金和房价的行为，法律要明确严厉的处罚措施，以法律形式遏制漫天涨价行为。同时，要建立独立的房地产价格评估机制，对不同地段、不同类型的住房必须定期制定详细的基准价格作为执法依据。

第三，需要实行长期稳定的住房信贷金融政策。从国际经验看，首付比例和贷款利率变动对购房者支付能力影响很大。购房需求容易受到房贷政策影响而出现集中爆发现象，短期内易推动房价过快上涨。建议我国可研究和探索居民购房时的首付比例和贷款利率固定或两者反向变动的房贷政策，以稳定购房者预期，避免购房需求短期内提前释放。为减少通胀水平对贷款利率的影响，中长期可考虑成立专门的住房储蓄银行，通过与通胀水平挂钩，使真实贷款利率长期不变。

第四，逐步建立城乡统一的集体建设用地市场和住房发展机制。在符合规划和用途管制的前提下，允许农村集体经营型建设用地出让、租赁等方式，与

① 邵挺．德房价涨幅低水平的经验及启示 [N]. 中国经济时报，2012-7-20.

国有土地同等入市、同价同权，增加住宅用地供应主体，提高重点城市土地供给弹性。推动“多规合一”试点，逐步把农村集体建设用地的建成区，以及一些城中村，纳入城镇化规划，统一建筑标准、基础设施标准和住宅与商业发展规划。

第七章　中国设备投资周期研究

导语：本章旨在研究商业周期中的主周期：设备投资周期。主要发现如下：设备投资周期存在一些初始的冲击驱动因素，包括太阳活动周期、实业经济周期、设备寿命周期、政治周期、经济信心周期等。在传导过程中，存在放大机制，包括乘数加速数、抵押信贷加速器、货币加速器、情绪加速器等，进而对经济运行形成广泛而深入的影响。我国设备扩张周期具有典型的十年一轮的“二八现象”，即经济逢二见底、逢八见顶，这是世界经济周期、我国政府换届和设备更新替换等因素叠加的结果，这一规律在增速换挡期有所弱化。近年受劳动力成本上升、汇率升值、房地产长周期拐点等因素影响，我国投资结构发生了重大变化：在房地产、重化工业投资比重下降的同时，高端制造业和服务业投资比重上升；在东部投资比重下降的同时，中部投资比重上升；在银行信贷融资比重下降的同时，以债券、股票等为主的市场性直接融资比重上升。

一、重视我国商业周期规律研究

（一）把握商业周期运行规律，是进行经济形势分析和实施反周期宏观调控的基础

增长与波动是宏观经济研究的永恒主题，也是经济形势分析最基础的框架体系，潜在增速（由长周期决定）决定了经济运行的长期均衡趋势，经济短周期决定了经济运行的短期波动态势。正如季有春夏秋冬、人有生老病死一样，周期是客观存在的，虽然每次长度和深度不完全相同，但经济总是从繁荣到衰退周而复始地发生着，每个人都身处其中。

经济周期主要受商业周期、政治周期、社会周期等的影响，其中，商业周期是市场经济中由个人或企业自主行为引发的商业律动，并形成经济系统潜在的运行态势，是进行经济形势分析和实施反周期宏观调控的基础。现实中的经济运行潜势由多股商业周期力量叠加而成：70 年左右的人口周期、60 年左右的创新周期、30 年左右的建筑周期、10 年左右的设备投资周期和 3 年左右的存货周期等。

现代经典经济周期理论归纳出了几大典型商业周期：短波的农业周期（又称蛛网周期）揭示的是农业对价格的生产反馈周期，1 年左右；中短波的库存周期（又称基钦周期）揭示的是工商业部门的存货调整周期，3 年左右；中长波的设备投资周期（又称朱格拉周期）揭示的是产业在生产设备和基础设施的循环投资活动，10 年左右；长波的建筑周期（又称库兹涅茨周期）主要是住房建设活动导致的，30 年左右；超长波的创新周期（又称康德拉耶夫周期）是由创新活动的集聚发生所致，60 年左右；超长波的人口周期是由人口活动导致的， 70 年左右。

表 7.1 周期类型

类型	常用名称	学术名称	长度	原因
商业周期	农业生产周期	蛛网周期	1~12 月	生产对价格的反应时滞
	工商存货周期	基钦周期	2~4 年	增长与通胀预期
	设备投资周期	朱格拉周期	6~11 年	经济景气、设备寿命
	住房建设周期	库兹涅茨周期	20~40 年	人口、移民
	创新周期	康德拉耶夫周期	50~70 年	创新的集聚发生及退潮
	人口周期		70 年	人口出生、消费、往生
政治周期			4~5 年	选举、政府换届
社会周期				社会历史循环

资料来源：作者整理

把握商业周期运行规律，是适时、适度进行宏观调控的基础，是保持经济平稳运行的关键。宏观调控的核心是预判经济形势并实施反周期操作，通过削峰填谷式的操作，可以一定程度熨平波动。

（二）设备投资周期是经济波动的主周期

设备投资周期是经济波动中的主周期，长度 6~11 年。宏观经济运行在微观上表现为企业产能调整活动（设备投资、就业雇佣等），企业的扩产能或去产能行为表明了对未来国民经济景气的预期。从其他商业周期与设备投资周期的关系看，短期的库存调整是中期产能调整的缓冲带，长期的创新周期是技术革命引发的商业机会和产能投资浪潮。

主流经济学家非常重视设备投资周期，如马克思、熊彼特、凯恩斯、萨缪尔森、米切尔、伯恩斯、哈耶克、米塞斯等。诞生了大量经典理论：实业经济周期理论、过度投资理论、有效需求不足、真实经济周期理论、乘数—加速数模型等。

目前我国理论界对经济周期的研究还比较粗糙，局限在总量波动研究（基于 GDP 和工业生产），缺乏对各类商业周期的深入挖掘和析离，跟国外研究差距较大。

固定资产投资是引发我国经济波动的重要因素，其中，设备投资是主要组成部分。2014 年我国固定资本形成占 GDP 比重的 46%，企业设备、厂房投资占固定资产投资 1/3，具有强顺周期性。

我国对设备投资周期基础性研究不足，尤其是新生因素。近年，影响设备投资的不仅有总需求和财务能力等传统变量，还出现了地区产业转移、机器替代劳动、进口替代、政策利好等发展阶段性的新因素。这些因素各自贡献有多大？机理是什么？目前还缺乏深入认识，不利于准确判断投资形势乃至宏观经济形势。

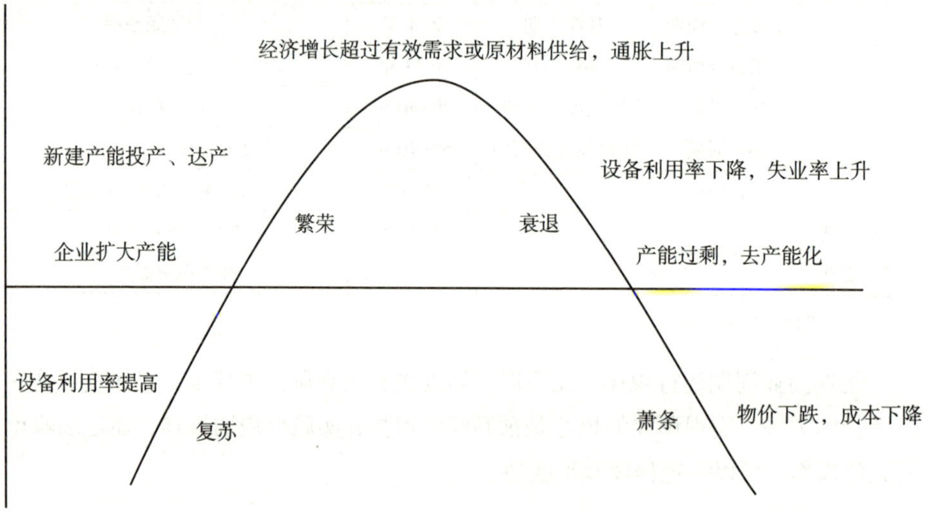

图 7.1　经济周期与产能调整

资料来源：作者整理

产能利用率（设备利用率、就业率等）是判断经济形势的风向标，美、欧、日等发达国家普遍重视产能利用率的统计和分析，目前我国统计空白。

（三）我国设备投资周期有大量问题尚待研究

1. 我国商业周期对经济运行影响越来越大

随着我国市场经济不断完善，商业周期影响越来越大。近年商业周期成为决定全球和我国经济运行的重要力量，是理解宏观经济运行逻辑的钥匙。

由于基础研究不足，近年已经造成了一些方向性误判。比如，2011 年企业进行了大规模的设备投资，许多市场机构和经济学家认为新一轮产能扩张将开始，造成了“新周期”误判。这是由对设备投资驱动因素缺乏深入认识，简单套用过去的逻辑导致的。

2. 当前设备投资存在较大下行压力

2003~2011 年间我国制造业投资（制造业企业的设备、厂房和无形资产投资）保持高速增长，随后 2012 年以后转入漫长的下行通道。

2011 年制造业投资增长逆势强劲，增速达 31.8%，比 2010 年高出 5 个百分点，对固定资产投资增长的贡献率超过 42%；占固定资产投资比重上升至 34%，超出基建和房地产投资 10 个百分点。2011 年制造业投资强劲攀升成为支撑经济平稳较快增长的重要力量。

进入 2012 年以来，制造业投资持续回落。2012 年制造业投资增长 22%，比上年回落 9.8 个百分点。2015 年 1~11 月制造业投资累计增速更是大幅降至 8.4%。这种回落是偶然的，还是趋势性的？未来降幅有多大？回答这些问题有助于预判未来形势。

3. 建立商业周期方法，完善经济形势分析方法体系

“增长与波动”是宏观经济形势分析基础性的方法体系，通过研究潜在增速判断经济运行的均衡中轴，通过研究经济周期判断经济运行的波动态势。综合分析潜在增速和经济周期，可以判断未来经济运行的长期趋势和短期波动，进而得出对经济整体运行态势的判断。采用商业周期方法分析经济形势，相对于纯数量模型分析，更具有理论基础和解释力。比如，可以成功辨识出 2012 年 1~2 月工业生产数据的误导性，认为生产短暂的反弹主要是库存调整所致，并准确预判二季度的经济回落[①]；分析出 2011 年制造业投资高位运行并不是产能扩张所致，而是由地区产业转移等中长期因素所支撑，避免了“新周期”的误判。

① 见第八章中国库存周期研究。

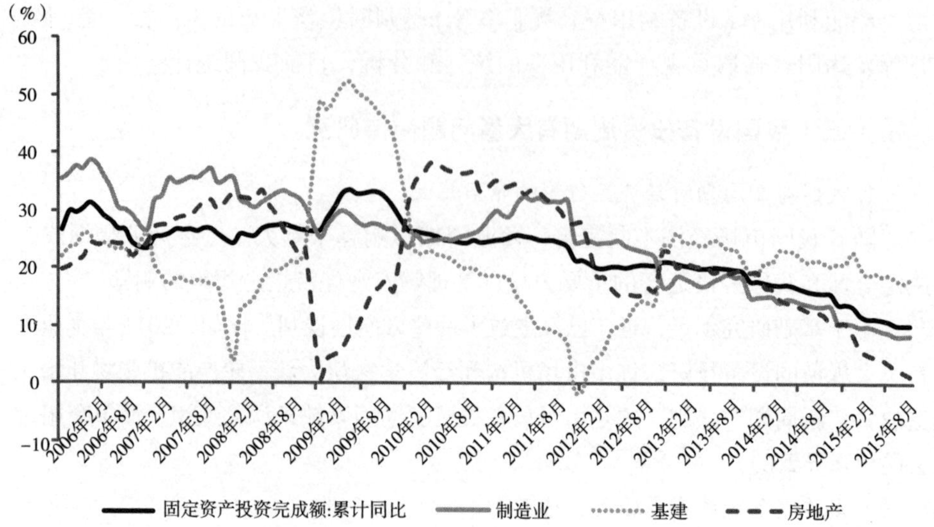

图 7.2　我国固定资产投资增速

资料来源：WIND

本项研究旨在建立商业周期方法，与潜在增速的逻辑结合起来，形成完整的“增长与波动”经济形势分析框架。从实践意义上，与现有景气指数、计量模型等方法相互补充印证，完善经济形势分析方法体系。从理论意义上，本研究有助于完善我国经济周期理论，将研究深入到各类商业周期领域。从政策意义上，本研究有助于把握我国商业周期运行规律，前瞻性地进行宏观调控。

二、设备投资周期的基础理论与国际经验

长期以来，人们一直在探索造成经济波动的原因，并试图熨平波动甚至驾驭周期。经济周期领域的研究进展加深了人们对经济运行的理解，也促进了宏观经济学科的发展。

（一）设备投资周期的定义与内涵

基于规范研究的要求，本章首先对设备投资、设备投资周期、装备制造业等基本概念进行界定。

设备投资：广义的设备投资不仅包括机器设备投资，还包括相关厂房建造、辅助性工器具购置、无形资产支出等。设备投资主要集中在制造业、建筑业、交

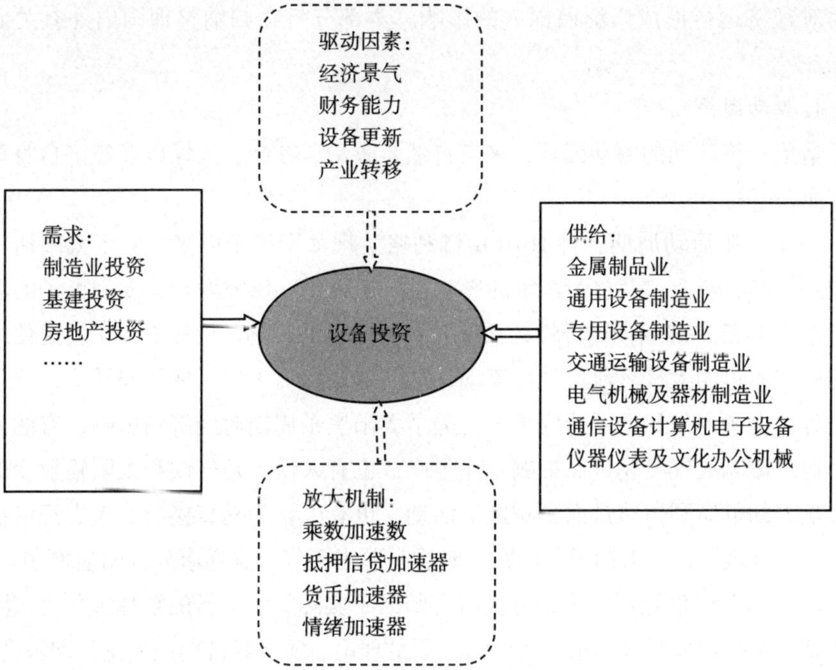

图 7.3　研究逻辑

通运输业等领域。

产能投资：设备投资形成产能，其他的产能投资还包括劳动力雇佣、基建投资（道路、桥梁、厂房）、房地产投资（商业地产）等。

设备投资周期：又称资本性支出周期，或朱格拉周期，是指企业在耐用设备及其基础结构上的周期性支出活动。

装备制造业："生产机器的机器制造业。"按照国民经济行业 39 部门分类，它包括金属制品业、通用设备制造业、专用设备制造业、交通运输设备制造业、电气机械及器材制造业、通信设备计算机及其他电子设备制造业、仪器仪表及文化办公用机械制造业 7 大类中扣除了有关消费类产业制造业小类后的 186 个小类，是第一大工业门类。2012 年最新的 41 部门行业分类中变成 8 大类，交通运输设备制造业拆分为汽车制造业与铁路、船舶、航空航天和其他运输设备制造业。

（二）设备投资周期的驱动因素与放大机制

设备投资周期存在一些初始的驱动因素，在传导过程中，又存在放大机制，进而对经济运行形成广泛而深入的影响。本部分旨在归纳整理国内外有关研究成果。

1. 驱动因素

造成经济波动的驱动因素，来自自然、政治、社会、人性以及经济自身等各个方面。

（1）太阳活动周期。自1610年伽利略发现太阳黑子以来，关于太阳活动对人类、气候、农业以及整个经济的影响被广泛讨论。研究发现，太阳黑子的活动具有平均11.2年的周期循环性，活跃时会对地球的磁场产生影响，主要是使地球南北极和赤道的大气环流作经向流动，从而造成恶劣天气，使气候转冷，严重时会对各类电子产品和电器造成损害。关于太阳黑子周期对经济的影响，有的人认为是通过影响天气变化进而影响农业生产，也有人认为是气候和太阳辐射变化通过影响人的健康和情绪进而影响经济活动，也有人认为是直接影响人类经济社会活动，统计表明，在太阳黑子活跃的时段，恶劣天气、交通事故等明显增多。

（2）实际经济周期。本部分把所有归因于实际经济运行的解释统称为实际经济周期，包括过度投资理论、有效需求不足理论、实业经济周期理论、创新理论、凯恩斯主义以及后凯恩斯主义的理论，等等。在现代化大生产的时代，由于生产和消费在时间、空间和主体上是分离的，因此很难实现产能投资与最终需求的完美匹配，波动必然产生。过度投资理论认为，在经济繁荣时投资者对未来过于乐观，不断加大投资，最终导致生产超过由消费和出口决定的有效需求，或者导致产能扩张超过原材料或劳动力供给瓶颈，工资和原材料成本上升侵蚀了生产企业的利润。创新理论认为创新的积聚发生及其带动的产业投资浪潮是导致经济从繁荣到萧条的根本原因。凯恩斯强调有效需求，认为私人投资是整个周期过程中的易变和不稳定因素。凯恩斯反对古典理论关于产品和就业市场出清的假设，认为由于工资和价格存在刚性黏性，市场很难自我实现均衡。实业经济周期理论认为投资由企业的利润驱动，而利润由成本和价格决定并周期性地波动，经济周期性波动的过程同时也是产能调整的过程，一轮完整的周期表现为：经济复苏→产能利用率提高→企业扩大产能→新建产能投产达产并持续释放生产能力→经济增长超过由设备、资源和劳动力等决定的潜在增长率，引发通膨，成本侵蚀利润→经济回调→产能利用率下降、设备闲置、产能过剩→去产能化、企业放缓设备采购和劳动力雇佣来消化现有产能→物价下跌、企业成本下降、刺激政策→产能利用率恢复、新一轮经济复苏和产能扩张。

（3）设备寿命周期。设备存在使用寿命，经济中存在大规模的设备更新替换活动。现代设备的寿命，不仅要考虑物理寿命，还要考虑技术寿命和经济寿命。首先，设备的物理寿命，又称自然寿命、物质寿命，是指设备从投入使用开始，直到因物质磨损而不能继续使用、报废为止所经历的时间。物理寿命主要是由设备的有形磨损所决定的。其次，设备的技术寿命，又称有效寿命，是指从设备开始使用到因技术落后而被淘汰所延续的时间。技术寿命主要是由设备的无形磨损所决定的，它一般比自然寿命要短。科学技术进步越快，技术寿命越短。最后，设备的经济寿命，又称效益寿命，是指设备从投入使用开始，到继续使用经济效益上不合理而被更新所经历的时间。效益寿命是由维护费用的提高和使用价值的降低所决定的。

（4）政治周期。民选政府普遍存在明显的政治经济周期，执政党为了获取连任，会在大选前的一两年扩大支出、刺激经济；而大选后获胜的政党则必须面对平衡预算收支的压力和由选举前政策引发的通货膨胀趋势，进而收缩开支、政策转向。美国、中国等国政府存在 4~5 年的小换届和 8~10 年的大换届。

（5）经济信心周期。现代经济学越来越从人类行为的角度认识经济不稳定性。本部分通过介绍一个不被主流经济学界重视的“阿姆斯特朗猜想”，来说明关于如何解释经济周期，人类还有大量的问题有待研究。马丁·阿姆斯特朗是一位有名的对冲基金经理，他在 20 世纪 70 年代初提出了一个 8.6 年的全球经济周期，即“经济信心模型”。人的心中总是同时存在着贪婪与恐惧、乐观与悲

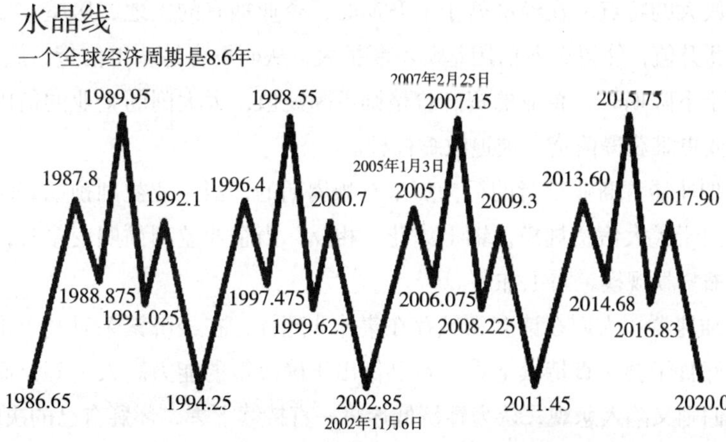

图 7.4　阿姆斯特朗猜想：一个 8.6 年的全球经济周期

观，并且相互交替。他把1683~1907年，共224年，除以期间26次恐慌危机，得出8.6年周期。巧合的是8.6年商业周期是3141天圆周率的1000倍。他认为商业周期的规律并不仅仅取决于人类，里面蕴含了大自然的深刻原因，商业周期事实上是自然周期的轮回现象。同时，他认为，8.6年周期的1/4节点处（2.15年）会有经济波动产生，而每51.6年，即6个8.6年周期的波动将会特别巨大，这分别与经济周期中的存货短周期和创新长周期吻合。在20世纪30年代大萧条之后历史上7次重要的经济危机和金融危机中，阿姆斯特朗的模型除了两次预测结果误差超过半年（但是没有超过8个月）之外，其余5次均准确，命中率超过70%。

（6）发展阶段因素。当经济发展到一定阶段，会出现驱动设备投资的一些特殊因素，比如，地区间要素成本变化引发的产业转移，劳动力成本上升引发的机器替代劳动，技术进步引发的进口替代。

产出比导致对资本存量需求更大的变化，被称为加速原理，大小取决于资本产出比。乘数与加速原理相互作用会引起并放大经济的周期性波动：投资增加引起产量的更大增加，产量的更大增加又引起投资的更大增加，经济出现繁荣。然而，产量达到一定水平后由于社会需求与资源的限制无法再增加，就会由于加速原理的作用使投资更大幅度地减少，投资的减少又会由乘数的作用使产量继续减少，这两者的共同作用又会使经济进入萧条。

抵押信贷加速器：在经济从繁荣到萧条周期性地发生时，企业所拥有的资产及其带来的抵押信用基础从膨胀到收缩、从扩杠杆到去杠杆，具有明显的自我循环、自我放大的特点。在经济处于上升期时，企业拥有的土地、房屋、存货等资产价格不断升值，使得企业信用基础不断扩大，从而更容易获得信贷、放大杠杆。在经济处于下降期时，企业的资产价格则不断贬值，大大削弱企业的信用基础，从而使企业更难获得信贷，被迫收缩杠杆。

货币加速器：商业银行的行为历来是顺周期的，当企业盈利预期好时，商业银行会倾向于扩大信贷规模，锦上添花。相反，当企业盈利预期变差时，银行会倾向于收缩贷款规模，雪上加霜。

情绪加速器：人们在诸多领域存在集体非理性，在经济繁荣时过于乐观和自信，认为好日子会一直持续下去，自己做出正确决策的能力高人一筹；而在经济衰退时人们则又陷入悲观，认为经济低迷将一直持续下去，怀疑自己的决策能力。人类社会这种集体的非理性、羊群式的从众心理、把短期趋势看成未来的现象从未消失过，明显放大了经济波动。

（三）设备投资周期的类别

1. 设备扩张周期。受经济景气驱动，以扩张产能为目的，新建、扩建为主。属于产能扩张周期的主要部分，其他还包括劳动力雇佣、原材料采购等。当经济复苏时，企业产能利用率得到提升，新一轮经济周期启动，企业开始进行新一轮产能扩张，以在未来的市场竞争中抢占先机；当经济衰退时，企业被迫去产能，以降低运营成本，度过冬天。

2. 设备更新周期。受设备寿命周期驱动，主要是对原有设备重置更新，不以扩大产能为目的。设备更新分为物理更新、技术更新和经济更新等三种，是指用新的，或比较先进的，或更为经济的设备，来替代物理上不能继续使用的，或技术上不适宜继续使用，或经济上继续使用不划算的设备。

3. 其他设备投资活动。当经济发展到一定阶段，还存在机器替代劳动、地区产业转移等设备投资活动时，也不以扩张产能为目的，而是在原有产能规模不变情况下，重新进行要素组合或地区布局。

（四）周期长度与对经济影响程度

设备投资周期揭示的是产业在生产设备和基础结构的循环投资活动，属于中周期，时长 6~11 年。美国“二战”前设备投资周期平均长度为 10 年左右，“二战”后缩短为 7 年左右。造成周期缩短的原因包括：政府逆周期宏观调控的影响；技术进步更快；信息传播更迅速，产业界把握投资机会的能力更强；产业进行了升级，新主导产业需要的设备更新折旧更快；税法鼓励企业采用加速折旧法。

设备扩张周期和设备更新周期的影响随着经济发展而此消彼长。在经济起飞阶段，设备产能扩张周期较强而设备更新周期较弱。随着经济快速发展，尤其是步入住行消费升级和重化工业阶段，资本密集度大幅提高，设备更新周期的影响开始显现。当经济进入成熟经济体，经济增长潜力下降，资本密集度较高时，设备更新周期就会越来越凸显。因此，发达国家比发展中国家更容易观察到设备更新周期。

三、我国设备投资周期的规律特征

我国设备投资周期具有典型的十年一轮的“二八现象”，这是世界经济周期、我国政府换届以及设备更新替换等因素叠加的结果。同时，近年我国投资结构发生重大变化，未来应适当调整宏观调控重点。

（一）我国设备投资周期的"二八现象"及成因

设备、工器具购置作为固定资产投资的重要组成部分（还包括建筑安装工程和其他费用），波动趋势与总投资基本一致，占总投资比重也基本稳定在20%左右，因此在研究设备投资变动趋势时，本部分采用固定资产投资作为替代指标。

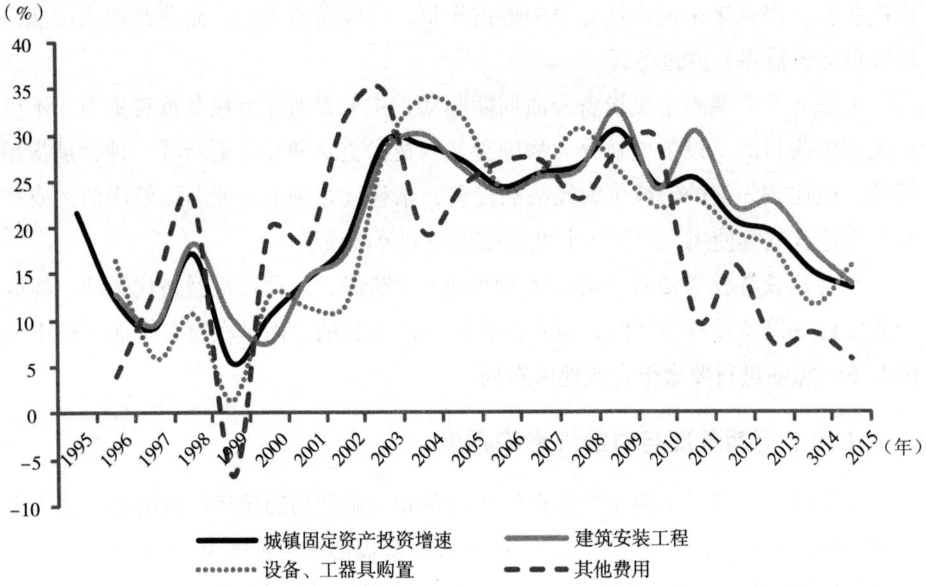

图 7.5　我国固定资产投资及各构成增速

资料来源：WIND

改革开放以来，我国经历了三轮设备扩张周期，十年一轮，存在逢二见底、逢八见顶的典型"二八现象"，即使在2012年开始的第四轮周期中，投资也出现明显上升，但是由于经济增速换挡导致持续性不明显。从原因看，主要是世界经济周期、我国政府换届效应以及设备更新替换等因素叠加的结果。

一是与世界经济周期共振。在全球化的今天，世界经济是共振的，我国经济作为世界经济的一部分，中国经济周期也是世界经济周期的一部分，2000年以后随着开放度的加深，这种周期共振现象更加明显[①]。过去30年，全球经济经历了

① 研究表明，双边产业内贸易强度越大，两国经济周期协动性越强。参见《贸易对中日韩经济周期协动性的影响研究》。

三个10年左右的周期，也存在"二八现象"。每次逢八回落时，先后伴随着东欧剧变、亚洲金融危机、美国次贷危机等各种危机。驱动世界经济周期的主要因素包括11年的太阳黑子周期、技术创新与产品生命周期、人口结构变动与消费升级、主要经济体政府换届、全球产业升级与产业转移、9年的经济信心周期等。

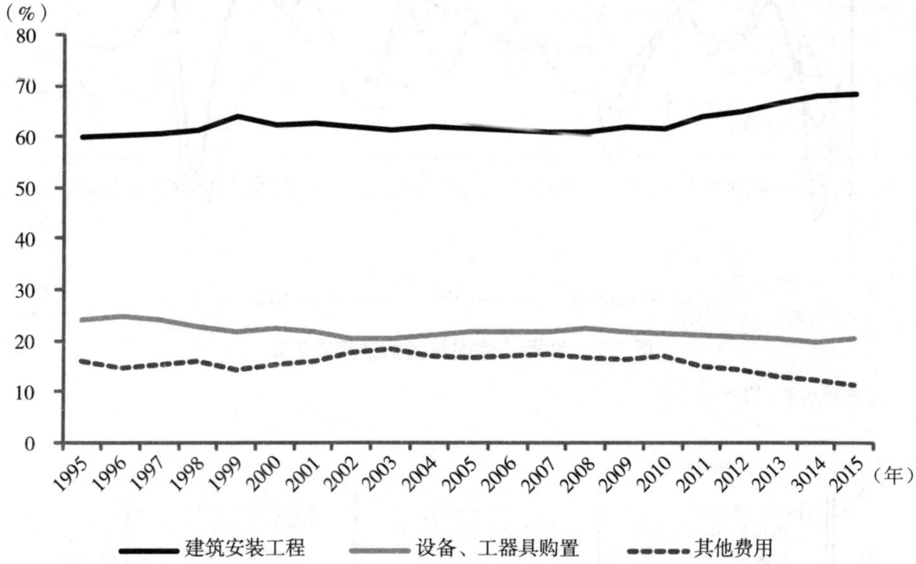

图7 6　我国固定资产投资各构成比重

资料来源：WIND

二是政府换届效应。我国政府每5年一换届，每次换届后，地方政府发展本地经济、扩大投资的积极性高涨，固定资产投资存在明显的换届效应。在正常的政府换届年份，逢二年份大换届完成，经济往往触底回升，并在次年逢三年份投资额高于上年。

三是设备更新周期长度10年。从多个角度可以验证，当前我国设备寿命和更新周期长度为10年：首先，从会计准则看，税法对设备最低折旧年限的规定是10年。我国《企业所得税法》规定，飞机、火车、轮船、机器、机械和其他生产设备等固定资产计算折旧的最低年限为10年，无形资产的摊销年限不得低于10年。由于技术进步较快，大大缩短了企业机器设备的技术和经济寿命，加上为了降低税收负担、增强竞争力等原因，大多数企业对机器设备采取了最低折旧年限。《企业所得税法》对最低折旧年限的规定必须符合经济现实，才能够有效执行，这也就意味着机器设备的综合物理、技术和经济寿命很可能为10年左右。

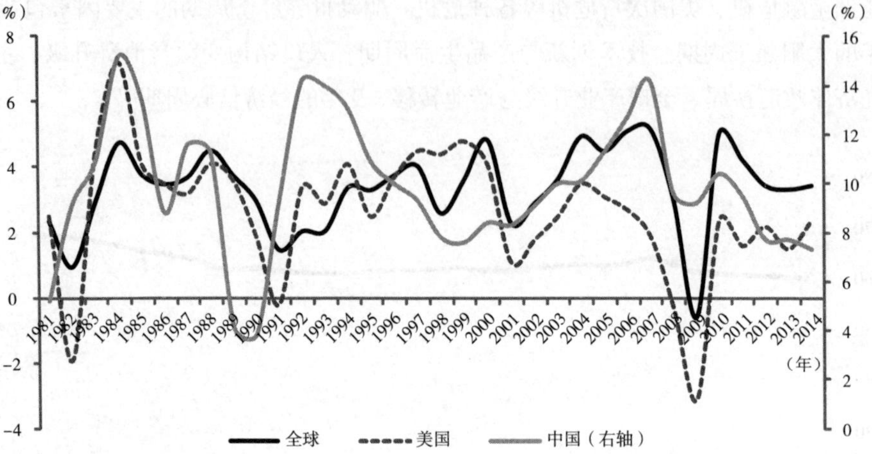

图 7.7　世界、美国与我国的经济波动

资料来源：WIND

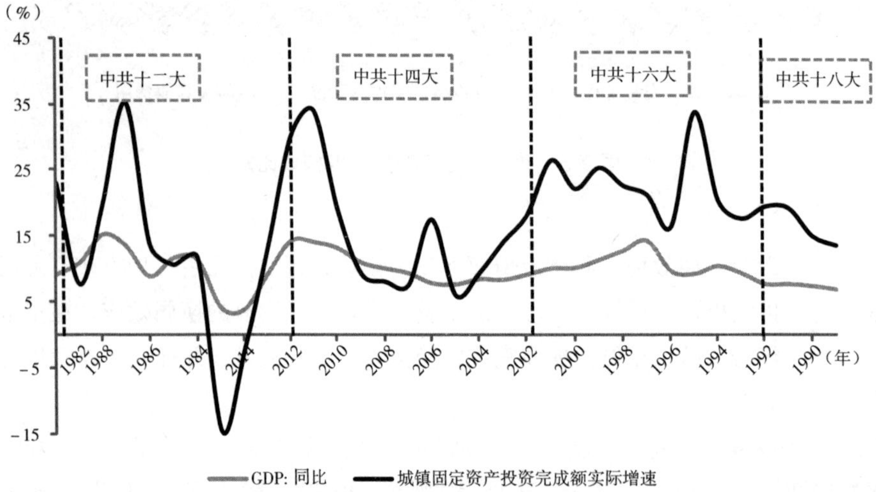

图 7.8　投资增速的政府换届效应

资料来源：WIND

其次，我国大多数设备的物理、技术和经济综合寿命为10年左右。从设备寿命来看，我国工业固定资产综合折旧率为5%左右，固定资产平均寿命20年左右，固定资产主要是建筑和设备两部分组成，建筑物的寿命为30年左右，由此推算设备寿命为10年左右。

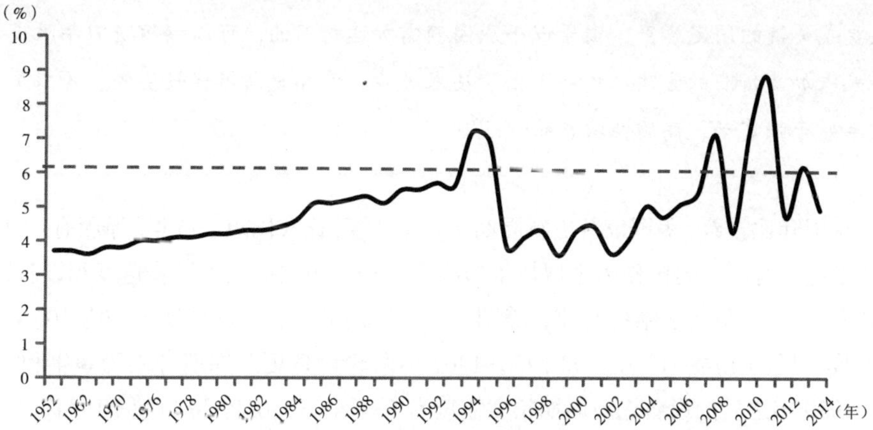

图7.9 我国工业企业固定资产综合折旧率

资料来源：《中国统计年鉴》，作者计算

最后，从辅助性工器具寿命来看，与设备投资相关的辅助性工器具寿命和税法规定的最低折旧年限为5年左右，10年一轮的机器设备更新周期涵盖了两轮工器具设备更新周期。

专题1 我国税法对固定资产折旧年限的规定

2008年1月1日施行的《中华人民共和国企业所得税法实施条例》规定固定资产按照直线法计算的折旧，准予扣除。

第六十条 除国务院财政、税务主管部门另有规定外，固定资产计算折旧的最低年限如下：

（一）房屋、建筑物，为20年；

（二）飞机、火车、轮船、机器、机械和其他生产设备，为10年；

（三）与生产经营活动有关的器具、工具、家具等，为5年；（四）飞机、火车、轮船以外的运输工具，为4年；

（五）电子设备，为3年。

2009年4月16日下发的《国家税务总局关于企业固定资产加速折旧所得

税处理有关问题的通知》（〔2009〕81 号）规定：企业拥有并用于生产经营的主要或关键的固定资产，由于以下原因确需加速折旧的，可以缩短折旧年限或者采取加速折旧的方法：（一）由于技术进步，产品更新换代较快的；（二）常年处于强震动、高腐蚀状态的。

从国际比较看，美国设备更新周期长度是 7 年，比我国短 2~3 年。原因有：（1）跟技术进步有关，美国作为全球技术领跑者，拥有更快的技术进步速度和设备更新频率。（2）跟产业结构有关，美国“二战”前的设备更新周期平均为 10 年，“二战”后的 1948~1956 年和 1956~1967 年两轮设备更新周期分别为 8 年和 11 年，1970 年之后的设备更新周期长度缩短为 5~7 年。美国自 20 世纪 70 年代，产业结构发生了重大变化，采掘、冶金、化工等重工业的比重大幅下降，而信息、金融、科学和技术服务、教育卫生保健等产业的比重快速上升。新的支柱产业技术进步更快，设备更新折旧更迅速。（3）跟会计准则有关，我国采用直线折旧法，美国鼓励企业采用加速折旧法。发达国家企业普遍采用加速折旧法，以降低税负、增强竞争力。政府为了鼓励新设备和新成果应用，对提前折旧的企业给予奖励，极大地提高了固定资本折旧率。我国财务制度规定的固定资产的折旧年限比较长，并采用直线法，虽然近年来在逐步缩短，但相比发达国家还有相当距离，而折旧方式一经确定，又不能任意变更，1993 年新的财务制度允许部分企业采用加速折旧法，但是限制依然非常严格。这都造成了我国和发达国家在固定资产折旧计提上的差距。当前我国工业企业固定资本折旧率偏低，造成设备更新速度慢，技术装备落伍，产品低端，同时导致资源使用效率低、经济发展方式粗放等问题。

随着技术进步和产业升级，预计未来我国产业设备更新周期将缩短。新中国成立以来我国工业综合折旧率持续上升，1950~1980 年间为 4% 左右，1980~1990 年间为 4.5% 左右，1990~2000 年间为 5% 左右，2000 年以来为 5.5% 左右，“十一五”时期已经达到 6% 左右，在个别年份比如 2008 年和 2010 年已经达到了 7%。

从内涵上，设备投资周期不是历史的简单重复，而是成长中的周期，增长动力转换和产业升级最终通过设备投资实现。次贷危机后，4 万亿投资刺激了一轮大规模的产能扩张，内涵上主要是住行消费升级和基建投资，属于上一轮周期的延续。2012 年以来，随着重化工业和房地产业衰退，高端制造业和现代服务业崛起，中国正进入新一轮结构不同以往的设备投资周期。

表 7.2 1981~2015 年我国经济增长与产业升级

时期	20 世纪 80 年代	20 世纪 90 年代	21 世纪初	2012~2015 年
内需发展阶段	衣食	耐用品	住行	服务
外需发展阶段	对外开放 设立特区	汇率超贬 出口导向	加入世贸组织 融入全球化	浮动汇率 自由贸易
增长较快的行业	农业	电气	汽车	金融
	住宿餐饮	电子	房地产	TMT 传媒
	批发零售	交运设备	建材、家具	互联网 +
	金融	纺织	机械、金属制品	健康
	金属制品	食品	冶金	医疗
		化工	煤电	环保
		冶金	化工	汽车
		交通通信	金融	电气
			电子	高档住房
			电气	机械

（二）我国设备投资周期对经济运行的影响程度

30 多年来我国经济资本密集度迅速上升，全社会固定资本净值与 GDP 规模之比从 1978 年的 0.87 倍上升到 2014 年的 2.12 倍。

我国资本密集度在历史上有三次大的飞跃：第一次是 1978~1992 年，随着国民经济的恢复，固定资产投资实现较快增长，轻工业、交通运输业和批发零售业等产业得到较快发展。第二次是 1993~2008 年，随着步入住行消费升级和重工业进程，资本密集度加快上升，单位产出固定资本的提高幅度大大高于上一次。第三次是 2009 年至今，推动因素包括：2008 年底推出 4 万亿投资；2009 年 1 月 1 日全国范围内推行生产型增值税向消费型增值税转型，允许企业抵扣新购入设备所含的增值税，激发了企业增加设备投资的积极性；低端劳动力成本近年来出现趋势性较快上升，“用工荒”在东南沿海蔓延，企业加快用机器替代劳动；我国装备制造业技术进步很快，产品质量大幅提高，产品价格明显低于进口设备，进口替代能力增强。

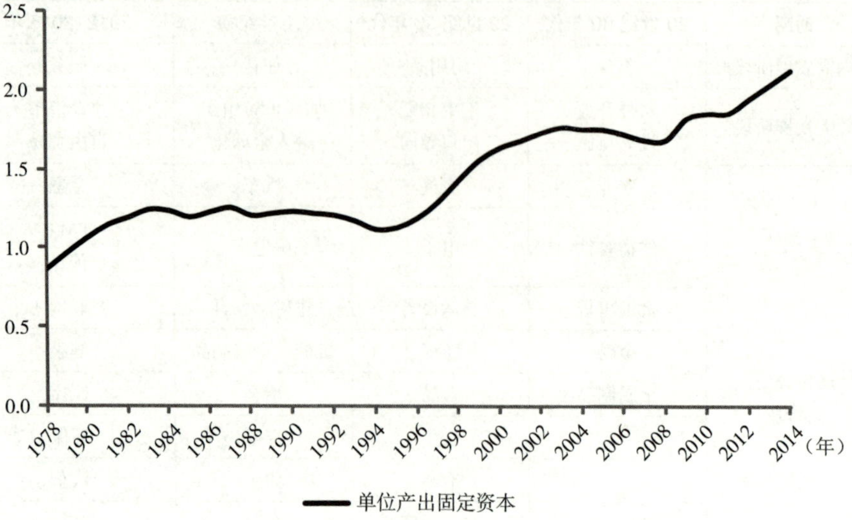

图 7.10　中国经济资本密集度

资料来源：国家统计局，中国行业景气监测数据库

近 10 年来，设备、工器具购置占城镇固定资产投资的比重平均为 21.4%，且较为稳定；占 GDP 比重为 9.8%，波动性较大。以此推算，设备资本净值相当于 GDP 规模的 41%。如果每年替换 10%，平均每年设备资本更新支出占 GDP 规模的 4.1%，占固定资本形成规模的 8.4%，占设备投资支出的 39.3%（设备产能扩张支出占设备投资支出的 60.7%）。如考虑到相关的厂房、商业地产建造活动，估计设备投资及相关的厂房和办公用房投资占固定资产投资的 1/3 左右。

目前，产能扩张和收缩因素仍主导我国设备投资周期，更新改造和产能扩张对设备投资的贡献为各 50%。未来随着资本密集度提高，经济增长潜力下降，设备扩张周期影响将减弱，设备更新周期影响将增强。

与存货相比，设备投资占 GDP 的比重相当于存货增加占 GDP 比重（2001~2014 年平均 2.16%）的 4 倍。库存调整周期短、波动大，主要对短期经济波动产生影响；设备投资周期长，主要对中长期经济波动产生影响。存货调整是设备投资的缓冲带，当经济波动超过存货变动可以应付的范畴后，会引发周期更长、规模更大的产能调整。

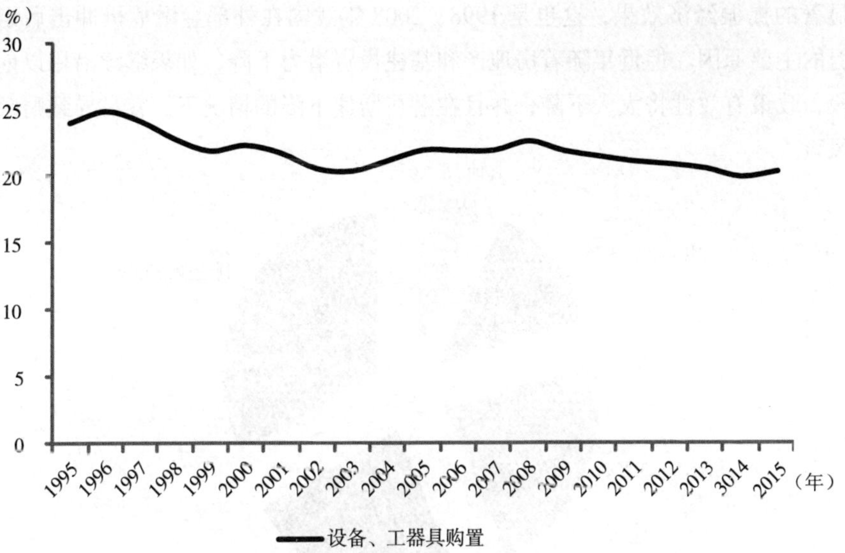

图 7.11　设备、工器具购置占比

资料来源：国家统计局，行业景气监测数据库

（三）设备投资的结构变动

近年，受劳动力成本上升、汇率升值、房地产长周期拐点出现等因素影响，我国经济结构发生了重大变化·在房地产、重化工业投资比重下降的同时，高端制造业和服务业投资比重上升；在东部投资比重下降的同时，中部投资比重上丌，在银行信贷融资比重下降的同时，以债券、股票等为主的市场性直接融资比重上升。

1. 投资的产业结构变动：房地产、重化工业下降，高端制造业和服务业上升

固定资产投资主要包括：基建、制造业、房地产和服务业，2015 年这四块占总投资的 93.3%，四大投资都存在设备购置需求。

从四大投资与经济增长的相关性看，基建投资是逆周期的，制造业投资、房地产投资和服务业投资是顺周期的。基建和房地产投资经常成为宏观调控的政策手段，制造业投资则更多地被认为是需求变动和宏观调控的结果。

从四大投资占比的趋势看，近年来，房地产投资和制造业投资占比大幅下降，服务业投资占比上升，基建投资由于逆周期宏观调控需要保持高位增长。

长期的投资比重变化是投资潜力变化的直接结果。过去我国房地产投资潜力巨大，基础设施落后，在经济低迷时通过投放货币刺激房地产和基建投资，取得

了显著的提振经济效果，这也是1998、2008年我国在外部金融危机冲击后走出衰退的主要原因。但近年随着房地产和基建投资潜力下降，如果继续沿用以前的手段，政策有效性将大大下降，并且在潜在增速下降的情况下，容易导致财政金融风险。

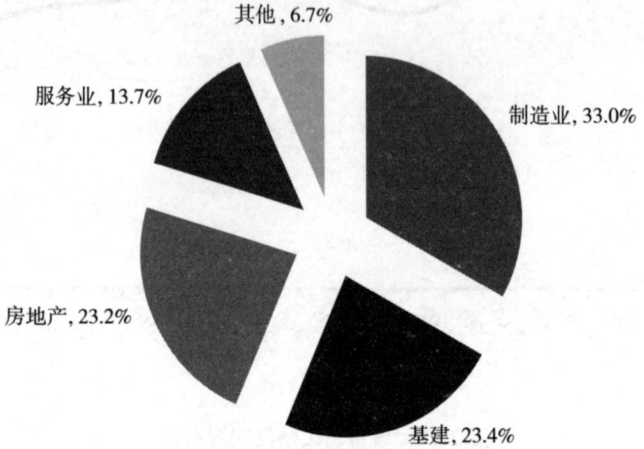

图7.12　2015年固投资产投资结构

资料来源：WIND

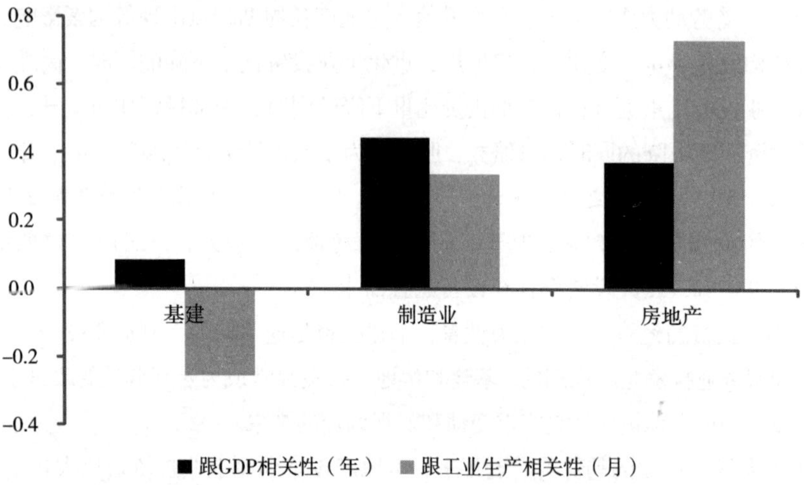

图7.13　三大投资增速与GDP、工业生产增速相关性

资料来源：WIND，作者计算

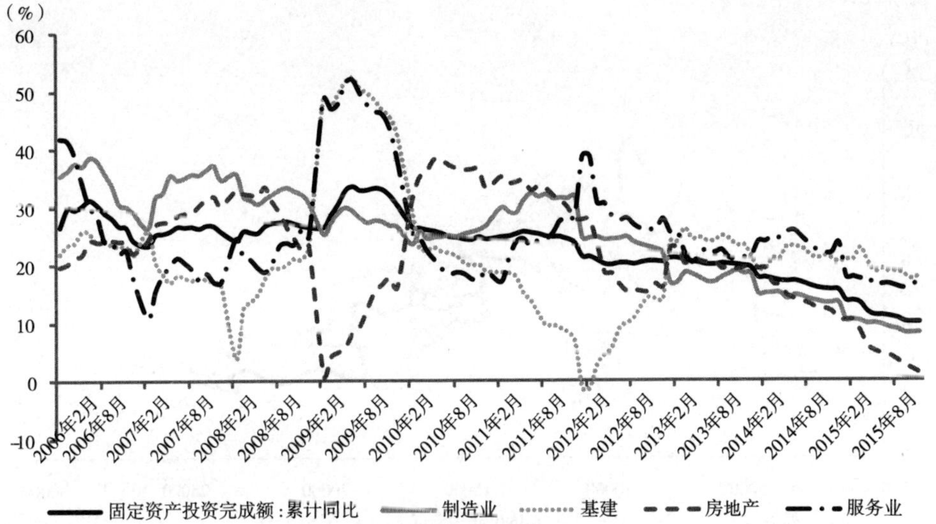

图 7.14 四大投资增速

资料来源：WIND，作者计算

宏观调控如果依靠刺激房地产投资会酝酿较大风险。基建投资和制造业投资具有生产性，而房地产投资本质是消费性的。世界各国的经验表明，如果经济转向过多地依靠房地产投资，将导致实体经济竞争力下降和资产泡沫风险。美国在20世纪八九十代，从投资结构看，主要是增加了制造业投资，降低了地产和基建投资的比重，经济表现出强大的竞争力。而2000年以后美国制造业投资占比下降，重新依赖地产投资，为次贷危机埋下隐患。日本在20世纪70年代控制了贷款增速从而降低了地产投资，通过大力发行债券支持了基建投资，但在20世纪80年代以后日本又回到了依赖信贷和地产投资的老路，最终导致20世纪90年代初的资产泡沫危机。

从产业的角度也佐证了我国基建和地产投资潜力的下降。日本、韩国等国在重工业阶段均实现了高速增长，从需求上侧看，主要依靠住行消费升级潜力释放，并带动大规模基础设施建设；从供给侧看，主要依靠劳动、土地等低成本优势驱动；从产业结构看，主要依靠重工业的高速增长。根据典型工业化国家经验，以钢铁工业为代表的重工业达到峰值时点在人均GDP 11000国际元左右。典型工业化国家钢铁行业增加值占制造业比重在人均GDP 11000国际元之前持续上升，在3000~11000国际元之间出现加速，普遍从3%左右上升到8%左右，之后持续下降到3%左右。人均GDP 11000国际元是典型工业化国家钢铁行业比重达到峰值的时点，这一规律比较稳定。

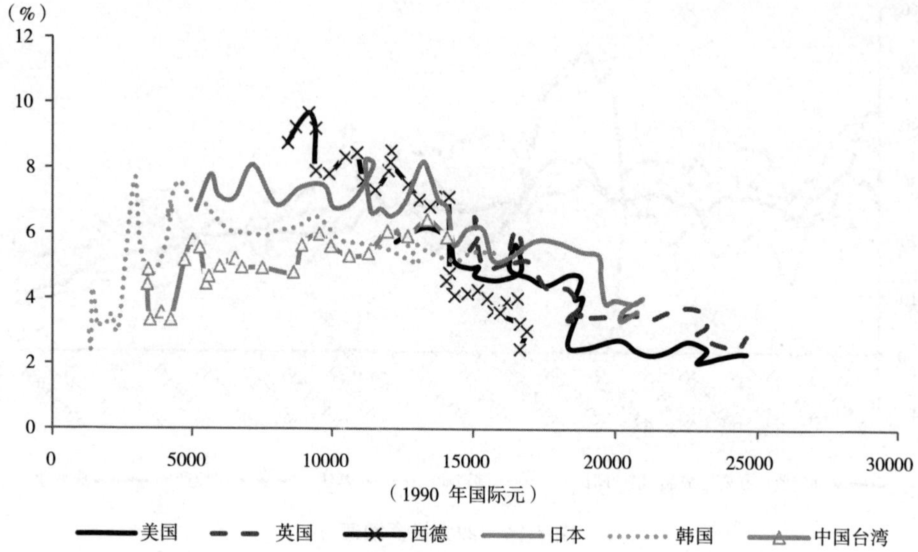

图 7.15 钢铁行业增加值占制造业比重

资料来源：数据来自联合国工业发展署（United Nation of Industrial Development Organization, UNIDO）和国务院发展研究中心数据库，由王金照研究员整理

各种迹象表明，目前我国正步入重工业阶段后期，钢铁、有色、建材等行业峰值临近。住行消费作为最后一轮物质性消费升级，过去 10 年有力地带动了地产、汽车和重化工业。但近年地产、汽车销售大不如前，粗钢产量大幅下滑，这不仅有宏观调控和周期调整的原因，还有投资潜力下降的原因。虽然我国中西部地区工业化、城镇化还有较大空间，铁路、公路、电力等一些基础性行业还有规模可观的潜力，但已经远不能跟过去 10 年相比，从增速的角度，重工业阶段的峰值临近。未来居民消费升级主要是非物质性的服务类需求，对投资的带动效应大大降低。

世界各国的数据表明，粗钢产量增速与工业化阶段密切相关，粗钢产量增速的大幅下降往往对应着工业化后期。

2008 年以后我国粗钢产量增速已经出现显著下降。2012 年以来钢铁行业出现全行业亏损，钢铁行业利润率接近 0。钢价大幅下跌，除了跟长期以来恶劣的行业结构有关之外[①]，更重要的是，随着重工业峰值临近，钢铁行业的产能过剩不仅是周期性过剩，而是趋势性过剩。

① 上游铁矿石行业高度垄断，下游钢铁冶炼行业过于分散，钢铁行业缺乏定价能力，利润集中在上游。

在工业化后期，由于我国房地产投资、基建投资和重化工业制造投资潜力下降，未来宏观调控的重点应进行调整，由过去主要依靠需求政策刺激基建和房地产投资，转向供给侧改革，并更多地依靠传统行业过剩产能出清、减税、打破垄断、放活服务业等供给侧政策，鼓励企业创新、制造业投资和居民消费，以提高政策有效性。

2. 投资的资金来源结构：信贷和非标下降，债券和股票上升

融资结构是与投资结构相匹配的，房地产投资、基建投资和重化工业投资高度依赖信贷，高端制造业和现代服务业对债券、股票等市场性融资依赖性较强。如果投资结构发生重大变化，需要金融结构做出相应调整。

专题 2　粗钢产量与工业化阶段

钢铁是现代工业中基础原材料的代表，综观世界各国工业化历程看，钢铁产量是反映工业化所处阶段的重要指标，尤其是判断工业化中后期的峰值。住行消费升级作为最后一轮物质性消费升级，无论是房地产、基础建设投资，还是汽车和机械制造，都需要钢铁的大量投入。

日韩等国经验表明，各国的粗钢产量增速基本呈现倒 U 形分布，日韩重工业化后期粗钢产量增速大幅放缓。美国、日本和韩国粗钢产量增速分别在 1935 年、1960 年及 1970 年左右见顶，而它们的重工业高峰也在此后不久结束。

21 世纪以来，随着我国经济的快速崛起，钢铁工业也进入了十年黄金发展期，粗钢产量从 2001 年的 1.5 亿吨大幅增长至 2011 年的 6.8 亿吨，年均复合增长率高达 16.3%。我国粗钢产量在世界所占比重由 2001 年的 17.8% 迅速上升至 2011 年的 45%。与此同时，世界粗钢产量也由 2001 年的 8.51 亿吨快速增加至 2011 年的 15.18 亿吨。

2012 年我国粗钢产量仅实现 3.1% 的增长，而且产能严重过剩，钢价跌回十年前，全行业亏损，这些迹象预示着我国住房消费升级和重工业峰值临近，钢铁行业格局面临长期调整。

从近年我国社会融资结构看，人民币贷款占比明显下降，表外信托贷款也大幅下降，相应的企业债、股票等直接融资占比明显上升，金融脱媒现象加快。这些融资结构上的变化是对投资结构变化的调整与适应。随着房地产、重化工业和基建投资潜力的下降，以及高端制造业和服务业投资比重的大幅

上升，当前迫切需要我国在金融结构上做出改革，大力发展债券、股票等市场性直接融资，以实现金融更好地为实体经济服务。

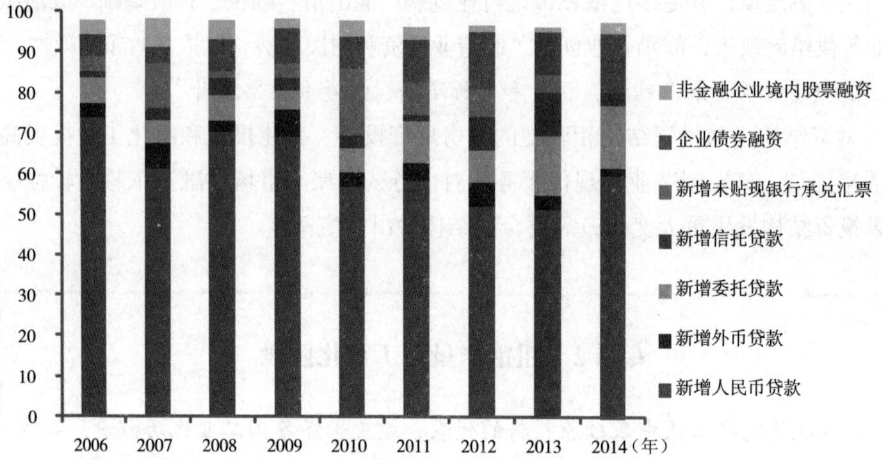

图 7.16　我国社会融资结构

资料来源：WIND

3. 投资的区域结构变动：东部下降，中西部上升

近年我国投资的地区结构发生了重大变化，2004~2015 年间，东部固定资产投资占全国比重下降，中西部上升，2014~2015 年间西部占比也开始下降，中部继续保持较快增长势头。

中部地区投资高增长主要受制造业投资驱动，中部制造业投资的高速增长主要跟产业转移有关，一方面是为了降低生产成本，保持出口竞争力；另一方面则是为了靠近需求终端，占领不断扩大的国内需求市场。从数据看，大规模的地区产业转移活动发生在 2005 年以后，中部制造业投资开始提速，比重大幅上升。需要注意的是，这种大规模的地区产业转移获得在 2012 年以后有放缓迹象。

由于地区产业转移项目主要是绿地投资，以新建产能为主，2005 年前后新建投资占固定资产投资比重大幅提升，在短短几年时间由之前的 40% 多上升到 60% 以上，相应地扩建和改建投资比重大幅下降。

2005 年前后是我国劳动力工资水平加快上涨和人民币汇率加快升值的重要转折点。随着劳动力供求格局的改变，我国劳动力成本大幅上升，低端劳动力工资涨幅尤为明显，2005 年以后制造业工资水平出现加速上涨态势。有关研究认为，以民工荒为标志，2005 年前后我国刘易斯拐点已经到来。

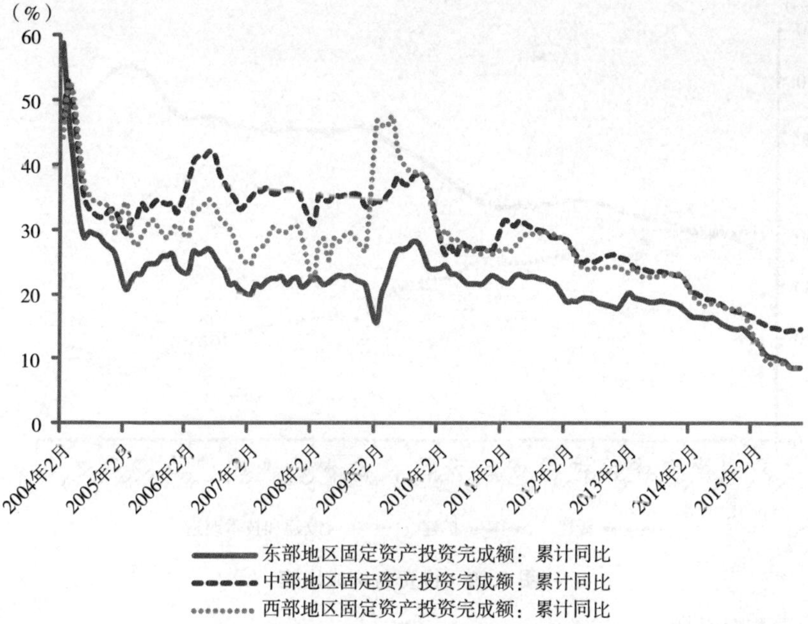

图 7.17　东中西部固定资产投资增速

资料来源：WIND

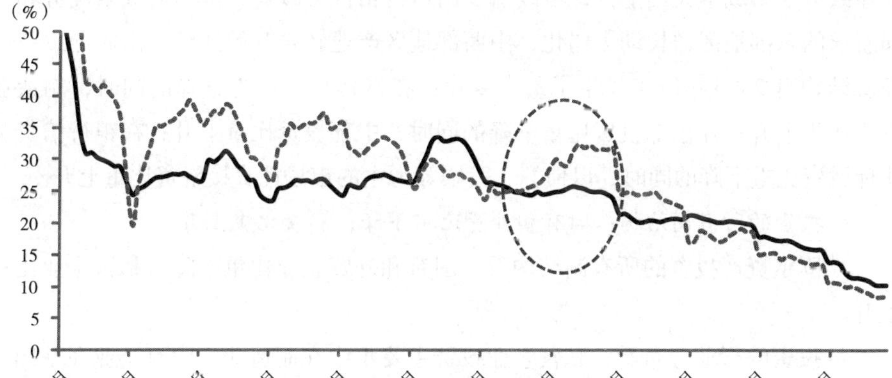

图 7.18　制造业投资增速

资料来源：WIND，作者计算

自 2005 年人民币汇率形成机制改革以来，人民币汇率大幅上升，我国出口价格优势减弱。

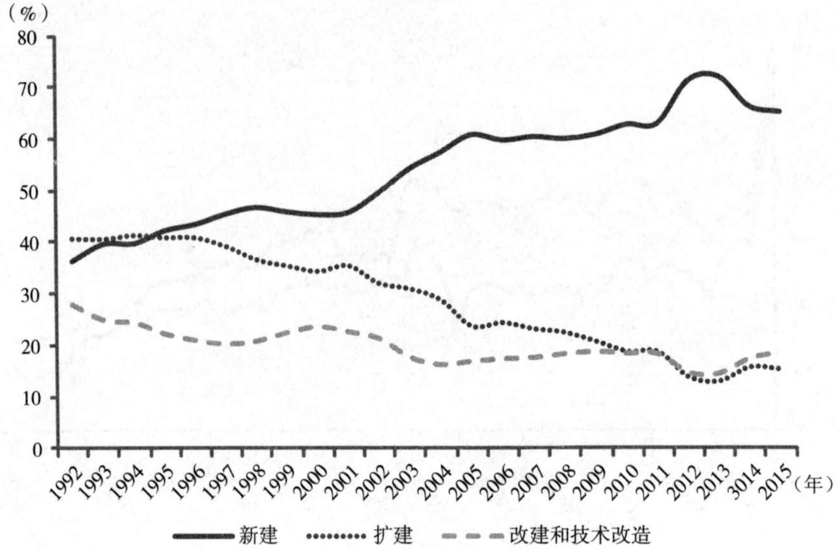

图 7.19　投资各构成增速

资料来源：WIND

由此可见，2005 年是我国经济发展阶段的一个重要转折点，刘易斯拐点的到来导致劳动力成本大幅上升，汇改引发出口价格优势减弱，依靠低成本优势和外部需求的东部地区增长动力弱化，中西部地区产业转移开始活跃。由此导致我国经济结构自 2005 年以来发生了重大变化：在基建投资比重下降的同时，制造业投资比重上升；在东部投资比重下降的同时，中部投资比重上升；在银行信贷和非标融资比重下降的同时，以债券、股票等为主的市场性直接融资比重上升。

4. 投资的所有制结构：国有和外资比重下降，私营比重上升

从固定资产投资的所有制结构看，国有和外资企业比重下降，私营企业比重上升。

从投资的行业分布看，私营企业投资主要集中在制造业，国有企业在基础行业和服务业领域比重较大。在我国各产业部门中，服务业的行政垄断现象非常严重，广泛存在着各种行政管制和准入壁垒。2014 年国有企业投资占比超过 2/3 的大类行业中，除电力、热力和水的生产供应业外，其余都是服务业。

如果说上一轮国企改革主要是打破了制造业领域的垄断，成就了过去 10 年的黄金增长和我国制造业大国地位的话，那么，这一轮国企改革的重点应是打破服务业领域的垄断，促进服务业发展，实现发展阶段转换。在工业化后期，经济

增长动力需要由主要依靠投资和出口转向消费、投资和出口共同驱动，产业结构需要由重工业为主升级到由高端制造业、服务业为主。生产性服务业的发展对制造业的升级具有至关重要的作用，消费性服务业的发展有利于扩大消费。

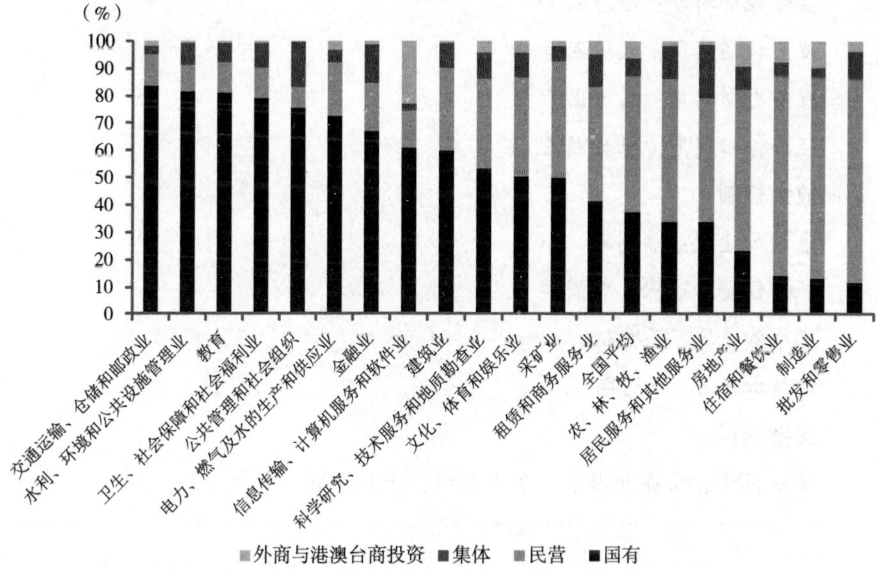

图 7.20　2014 年各行业我国固定资产投资的所有制结构

资料来源：《2014 年我国统计年鉴》

专题 4　总结：设备投资周期的经济特征

长度和振幅

平均长度 10 年左右，存在逢二触底、逢八登顶的“二八现象”，在增速换挡期有所弱化。存量设备资本净值占 GDP 比重的 41%。每年设备投资占 GDP 比重的 10% 左右，占固定资产投资的 20% 左右，加上相关的厂房和办公用房建设，占固定资产投资的 1/3 左右。振幅可能很大，对经济影响广泛、深远。

近年投资结构巨变：房地产、重化工业投资比重下降，高端制造业和服务业投资比重上升；东部比重下降，中部比重上升；银行信贷融资比重下降，债券、股票等直接融资比重上升。

（续表）

驱动因素

太阳活动周期：自然因素

实际经济周期：经济因素

政府换届周期：政治因素

设备更新周期：自身因素

经济信心周期：社会因素

放大机制

乘数加速数：顺周期

抵押信贷加速器：顺周期

货币加速器：顺周期

情绪加速器：顺周期

关键指标

设备投资、设备利用率、企业利润、产业升级

第八章　中国存货周期研究

导语：存货在微观上是连接企业生产与市场需求之间的缓冲带，在宏观上是连接生产侧和需求侧经济增长形势的平衡项。存货波动主要受需求预期和通胀预期驱动。存货占 GDP 比重小，但波动性大，是引发短期经济波动的重要原因；存货变动是造成生产侧与需求侧不同步的主要因素。这在 2008~2009 年、2010~2011 年表现得尤为明显。近年随着人口、房地产等长周期性力量启动，存货周期对经济形势的影响趋弱，表现为“去库长，补库短”。

一、存货调整影响经济波动的主要机制

（一）存货的界定

存货 (Inventory)，也称库存，是指企业或商家在日常活动中持有以备出售的原料或产品、处在生产过程中的在产品、在生产过程或提供劳务过程中耗用的材料、物料、销售存仓等。存货区别于固定资产等非流动资产的最基本的特征是，企业持有存货的最终的目的是出售，不论是可供直接销售，如企业的产成品、商品等，还是需经过进一步加工后才能出售，如原材料等。

根据存在的形态，存货包括原材料、在产品、半成品、产成品、商品、周转材料等，原材料存货相对领先于产成品存货；根据企业经营性质，存款包括采掘业存货、制造业存货、商贸流动企业存货以及企业行业存货等。

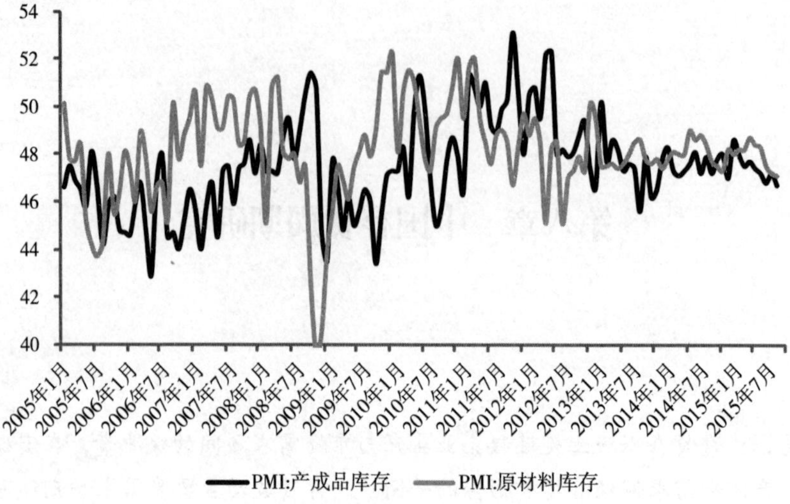

图 8.1 原材料库存领先于产成品库存

资料来源：WIND

注：PMI 指数（Purchasing Manager's Index），为采购经济指数，PMI 指数 50 为荣枯分水线。

（二）存货波动主要受需求预期和通胀预期驱动

存货在微观上是连接企业生产与市场需求之间的缓冲带，在宏观上是连接生产侧和需求侧经济增长形势的平衡项。存货变动既可能是企业基于预期的主动调整，也可能是由于判断失当而造成的被动积累。一轮完整的补库去库周期平均 3 年左右，但是自 2010 年经济增速换挡以来，在经济长期趋势性放缓压力下，存货周期形态发生改变，“去库长、补库短”，库存对经济波动的影响越来越微弱，逐步让位于人口周期、房地产周期等势大力沉的长周期。因此，可以得出一个基本结论，在人口、地产等决定经济潜在增长率的长周期性力量不变时，存货短周期调整对经济波动影响较大，比如 1992~2010 年；但是，一旦长周期趋势性力量启动，存货短周期调整对经济波动的影响趋弱，比如 2014~2015 年。

2001~2014 年存货增加占 GDP 比重平均为 2.16%。库存调整周期短、波动大，主要对短期经济波动产生影响；设备投资周期长，主要对中长期经济波动产生影响。存货调整是设备投资的缓冲带，当经济波动超过存货变动可以应付的范畴后，会引发周期更长、规模更大的产能调整。

企业补库和去库行为主要受需求预期和通胀预期驱动。存货变动是导致市场经济国家短期经济波动的主要原因，企业为了平滑生产销售的季节性波动、规避原材料价格上涨风险以及在价格波动中获利，均需要进行存货调整，它是企业在市场竞争中的自主行为。随着我国市场经济体制的不断完善，具有“顺周期”特点的企业存货调整活动将日益成为经济波动的放大器。为此我们要正确看待存货变动现象，加强对我国库存调整周期特点及其影响机制的研究和认识。对于宏观调控而言，可采取“逆周期”的思路，并对受通胀预期和增长预期推动的两种库存增加要有所区别，适当引导。

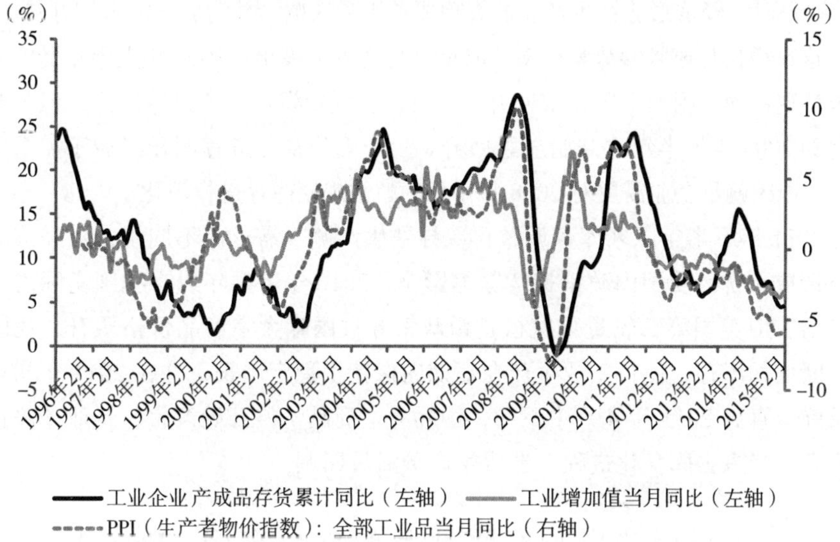

图 8.2　存货波动主要受需求预期和通胀预期驱动

资料来源：WIND

（三）存货占 GDP 比重小，但波动性大，是引发短期经济波动的重要原因

存货变动虽然占我国 GDP 的比重较小，但是由于其波动性极大，对经济的平稳运行容易形成较大冲击，尤其是在通胀预期与增长预期复杂多变的时期。这在 2008~2009 年、2010~2011 年表现得尤为明显（见后文案例）。

可以说，存货变动对经济波动的影响是典型的“块头小、能量大”，这在国内外均是如此，因此经济周期理论把短期波动主要归因于存货变动。存货变动既可以成为经济波动的稳定器，也可能成为经济波动的放大器。当前国内外形势复杂多变，应对企业的库存调整给予更多的关注，合理引导，防止存货变动对我国经济平稳运行形成较大冲击。

（四）存货变动是造成生产侧与需求侧不同步的主要因素

存货调整是导致生产侧和需求侧不同步、干扰经济形势判断的主要因素。当企业处于增加库存阶段时，经济形势在生产侧的表现要好于需求侧，但如果缺乏实际需求支撑，生产侧会存在虚火，并滞后于需求侧回落。同样，当企业处于去库存阶段时，经济形势在生产侧的表现要差于需求侧，并滞后于需求侧好转。

这在增长与通胀形势复杂多变时期表现得尤为突出。2009 年上半年受四万亿刺激计划带动，国内实际需求回升立竿见影，固定资产投资迅速反弹，但工业生产直到 2009 年下半年才开始显著回升。生产侧的复苏进程明显滞后于需求侧，其主要原因就是企业需要对 2008 年累积的超常规模库存进行消化。

2011 年下半年以来库存调整再次导致生产侧与需求侧不同步，对经济形势判断造成干扰。受国内政策持续紧缩影响，2010 年下半年以来我国实际需求稳步回落，但美国第二轮量化宽松货币政策导致国际大宗商品价格飙升，我国企业不断增加库存，使得工业生产在短期内保持了稳定增长，并在 2011 年初有小幅反弹。直到 2011 年 4 月中下旬，国际大宗商品价格开始调整，企业才停止增加库存并步入去库存化进程，造成生产侧滞后回调。

二、存货调整影响经济波动的典型案例：2008~2009 年，2010~2011 年

（一）2008~2009 年存货大幅调整引发经济大幅波动，并对宏观经济形势判断形成严重干扰

2008 年金融危机前后，我国企业库存大幅波动，对宏观经济波动起到了明显的放大作用。2008 年上半年，我国通胀压力增强而经济增长下降，受国际大宗商品价格持续上涨影响，企业不断增加原材料库存，但是由于缺乏市场需求支撑，最终被动转化为产成品库存。2008 年 1~8 月规模以上工业企业产成品库存达到 28.5%，创下自 1996 年以来的历史高位。这在很大程度上造成了 2008 年下半年企业生产活动的被动局面，并随后引起了广泛的“去库存化”活动，企业为消化库存，大幅削减生产规模，放大了金融危机对我国的冲击，恶化了

宏观经济形势。

2008 年下半年至 2009 年上半年的企业“去库存化”活动，使得我国宏观调控政策于 2009 年初未能在刺激经济增长方面取得预期效果，这对宏观形势判断和宏观调控造成一定干扰。2009 年一季度，我国 GDP 增长只有 6.1%，但是经济形势在需求侧表现得要比生产侧强劲很多，呈现“需求被盗”的假象，而罪魁祸首正是存货变动。2009 年 1~2 月、1~8 月规模以上工业企业产成品存货累计同比增长 11.7%、-0.8%，分别比上年同期下降了 10 和 29 个百分点。全社会存货变动在 2009 年一季度和上半年对 GDP 表现出显著的负拉动，分别为 -4.0 和 -1.7 个百分点。如果没有存货变动因素，2009 年一季度 GDP 增长将在 10% 以上。

（二）2010~2011 年调整预期引发的补库行为缺少需求支撑，随后大幅回落

2010 年下半年我国企业产成品库存大幅上升，但社会总需求正稳步回落。主要由通胀预期带来的库存增加将在未来造成经济回调压力，放大经济波动，尤其是在 2011 年二、三季度与物价上涨态势碰头，造成宏观调控的松紧两难选择。

（1）2011 年一季度企业产成品库存大幅增加，3 月接近历史高位。2010 年下半年以来，受美国量化宽松货币政策和中东、北非地缘政治影响，国际大宗商品价格大幅上涨，我国通胀预期明显上升。企业在 2010 年下半年开始增加原材料库存，但是由于社会总需求有所回落，2015 年一季度企业产成品库存被动大幅增加。

根据国家统计局数据，2011 年 1~3 月规模以上工业企业产成品库存累计同比增速从上年底的 11% 迅速攀升至 23.1%，超过 2007 年的水平，创下自 2009 年以来的高位；根据商务部数据，流通企业耐用品库存指数在 2011 年 3 月迅速攀升至 257.6，大幅超过上年同期和上年全年水平；根据中国物流与企业联合会数据，2011 年 3 月 PMI 产成品库存指数迅速攀升至 51.3，接近 2005 年以来的历史最高点。需要说明的是，每年的 1~2 月由于春节因素，企业停工和市场需求旺盛，往往是库存的低谷，因此企业的产成品库存增加在 2011 年 1~2 月被暂时掩盖，在 3 月份集中显现出来。

（2）企业产成品库存增加主要受通胀预期推动，市场需求支撑不足。2010 年以来我国总需求稳步回落。从 2010 年下半年开始，随着宏观调控政策从刺激状

态向正常状态回归，社会总需求也开始从超高速增长向正常增长回调。2011 年一季度，我国三大需求实际增速比上年同期和全年均有不同程度回落。从政策环境来看，当前正值我国治理通胀的关键时期，宏观调控不太可能在货币政策上有较大放松，社会总需求在近期不会明显增加。

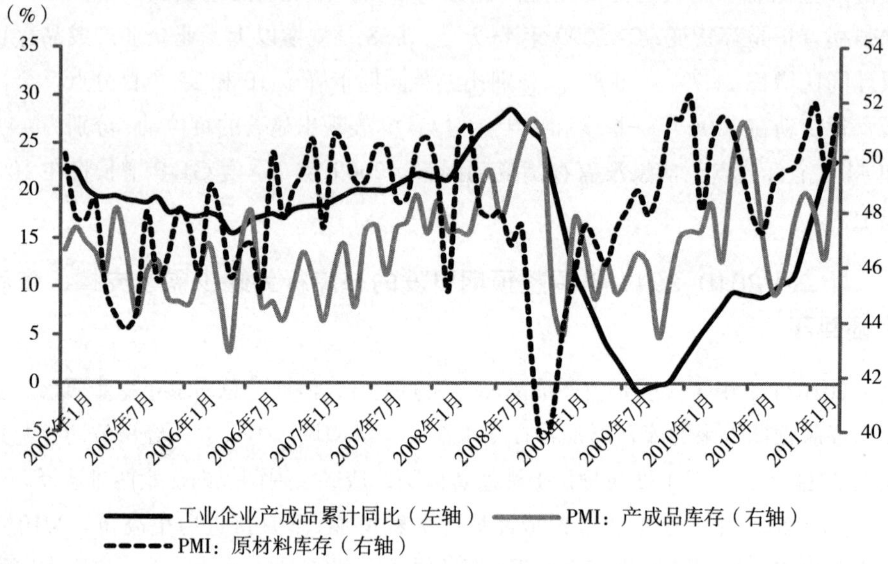

图 8.3　2010~2011 年我国企业产成品库存大幅上升

资料来源：国家统计局，商务部，中国物流与企业联合会

因此，此轮企业产成品库存的大幅上升主要是受通胀预期推动，而市场需求支撑不足。一般来说，缺乏需求配合的企业库存增加及其带来的生产活动不具有可持续性。超过合理水平的被动产成品库存积累，一方面将挤占企业流动资金，影响企业效益；另一方面可能将在随后引发去库存化活动，压缩企业生产规模，造成经济回调压力，放大经济波动。

根据历史经验，我国企业库存调整周期为 2~4 个季度。如果从 2010 年下半年算起，我国此轮库存增加正在接近尾声。在需求低迷背景下，企业以减缓生产活动来消化此前积累的原材料和产成品库存，并在 2011 年下半年以后对我国经济增长产生负面影响。

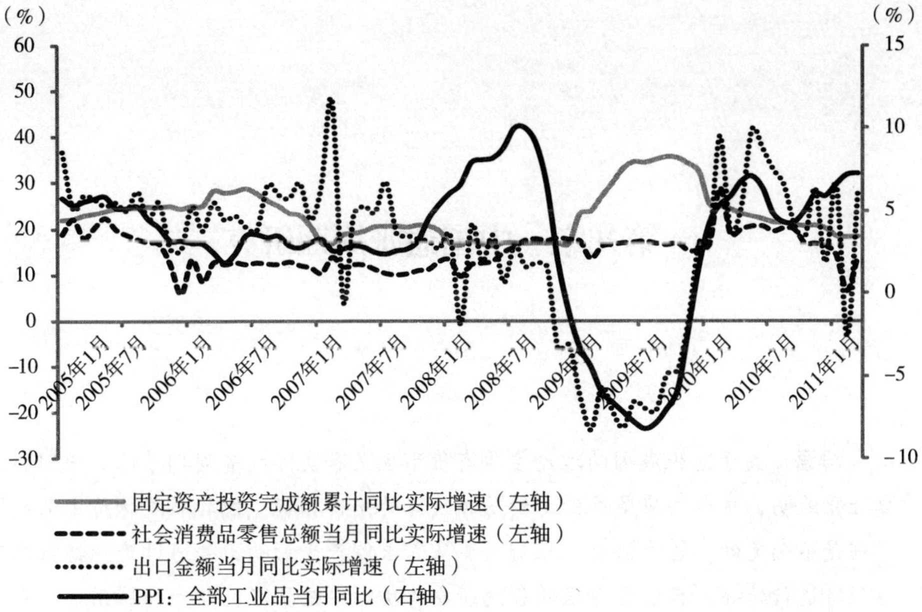

图 8.4　2010~2011 年需求平稳，而通胀水平明显上升

数据来源：根据国家统计局数据测算

第九章　中国通胀周期研究

导语：关于通胀成因的理论主要有货币主义和实际经济周期学派。中国的历史经验表明，货币供应是物价变动趋势较好的先行指标，但其引发物价上涨的幅度则是不确定的。货币供应在短期主要从需求侧产生影响，并通过产业链条向实体经济进行传导，其引发通胀的程度还要取决于供给状况，即产能利用率、产出缺口情况。判断未来的通胀形势应该采取“综合派”的观点：一看当前的货币供应对短期需求的冲击程度；二看当前供求状况，包括总量产出缺口和分行业的结构产出缺口；三看国外大宗商品走势、美元汇率等；四看短期的基数因素、季节因素、天气因素等。

通货膨胀理论包括货币主义，实际经济周期、预期理论等。通货膨胀类型包括货币冲击型、需求冲击型、成本推动型、输入型等类型，本章重点讨论通货膨胀的性质、成因、趋势与治理。

一、通货膨胀的性质与形成原理

在对通货膨胀的性质认识和形势判断方面，有两个核心问题历来存在争论：通货膨胀是货币现象还是价格现象？货币供应和产能过剩究竟谁起主导作用？

（一）通货膨胀的性质：信用货币出现以后，人类主动创造货币和改变物价变动的能力大大增强

通货膨胀有两个经典却有区别的定义，在“价格学派”那里定义为价格总水平的普遍持续上涨；在“货币学派”那里定义为流通中的货币超过了实际需求量，

过多的货币追逐过少的商品。

那么通货膨胀究竟是价格现象还是货币现象？在人类社会发展历史上，货币存在与价格现象之间的关系经历了三个阶段：

第一个阶段，无货币阶段。人类社会起初既无货币存在，也无价格现象。

第二个阶段，实物货币阶段。当商品交换出现以后，货币存在和价格现象同时出现。货币作为从一般商品中分离出来的特殊商品，其作为商品价值的供求和作为交换媒介的供求发生了分离，而货币作为交换媒介的供求与一般商品的供求是一体的。商品流通与货币流通是一个事物的两个方面，商品因需求超过供给而价格普遍上涨的过程也就是货币供应超过需求而持续贬值的过程。

第三个阶段，信用货币阶段。当信用货币出现以后，货币的交换媒介功能与其自身的使用价值发生了分离，货币仅仅作为交换媒介而存在。人类主动创造货币的能力大大增强，使得人类改变价格变动的能力也大大增强。这时货币供应与自然灾害、消费升级、技术进步等一起成为影响商品供求进而影响商品价格变动的重要因素。

（二）通货膨胀的形成原理和传导机制：MV → Q → P

供求是影响价格的两个根本因素，货币供应、自然灾害、消费升级、技术进步等则通过影响供求来影响价格。导致通货膨胀出现的主要因素有：货币供应

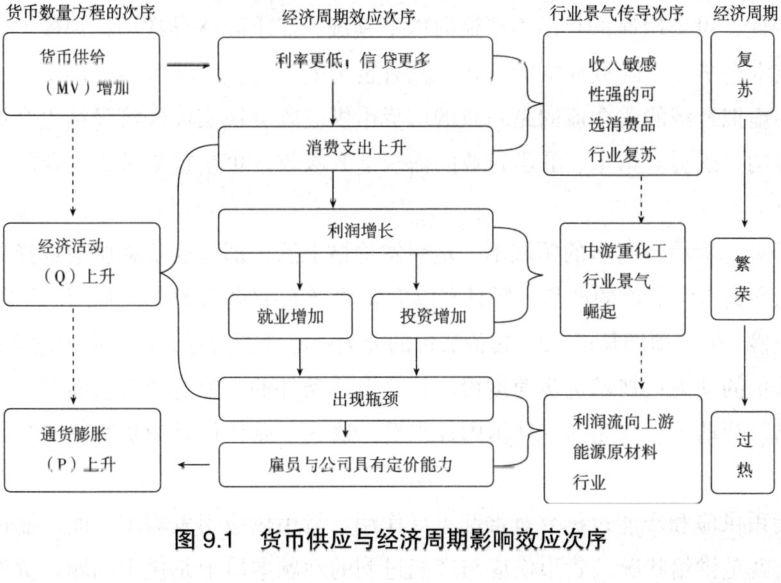

图 9.1 货币供应与经济周期影响效应次序

持续快速增加，自然灾害使得生产周期长的农产品供给短缺，消费升级使得瓶颈产品供求长期紧张，资源能源、土地、农产品等技术进步慢、供给弹性小的商品生产者获取平均利润的诉求等，这些因素能够对价格产生持续性的冲击，并广泛传播。

货币供应会流向哪里？根据货币数量方程式（交易方程式）MV=QP，新增的货币供应量 M 会通过三种途径被吸收掉：货币流通速度 V 的下降、交易量 Q 的上升和价格 P 的上涨。

一般来说，货币刺激（货币供给 M 增加，或货币流通速度 V 提高）最初提高经济生产交易活动 Q，后期则引发价格 P 上涨：MV → Q → P。

从动力机制来看，消费用途的货币追逐效用，投资用途的货币追逐利润。根据利润方程式：利润 = 销量 ×（价格 – 成本）/ 成本，R=M × (P–C)/C，企业有三种方式获取利润：扩大规模 M、降低成本 P 和提高价格 C，根据盈利方式不同可以分为三类行业：第Ⅰ类，扩大规模盈利型行业，汽车、家电、纺织等成熟行业主要依靠扩大生产销售规模 M；第Ⅱ类，降低成本盈利型行业，通信电子设备、信息软件技术等成长性行业主要依靠技术进步降低成本 C；第Ⅲ类，提高价格盈利型行业，资源、能源、土地、农产品等既无法快速地大规模提高产量，也很难在技术进步方面赶上工业品领域，因此只能靠涨价 P 赚取利润。另外，在股票市场、房地产市场等资产市场，由于供给短期很难提高，主要靠资产价格 P 上涨。

因此，投资用途的货币主要流向以下领域：需求旺盛导致销售规模上升的行业、技术进步可以降低成本的行业、具有定价能力且供求状况良好的行业。实体经济与虚拟经济的资金流向是一致的。货币供应既会被实体经济吸纳也会被虚拟经济吸纳，既会被第Ⅰ、Ⅱ类行业的需求上升吸收，也会被第Ⅲ类行业的价格上涨吸收。

可见，货币流向多的领域不一定引发价格上涨，那么通货膨胀会选择哪些领域作为突破口？涨价的产品一般具有以下属性：（1）具备涨价的条件：供给弹性小、需求旺盛、生产周期长；（2）具备涨价的能力：定价能力强，行业集中度高；（3）具有涨价的动力：技术进步速度慢。符合上述条件的主要是资源、能源、土地、农产品、劳动力、食品等。从国内外来看，这些产品往往是通货膨胀的初始激发因子。

货币供应和产能过剩究竟谁起主导作用？货币供应引发需求，而产能过剩状况其实就是供给状况，货币供应与产能过剩的问题本质上是供求问题，货币供应所引发的需求上升能否导致通胀，要看供求的博弈权衡。

二、中国通货膨胀的历史经验

（一）通货膨胀取决于货币供应还是产出缺口

当我们要判断通胀形势时，有两种典型的逻辑：

（1）一种逻辑是从货币的角度，认为票子发多了很快会导致通胀。这种观点的逻辑是货币主义的，认为"通货膨胀在任何时候、任何地方都是一种货币现象"。货币学派通过观测货币供应量方面的指标来预测通货膨胀，如 M1、M0、信贷投放等。

但是货币主义在国内外都有很多反面例子，尤其在预判通货膨胀的幅度方面。即使在美国，M1 也是通货膨胀的一个蹩脚的领先指标，指标信号错误百出，这一点为美国的经济学家经常指出。在美国，1980 年以前 M1 对 CPI 的领先迹象比较明显，但是近 30 年以来，二者的先行滞后关系很不显著。1980 年是美国经济结构的重要转折点，1980 年美国经济完成了重化工的发展阶段，向信息产业和服务业时代转型，煤电油运等传统的瓶颈部门已经不再构成瓶颈约束，货币供应不再直接通过瓶颈部门对实体经济产生直接影响，而主要通过大宗商品和虚拟经济产生间接影响，因此 M1 向实体经济和 CPI 的影响方式和传导机制发生了根本性的改变。

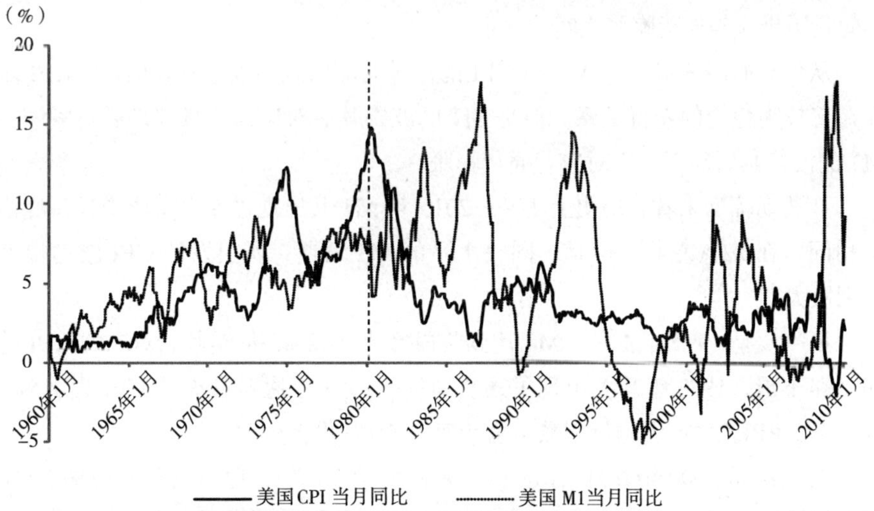

图 9.2　美国的 M1 和 CPI 关系：1960~2010 年

资料来源：WIND

对于由多种因素决定的通胀现象，采取过于简单化的逻辑来进行推断预测显然存在着很大风险，而据此进行宏观调控政策的制定则风险更大。

（2）另一种逻辑是从供求的角度，认为严重的产能过剩会对通胀产生强有力的抑制作用，产能利用率饱和时的需求冲击容易触发通胀。这种观点的逻辑是实际经济周期学派的，把通货膨胀看成实体经济中的供求不平衡所致，观测指标有产能利用率、产出缺口、部门生产率等。

同样，实际经济周期学派也无法解释很多现实问题，比如产能严重过剩的时期也会产生通胀，比如 2010 年。

总体来看，几百年来，国内外关于通胀成因的争论一直存在，目前尚没有一个令人满意的具有普适性的理论，已有的理论在解释现实问题时都存在这样或那样的缺陷。总之，对于多种因素决定的通货膨胀现象在采用单一逻辑进行预测时经常面临风险。

（二）中国的历史经验：货币供应是物价变动趋势较好的先行指标，但其引发物价上涨的幅度则是不确定的

考虑到 20 世纪 80 年代末 90 年代初中国宏观经济环境与现在相比发生了根本性的变化，短缺经济与过剩经济下的通胀形成条件有很大不同，过剩经济条件下物价对货币冲击的承受能力明显增强，因此，本章重点比较 1996~2015 年这 20 年间货币供应与通货膨胀之间的关系。

从传导时滞来看，从 M1 到 CPI 的传导时滞大致为 6 个月，M1 与 CPI 之间存在着较为稳定的先行关系。但是 M1 的波谷其后对应的一般都是通货紧缩，而 M1 的波峰其后却不一定对应着通货膨胀。

从波动幅度来看，历史上 1996~2015 年 M1 共出现过 5 次高速增长，峰值基本相同，在 22% 左右，但是，同一水平的 M1 增速，所引发的 CPI 波动幅度却差别极大。

第一次是 1997 年 1 月，M1 达到阶段峰值 22.2%，但是其后对应的 CPI 趋势却一路下滑，1998 年甚至出现了通货紧缩，1998 年通缩最深处 CPI 为 1.5%（9 月份），PPI（生产者物价指数）为 5.7%（10 月份）；

第二次是 2000 年 6 月，M1 达到阶段峰值 23.7%，但是其后对应的 2001 年 CPI 却始终在 2% 以下，2001 年 5 月 CPI 仅达到 1.7% 的峰值。

第三次是 2003 年 6 月，M1 达到阶段峰值 20.2%，其后对应的是 2004 年的温

和通胀，2004年8月CPI峰值达到5.3%，10月PPI峰值达到8.4%。

第四次是2007年8月，M1达到阶段峰值22.8%，其后对应的是较高的通胀水平，2008年2月CPI峰值达到8.7%，8月PPI峰值达到10.1%。

第五次就是2010年1月，M1达到阶段峰值39%，2011年7月CPI峰值达到6.45%，PPI达到7.54%。

历史上的4次M1高速增长（1997、2000、2003、2007年），峰值都差不多（在20%~24%之间），但是其后却分别对应着通货紧缩、无通胀、温和通胀、较高通胀这四种差别极大的物价水平。

因此，货币供应是物价变动趋势较好的先行指标，但货币供应引发物价上涨的幅度则是不确定的。可见，拉长历史的视野，高增的货币供应并不是通货膨胀出现的充分条件，而是必要条件，货币供应能否引发通胀还要看其他条件是否具备。

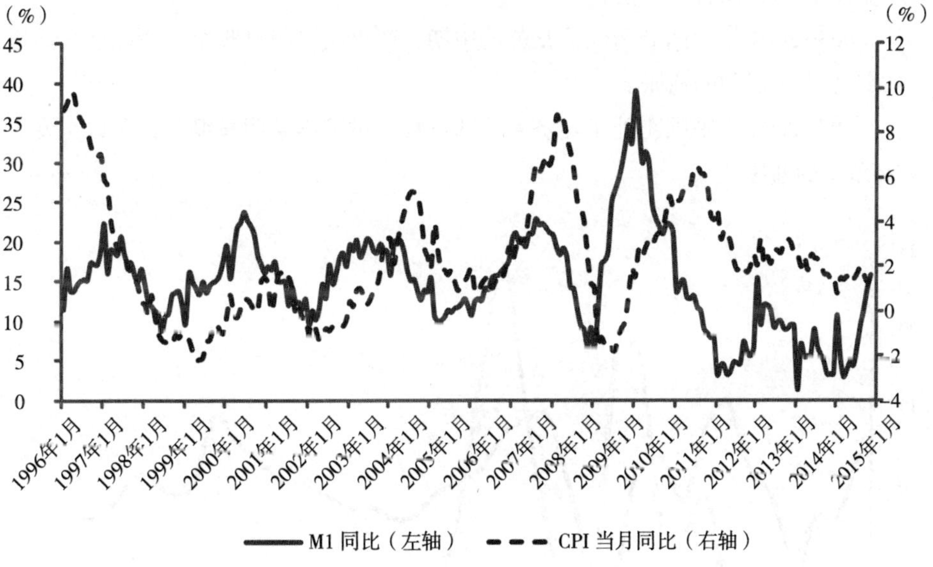

图9.3　中国的M1与CPI关系：1996~2015年

资料来源：国家统计局，人民银行

（三）货币供应和供求基本面共同影响物价运行的方向和幅度

货币供应在短期主要从需求侧产生影响，并通过产业链条向实体经济进行传导，其引发通胀的程度还要取决于供给状况，即产能利用率、产出缺口情况。

货币供应会否引发通胀及其程度，既要看总量产出缺口（实际经济增长水平离潜在增长水平有多大差距），也要看结构产出缺口（各产业的实际增长水平离潜在增长水平有多大差距）。如果是总供求的链条绷得较紧，则会引发全面通胀，如果只是部分链条绷得较紧，则会引发结构通胀。

1. 总量产出缺口与通胀水平

1996~2007 年四次高增的货币供应之所以引发了差异极大的物价水平，主要是因为四次高增的货币供应分别对应着经济周期阶段的衰退中期、复苏初期、复苏中期和经济繁荣末期，分别是在不同的经济增长水平、产出缺口和供求背景。

1997~1998 年中国正处于经济周期的下行阶段，产出缺口在低谷，所以这次高增的 M1 并没有改变物价的下行方向。

2000~2001 年中国正处于经济复苏的初始阶段，刚刚结束自 1993 年以来长期的经济不景气，产出缺口仍在低位，所以这次高增的 M1 虽然改变了物价的运行方向，但是并没有引发通胀。

2003~2004 年中国处于经济复苏的中期，产出缺口明显收窄，所以这次高增的 M1 引发了温和的通胀。

2007~2008 年中国正处于经济繁荣的波峰，供求链条明显绷紧，所以引发了较高水平的通胀。

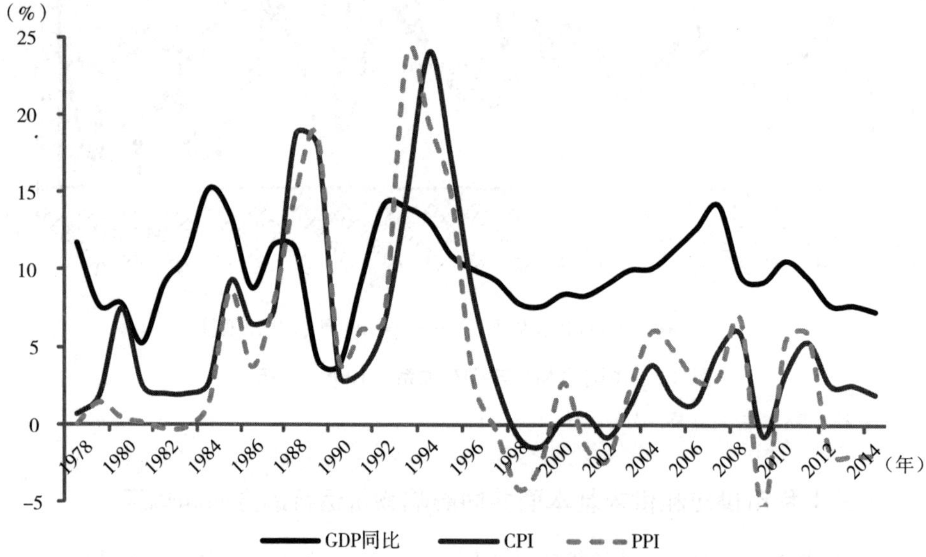

图 9.4 中国的产出缺口与通货膨胀

注：产出缺口 = 实际经济增速 - 潜在经济增速。

资料来源：国家统计局

2. 结构产出缺口与通胀水平

高增的货币供应出来以后，总要寻找突破口，货币供应引发的需求冲击程度与瓶颈部门的供给短板程度共同决定了物价的波动水平。

从结构的角度，1997~1998 年和 2000~2001 年，宏观经济经历了从 1993 年以来长达 8 年的调整和两次外部经济危机，各部门的产能都存在严重过剩，对货币供应的吸纳能力较强。

2003~2004 年，从 2001 年经济在内需带动下开始启动，内需部门的链条逐渐绷紧。

2007~2008 年，经过 2005 年以来出口的爆发式增长，外需部门的链条也已经绷紧。

通货膨胀一般会选择供给弹性小、需求弹性大的价格敏感性和成本敏感性高的行业作为突破口，比如资源、能源、土地、农产品、劳动力、食品。

第十章　汇率的决定机制与人民币展望[①]

导语：选择外汇还是持有本币，取决于保值、支付和投机需求，因此代表性汇率理论和这三种货币功能有关。代表性理论包括：保值功能—购买力平价理论，支付功能—国际收支理论，投机需求—利率平价理论。"巴拉萨—萨缪尔森效应""汇率超调理论"和"汇率的资产组合理论"等可看作前述三种理论的延伸。过去50年，最强的货币是物价最稳定的货币，其次是能长期保持贸易顺差的货币，另外，大国和国际货币发行国的货币普遍强劲。处于经济增速换挡期的国家和地区，汇率表现有三种结果：一是经济增速换挡成功，汇率升值，联邦德国、日本和中国台湾等案例显示了这一点；二是经历危机后经济增速换挡成功，汇率先贬后升，韩国案例显示了这一点；三是落入中等收入陷阱，汇率大幅贬值，墨西哥、巴西和菲律宾案例显示了这一点。人民币当前支撑和压力并存，长期取决于能否通过改革改善长期增长前景。

本章旨在研究关于汇率的以下几个关键性问题：什么决定汇率；经济增速换挡期的汇率表现；历次美国加息周期下的汇率表现；长期顺差国的汇率表现；物价稳定国的汇率表现；国际货币国的汇率表现；不同宏观环境下的汇率表现；基于以上理论和国际经验分析基础上的人民币汇率展望。

一、什么决定汇率：理论视角

汇率是两国货币的相对价格，选择外汇还是持有本币，取决于保值、支付和投机需求。因此汇率的主要理论包括：保值功能—购买力平价理论，"支付功能"—国际收支理论，投机需求—利率平价理论。

购买力平价理论——反映外汇的保值功能。

① 本章由任泽平、熊义朋合著。

208

纸币体系下，央行可以随心所欲，因而货币的购买力至关重要，这就诞生了最早的汇率决定理论：购买力平价理论。该理论认为，两国货币购买力决定了汇率，购买力变动（两国的相对通胀率）决定了汇率变动。前者是绝对购买力平价理论，后者是相对购买力平价理论。

国际收支理论——反映外汇的对外支付功能。

经历了通胀之苦后，各国央行逐渐变得“克制”，物价变动越来越小，购买力平价理论对于中短期汇率波动的解释力下降。此时外汇市场供求力量成为关注焦点，外汇买卖有两个原因：贸易和投机。人们发现，贸易顺差容易导致一国货币升值，贸易逆差则导致货币贬值，因而国际收支理论诞生。该理论认为，汇率取决于一国的出口和进口，出口取决于外需、两国相对价格，进口取决于内需、两国相对价格，即两国相对收入和通胀率决定了汇率。

利率平价理论——反映外汇的投机功能。

外汇交易中很大部分是“投机”行为，而投机行为更关注利率，这就诞生了利率平价。该理论认为一笔资金投在两国，最后收益率应该相同。利率平价理论分为套补的利率平价和非套补的利率平价。前者含义是汇率的远期升水率等于两国利差，后者认为预期的汇率变动等于两国利差，可见其差别在于是否在远期市场做抛补动作。

其他汇率理论主要在上述三种理论基础上做延伸，代表性的理论有：

“巴拉萨—萨缪尔森效应”表明，经济增速越快的国家，可贸易部门工资水平越高，并带动整体物价水平上升，从而引起实际汇率升值。这是购买力平价的一种延伸。

“汇率超调理论”认为，贸易失衡需要其中一国商品变贵来解决，物价和汇率都可以实现这个目的，但由于物价调整缓慢，汇率调整迅速，因而外部冲击出现后，短期内会通过汇率超调的方式来吸收冲击。这是国际收支理论的一种延伸。

“汇率的资产组合理论”认为，持有外国货币不仅应该关心利率，还要关注风险。这是对利率平价理论的一种延伸。

综合上述理论，汇率的影响因素包括：两国相对通胀率、贸易差额、两国利差（或货币政策）、两国经济增速和风险因素等。

一种流行的误解是，用一国因素来解释汇率波动，例如美国加息，所以美元升值。事实上，美国过去五次加息周期，只有两次带来美元升值周期。主要原因是美国加息过程中，其他国家是否加息，加息力度如何。

从购买力平价来看，当前中国物价稳定，CPI 略高于美国，PPI 低于美国。从国际收支来看，中国长期保持贸易顺差，当前顺差占 GDP 比重虽然减少，但依然保持较高顺差额；从利率平价来看，中国利率水平明显高于“零利率”的发达国家。

从“巴拉萨—萨缪尔森效应”来看，中国经济增速仍然快于大多数经济体，从汇率超调理论来看，当前经济下滑和美元升值双重压力下，资本流出规模和人民币贬值预期可能会“超调”，从资产组合理论来看，鉴于中国经济风险在增加，人民币确实面临负面压力。

综合来看，依据代表性的汇率决定理论，在没有大的风险因素出现的情况下，人民币汇率总体是有支撑的。因此，决定未来人民币汇率的关键，要看对中国经济增长前景的预期，以及有没有大的风险事件爆发，比如经济危机或高通胀。

二、经济增速换挡期的汇率表现

当前中国正处于经济增速换挡期。历史来看，经济增速换挡期的经济体，货币表现如何？

（一）日本增速换挡期：汇率升值

日本经济增速换挡期发生在 1968~1978 年间。日本 1951~1973 年间开启经济高速追赶，实现了 23 年年均 9.3% 的增长，1974~1991 年的 18 年间实现了年均 3.7% 的增长，属于中速增长阶段。

图 10.1 和图 10.2 显示换挡期间的日本 GDP 增速和日元汇率的表现（用名义

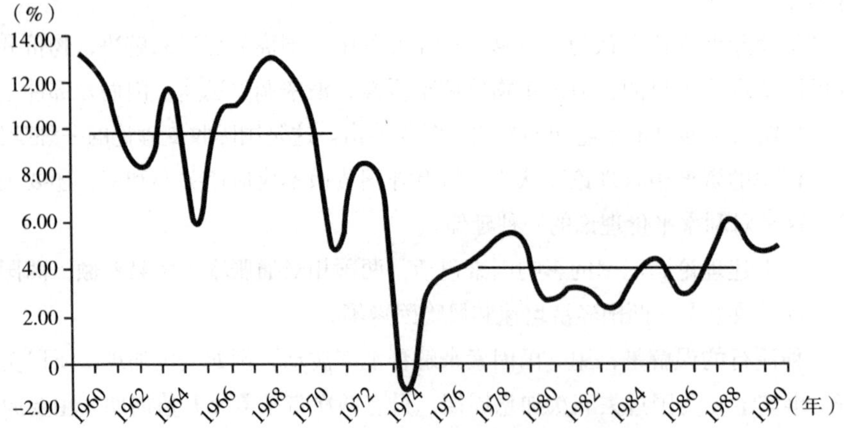

图 10.1　日本经济增速换挡期 GDP 增速

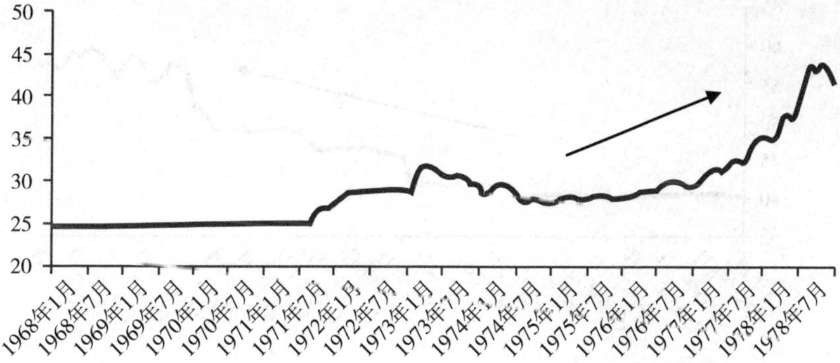

图 10.2 日本换挡期（1985~1993 年）的名义有效汇率（2010 年 =100）

数据来源：WIND

有效汇率而非美元兑日元汇率，是为了避免受到美元周期的过度影响），可见，期间日本经济增速虽然下台阶，但日元仍表现强劲，名义有效汇率升值约 60%。有趣的是，日本经济增速换挡期后，日元升值速度一点都未减缓，日元在 1978 年以后继续快速升值，直到 1995 年，升值才告结束。

（二）联邦德国增速换挡期：汇率升值

联邦德国经济增速换挡期发生在 1965 年前后。联邦德国经济在 1951~1965 年间实现了 15 年年均增速 6.6% 的快速增长，1965 年人均 GDP 达到 9186 国际元，相当于美国的 68.5%，到达增速换挡的阈值区间。1966~1972 年经过 7 年年均 4% 的增长后，步入低速增长区间。

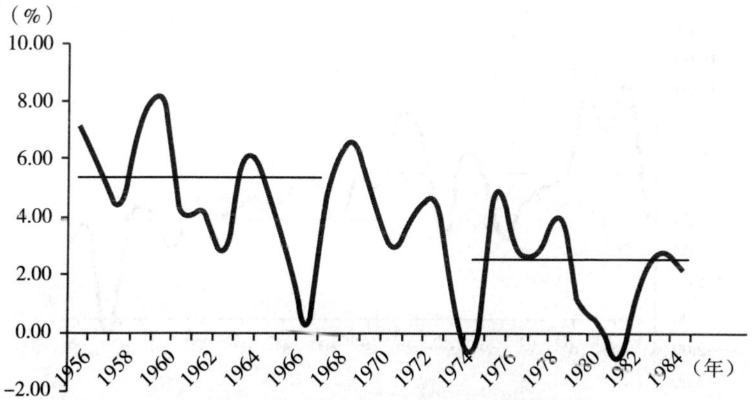

图 10.3 联邦德国经济增速换挡期 GDP 增速

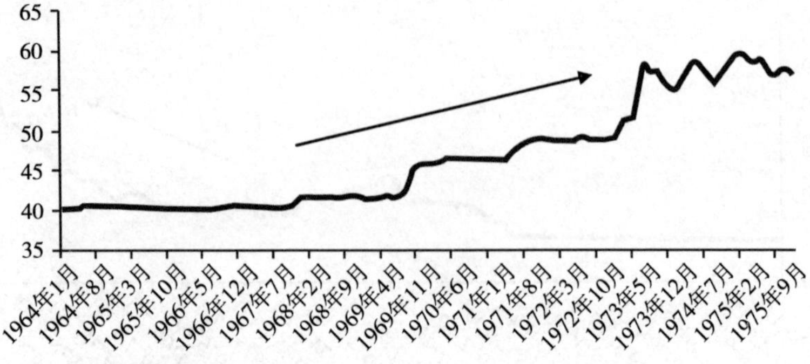

图 10.4　联邦德国换挡期（1965~1975 年）的名义有效汇率（2010 年 =100）

数据来源：WIND

图 10.3 和图 10.4 显示换挡期间联邦德国 GDP 的增速和汇率表现，可见，期间虽然联邦德国经济明显减速，但联邦德国马克表现抢眼，期间升值约 50%。和日本一样，增速换挡期后，联邦德国马克依然处于快速升值的阶段。

（三）中国台湾增速换挡期：汇率升值

中国台湾经济增速换挡期发生在 1985~1993 年间。1951~1989 年 39 年间属于高速增长追赶阶段，年均增速高达 8.8%，1989 年人均 GDP 达到 9538 国际元，相当于美国的 41.4%，到达换挡的阈值时点。1990~2010 年间平均增速 5.1%，进入中速发展阶段。

图 10.5 和图 10.6 显示换挡期间的中国台湾 GDP 增速和汇率表现，可见，1985~1993 年经济换挡时期，虽然中国台湾经济出现减速，但中国台湾名义有效

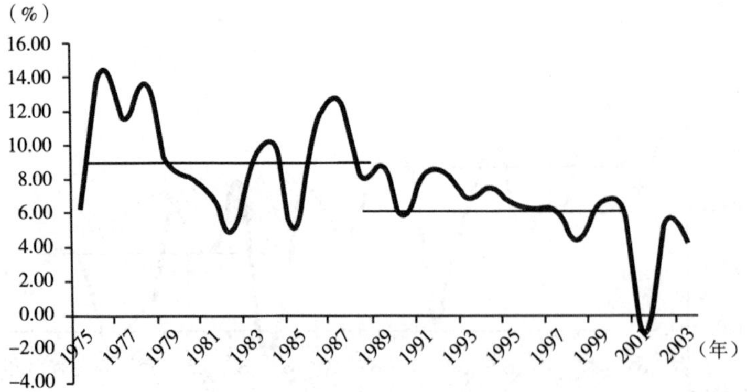

图 10.5　中国台湾经济增速换挡期 GDP 增速

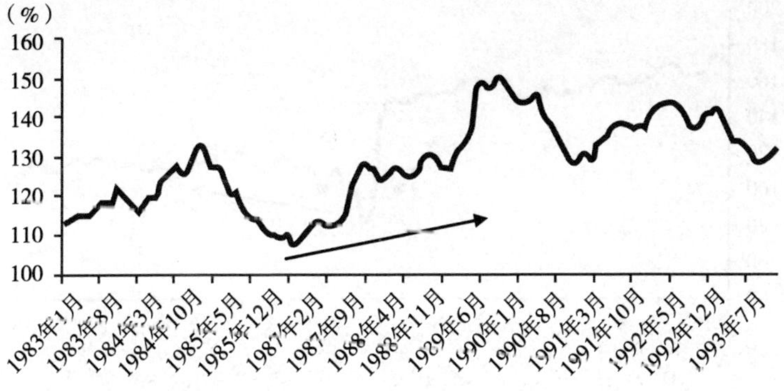

图 10.6　中国台湾换挡期（1985~1993 年）的名义有效汇率（2010 年 =100）

数据来源：WIND

汇率仍然稳中有升，期间累计升值约 20%。

（四）韩国增速换挡期：货币先贬后升

韩国经济增速换挡期发生在 1992~2003 年间。1961~1996 年间实现了 36 年年均 8.8% 的高速追赶。1996 年人均 GDP 达到 12860 国际元，相当于美国的 51%。经过亚洲金融危机的冲击，2001 年以后进入中速增长阶段，2001~2010 年年均增速 5%。

图 10.7 和图 10.8 显示换挡期间的韩国 GDP 增速和汇率表现，其中，1992~1997 年间是换挡期的上半场，政府拒绝经济减速，刺激并导致亚洲金融危机时期，汇率大幅贬值，1997 年后，主动改革，换挡成功，汇率稳中有升。

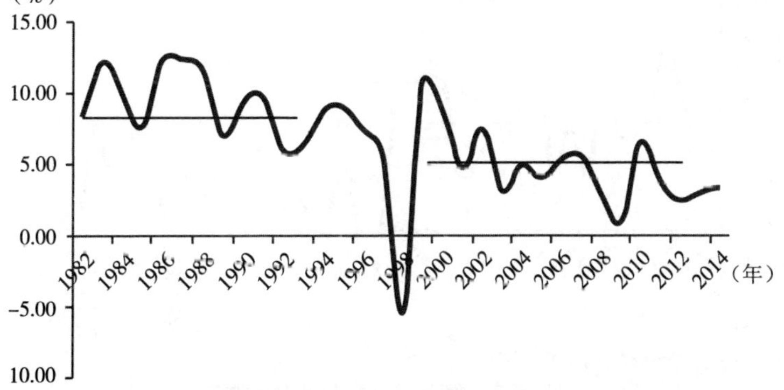

图 10.7　韩国经济增速换挡期 GDP 增速

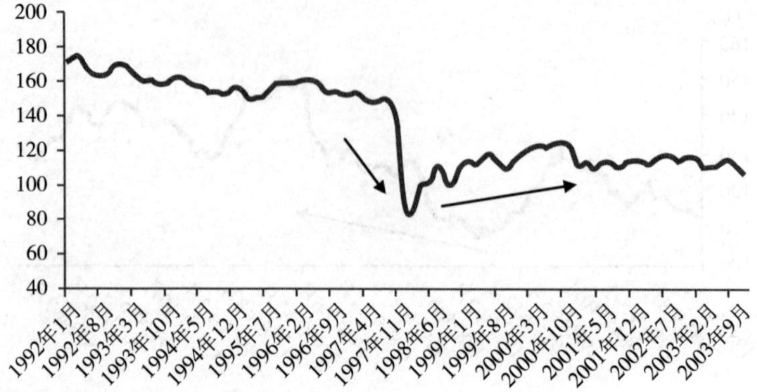

图 10.8 韩国换挡前后的名义有效汇率

数据来源：WIND

（五）墨西哥落入中等收入陷阱期：货币持续大幅贬值

墨西哥毗邻美国，人口数量土地面积均处于世界前列。按常理，应该最能有效承接美国产业转移，实现高速增长。墨西哥确实经历了这样的高速发展阶段，1961~1981 年间维持了年均 6.8% 的高速增长（见图 10.9）。

但 1981 年后，墨西哥经济换挡失败，落入中等收入陷阱，1981 年墨西哥人均 GDP 为 3556 美元（同期韩国人均 GDP 只有 1846 美元），但到 1996 年墨西哥人均 GDP 居然只有 3547 美元，还有所下降。同期墨西哥比索出现超大幅度长期贬值，墨西哥比索从 1981 年的 0.02 贬值到 2000 年的 9.47，中间几乎没有像样的反弹（见图 10.10）。

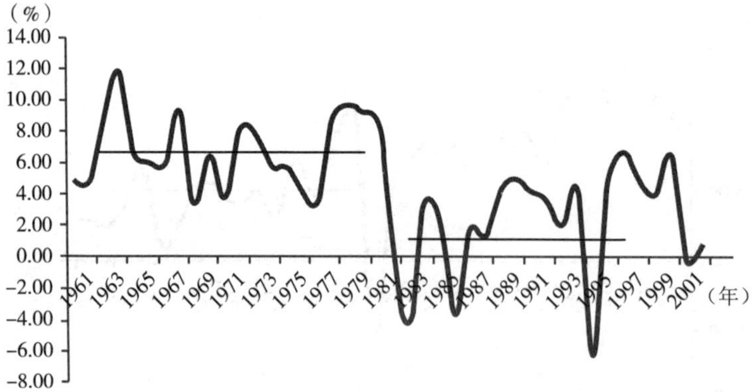

图 10.9 墨西哥换挡期 GDP 增速

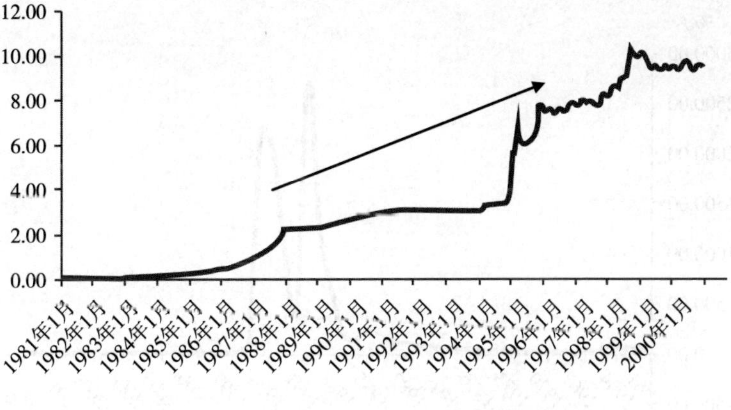

图 10.10　墨西哥比索汇率（美元兑比索）

数据来源：WIND

（六）巴西落入中等收入陷阱期：货币持续大幅贬值

拉美国家在 1950~1980 年期间，普遍经历了高速增长时期，但 20 世纪 80 年代这些国家集体陷入债务危机、恶性通胀，巴西是拉美大国之一，我们重点通过其表现来了解拉美的落入中等收入陷阱期情形。

巴西在 1950~1980 年间，维持了长达 30 年年均 7.4% 的高速增长时期，但 1980 年以后巴西换挡失败，1981~1992 年间，巴西年均增速仅 1.4%。我们无法获得长时期的巴西汇率，但通过观察期间巴西通胀水平作为替代（见图 10.11 和图 10.12）。图中可见，巴西在整个 20 世纪 80 年代受到恶性通胀困扰。可见，追赶失败后如果陷入危机，则货币将大幅贬值。

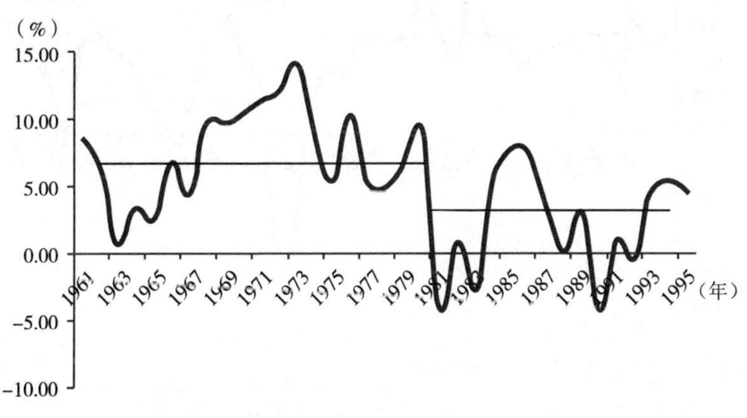

图 10.11　巴西经济增速换挡期 GDP 增速

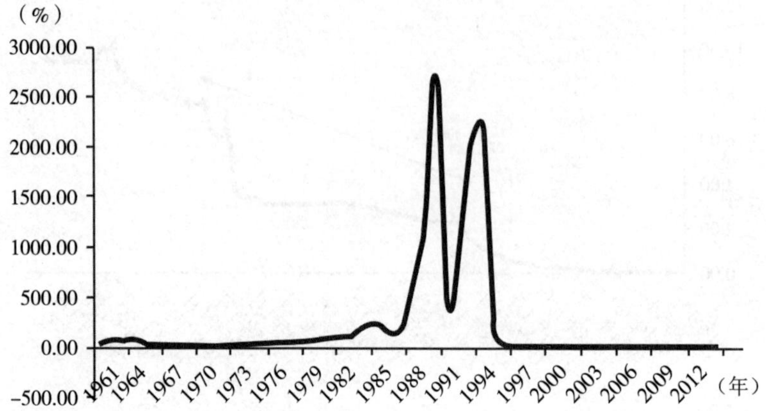

图 10.12 巴西的通胀水平（巴西 GDP 平减指数同比变化）

数据来源：WIND

（七）菲律宾落入中等收入陷阱期：货币持续大幅贬值

菲律宾在 1961~1980 年维持了年均 5.4% 的中高速增长时期，但 1980 年以后落入中等收入陷阱，1981~2000 年，菲律宾年均增速仅 2.3%。追赶失败后，菲律宾货币持续大幅贬值，1981~2000 年菲律宾比索兑美元汇率从 7.6 贬值到 45，中间几乎没有反弹（见图 10.14)。

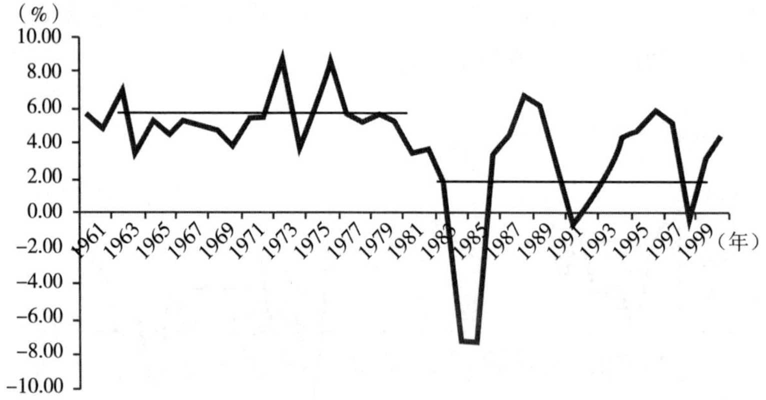

图 10.13 菲律宾经济增速换挡期 GDP 增速

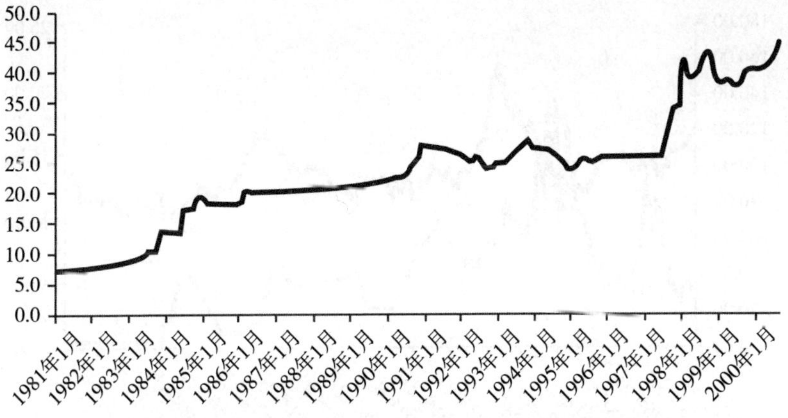

图 10.14　菲律宾比索汇率（美元兑菲律宾比索：月平均）

数据来源：WIND

从上述案例可以看出，经济增速换挡期，货币是否换挡，取决于经济换挡是否成功。联邦德国、日本、中国台湾的案例显示，换挡成功的经济体货币将继续稳中有升，而韩国换挡上半场和墨西哥、巴西和菲律宾等落入中等收入陷阱案例显示，换挡失败可能导致货币大幅贬值。

对中国来说，经济能否换挡成功至关重要，如果换挡不成功，可能会像拉美国家一样，出现危机并导致货币大幅贬值。而如果换挡成功，中国将成为世界第一大经济体，人民币将成为国际货币，而人民币升值也将是主基调。

三、历次美国加息周期下的汇率表现

随着劳动力市场接近充分就业，美国将进入加息周期，这种状况下，人民币将有何表现？

美国加息不等于美元升值。历史告诉我们，美国五次加息周期，只有两次带来美元升值周期。1980 年以来，美国有过五次加息周期，分别是 20 世纪 70 年代初，70 年代末 80 年代初，80 年代末，90 年代中后期，2004~2006 年（见图 10.15），可以看到，五次加息周期中，只有两次导致美元明显升值，另外三次加息周期中，美元反而出现贬值。加息周期不一定带来美元强势周期，主要原因在于，美元是一个相对价格，取决于其他国家的表现，另外，利率也并非影响美元的唯一变量，美国长期贸易逆差，天然有贬值动力。

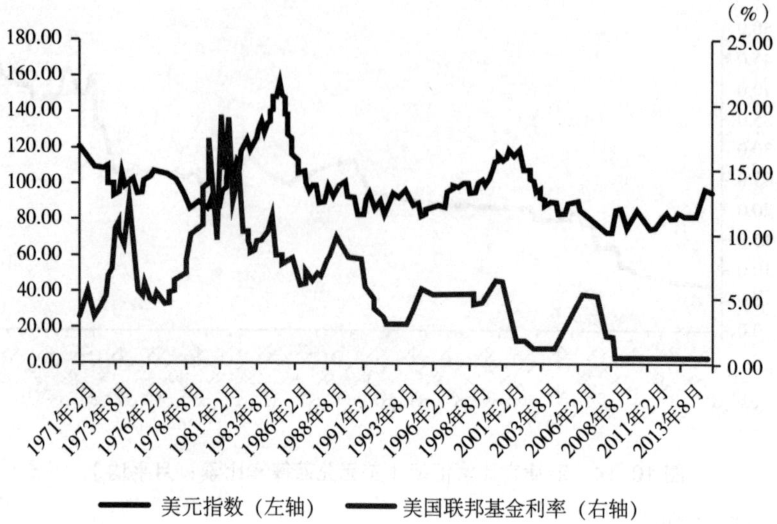

图 10.15　美元指数和美国加息周期

数据来源：WIND

值得注意的是，两轮美元升值周期中，各国货币普遍贬值，鲜有例外。美元两次升值周期发生在 20 世纪 80 年代初和 90 年代末，这两次是比较强势的加息周期，第一次是治理超高通胀，第二次是遇上新经济时期。1981~1985 年间，日元贬值 25%，英镑贬值 100%，瑞士法郎贬值 40%，加拿大元贬值 10%，澳元贬值 25%。新兴市场在 80 年代则普遍陷入危机。

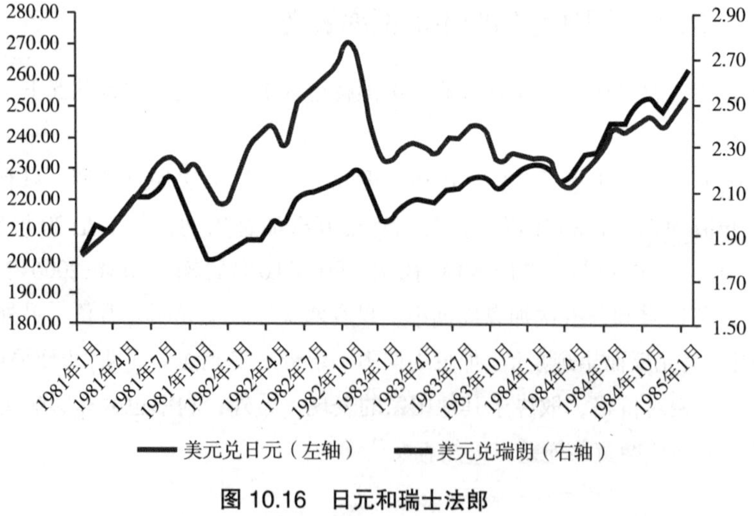

图 10.16　日元和瑞士法郎

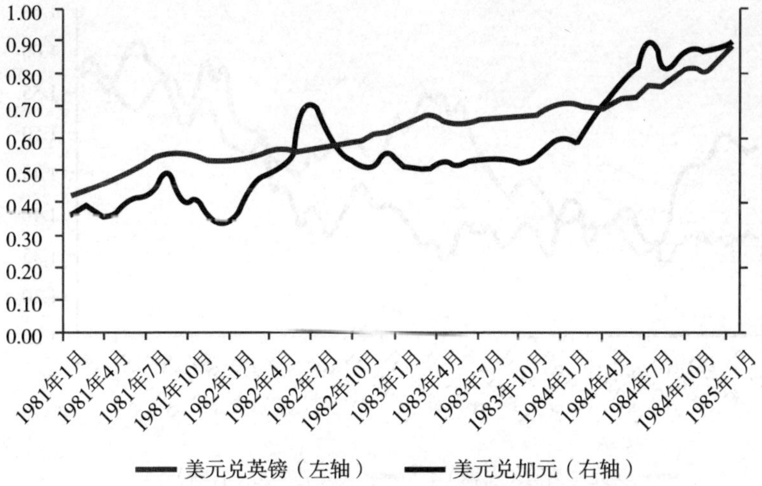

图 10. 17　英镑和加拿大元

数据来源：WIND

1996~2001 年间，所有发达经济体货币均兑美元贬值，新兴市场货币贬值幅度更大（固定汇率制经济体除外）。其中日元贬值 25%，瑞士法郎贬值 40%，英镑贬值 10%，欧元贬值 30%，加拿大元贬值 20%，澳元贬值 30%。亚洲“四小虎”货币在亚洲金融危机影响下出现超大幅贬值，巴西俄罗斯阿根廷相继发生危机，印度卢比贬值 40%，土耳其里拉从 0.06 贬到 1.5。

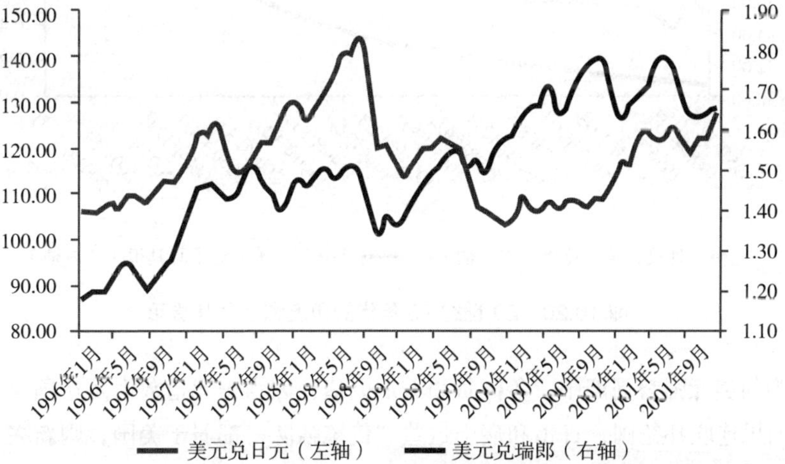

图 10.18　20 世纪 90 年代的日元和瑞士法郎

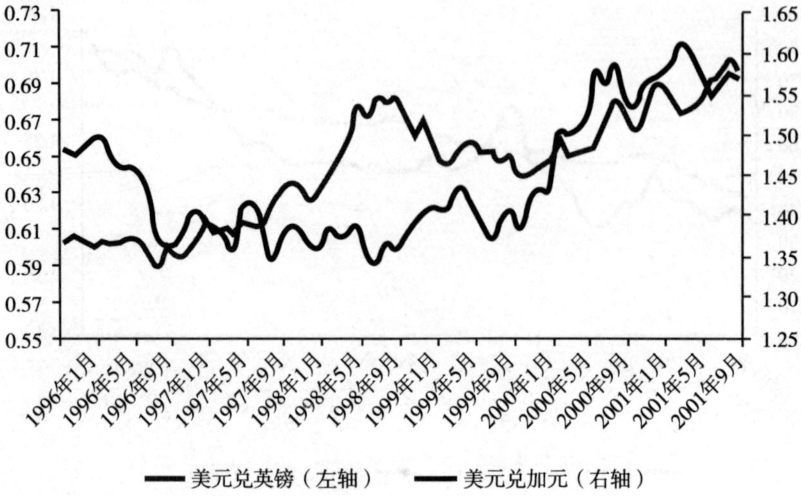

图 10.19　20 世纪 90 年代的英镑和加拿大元

数据来源：WIND

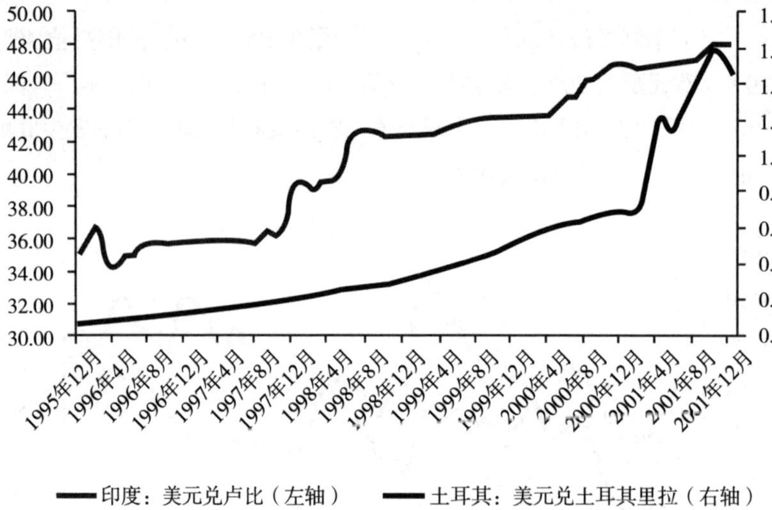

图 10.20　20 世纪 90 年代的印度和土耳其货币

为何美元强势周期中，各国货币普遍贬值？因为美元指数由发达国家货币构成，如果连联邦德国、日本和瑞士这些“传统强队”都弱于美国，则新兴货币只能更差。因此，如果美元继续升值，那么人民币面临贬值压力。反之，如果认为美元牛市到头，则人民币贬值压力可能是暂时的。

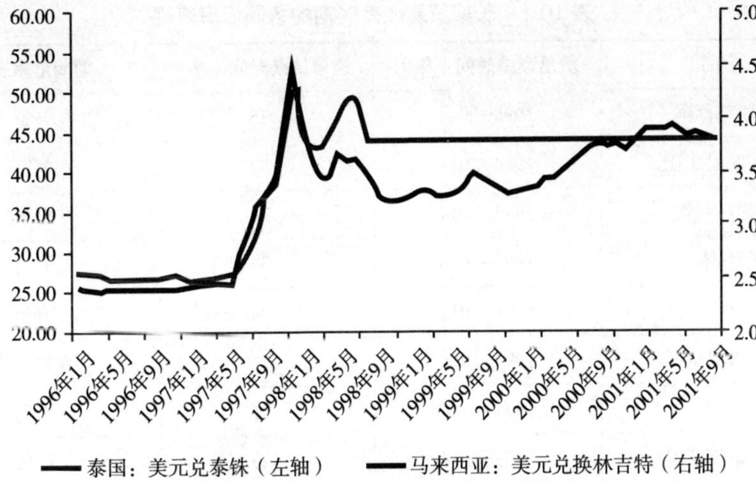

图 10.21 20 世纪 90 年代的泰国和马来西亚货币

数据来源：WIND

四、长期顺差国的汇率表现

未来一段时期，中国将继续保持一定的贸易顺差。很多人将贸易顺差作为看多人民币的主要理由。从日本、联邦德国等熟悉的案例来看，长期贸易顺差确实有助于一国货币保持强势，但并非所有国家如此。

1980 年以来，较长时间维持贸易顺差的国家包括：阿根廷、巴西、联邦德国、俄罗斯、哈萨克斯坦、韩国、荷兰、捷克、马来西亚、尼日利亚、日本、新加坡、伊朗、印尼和中国，维持顺差时间在 10~35 年之间，具体见表 10.1。可见，顺差与货币的长期表现没有稳定的正向关系，很多国家长期贸易顺差，但货币都出现贬值，印尼和俄罗斯贸易顺差持续时间都在 20 年以上，但这两国货币一直比较疲软。阿根廷贸易顺差也维持了 15 年，但比索自 2000 年以来贬值约 700%。

长期贸易顺差国中，一些货币表现弱势，主要有两个原因：一是高通胀；二是发生危机。表 10.1 中，印尼、俄罗斯和阿根廷在贸易顺差时间段内，平均通胀分别为 10.5%，41%，8.8%。而且曾经都发生过经济或金融危机，其中印尼于 1997 年发生金融危机，俄罗斯 1998 年发生债务危机，阿根廷于 2002 年发生债务危机。考虑到中国发生高通胀和危机可能性偏低，贸易顺差将继续支撑人民币汇率。

表 10.1　长期贸易顺差时期的各国汇率表现

国家	贸易顺差时间（年）	顺差持续时间（年）	期间汇率表现
联邦德国	1980~2014	35	升值
印度尼西亚	1980~2011	32	大幅贬值
尼日利亚	1984~2014	31	贬值
日本	1981~2010	30	升值
荷兰	1981~2014	24	升值
俄罗斯	1992~2014	23	大幅贬值
伊朗	1994~2014	21	贬值
哈萨克斯坦	1995~2014	20	贬值
韩国	1998~2014	17	小幅升值
马来西亚	1998~2014	17	升值
新加坡	1998~2014	17	升值
阿根廷	2000~2014	15	大幅贬值
巴西	2002~2012	11	剧烈波动，先升后贬
捷克	2005~2014	10	升值

数据来源：WIND，世界银行

五、物价稳定国的汇率表现

1964~2010 年间，21 个发达经济体名义有效汇率与 CPI 同比相关系数达 0.84，即通胀低则汇率强，通胀高则汇率弱。1964 年以来，平均通胀水平低于美国的发达经济体，有瑞士、日本、奥地利、荷兰、比利时和联邦德国，正是这些国家汇率是非常强劲的。

发展中国家货币普遍弱势，主因是这些国家长期高通胀。1961~2014 年间，10 个代表性发展中国家平均通胀水平为 66%，中位数为 27%，而同期 10 个代表性发达国家平均通胀水平为 4.8%，中位数为 4.3%。21 世纪通胀水平总体较低，但平均来看发展中国家仍高很多。2001~2014 年，发展中国家通胀平均值为 8.1%，中位数为 7.4%，而发达国家通胀平均值为 2.0%，中位数为 2.1%（见表 10.2）。

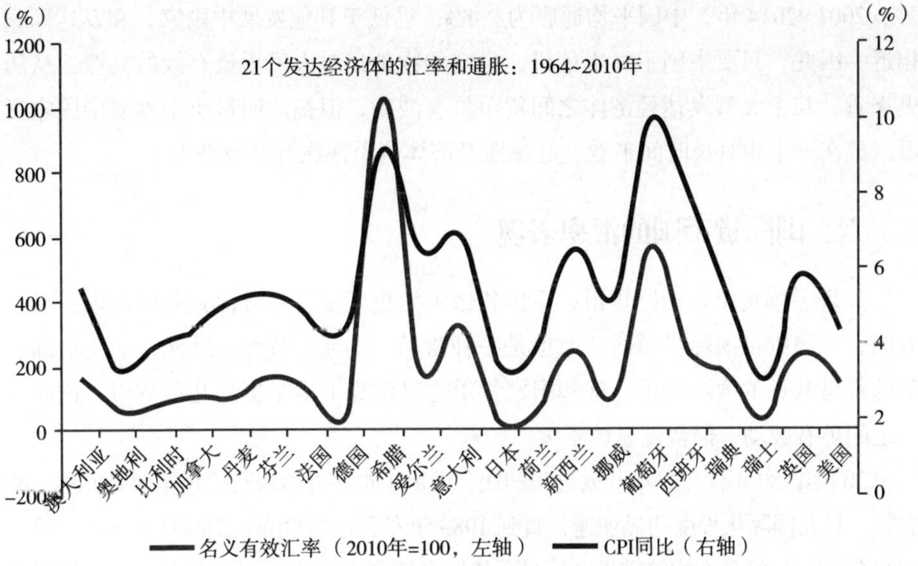

图 10.22　长期来看，汇率和通胀相关性很高

数据来源：WIND

表 10.2　发展中国家和发达国家通胀水平

国别	1961~2014 年平均 CPI 同比	2001~2014 年平均 CPI 同比	国别	1961~2014 年平均 CPI 同比	2001~2014 年平均 CPI 同比
俄罗斯	78.7	11.0	美国	4.0	2.3
印度尼西亚	48.5	7.7	日本	3.3	0.0
阿根廷	189.1	9.8	加拿大	4.0	2.0
印度	7.8	7.1	澳大利亚	5.1	2.9
巴西	253.0	6.5	英国	5.6	2.3
土耳其	33.8	15.8	法国	4.5	1.6
墨西哥	21.0	4.4	意大利	6.5	2.1
菲律宾	9.1	4.4	荷兰	3.6	2.0
越南	7.1	8.3	西班牙	7.2	2.5
南非	8.4	5.9	比利时	3.8	2.0
10 个发展中国家平均	65.6	8.1	10 个发达国家平均	4.8	2.0
10 个发展中国家中位数	27.4	7.4	10 个发达国家中位数	4.3	2.1

注：俄罗斯和越南数据分别从 1993 年和 1996 年开始。
数据来源：WIND，世界银行

2001~2014 年，中国平均通胀为 2.4%，远低于其他发展中国家，和发达国家相近。因此，只要中国不发生危机，稳定的物价是对人民币最有效的支撑，从历史来看，几个大型发达经济体之间货币虽有波动，但幅度明显小于发展中国家货币。放在一个相对长时间来看，赶超性经济体货币往往有升值潜力。

六、国际货币国的汇率表现

如果一国货币是国际货币，该国货币天然更坚挺，一方面是新增需求；另一方面，一国维持国际货币的意愿也是一种激励。美元、日元、欧元、瑞士法郎、英镑都是常见的国际货币，这些国家货币也是世界上最坚挺的几种货币，这些货币之间虽有波动，但幅度总体不大。

20 世纪 80 年代，日本开放进程加快，满足了很多外国央行等机构对日元的“刚需”，日元国际化程度明显加速，直到 1989 年左右达到顶峰，期间日元快速升值。1990 年后，尽管日本泡沫破灭，但日元依旧升值到 1995 年，跨境贸易中广泛用日元结算，以及国际储备货币的需求，无疑有助于日元表现。

随着人民币国际化程度增强，人民币汇率将得到支撑。一方面，随着跨境贸易中广泛使用人民币，和资本账户开放程度扩大，海外会有许多“新增”的人民币需求，包括贸易和储备需求。另一方面，国际化的激励，将促使中国政府营造一个稳定的人民币汇率环境。

七、不同宏观环境下的汇率表现：一个总结

前面我们通过理论和国际比较，分析了一国货币的决定因素。

从理论视角来看，购买力平价理论认为汇率由两国通胀率决定，国际收支理论认为汇率由贸易差额决定，利率平价理论认为汇率由两国利差决定。“巴拉萨—萨缪尔森效应”认为两国劳动生产率或人均收入差异决定了汇率、“汇率超调理论”认为，在物价黏性情况下，国际收支失衡会通过汇率来调节，“汇率的资产组合理论”认为，一国货币吸引力不仅取决于收入，还取决于风险。

综合上述理论，汇率的影响因素包括：两国相对通胀率、贸易差额、两国利差（或货币政策）、两国经济增速和风险因素等。而除了风险因素以外，其他五类因素都支撑人民币。

通过国际比较，我们可以得出如下几点结论：

（1）处于经济增速换挡期的经济体，汇率表现有三种结果：一是经济增速换挡成功，汇率升值，联邦德国、日本和中国台湾等案例显示了这一点；二是经历危机后经济增速换挡成功，汇率先贬后升，韩国案例显示了这一点；三是落入中等收入陷阱，汇率大幅贬值，墨西哥、巴西和菲律宾案例显示了这一点。因此，未来人民币走势和中国经济能否成功重启改革并实现增速换挡有关。

（2）在美国加息周期，美元是否进入升值周期存在不确定性，过去五次美国加息周期中，只有两次带来美元升值周期。但是，两轮美元升值周期中，各国货币普遍贬值，鲜有例外。因为美元指数由发达国家货币构成，如果连联邦德国、日本和瑞士这些“传统强队”都弱于美国，新兴货币只能更差。因此，如果相信美元继续升值，那么人民币面临贬值压力。反之，如果认为美元牛市到头，则人民币贬值压力可能是暂时的。

（3）贸易顺差与一国汇率的长期表现没有稳定的正向关系，很多国家长期贸易顺差，但货币都出现贬值，印尼和俄罗斯贸易顺差持续时间都在20年以上，但这两国货币一直比较疲软。长期贸易顺差国中，一些货币表现弱势，主要有两个原因：一是高通胀；二是发生危机。印尼、俄罗斯在贸易顺差时间段内，平均通胀分别为10.5%与41%，而且曾经都发生过危机，其中印尼于1997年发生金融危机，俄罗斯1998年发生债务危机。考虑到中国发生高通胀和危机可能性偏低，贸易顺差将继续支撑人民币汇率。

（4）过去50年，表现最强的货币是物价稳定的货币。1964~2010年间，21个发达经济体名义有效汇率（2010=100，期间平均值越低，说明汇率越强）与CPI同比相关系数达0.84，即通胀低则汇率强，通胀高则汇率弱。发展中国家货币普遍弱势，主因是这些国家长期高通胀。1961~2014年间，10个代表性发展中国家平均通胀水平为66%，中位数为27%，而同期10个代表性发达国家平均通胀水平为4.8%，中位数为4.3%。2001~2014年，中国平均通胀为2.4%，远低于其他发展中国家（8.1%），和发达国家相近（2.0%）。因此，只要中国不发生危机，稳定的物价就是对人民币最有效的支撑。

（5）主权货币国际化程度提高有助于支撑汇率表现。20世纪80年代，日本开放进程加快，日元国际化程度明显加速，直到1989年左右达到顶峰，期间日元快速升值。1990年后，尽管日本泡沫破灭，但日元依旧升值到1995年，跨境贸易中广泛用日元结算，以及国际储备货币的需求，都有助于日元表现。随着人民币国际化程度增强，人民币汇率将得到支撑。一方面，随着跨境贸易中广泛使用人民币，和资本账户开放程度扩大，海外会有许多“新增”的人民币需求，包括贸易和储备需求。另一方面，国际化的激励，将促使中国政府营造一个稳定的人民币汇率环境。

综合前面分析，人民币当前面临三大支撑和三大压力。

三大支撑是贸易顺差、物价稳定和人民币国际化程度增强。这些因素影响力不可低估，过去50年，最强的货币是物价最稳定的货币，其次是能长期保持贸易顺差的货币，另外，大国和国际货币发行国的货币普遍强劲，联邦德国、日本货币便是集三大特征于一体的代表。

三大压力：一是当前人民币预期不稳，二是美国加息周期带来的美元升值可能性，三是经济增速换挡失败导致的大幅贬值风险。第一个是实实在在的压力，第二个是潜在压力，第三个是黑天鹅，但鉴于市场存在这种担忧，因而也要求有一定的风险补偿。

从中长期来看，贸易顺差和物价稳定等因素起着决定性作用。但在美元强势周期里，前述理由都将暂时占据下风，联邦德国、日本和瑞士三国货币在两轮美元强势周期中，也同样出现20%以上贬值幅度。这意味着，如果连联邦德国、日本和瑞士货币这些“传统强队”都被美国“比下去”了，就不能期待其他国家货币能够“一枝独秀”。所以，未来人民币走势和美元指数走势密切相关，考虑美国历次加息周期中，美元进入强势周期概率仅为40%，未来美元走势存在不确定性。

第三部分

中国经济的总量与结构

本部分旨在分析经济增长与产业升级、周期波动和行业轮动之间的关系，打通总量和结构之间的关联关系，是对“转型宏观”和“周期宏观”分析框架在结构层面的扩展。

第十一章　经济增速换挡与结构升级

导语：表面上是增速换挡，实质上是动力升级，根本上靠改革转型。从需求的角度，追赶经济体的需求结构变动具有共通性，高速追赶期的经济高增长主要是由高投资、高出口和低消费拉动，增速换挡期的经济减速主要是由投资、出口增速减缓和消费比重上升导致的。从产业的角度，随着人均 GDP 的逐步上升，工业化率、投资率和经济增速几乎同时达到峰值；增速换挡发生在从重化工业向高端制造业和服务业升级的阶段；根据服务业发展的国际经验判断，我国服务业正处于加速发展阶段，工业比重逐步下降，服务业逐渐成为整个经济的主导产业；目前相对于类似发展阶段的其他经济体，服务业占 GDP 比重明显偏低；生产性服务业占比持续上升，与国际经验吻合度很高；社会服务业比重与典型工业化国家相同发展阶段的水平存在一定差距。

一、中国经济增速换挡与结构升级

关于我国经济潜在增长率和长期增长前景的争论，是近年来宏观经济领域讨论最为热烈、分歧最大的问题之一。刘世锦带领的国务院发展研究中心课题组（2011）从人均收入水平衡量的发展阶段及其决定的需求峰值出发，认为我国正处于增速换挡期，我国经济潜在增长率将由过去的 10% 下降到 6%~7%；蔡昉（2008）从劳动力供求的“刘易斯拐点”出发，认为中国经济潜在增长率已经下降；林毅夫（2011）从我国人均收入水平跟发达国家的差距和后发优势出发，认为我国经济未来 20 年仍有年均增长 8% 的潜力。

当前不同学者从不同角度得出了我国经济潜在增长率下降的判断，实际上这些观察只是视角和层面不同，逻辑是内在统一、完全自洽的：从增速的视角看，表现为由高速向中高速和中速增速换挡，这是最表面也是最直观的表现；从产业的视角看，产业结构由重化工业为主向高端制造业和服务业为主升级；从需求的视角看，居民消费由生存型向发展享受型升级，政府支出由投资型向公共民生型倾斜；从要素供给的视角看，劳动力由人口数量优势向人力资本优势升级，技术由模仿到创新升级；从制度的视角看，需要完成由政府主导的追赶型模式向市场起决定性作用和更好发挥政府作用的成熟市场经济模式转型，这是最深层次的体现。只有完成最深层次的制度转型，才能实现要素优势转变，满足需求升级，培育出新兴主导产业集群，进而实现增速换挡。近年国内外学者对追赶型经济体起飞后如何实现降落问题的研究拓展，完善了发展经济学和制度经济学理论，具有重大的政策意义。

如果经济减速主要是周期性的，应对策略应主要采取凯恩斯主义的短期需求管理；如果经济减速主要是结构性的，应对策略主要应采取供给主义的结构性改革。凯恩斯主义和供给学派并没有优劣之分，只是适用的情况和条件不同，凯恩斯主义政策适用于潜在增长率不变情况下的外部冲击，供给主义政策适用于潜在增长率下降情况下的结构调整。

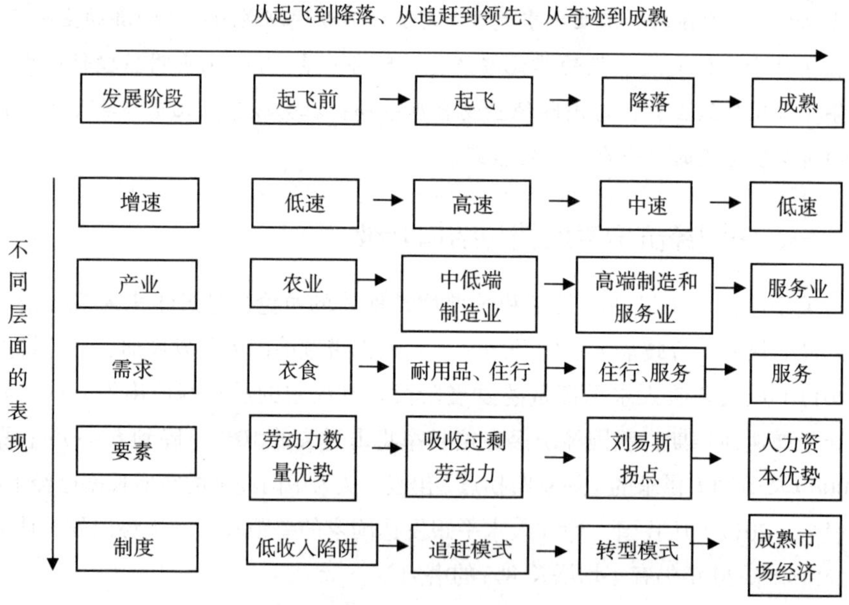

图 11.1　从起飞到降落：增速换挡在不同层面的表现

二、增速换挡期的需求结构变动趋势

追赶经济体的需求结构变动具有共性，高速追赶期的经济高增长主要是由高投资、高出口和低消费拉动，增速换挡期的经济减速主要是由投资、出口增速减缓和消费比重上升导致的。从外部发展潜力看，经济不断发展带来人均收入水平提高和劳动力供求关系由松转紧，劳动力成本趋于上升，劳动密集型产品出口竞争力逐渐削弱，资本和技术密集型产品出口竞争力有待培育，并导致传统制造业投资增速放缓、占比下降；从内部发展潜力看，随着居民收入水平上升，消费比重提高，消费品内部结构中，住行消费空间逐步缩小并开始向服务类消费升级，并导致房地产和基础设施投资增速放缓。

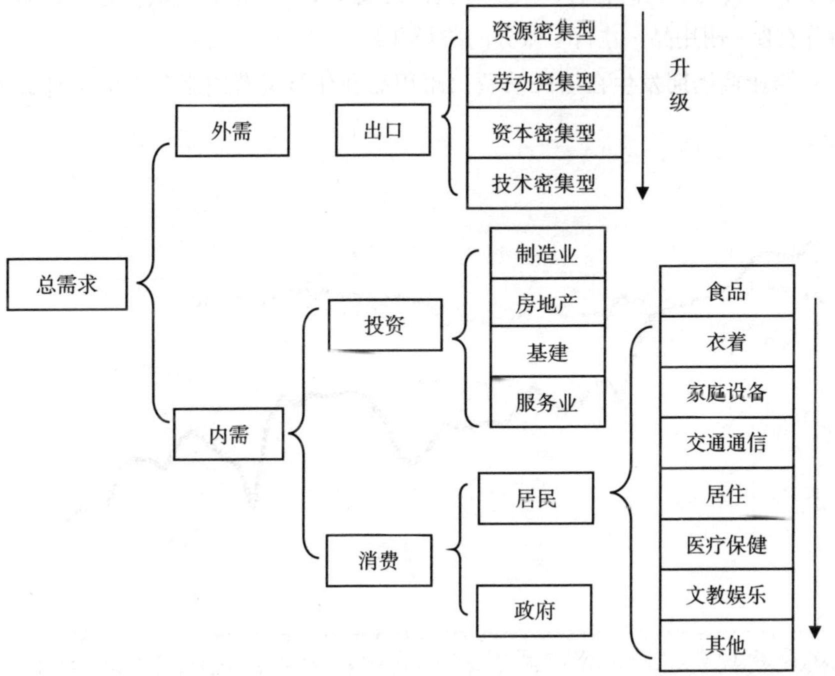

图 11.2　需求结构升级

（1）内外需结构变动趋势：采取出口导向模式和挤压式增长的成功追赶型经济体，在增速换挡期前后存在内需比重先升后降的特点，即在高速追赶期由于出口的快速增长而引起内需比重下降；进入增速换挡期由于出口增速放缓而引起内需比重转为上升，当经济转型为中低速增长期后，受全球化影响外需比重再度上升的同时，内需比重再度下降。

（2）内需结构变动趋势：成功追赶经济体在增速换挡期以及进入新增长平台以后，消费比重趋于上升，即在高速追赶期投资比重上升、消费比重下降，在高速追赶期过后投资比重下降、消费比重上升。

（3）消费结构变动趋势：日韩等成功追赶经济体在高速追赶期，政府消费比重较低、居民消费比重较高；而在增速换挡期及以后，政府消费比重上升、居民消费下降。

（4）居民消费结构变动趋势：

一是从三大类支出看，从非耐用品向耐用品和服务类升级，从可贸易品向不可贸易产品和服务升级。

二是从八大类消费内容看，从生存型向发展享受型升级，更具体地讲，居民消费沿着衣食—耐用品—住行—服务的路径升级。

三是增速换挡期发生在居民消费由耐用品和住行消费向服务类消费升级的阶段。

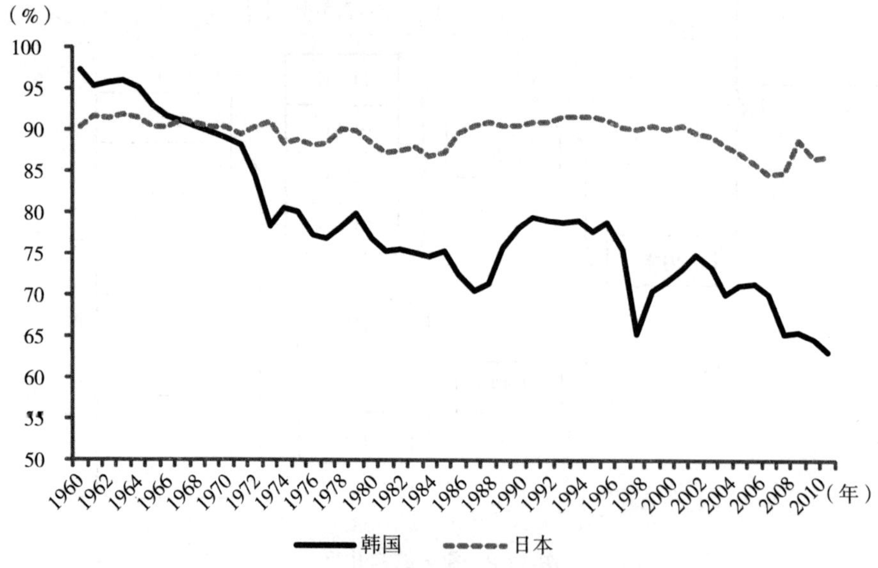

图 11.3　日韩内需比重变化

资料来源：OECD

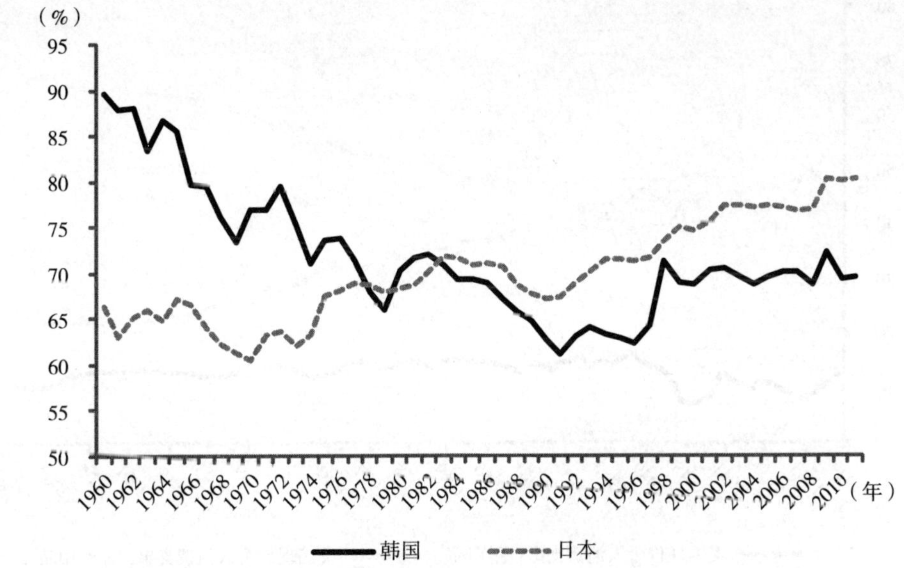

图 11.4　日韩最终消费占内需比重

资料来源：OECD

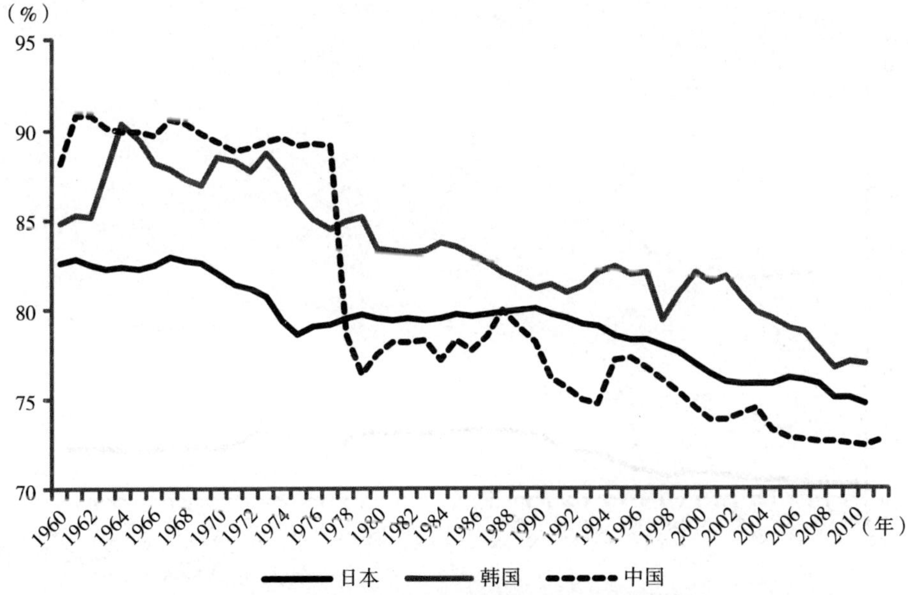

图 11.5　日、韩、中居民消费占最终消费的比重

资料来源：OECD

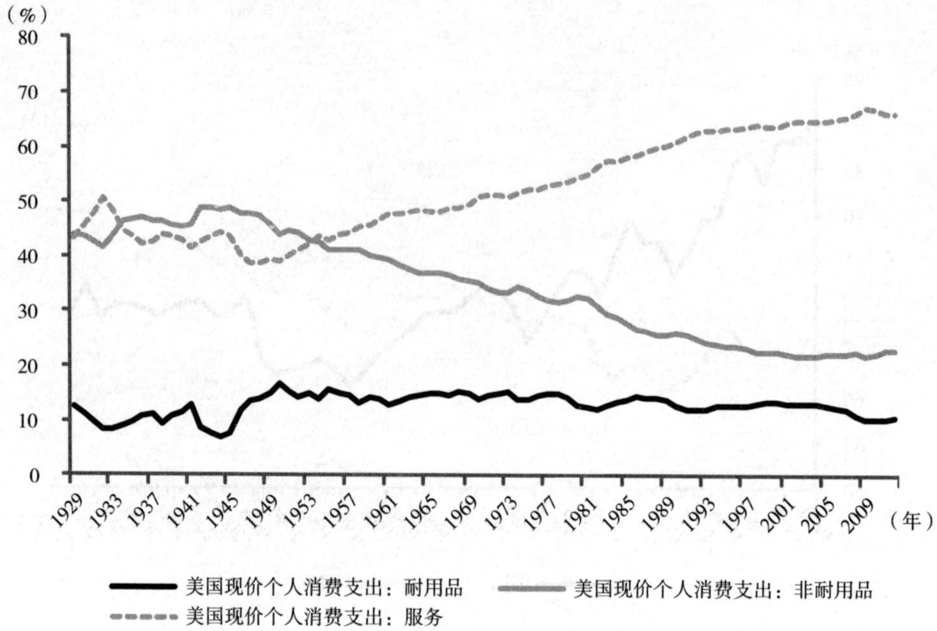

图 11.6　美国个人消费支出结构

资料来源：OECD

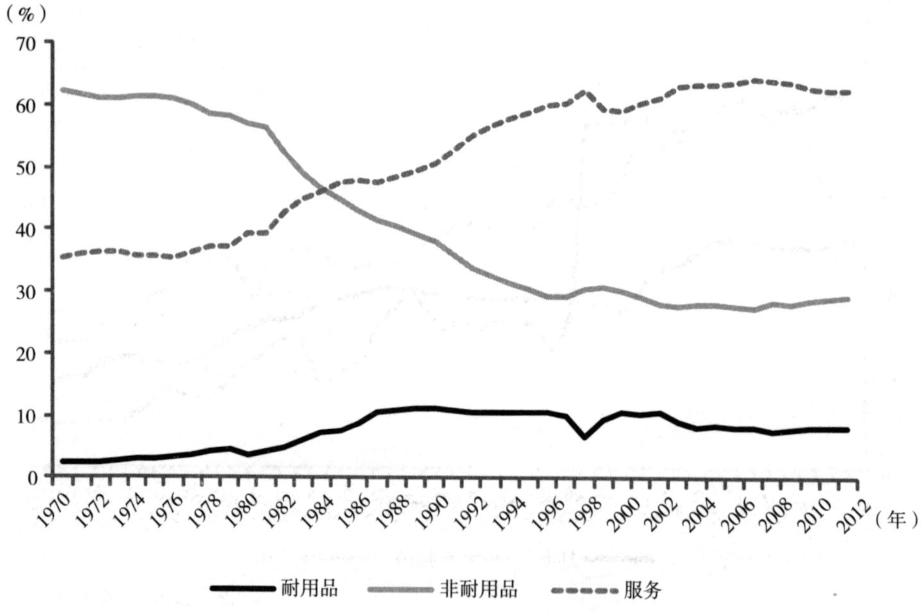

图 11.7　韩国居民消费支出结构

资料来源：OECD

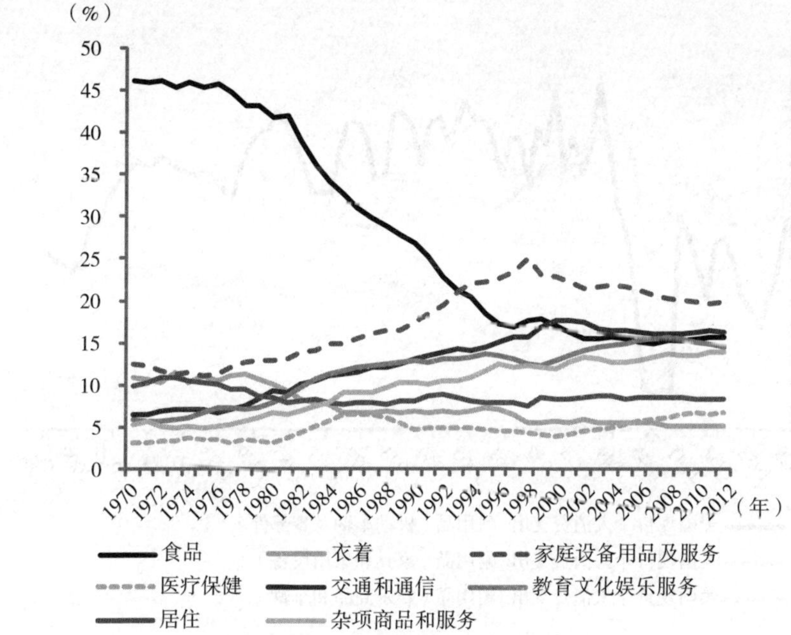

图 11.8　韩国居民消费八大类支出结构

资料来源：OECD

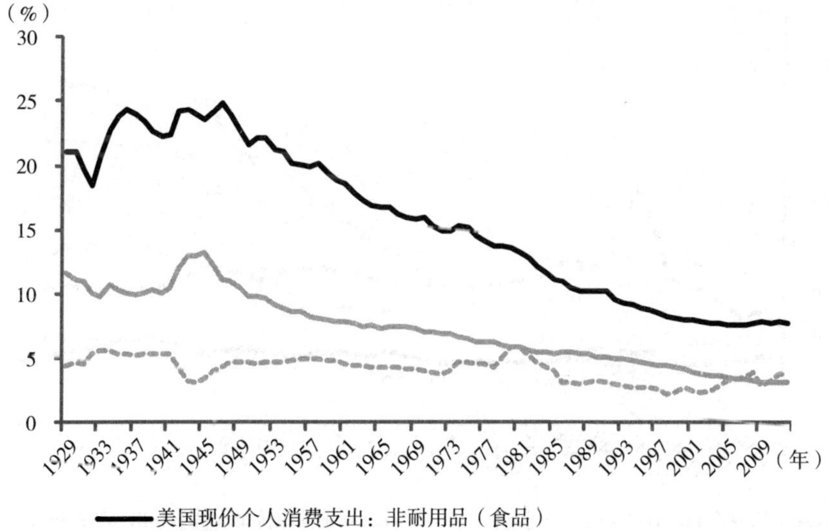

图 11.9　美国居民消费支出结构变动（1）

资料来源：OECD

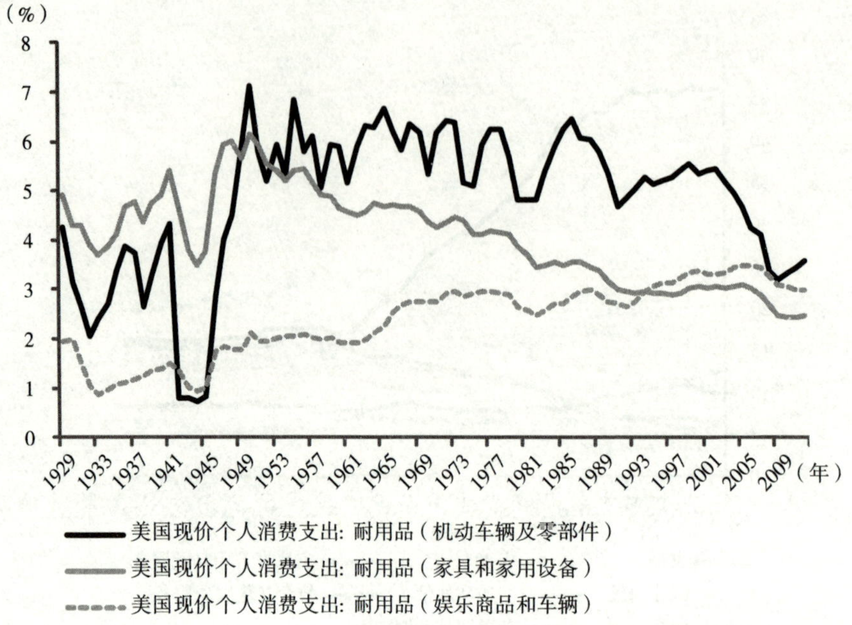

图 11.10　美国居民消费支出结构变动（2）

资料来源：OECD

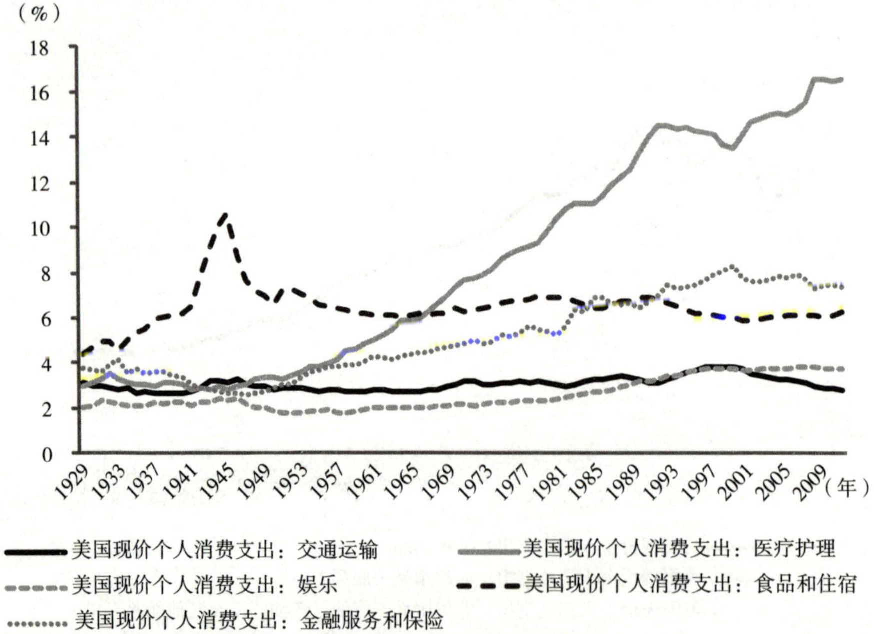

图 11.11　美国居民消费支出结构变动（3）

资料来源：OECD

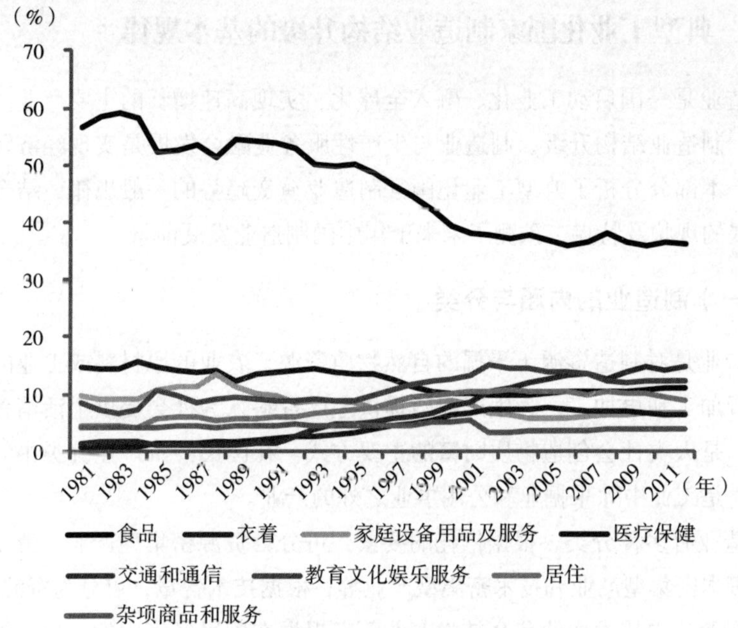

图 11.12　中国城镇居民消费支出结构

资料来源：WIND

表 11.1　中国经济发展阶段转换与结构变动

时期	20 世纪 80 年代	20 世纪 90 年代	21 世纪初	2013 年至今
内需发展阶段	衣食	耐用品	住行	服务
外需发展阶段	设立特区 对外开放	汇率超贬 出口导向	加入世贸 融入全球化	浮动汇率自贸区
增长较快的行业	农业	电气	汽车	消费电子
	住宿餐饮	电子	房地产	汽车
	批发零售	交运设备	建材	装备制造
	金融	纺织	机械	仪器仪表
	金属制品	食品	冶金	科技研发
		化工	煤电	文化教育
		冶金	化工	医疗保健
		交通通信	金融	金融保险
			电子	节能环保
			电气	居民服务

三、典型工业化国家制造业结构升级的基本规律

制造业是一国启动工业化、融入全球化、实现高速增长的主要产业。在工业化后期，制造业结构升级、制造业与生产性服务业融合发展是实现经济转型的重要方向。本部分分析了典型工业化国家制造业演变趋势的一般规律，结合中国制造业发展的现状及特点，预测了未来十年中国制造业发展前景。

（一）制造业的内涵与分类

制造业是对制造资源（采掘的自然物质资源、农业的原材料或工业的半成品等）进行加工和再加工，为生产部门提供生产资料，为社会提供生活消费品的生产部门，是人类社会创造物质财富的主要方式。在国民经济产业分类中，属于第二产业，是工业中除采掘业和公用事业之外的产业。

制造业有多种分类，根据依托的要素，可分为资源密集型产业、劳动密集型产业、资本密集型产业和技术密集型产业等；根据技术含量，可分为资源性产业、低技术产业、中技术产业和高技术产业等；根据在国民经济中的地位，可分为主导产业、基础产业和支柱产业等。

表 11.2 联合国工业发展组织的制造业分类

资源性产业	农副食品加工业、食品制造业、酒及饮料制造业、烟草制品业、木材加工及木竹藤棕草制品业、造纸及纸制品业、石油加工炼焦及核燃料加工业、橡胶制品业、非金属矿物制品业（除陶瓷制品业）
低技术产业	纺织业、纺织服装鞋帽制造业、皮革毛皮羽毛（绒）及其制品业、家具制造业、文教体育用品制造业、陶瓷制品业、金属制品业
中技术产业	印刷业和记录媒介的复制业、化学原料及化学制品制造业、化学纤维制造业、塑料制品业、黑色金属冶炼及压延加工业、有色金属冶炼及压延加工业、通用设备制造业、专用设备制造业、交通运输设备制造业（除航空航天器制造业）、电气机械及器材制造业
高技术产业	医药制造业、医疗器械制造业、航空航天器制造业、通信设备计算机及其他电子设备制造业、仪器仪表及文化办公用机械制造业

资料来源：联合国工业发展组织

研究制造业演变规律需要较长时期的历史数据，根据可利用的中国统计数据，本节采用 15 部门工业部门分类进行规律分析、国际经验对照和趋势预测。

表 11.3　工业部门分类对照

序号	15 类工业部门分类	37 类工业部门分类
1	冶金工业	黑色金属矿采选业、有色金属矿采选业、黑色金属冶炼及压延加工、有色金属冶炼及压延加工、废品废料
2	电力工业	电力蒸汽热水生产供应业
3	煤炭工业	煤炭采选业
4	石油工业	石油和天然气开采业、石油加工及炼焦业、燃气的生产和供应业
5	化学工业	化学原料及制品制造业、医药制造业、化学纤维制造业、橡胶制品业、塑料制品业
6	金属制品工业	金属制品工业
7	机械制造业	普通机械制造业、专用设备制造业、仪器仪表文化办公用机械
8	交通运输设备制造业	交通运输设备制造业
9	电气机械及器材制造业	电气机械及器材制造业
10	电子及通信设备制造业	电子及通信设备制造业
11	建材及其他非金属矿	非金属矿采选业、非金属矿物制品业、自来水的生产和供应业
12	森林工业	木材及竹材采运业、木材加工及竹藤棕草制品业、家具制造业
13	食品工业	食品加工业、食品制造业、饮料制造业、烟草加工业
14	纺织缝纫皮革工业	纺织业、服装及其他纤维制品制造、皮革毛皮羽绒及其制品业
15	造纸及文教用品工业	造纸及纸制品业、印刷业记录媒介的复制、文教体育用品制造业、工艺美术品及其他制造业

资料来源：作者整理

（二）制造业发展的国际经验与典型化事实

制造业发展及结构演变规律性较强。本部分根据美国、英国、法国、联邦德国、日本、韩国等典型工业化国家的经验，研究了在不同发展阶段，制造业占 GDP 比重变化、制造业内部结构演化、各行业所占比重达到峰值时点以及制造业与生产性服务业融合发展趋势等方面的典型化事实。

1. 随着人均 GDP 上升，制造业比重先升后降，工业化率、投资率和经济增速几乎同时达到峰值

一国经济由低收入阶段向中高收入阶段迈进的过程，也是工业化不断深入推进的过程。制造业是工业的主体，美国制造业占工业比重 63%，联邦德国为 79%，日本为 72%，中国为 81%。本部分以工业化率（工业增加值占 GDP 比重）

代替制造业比重分析变化规律。从美国、英国、法国、联邦德国、日本、韩国等典型工业化国家的发展历程看，随着人均GDP不断提高，工业化率先逐渐上升，达到峰值后逐渐下降，与之相伴随的是投资率先升后降、经济增速先高后低，并且工业化率、投资率和经济增速几乎同时达到峰值。

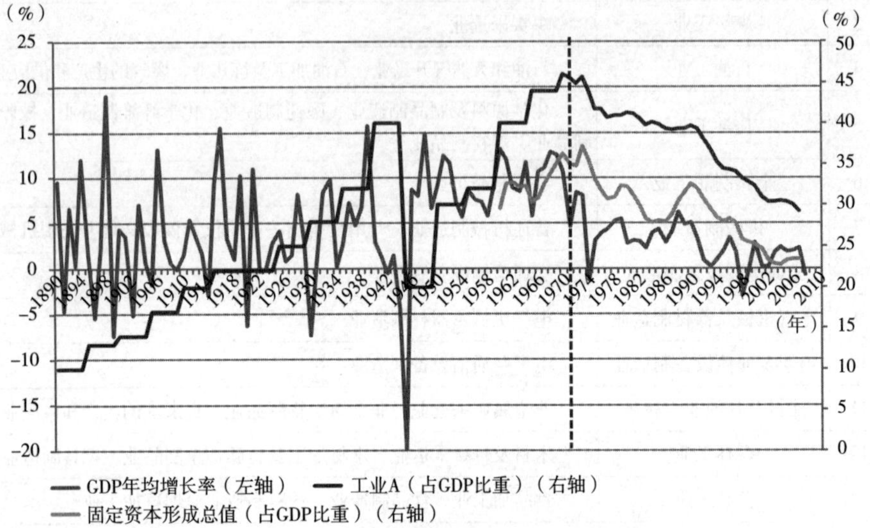

图 11.13 日本经济增长与结构变动

资料来源：国务院发展研究中心“工业化与经济增长”课题组数据库

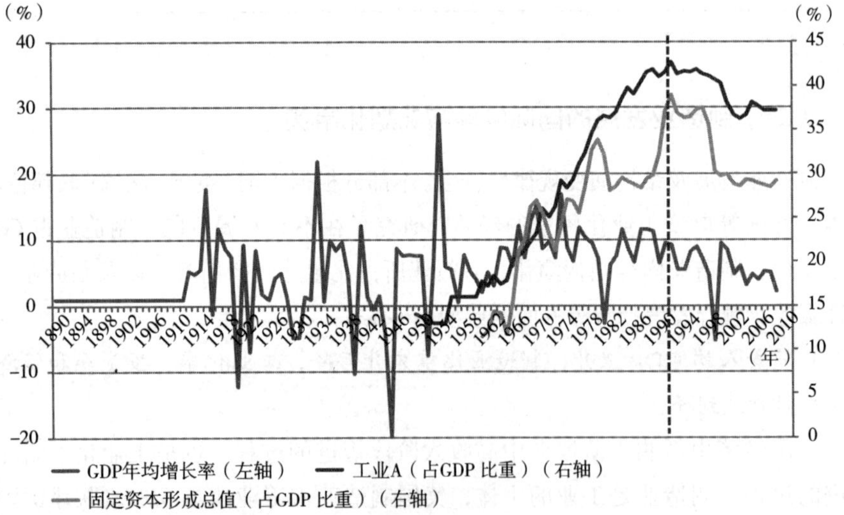

图 11.14 韩国经济增长与结构变动

资料来源：国务院发展研究中心“工业化与经济增长”课题组数据库

典型工业化国家工业化率的峰值平均为46%，所对应的人均GDP平均值大约为8800国际元[①]。典型工业化国家主要有三类：第一类是以美、英为代表的领先国家，美国工业化率在人均GDP 10414国际元时达到峰值，峰值水平为39%，而英国工业化率是在人均GDP 8003国际元时达到峰值，峰值水平为48%。跟发达国家工业化率峰值水平的平均值相比，领先国家略低，所对应的人均GDP水平略高。第二类是以联邦德国、法国为代表的较早实现成功追赶经济体，其工业化率在人均GDP 7500国际元左右达到峰值。第三类是以日本、韩国为代表的后发追赶型经济体，其工业化率在人均GDP 9500国际元左右达到峰值。总体看，追赶型经济体工业化率所能达到的峰值高于美国，所对应的人均GDP阶段低于美国，体现了挤压式增长的特点。

表11.4　典型工业化国家工业化率的峰值水平

国别		工业化率		
		峰值水平（%）	年份	当时人均GDP（国际元）
领先国家	美国	39	1952	10414
	英国	48	1957	8003
早期追赶国	联邦德国	53	1960	7693
	法国	48	1960	7449
后期追赶国	日本	46	1970	9662
	韩国	43	1991	9404
均值		46		8771

资料来源：国务院发展研究中心“工业化与经济增长”课题组数据库

2. 在制造业结构升级过程中，各行业比重达到峰值的先后顺序与技术和资金密集度有关[②]

人均收入水平不断上升的同时，制造业内部结构也发生着深刻的变化，由劳动和资源密集型产业逐步向资本和技术密集型产业升级。影响因素来自供求两方面：一是随着劳动、资源、资本、技术等生产要素充裕度和比价关系的变化，不同产业的比较优势发生变化；二是随着居民消费需求由“温饱”向“住行”和服

① 如无特别说明，本章在国际比较时统一采用基于购买力平价口径核算的人均GDP，单位为1990年G-K国际元。

② 本部分参考了王金照研究员提供的资料，参见：王金照．典型国家工业化历程比较与启示[M].北京：中国发展出版社，2010。

务升级，引导主导产业和基础产业不断更迭。

从美国、英国、联邦德国、日本、韩国等典型工业化国家的经验看，随着人均GDP上升，在制造业结构升级过程中，制造业各部门达到峰值的时点并不相同。

以纺织业、食品工业等为代表的劳动和资源密集型产业占制造业比重回落时点最早。纺织业增加值占制造业比重经过工业化初期的大幅上升之后，较早地快速回落，典型工业化国家普遍从15%以上回落至5%以下。相对于其他制造行业，纺织业回落的人均GDP时点最早、幅度最大。食品工业增加值占制造业比重回落时点也比较早，从20%左右回落到10%~15%之间。但与纺织业不同的是，典型工业化国家食品工业比重在人均GDP达到5000国际元之后普遍趋稳，基本稳定在10%~15%之间。

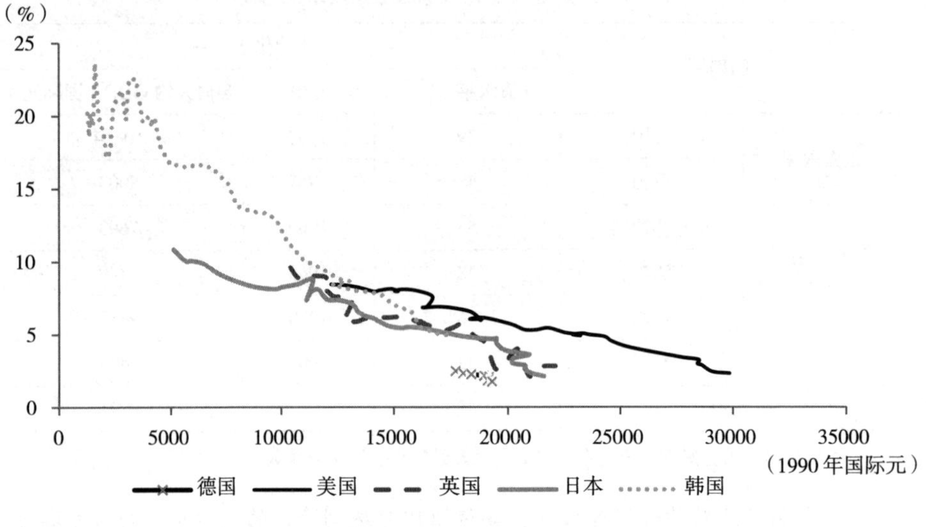

图11.15　纺织业增加值占制造业比重变化

数据来源：数据来自联合国工业发展署（United Nation of Industrial Development Organization, UNIDO）和国务院发展研究中心数据库，由王金照研究员整理

以钢铁行业为代表的资本密集型重化工业比重达到峰值时所对应的人均GDP大致在11000国际元左右。典型工业化国家钢铁行业占制造业比重在人均GDP达到11000国际元之前持续上升，而且在3000~11000国际元之间出现加速，普遍从3%左右上升到8%左右，之后持续下降到3%左右。总体来看，典型工业化国家钢铁行业比重达到峰值时的人均GDP水平比较接近。

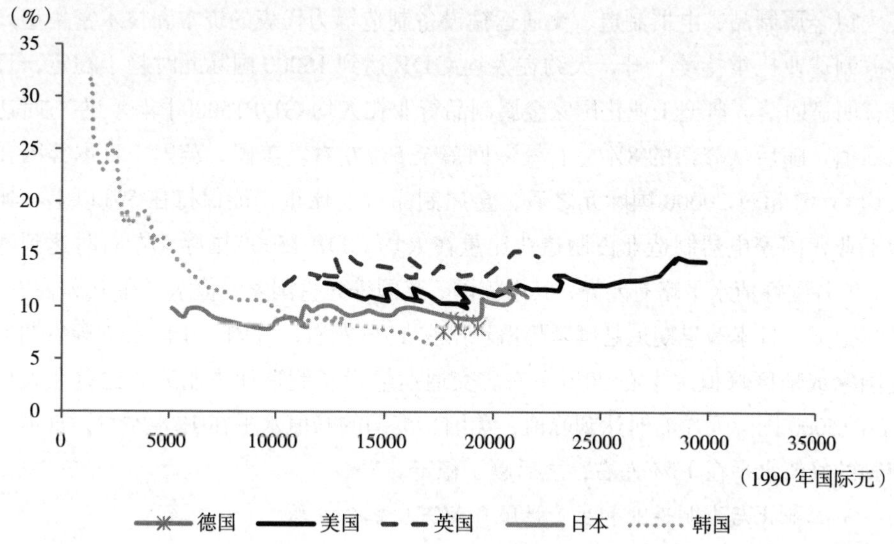

图 11.16　食品工业增加值占制造业比重变化

数据来源：联合国工业发展署（United Nation of Industrial Development Organization, UNIDO）和国务院发展研究中心数据库，由王金照研究员整理

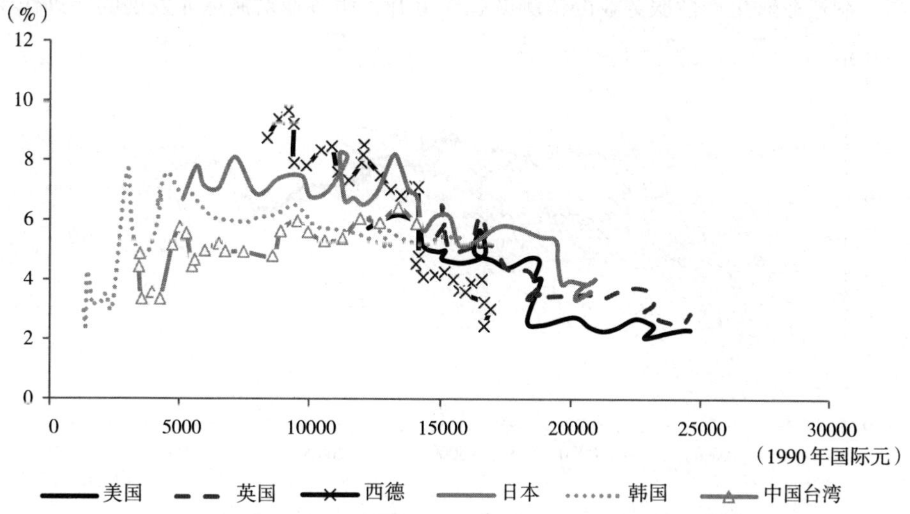

图 11.17　钢铁行业增加值占制造业比重变化

数据来源：数据来自联合国工业发展署（United Nation of Industrial Development Organization, UNIDO）和国务院发展研究中心数据库，由王金照研究员整理

以金属制品、电器制造、交通运输设备制造等为代表的资本和技术密集型产业占制造业比重持续上升，大约在人均 GDP 达到 15000 国际元时趋于稳定，且没有明显回落。典型工业化国家金属制品行业在人均 GDP15000 国际元左右时达到峰值，随后从峰值的 8% 左右缓慢回落至 5% 左右。美国、英国、日本等国在人均 GDP 超过 20000 国际元之后，金属制品行业比重仍能保持在 5% 以上。典型工业化国家电器制造业占制造业比重在人均 GDP 15000 国际元左右时达到峰值。但各国峰值水平略有差异，其中美国、英国等先行国家峰值水平在 10% 左右，联邦德国、日本等早期追赶国家峰值水平在 15% 左右，韩国、中国台湾等后期追赶国家或地区峰值水平在 20% 左右。交通运输设备制造业占制造业比重在人均 GDP15000 国际元左右时达到峰值，美国、英国的峰值水平在 12% 左右，日本、韩国的峰值水平在 15% 左右，之后趋于稳定。

3. 工业化后期制造业和生产性服务业深度融合发展

在工业化后期，典型工业化国家普遍出现了制造业"服务化"，以及服务业专业化和外包化的趋势，服务业尤其是生产性服务业占制造业投入比重不断上升，制造业升级越来越依靠生产性服务业的推动与融合发展。从国际经验看，制造业对生产性服务业的依赖度与人均 GDP 呈正相关性，随着国民经济发展水平的提高，制造业对生产性服务业的依赖度趋于上升，服务业对制造业发展的促进作用

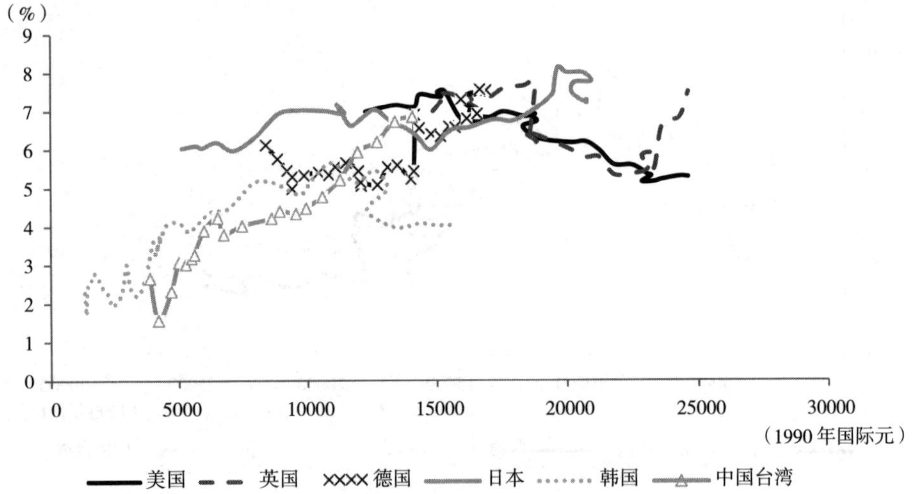

图 11.18　金属制品行业增加值占制造业比重变化

数据来源：数据来自联合国工业发展署（United Nation of Industrial Development Organization, UNIDO）和国务院发展研究中心数据库，由王金照研究员整理

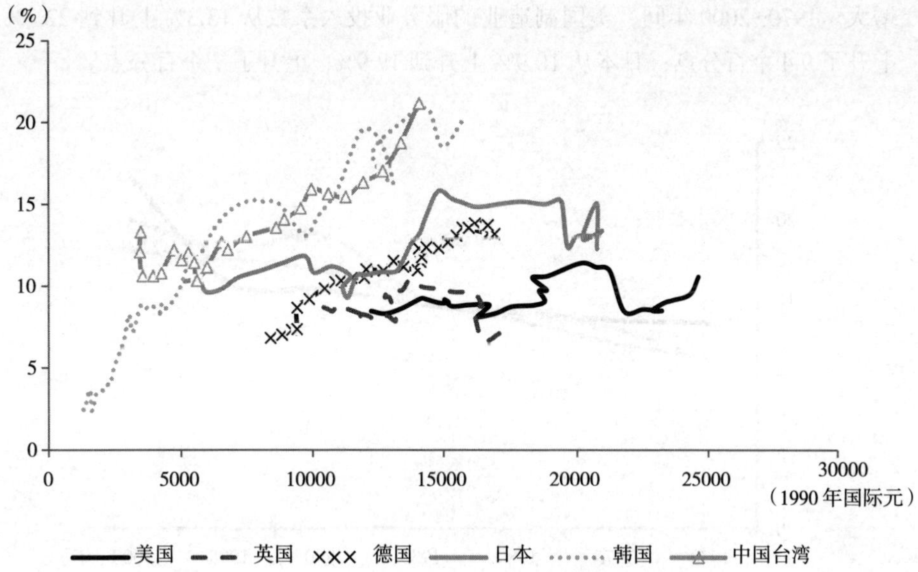

图 11.19　电器制造业增加值占制造业比重变化

数据来源：数据来自联合国工业发展署（United Nation of Industrial Development Organization, UNIDO）和国务院发展研究中心数据库，由王金照研究员整理

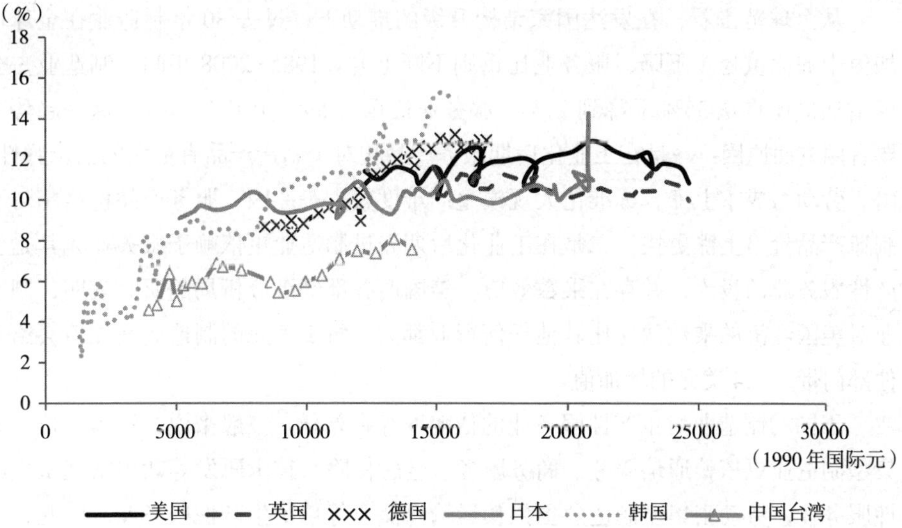

图 11.20　交通运输设备制造业增加值占制造业比重变化

数据来源：数据来自联合国工业发展署（United Nation of Industrial Development Organization, UNIDO）和国务院发展研究中心数据库，由王金照研究员整理

增大。1970~2000 年间，美国制造业的服务业投入系数从 13.3% 上升到 22.7%，上升了 9.4 个百分点；日本从 10.9% 上升到 17.9%，上升了 7 个百分点。

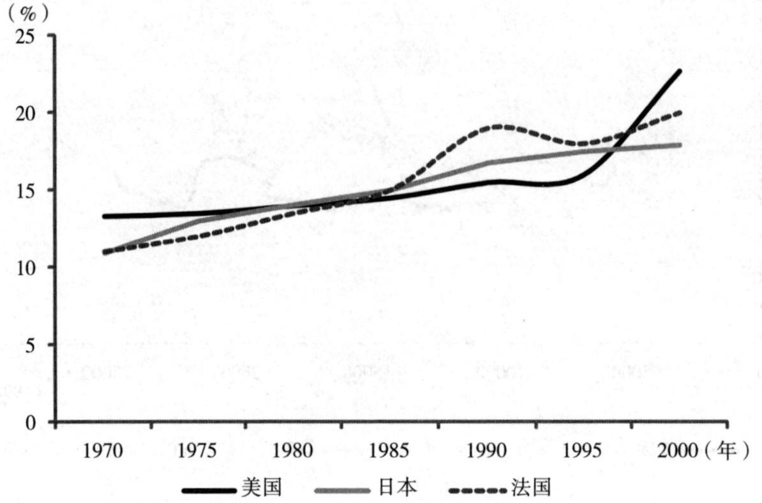

图 11.21　典型工业化国家制造业的服务业投入系数

资料来源：OECD 投入产出表

从全球范围看，在发达国家结构升级的推动下，过去 30 年制造业在全球增加值中的比重稳步下降，服务业比重则不断上升。1985~2008 年间，制造业占全球增加值比重从 35% 下降到 27%，服务业比重从 59% 上升至 70%。这一趋势主要有两方面原因：一是在工业化后期服务产品相对于制造产品有更大的需求弹性。由于劳动力成本上涨、标准化大规模生产难度较大等原因，服务产品价格相对于制造产品价格上涨更快。二是在工业化后期先进制造业更依赖于服务业尤其是生产性服务业的投入，并存在乘数效应。美国商务部经济分析局的研究表明，制造业对美国经济的乘数效应比其他任何行业都大，每 1 美元的制造业增加值会给其他部门带来 1.4 美元的增加值。

不同的制造业对生产性服务业的依赖度存在差异。一般来说，资本和技术密集型制造业更依赖通信服务、商务服务、金融保险、技术研发等知识密集型生产性服务业，劳动密集型制造业更依赖运输仓储业等传统生产性服务业。因此，随着制造业由劳动密集型向资本和技术密集型产业升级，科研服务、通信服务、金融保险、商务服务等在制造业投入中的比重不断上升，运输仓储等在制造业投入中的比重不断下降。

4. 制造业供应链全球化趋势加强

制造业是引领全球化的主要产业形态，是全球产业分工中的“游牧民”。制造业的全球化趋势包括生产、销售、融资、服务以及研发等价值链各环节的全球化。推动制造业全球化的动力主要来自地缘政治关系的改善、双边自由贸易协定的激增、信息技术的到来、标准化制造技术的革新以及物流运输基础设施的完善。

过去几十年，制造业的全球化一直是创造高价值就业岗位以及提高新兴经济体不断扩大的中产阶级生活水平的主要动力，世界各国都已经参与并受益于快速的产业全球化和制造业扩张。从 2006 年到 2009 年，全球制造业的外国直接投资（FDI）增长了一倍多，年均达到了 3500 亿美元，2010 年制造业 FDI 占全球 FDI 项目的 26%，创造了 110 万个就业岗位。实证研究表明，制造业对各国的繁荣发展非常重要，仅制成品出口数据的差异就可以解释 128 个国家收入变化的 70% 以上。

国际产业分工和产业转移浪潮为后发国家带来了前所未有的机遇。日本和韩国的崛起正是先承接了欧美钢铁、纺织工业，而后承接了汽车、电子产业转移的结果。中国在 20 世纪 90 年代以来的迅速崛起，很大程度上也是在对外开放背景下承接了先发国家纺织、钢铁、家电、造船、电子等制造业产业转移的结果。

表 11.5　世界各国制造业增加值占全球的比重　（单位：%）

	1990 年	2000 年	2010 年
中国	3.1	8.2	18.7
美国	22.7	26.1	18.5
日本	17.5	17.5	10.5
联邦德国	9.5	6.6	6
意大利	5.2	3.5	3
巴西	1.7	1.6	2.7
韩国	1.4	2.3	2.7
法国	4.3	3.2	2.6
英国	4.4	3.8	2.2
印度	1.1	1.2	2.2
俄罗斯	2.2	0.9	2

资料来源：联合国贸发组织数据库

（三）中国制造业发展状况及国际经验对比

迄今为止，中国制造业发展趋势与典型工业化国家的一般规律基本吻合，同时也表现出追赶国家的一些特点。虽然中国工业化率偏高、结构偏“重”，但在变动趋势上与工业化国家基本一致。从制造业结构演变趋势与已经出现的行业峰值时点看，与国际经验吻合度较高。同时，中国劳动力成本上升、生产性服务业发展不足等问题，对制造业升级提出了挑战。

1. 工业化率高于典型工业化国家在类似发展阶段的平均水平，呈挤压式增长特点

改革开放以来，中国制造业增速明显快于国民经济总体增长水平，1981~2011 年间工业增加值年均增速达 11.5%，比 GDP 增速高出 1.5 个百分点。

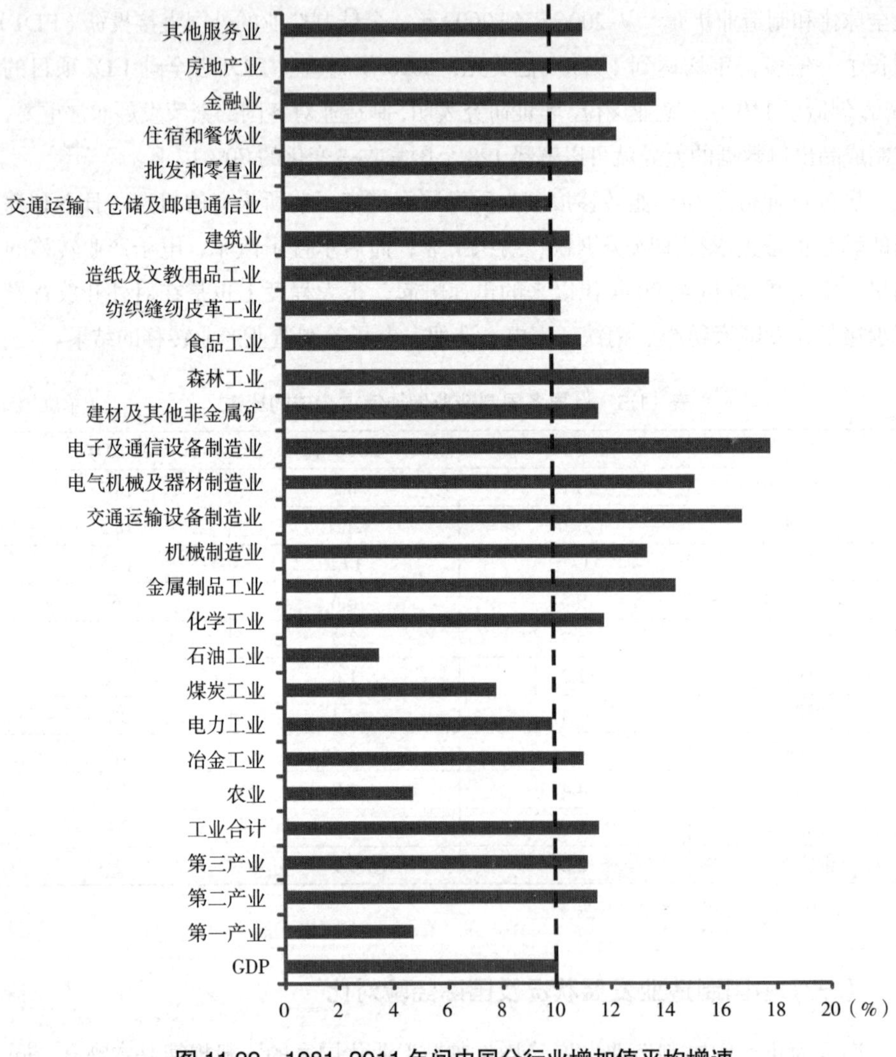

图 11.22　1981~2011 年间中国分行业增加值平均增速

资料来源：国家统计局，中国行业景气监测数据库

从工业增速与 GDP 增速的相关性看，二者走势高度相关，这符合典型工业化国家的经验，工业化的快速推进是带动一国经济高速增长的重要驱动力。

按现价测算，2012 年中国工业增加值占 GDP 比重为 38.5%（2014 年降至 35.8%），按照购买力平价口径（1990 年 G—K 国际元）测算，2008 年中国工业化率为 48.5%。2008 年中国人均 GDP 为 3414 美元（现价），按购买力平价折算为 6725 国际元，2014 年现价人均 GDP 为 7800 美元，按购买力平价 10414 国际元，跟典型工业化国家相同发展阶段的情况相比，中国工业化率比重偏高，明显高于英国、美国、日本、韩国等国家，跟联邦德国、法国同期水平相当，呈挤压式增长特征。

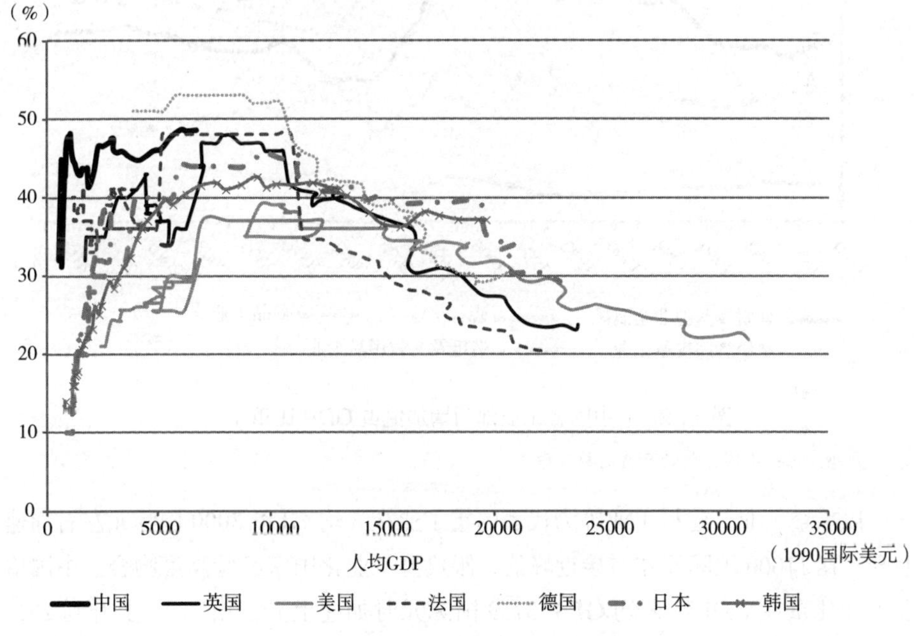

图 11.23　中国与典型工业化国家工业化率比较

资料来源：国务院发展研究中心“工业化与经济增长”课题组数据库

2. 制造业结构演变趋势与典型工业化国家吻合度较高

在经济快速增长的同时，中国产业结构实现了持续快速的升级。主要制造行业的变动趋势与国际经验吻合度较高。

以纺织业、食品工业等为代表的劳动和资源密集型产业占 GDP 比重回落时点较早。纺织缝纫皮革工业从 1980 年的 6.1% 持续下降到 2012 年的 2.8%、2014

年的2.6%，典型工业化国家纺织业比重经过工业化初期的大幅上升之后，普遍持续快速回落。食品工业在2002年前小幅回落，但之后稳定在3.7%左右。2002年中国人均GDP为4197国际元，典型工业化国家食品工业比重在人均GDP为5000国际元之后也普遍趋稳。

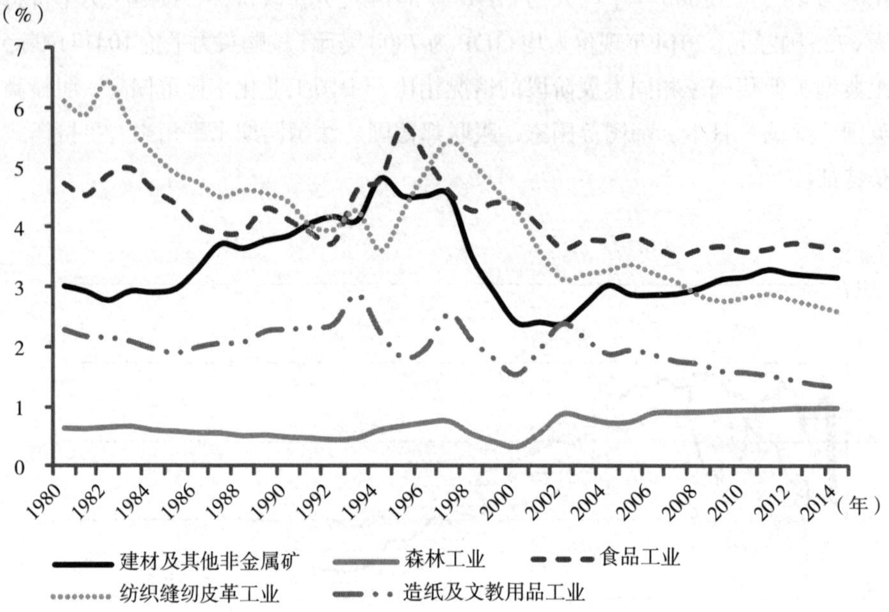

图 11.24　中国各工业部门增加值占 GDP 比重（1）

数据来源：中国行业景气监测数据库

以冶金工业、建材工业等为代表的重工业在人均GDP 3000国际元左右加速上升，在11000国际元左右接近峰值，跟典型工业化国家经验高度吻合。中国冶金工业比重在2001年人均GDP 3759国际元时加速上升，由3.7%上升到2011年的6.1%。2012年中国人均GDP达到9136国际元，已经接近典型工业化国家钢铁行业比重达到峰值的阶段。2012年中国冶金行业比重较上年下降了0.5个百分点，2014年比重更是降至5.2%，行业面临较大调整压力。

以电气制造、交通运输设备制造等为代表的资本和技术密集型产业比重长期呈上升态势。中国交通运输设备制造业占GDP比重由1980年的1.1%上升到2014年的1.93%，电子及通信设备制造业由0.9%上升到1.86%，未来仍有上升空间。根据典型工业化国家经验，这些行业比重在人均GDP达到15000国际元左右时上升趋势才会停止。

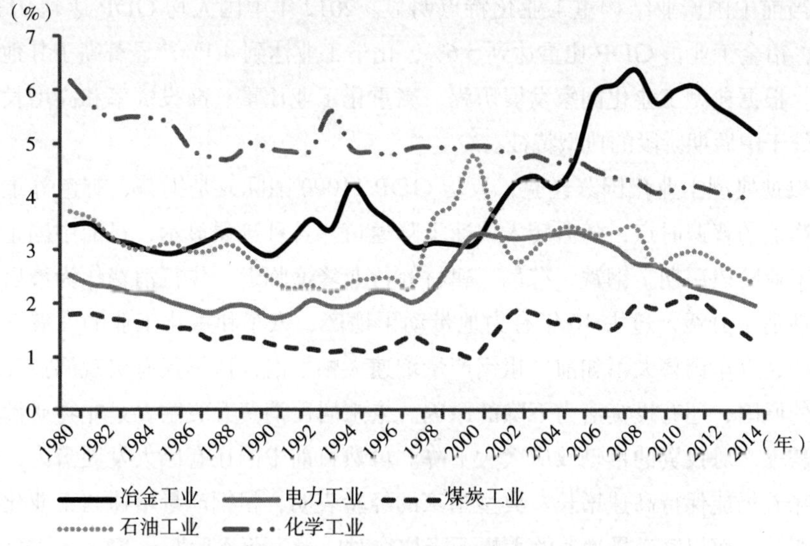

图 11.25　中国各工业部门增加值占 GDP 比重（2）

数据来源：中国行业景气监测数据库

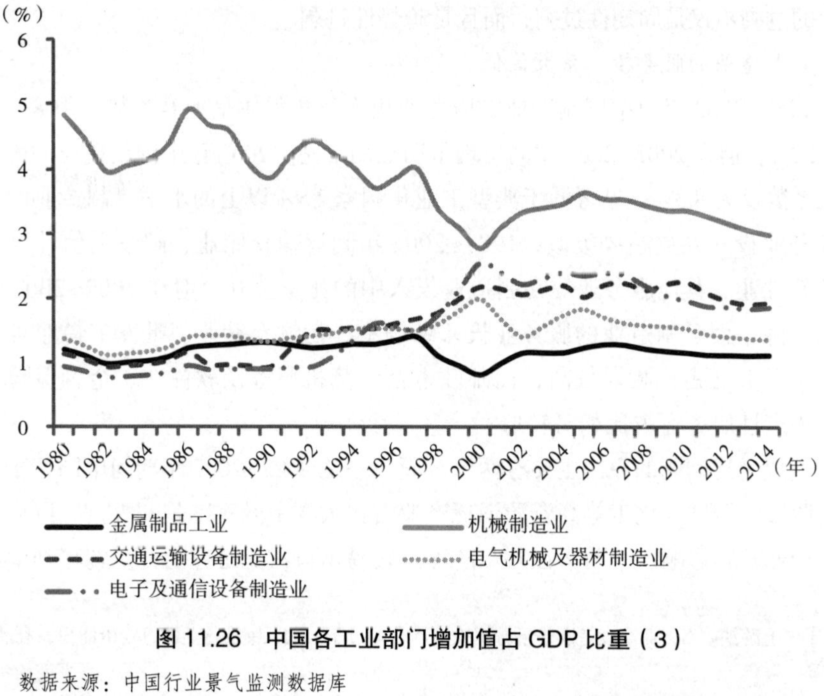

图 11.26　中国各工业部门增加值占 GDP 比重（3）

数据来源：中国行业景气监测数据库

3. 重化工业比重偏高，钢铁、有色、建材等行业峰值临近

当前中国产业结构重工业化特点明显。2012 年中国人均 GDP 达到 9136 国际元，冶金工业占 GDP 比重达到 5.6%，化学工业达到 4.1%，显著高于其他工业行业。根据典型工业化国家发展历程，高重化工业比重、高投资率和高增长是工业化处于中后期阶段的典型特征。

根据典型工业化国家经验，人均 GDP 11000 国际元是钢铁、有色等重工业达到峰值的普遍时点，随后转入快速下降通道。各种迹象显示，目前中国正步入重化工业阶段后期，钢铁、有色、建材等行业峰值临近。住行消费作为最后一轮物质性消费升级，过去 10 年有力地带动了地产、汽车和重化工业的发展。但近年地产、汽车销售大不如前，粗钢产量增速大幅下滑，这不仅有宏观调控和周期调整的原因，还有投资潜力下降的原因。未来居民消费升级主要是非物质性的服务类需求，对投资的带动效应大大下降。虽然目前中国还有巨大发展潜力，但并不意味着仍能保持高速增长。典型国家的经验表明，粗钢产量增速与工业化阶段密切相关，而粗钢产量增速的大幅下降往往对应着工业化后期。2008 年以后中国粗钢产量增速已经出现显著下降。2010 年以来钢材价格持续大幅下降，除了与长期以来恶劣的行业结构有关之外①，更重要的是，随着重化工业峰值已过，钢铁行业的过剩不仅是周期性过剩，而且是趋势性过剩。

4. 制造业的服务投入系数偏低

1987~2002 年间中国制造业的服务业投入系数整体呈上升趋势，由 8% 上升到 12.2%。但在 2002~2007 年间出现了明显的下降，2007 年中国制造业的服务业投入系数仅为 8.3%，显著低于典型工业化国家 15% 以上的水平。制造业的生产性服务业投入系数趋势类似，1987~2002 年间运输仓储业、邮政电信计算机服务及软件业、其他服务业等在制造业投入中的比重上升，但在 2002~2007 年间比重下降。而且制造业的服务业投入结构中，运输仓储业、批发零售业等传统生产性服务业占比相对较高，而邮政电信计算机服务及软件业、金融保险业等现代生产性服务业占比相对较低。

造成上述问题的原因主要有两个方面。一是 2002~2007 年期间中国处于重化工业阶段，钢铁、化工等高资源消耗产业占比大幅上升；二是“入世”以后，受国际产业转移影响，“两头在外”的加工贸易出口占比迅速上升，转移到中国的

① 上游铁矿石行业高度垄断，下游钢铁冶炼行业过于分散，钢铁行业缺乏定价能力，利润集中在上游。

制造业大多处于国际产业分工链低端，企业自主研发的积极性和能力不足，对交通运输仓储业等传统生产性服务业的需求较高，对商务服务业、金融保险业等现代生产性服务业的需求不足。

表 11.6　制造业的服务业投入系数　（单位：%）

分　类	1987	1997	2002	2007
运输仓储业	2.9	1.7	3.1	2.2
邮政、电信、计算机服务及软件业	0.0	0.6	0.9	0.4
批发零售业	3.8	3.9	4.2	2.0
住宿和餐饮业	0.0	0.5	0.6	0.5
金融保险业	1.6	1.1	1.1	1.2
房地产业	0.0	0.1	0.2	0.2
其他服务业	0.7	1.3	2.1	1.8
制造业的服务业投入	9.0	9.2	12.2	8.3

资料来源：根据中国投入产出表计算

从制造业各分部门看，1997~2002 年间服务业投入系数快速上升，而 2002~2007 年则明显下降。特别是资本和技术密集型产业也未能例外，生产性服务业贡献不大。服务业尤其高端生产性服务业发展不足制约了中国制造业升级。

表 11.7　资本和技术密集型产业的服务业投入系数　（单位：%）

分　类	1987	1997	2002	2007
通用设备制造业	8.6	8.5	12.7	8.6
专用设备制造业	8.5	9	12.7	9.4
交通运输设备制造业	8.2	7.1	10.7	8.4
电气机械及器材制造业	9	9.7	13.6	9.1
通信设备计算机及电子设备制造业	8.6	7.6	10.5	9.5
仪器仪表及文化办公用机械制造业	8.6	9.6	11.9	8.3

数据来源：根据中国投入产出表计算

5. 劳动力、土地等成本上涨压力增大，转型发展形势严峻

近年中国劳动力成本大幅上涨，低端劳动力工资涨幅尤为明显。最近十年，制造业平均工资年均上涨 14%，2006 年以后出现加速上涨态势，超过了总体平均工资涨幅。2002~2011 年间制造业年平均工资由 11001 元上涨到 36665 元，增长了 3.3 倍。各地最低工资水平和农民工收入均有不同程度上涨，2010 年、2011 年农民工工资涨幅更是高达 19.3%、21.2%。

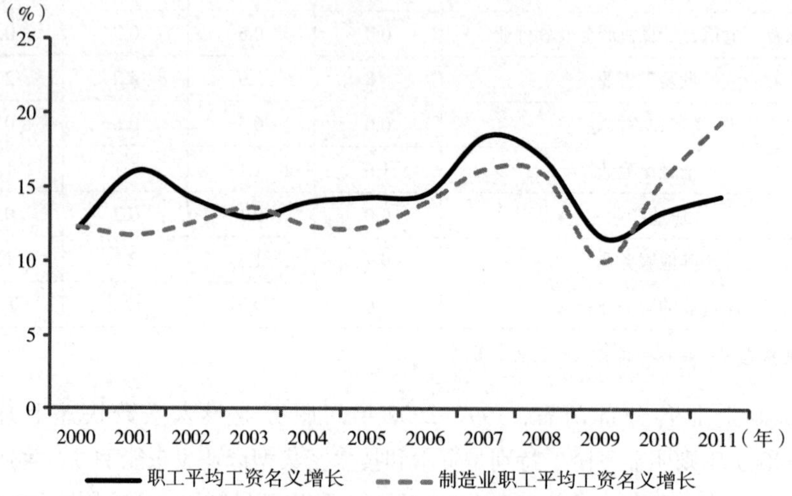

图 11.27　中国劳动力工资增速

资料来源：WIND 资讯

劳动力成本的趋势性上涨主要有三方面原因。一是农村剩余劳动力可转移数量日趋减少。二是适龄劳动力人口增速下降，老龄化加快到来，劳动力供给趋紧。受人口出生率下降和老龄人口比重上升影响，实际能够进入就业市场的青年劳动力（年龄段为 15~45 岁）呈下降趋势。三是中国日益重视劳动者权益保护和收入分配制度改革，这是经济发展到一定阶段的客观要求。

从国际比较来看，中国制造业劳动力工资跟发达国家还有较大差距，但已经明显高于越南、印尼、印度等国。

自人民币汇率形成机制改革以来，人民币汇率升值幅度明显，由于大部分出口企业采用美元结算且缺乏定价权，出口企业成本明显提高。从国际比较看，近年来在所有以制造业为主的发展中国家里，人民币汇率升值的幅度较高。

随着城市化进程的加快以及大规模货币的投放，房价地价大幅上涨，从而推

高了实体经济部门的生产和商业成本。未来随着潜在增速下降和发展阶段转换，部分行业可能出现长期性产能过剩和过高资产负债率，企业盈利预期和投资预期发生变化，银行风险意识上升，企业财务费用成本提高。

四、未来中国产业发展前景预测

预测未来 10 年中国制造业发展前景的步骤和方法如下：首先，根据典型工业化国家制造业结构演变规律，分析制造业各主要产业比重变化及出现峰值的时点与人均GDP的相关关系。这部分工作前面已经完成。其次，通过投入产出产业关联度分析，研究中国产业结构正在发生的内在演变趋势，尤其是主导产业、基础产业和产能过剩产业的变化趋势，检验是否符合典型工业化国家的一般经验。最后，根据典型工业化国家的一般规律和中国产业结构内在的演变趋势，结合课题组对未来 10 年中国人均 GDP 增长预测，测算中国各劳动密集型产业、资本密集型产业和技术密集型产业增加值比重变化。下面重点介绍中国产业结构内在演变趋势和未来 10 年前景预测。

（一）中国产业结构内在演变趋势

为了把握产业升级方向，有必要先分析不同产业之间关联及其变化趋势，研究不同产业部门的功能和属性，遴选出国民经济的主导产业、基础产业和核心产业，厘清新一轮主导产业的发展趋势。

表 11.8　产业类型与选择标准

类　型	属　性	选择标准
支柱产业	在国民经济中占很大比重，构成国民收入的主要来源。大多是已经成熟了的主导产业或地位重要的基础产业	产值比重大、税收贡献高、就业吸纳能力强
主导产业	需求引导地位突出，对其他产业和整个区域的发展起较强需求带动作用，符合产业结构演进方向	需求拉动能力强、产业关联度高、收入弹性大、技术进步快、成长迅速
基础产业	基础支撑地位突出，为其他产业发展提供基础性的必要投入品或消耗品，对其他产业和整个区域的发展起支撑和制约作用。基础产业越发达，国民经济发展后劲越足，但如果发展不够，则会对其他产业形成瓶颈约束	供给推动能力强、瓶颈约束明显、需求弹性大而供给刚性强
核心产业	产出边际带动效应和总量贡献效应的综合影响较大，具备支柱产业和主导产业的双重属性	产值比重大、需求拉动或供给推动能力强

资料来源：作者整理

分析产业关联及其变动趋势的核心指标有：（1）需求拉动能力，表示某部门增加一个单位最终需求时，通过直接和间接关联对国民经济其他部门生产的带动程度；（2）供给推动能力，表示国民经济各部门都增加一个单位最终产出时，需要某部门提供的生产量，即该部门对其他部门生产的供给推动程度。前者是分析主导产业的关键指标，后者是分析基础产业尤其是瓶颈产业的关键指标。

表 11.9 中国 47 个行业需求拉动能力和供给推动能力变动趋势

部 门	需求拉动能力			供给推动能力		
	1987 年	1997 年	2007 年	1987 年	1997 年	2007 年
农业	1.63	1.97	2.13	1.93	2.25	2.86
煤炭开采和洗选业	1.91	2.31	2.65	3.55	4.38	5.47
石油和天然气开采业	1.57	1.72	2.29	3.93	5.99	8.67
黑色金属矿采选业	2.02	2.83	3.11	5.61	7.01	8.09
有色金属矿采选业	2.08	2.70	2.94	4.80	5.61	8.36
非金属矿及其他矿采选业	1.92	2.54	2.89	3.18	3.55	4.34
农副食品加工业	2.54	2.71	2.97	1.94	2.14	2.61
食品制造业	2.58	2.65	3.15	1.22	1.19	1.52
酒及饮料制造业	2.29	2.64	2.96	1.25	1.67	2.57
烟草制品业	1.59	2.01	1.98	1.11	1.49	2.32
纺织业	2.71	2.96	3.57	2.46	3.00	2.70
纺织服装鞋帽制造业	2.74	2.85	3.59	1.37	1.39	1.74
皮革毛皮羽毛绒及其制品业	2.64	3.15	3.51	1.75	1.71	2.05
木材加工及木竹藤棕草制品业	2.06	2.54	3.29	2.87	3.54	3.32
家具制造业	2.55	3.00	3.38	2.02	1.98	1.73
造纸及纸制品业	2.53	2.81	3.28	3.70	4.02	4.45
印刷业和记录媒介的复制业	2.57	2.72	3.26	2.81	3.37	3.51
文教体育用品制造业	2.49	3.01	3.71	1.50	1.56	1.69
石油加工炼焦及核燃料加工业	1.97	2.56	3.05	3.45	4.17	4.91
化学原料及化学制品制造业	2.45	2.97	3.58	3.71	4.46	5.11
医药制造业	2.54	2.61	3.02	2.12	2.30	2.74
化学纤维制造业	2.48	3.24	3.74	4.22	4.00	3.90
橡胶制品业	2.46	3.00	3.61	2.83	3.12	3.18
塑料制品业	2.74	3.22	3.87	3.03	3.61	4.00

（续表）

部　门	需求拉动能力			供给推动能力		
	1987 年	1997 年	2007 年	1987 年	1997 年	2007 年
非金属矿物制品业	2.31	2.82	3.22	2.47	2.58	2.82
黑色金属冶炼及压延加工业	2.47	3.14	3.53	3.58	4.27	3.88
有色金属冶炼及压延加工业	2.77	3.27	3.55	3.71	4.50	4.80
金属制品业	2.62	3.24	3.68	2.41	2.89	3.24
通用设备制造业	2.51	2.83	3.64	2.07	3.35	3.38
专用设备制造业	2.57	3.07	3.64	2.12	2.37	2.53
交通运输设备制造业	2.74	3.22	3.89	2.31	2.52	2.56
电气机械及器材制造业	2.75	3.35	3.91	2.23	2.69	2.83
通信设备计算机及电子设备	2.91	3.34	4.17	2.22	2.95	3.18
仪器仪表及文化办公机械制造	2.40	3.06	3.92	3.26	3.15	4.04
工艺品及其他制造业	2.62	2.86	3.37	3.48	2.76	2.17
废品废料	3.46	1.00	1.39	4.64	4.81	6.29
电力、热力的生产和供应业	1.84	2.42	3.21	3.55	4.05	5.17
燃气生产和供应业	3.02	2.80	3.01	1.72	2.21	3.59
水的生产和供应业	1.87	2.29	2.62	2.98	3.06	3.53
建筑业	2.67	3.00	3.48	1.00	1.13	1.06
运输仓储业	1.79	2.18	2.58	2.40	3.16	3.18
邮政电信计算机服务及软件业	1.59	2.21	2.26	2.18	2.90	2.59
批发零售业	1.90	2.27	2.08	2.82	2.73	2.50
住宿和餐饮业	2.52	2.38	2.69	1.00	2.44	2.52
金融保险业	1.11	1.93	1.77	3.46	3.13	3.36
房地产业	1.73	1.62	1.47	1.00	1.78	1.65
其他服务业	2.01	2.51	2.63	1.40	1.71	1.91
平均	2.32	2.67	3.09	2.65	3.08	3.50

资料来源：各年《中国投入产出表》，中国行业景气监测数据库

1. 主导产业向中高端耐用消费品和装备制造业升级

1987~2007 年间中国行业的平均需求拉动能力由 2.32 上升至 3.09，产业间需求关联度明显提升，这是中国“产业深化”和广义技术进步的结果。其中，1997~2007 年间需求拉动能力上升较大的行业主要是中高端耐用消费品制造业和装备制造业，依次包括：仪器仪表及文化办公用机械制造业、通信设备计算机及

其他电子设备制造业、通用设备制造业、电力热力生产和供应业、木材加工及木竹藤棕草制品业、纺织服装鞋帽制造业、文教体育用品制造业、交通运输设备制造业、塑料制品业、纺织业（中高端品牌服装制造和面料精加工）、化学原料及化学制品制造业、橡胶制品业、专用设备制造业、电气机械及器材制造业等。

这些行业对国民经济的需求带动作用明显提高，具有主导产业的典型特征：从需求角度，要么符合国内居民消费升级方向，要么符合外贸比较优势升级方向；从生产角度，大多是下游终端行业或中游资本品行业，所需中间投入比重大、品种多，后向关联程度较高，产业链条较长，需求波及面广。这些行业市场需求潜力大，发展前景广阔，符合产业自然演进的方向，部分产业目前还处于发育期和萌芽期，未来最有可能成长为新的经济增长点和支柱产业。

2. 基础产业向能源原材料和中高端生产性服务业演变

1987~2007 年间中国行业的平均供给推动能力由 2.65 上升至 3.5，产业间供给关联度明显提升。其中，1997~2007 年间供给推动能力上升较大的行业主要是能源原材料和中高端生产性服务业，依次包括：有色金属矿采选业、石油和天然气开采业、废品废料（循环经济部门）、燃气生产和供应业、电力热力生产和供应业、煤炭开采和洗选业、黑色金属矿采选业、仪器仪表及文化办公用机械制造业、非金属矿及其他矿采选业、石油加工炼焦及核燃料加工业、化学原料及化学制品制造业等。根据 2007 年 135 部门和 1997 年 124 部门投入产出表测算，以下服务业的供给推动能力上升也较大：管道运输业、铁路运输业、道路运输业、水上运输业、研究与试验发展业、科技交流和推广服务业、专业技术服务业、金融业等。

这些行业对国民经济的供给推动能力明显上升，生产投入消耗不断增加，对其他行业的发展具有基础性的支撑和制约作用，对其供给能力要求越来越高，符合基础产业的典型特征。

3. 产能过剩行业趋势

如果一个产业是当前的支柱产业，却不是主导产业或基础产业，该产业的产值比重未来可能会下降。这类产业有：农业、建筑业、纺织业（低端服装制造和纺织原材料粗加工）、黑色金属冶炼及压延加工业、非金属矿物制品业等。

根据对中国产业结构内在演变趋势的研究可以发现，主导产业、基础产业和产能过剩行业的演变趋势符合典型工业化国家的一般规律。

（二）未来中国制造业发展趋势预测

本部分根据典型工业化国家制造业结构变化及各行业比重峰值出现时点与人均 GDP 的相关关系，预测了 2015~2022 年期间中国各工业行业比重变化趋势。

纺织缝纫皮革工业、造纸及文教用品工业、食品工业、森林工业等劳动密集型产业延续了回落态势，这些行业在工业化早期就已经达到了行业比重的峰值。2014~2022 年间，纺织缝纫皮革工业增加值占 GDP 比重从 2.6% 下降到 1.6%，累计下降 1 个百分点；造纸及文教用品工业从 1.3% 下降到 0.8%，累计下降约 0.5 个百分点；森林工业从 1% 下降到 0.5%，下降 0.5 个百分点；食品工业稳定在 3.6% 左右。纺织业比重的下降速度要快于食品工业，主要是受国内消费需求和出口成本优势同时下降所致。

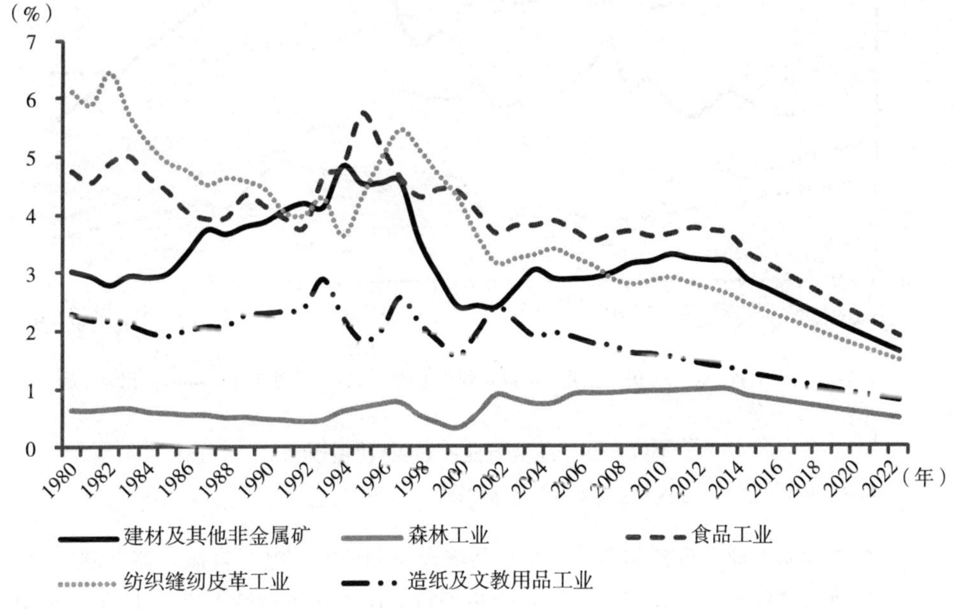

图 11.28　主要行业占 GDP 比重预测

数据来源：中国行业景气监测数据库，作者预测

冶金工业、电力工业、煤炭工业、建材及其他非金属矿制造业、石油工业、化学工业等重化工业所占比重将在 2014 年前后（即人均 GDP 达到 11000 国际元左右时）出现峰值，之后逐步回落。从回落的幅度看，冶金工业、电力工业、煤炭工业、建材工业等行业所占比重回落的幅度要大于石油工业和化学工业。这一

演变趋势符合典型工业化国家的一般经验。在工业化后期，石油工业受国内需求带动效应较强，化学工业在细分行业中仍存在较大升级空间。2014~2022 年间，冶金工业增加值占 GDP 比重从 5.2% 下降到 3%，累计下降约 2.2 个百分点；电力工业从 2% 下降到 1.2%，累计下降 0.8 个百分点；煤炭工业从 1.32% 下降到 0.9%，累计下降约 1.4 个百分点；建材及其他非金属矿制造业从 3.2% 下降到 1.8%，累计下降 1.4 个百分点；石油工业从 2.6% 平稳到 2.6%，保持不变；化学工业从 4% 下降到 3.7%，累计下降约 0.3 个百分点。

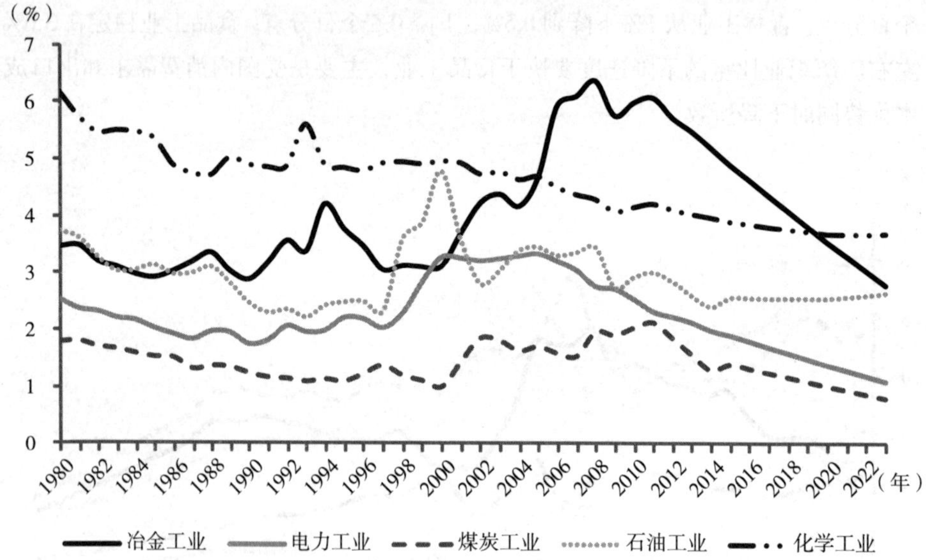

图 11.29 主要行业占 GDP 比重预测

数据来源：中国行业景气监测数据库，作者预测

金属制品工业、机械制造业、交通运输设备制造业、电气机械及器材制造业、电子及通信设备制造业等资本和技术密集型行业所占比重继续上升，大约在 2020 年前后（即人均 GDP 达到 15000 国际元左右时）趋于稳定。2014~2022 年间，金属制品工业增加值占 GDP 比重从 1.1% 上升到 1.5%，累计上升 0.4 个百分点；机械制造业从 3% 上升到 4.2%，累计上升 1.2 个百分点；交通运输设备制造业从 1.9% 上升到 2.6%，累计上升 0.7 个百分点；电气机械及器材制造业从 1.4% 上升到 1.9%，累计上升 0.5 个百分点；电子及通信设备制造业从 1.9% 上升到 2.5%，累计上升 0.6 个百分点。

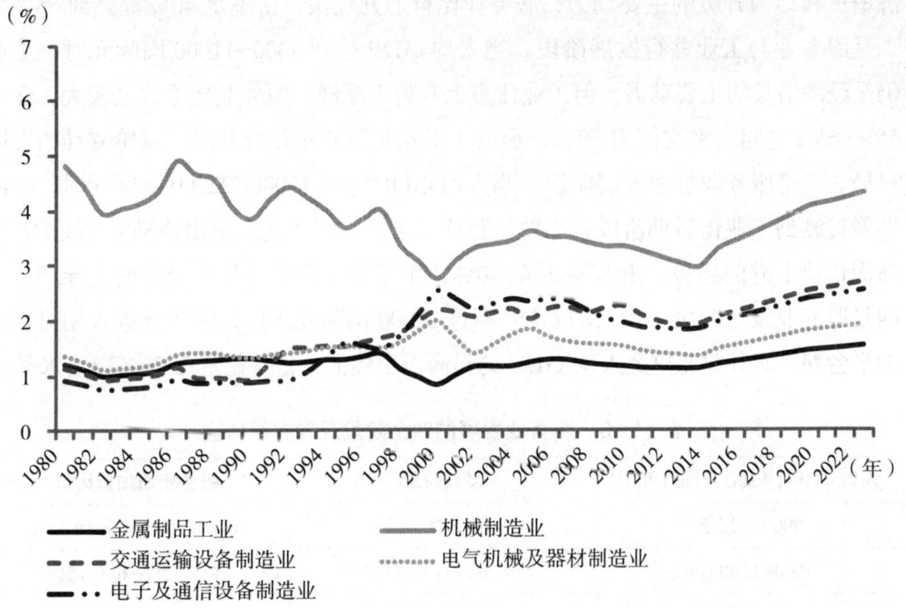

图 11.30　主要行业占 GDP 比重预测

数据来源：中国行业景气监测数据库，作者预测

从工业化率的演变过程来看，2014~2022 年期间中国工业化率逐步下降，从 2014 年的 35.8% 下降到 2022 年的 30.9%，累计下降 4.9 个百分点。

总体看，虽然中国工业占 GDP 比重整体下降，但工业内部结构将不断优化升级，劳动密集型产业和重化工业比重将不断下降，资本和技术密集型产业比重将持续上升。

（三）未来中国服务业发展趋势预测

1. 服务业发展的国际经验与典型事实

现代市场经济条件下，服务业的持续快速发展及其在经济结构中占据越来越重要的地位，是建立在较高经济发展水平基础上的。服务业占 GDP 比重与人均收入水平之间具有显著的阶段性特征，每个阶段居于主导地位的服务行业有所不同，并且，不同类型服务行业的发展规律和趋势也存在很大差别。

从典型国家看，服务业发展可分为四个阶段：一是服务业低水平发展阶段。当人均 GDP 为 3000 国际元以下时，工业化还处于快速发展的中期阶段，工业是经济增长和结构升级的主要动力，服务业比重上升较快，由不足40%提高到55%。二是服务业与工业并行发展阶段。当人均GDP达到3000~11000国际元时，工业仍是经济增长的主要动力，但工业比重上升趋于缓慢，服务业比重波动较大，介于55%~65%之间，平均值为59%，形成了工业和服务业并行发展、双轮驱动的发展格局。三是服务业加速发展阶段。当人均GDP达到11000~22000国际元时，经济发展过渡到工业化后期阶段，工业比重逐步下降，服务业比重出现随人均GDP提高而快速上升的趋势，由60%升至70%，服务业逐渐成为整个经济的主导产业。四是服务业发达阶段。当人均GDP超过22000国际元之后，服务业进入相对稳定的平台期，服务业比重随人均GDP的提高而小幅上升，并稳定在70%以上水平。

表 11.10　服务业发展的四个阶段及其主要特征

人均 GDP（1990 年国际元）	发展阶段	服务业增加值比重
3000 元以下	起步阶段	由不足 40%增长到 55%
3000~11000 元	与工业并行发展阶段	介于 55%~65%之间
11000~22000 元	加速发展阶段	由 60%快速上升到 70%
22000 元以上	发达阶段	稳定在 70%以上水平

资料来源：国务院发展研究中心

2. 服务业结构变化的基本规律特征

作为服务业内部的主导行业，流通性服务业比重呈先升后降的趋势，降幅逐渐趋缓。生产性服务业比重与人均GDP呈强正相关，当人均GDP为10000~15000国际元时，生产性服务业开始跃居主导地位。生产性服务业比重随工业比重回落而快速上升，且与城市化发展水平显著正相关。个人服务业比重呈先平稳后小幅升高的趋势，并且与消费率呈同方向变化。社会服务业比重在人均GDP超过3000国际元时由之前的稳中略降转为逐渐上升，达到22000国际元后进入稳定期。

表 11.11 服务业结构

分类	涵义	主要行业
流通性服务业	移动商品、信息的部门	交通运输仓储业、邮政电信业、批发贸易业、零售贸易业
生产性服务业	作为商品生产的中间投入的部门	金融保险业、房地产和租赁业、商务服务业、软件和信息服务业、科学研究和技术服务

（续表）

分类	涵义	主要行业
个人服务业	为家庭最终消费提供服务的部门	住宿和餐饮业、娱乐与休闲服务业、家庭服务业
社会服务业	为家庭最终消费提供公共服务的部门	教育服务业、医疗卫生服务业、社会保障和社会福利业、公共管理与防务、国际组织 3. 我国服务业发展状况及主要特征

3. 我国服务业发展状况及主要特征

根据服务业发展的国际经验判断，我国服务业正处于加速发展阶段，工业比重逐步下降，服务业逐渐成为整个经济的主导产业。目前相对于类似发展阶段的其他经济体，服务业占 GDP 比重明显偏低。流通性服务业在服务业内部居于主导地位。生产性服务业占比持续上升，与国际经验吻合度很高。社会服务业比重与典型工业化国家相同发展阶段的水平存在一定差距。

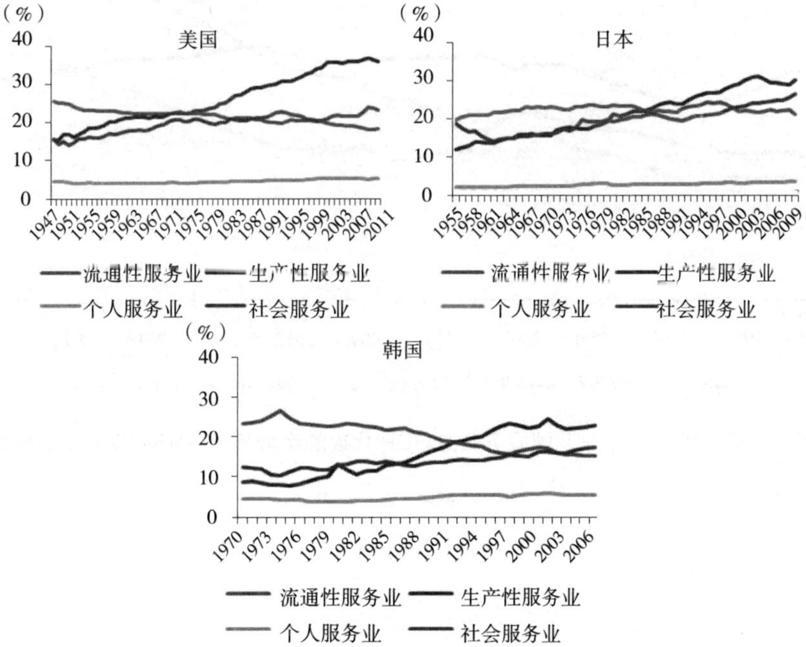

图 11.31　美国、日本、韩国服务业内部结构的变化

资料来源：国务院发展研究中心，WIND，CEIC

4. 未来中国服务业发展趋势预测

根据典型工业化国家服务业内部结构演变的典型事实，结合最新的服务业分类标准和第三次经济普查后的修订数据，对 2015~2024 年我国服务业发展长期预测进行更新[①]。从结果上看，未来 10 年我国服务业增加值比重将继续保持平稳上升的态势，2016 年服务业增加值占 GDP 比重将突破 50%，为 50.8%，2024 年超过 60%，达到 60.6%左右。具体来看，在流通性服务业比重平稳趋降的同时，生产性服务业比重持续较快上升，个人服务业比重稳中有增，社会服务业比重也呈逐步提高的趋势。预计 2021 年前后，社会服务业比重还将超过流通性服务业比重。

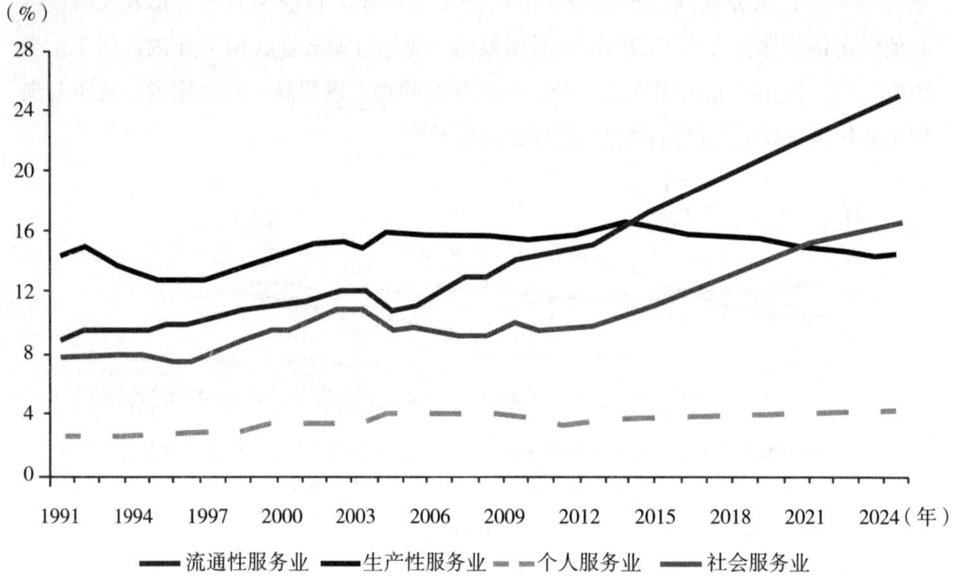

图 11.32　1991 年以来我国服务业占 GDP 比重的走势及对 2015~2024 年的预测

资料来源：相关年份的《我国第三产业统计年鉴》及刘涛（2014）估算

① 刘涛 . 服务业：初露端倪的主导产业 [M]// 刘世锦主编 . 中国经济增长十年展望（2013~2022）：寻找新的动力和平衡 . 北京：中信出版社，2014.

第十二章　经济周期波动与行业景气轮动

导语： 宏观经济是由行业经济组成的，在宏观经济由繁荣到衰退周期性的发生背景下，在行业层面会表现出相应的线索和规律，经济总量波动通过产业关联和供求关系在行业景气层面进行传导。经济总量波动与行业景气变动之间存在着一致的对应关系，行业景气的强弱波动及其共振与扩散，形成了宏观经济的复苏、繁荣、衰退与萧条。笔者建立了“中国年度、月度行业景气模型”，探索了经济周期波动与行业景气变动之间的因果联系、传导机制与政策含义。

宏观经济是由行业经济所组成的，在宏观经济由繁荣到衰退周期性的发生背景下，在行业层面会表现出相应的线索和规律，经济总量波动通过产业关联和供求关系在行业景气层面进行传导。本章整理了国内外在这方面的研究成果，建立了中国年度和月度行业景气模型，探索了经济周期波动与行业景气变动之间的因果联系、传导机制与政策含义。本章研究发现，国民经济景气沿着产业链条逐次传导，形成了“行业景气轮动”现象[①]，“先行行业”能够提前预测经济的未来走势。通过建立“中国年度、月度行业景气模型”[②]，本章发现，中国的先行行业是多种类型的，包括消费类先行和生产类先行、内需类先行和外需类先行，这与美国以可选消费类为主的先行行业有很大不同，主要是因为当前驱动中国经济增长的

① 关于“行业景气轮动”现象的研究，刘世锦、杨建龙研究员最早在2004年发现了这一规律，并进行了长期跟踪。

② 本章是在作者承担的国务院发展研究中心2010年青年招标课题“经济周期波动与行业景气变动：因果联系、传导机制与政策含义”基础上完成的。本项研究与陈昌盛博士、许召元博士共同合作完成，陈昌盛博士开发了月度行业景气模型中的行业出口指数、行业就业指数、行业景气合成指数、行业景气扩散指数等内容，许召元博士开发了景气和价格传导模块，国研中心刘世锦副主任、宏观部余斌部长对本项研究给予了指导。

动力结构呈多元化。本章提出，宏观经济形势分析应该采用“从长期看短期”“从中观看宏观”更为全面的视野。

行业景气分析方法作为一种结构分析方法，有助于弥补总量分析方法的不足，完善经济形势分析的方法体系，提高经济形势判断的准确性和科学性，特别重要的是，利用先行行业法有助于提高经济形势判断的前瞻性。

一、国内外研究成果

（一）国外的研究成果

国际上关于经济周期波动与行业景气变动之间关系的研究是比较丰富的，主要有两条线索：一条线索是通过探索经济周期波动在行业层面的冲击因素，揭示经济周期波动的原因；另一条线索是通过探索经济周期波动在行业层面的传导机制，揭示经济周期波动的规律。

1. 经济周期波动在行业层面的冲击因素

马克思、熊彼特、库兹涅茨等学者很早就开始从产业层面寻求周期波动的原因。早期以 W.S. 杰文斯（1875）、H.S. 杰文斯（1909）、H.L. 穆尔（1914）等为代表的农业周期理论认为农业的周期性引起了部门外的经济周期；以米切尔（1946）、伯恩斯（1946）等为代表的实业周期理论认为利润率、成本与价格的变化决定了实业生产需求的扩张和衰退；马克思（1867）通过将社会总生产分为生产资料和消费资料两大部类来揭示资本主义生产的本质和经济危机的根源；以熊彼特（1939）为代表的创新周期理论认为集聚的创新活动引发的新兴产业群出现和产业投资浪潮是导致经济周期的源泉，等等。

目前经济周期理论已经归纳的几大典型周期类型均根源于产业因素：短波的蛛网周期揭示的是农业对价格的生产反馈周期；短波的基钦周期揭示的是工商业部门的存货调整周期；中波的朱格拉周期揭示的是产业在生产设备和基础设施的循环投资活动；中长波的库兹涅茨周期揭示的是建筑业投资活动；长波的创新周期（康德拉耶夫周期）揭示的是创新产业的集聚活动。

2. 经济周期波动在行业层面的传导机制

美国统计学家 Niemira（1998）观察到：“并不是每一个产业必须是同时地或同等程度地受到经济周期的影响或对经济周期产生影响。”他提出了采用投入产出表来研究产业间需求联动的初步思路。

依据行业景气的先后波动规律是证券投资领域进行资产配置的重要思路，美林策略研究员（2004）计算了1970~2004年美国经济周期不同阶段的行业表现，发现当经济周期在由繁荣到萧条不断变换时，不同类型的行业和资产的收益依次有超过大市的表现，从而得出了著名的"投资时钟"的行业轮动投资策略。

麦肯锡公司（2009）研究了1973~2008年间美国历次经济周期中行业衰退与复苏的顺序，研究发现在美国最近四次经济衰退中，有三次都是非必需消费品和IT消费支出的增长领先于其他行业。而当这些行业的实际利润恢复增长时，有可能表明经济开始回暖。

（二）国内的研究成果

由于中国行业效益月度统计数据发布频率不固定，统计口径经常变化，制约了对行业景气的持续跟踪。

中国较早系统研究经济周期与结构变动之间关系的是马建堂（1988、1990、1992）。马建堂在其影响较大的论文和专著中，探索了经济周期与产业结构变动之间的一些重要关系，如周期的各个阶段产业结构变动的特征、不同周期类型对产业结构变动形态的影响、不同行业对周期变化的回应、周期中的不同阶段及政府的对策对各个部门扩张与收缩的影响等。国研中心在行业景气研究方面有着长期积累，国研中心产业部（刘世锦、冯飞、杨建龙，2003、2004、2005）把产业景气的跟踪放在经济周期的大背景下来考察，探索了新时期中国产业景气波动的跟踪方法，构建了以中国产业增长景气指数和效益景气指数为主，包括行业产量、销售收入、利润、价格、进出口、产能利用水平、库存率、应收账款比重、成本传导能力等指标，构造了涵盖30多个行业的指数体系，在社会各界产生了较大影响。刘树成（2006）把2002年以来新一轮周期的推动力即正向技术冲击归因于由消费结构升级带动的以房地产和汽车为代表的产业结构升级，认为这一轮产业结构升级对经济增长与波动的作用具有高位增长和强幅波动的双重性。孙广生（2006）认为经济波动实际上就是各个产业波动的综合效果，他探讨了各产业波动与经济波动的相关性、经济波动过程中各产业波动的特点以及推动经济波动的产业来源，研究发现重工业景气波动主导中国宏观经济景气波动。周学（2011）认为，经济分析不能局限于总量分析，应该建立中观和微观基础，作者在经济发展阶段理论、主导产业理论、主导消费需求理论和产业运行轨道理论的基础上，提出了中观分析方法和新的预测方法，阐述了基于中观视野的宏观调控新思路。

任泽平（2008）研究了通货膨胀与行业景气的关系，提出并构建了行业成本传导能力指数（CTC），认为成本传导能力是通胀环境下决定行业间利润流向的关键因素，是定量分析行业景气的基础性指标。宋瑞礼、任泽平（2009）研究了电力消费与经济周期波动的关系，分析了2008年电力消费与GDP增长背离的根本原因是行业景气的结构变动问题，即重工业景气比轻工业景气下滑更快。任泽平（2009）通过实证检验发现，随着股权分置改革全面启动，中国资本市场发生了本质的变化，2003年以后股票市场“板块轮动”现象与实体经济“行业景气轮动”现象的相关性日益增强，股票市场作为国民经济晴雨表的功能开始显现。

二、经济周期波动与行业景气变动之间的基本联系

（一）影响经济周期波动的行业因素

已有经济周期理论经常研究在产业结构方面的冲击因素，并将冲击因素分为长波、中波和短波因素。从长波因素来看，在发达国家主要表现为重大新技术的集聚出现引发新兴主导产业群的形成和产业投资浪潮，在发展中国家，除了受世界经济的创新周期和产业转移影响外，其自身由于消费结构升级和城市化进程同样会带来新兴主导产业群的成长和产业投资浪潮。从中波因素来看，主要有居民部门耐用消费品更新换代、企业部门产业设备更新、基础建筑设施和房屋重建等。从短波因素来看，主要表现为农业的丰歉、工商业部门的库存调整等。

（二）影响行业景气变动的因素

影响行业景气波动的因素主要有三类：第一类是短期市场因素，主要是供求关系；第二类是长期市场因素，包括消费升级、技术进步、行业生命周期、行业集中度（市场结构）等；第三类是非市场因素，包括宏观调控政策、政治因素、气候变化等。

从长期来看，一国所处的经济发展阶段决定了该国一段时期内经济周期波动和行业景气运行的短期特征。不同的经济发展阶段具有不同的经济增长动力结构特征，主导经济周期波动的产业群会不断升级轮替，而不同的产业群在产业关联、拉动效应和景气传导时滞等方面存在明显差异。

从短期来看，供求因素是影响经济周期波动和行业景气变动的主要因素，对波幅、波长等波动特征都具有决定性的影响。短期供求因素在经济周期不同阶段对行业景气会产生差异性的影响：在经济复苏阶段，需求不足的情况下，需求因素对各行业景气起决定作用，因此往往是收入敏感性强和需求弹性大的下游行业

尤其可选消费品行业率先复苏；随着经济走向繁荣，供给因素对行业景气起更关键的作用，能源原材料价格上涨，利润流向供给弹性小和成本传导能力强的中上游行业，尤其是能源原材料行业和资本品行业；当经济由过热走向衰退时，低端必需消费品行业由于需求刚性表现出一定的抗周期能力。一般来说，下游先行行业比中上游行业能够率先感触到经济景气的恢复和需求的反弹，需求弹性大的周期性行业比需求弹性小的非周期性行业的景气波动幅度更大。

（三）行业景气之间的传导机制："行业景气轮动"

在经济现实中，存在着一种典型的从下游到上游的需求逐次传导和行业景气先后波动的现象，即"行业景气轮动"现象：经济复苏阶段以需求敏感的先行行业复苏为主要特征，经济周期繁荣阶段以占经济主要比重的中游重化工行业复苏、繁荣为主要特征，经济周期的过热和衰退阶段以上游能源原材料行业和其他瓶颈产业的过热为主要特征，经济萧条阶段以绝大部分行业景气下行和非周期行业的相对景气为主要特征。这一现象跟产业关联（投入消耗关系）、消费结构升级、产业结构升级、城市化进程等有关。与实体经济领域的"行业景气轮动"现象相对应的，是股票市场上著名的"板块轮动"现象，即随着经济周期阶段的发展，股票市场上的行业板块相对收益指数呈现出一定的先后轮动次序。

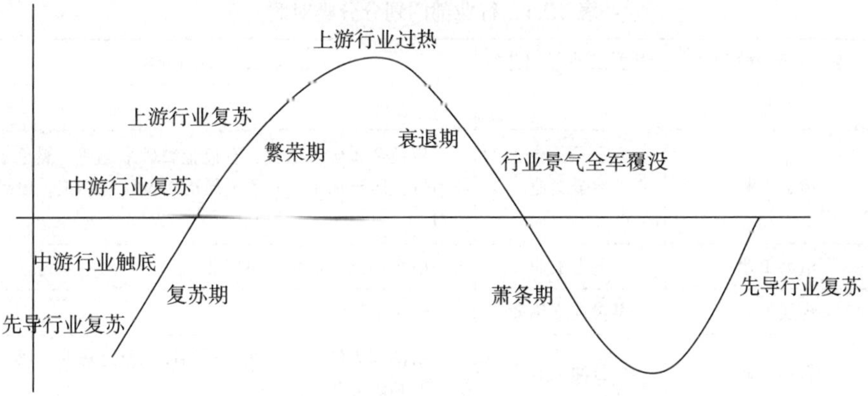

图 12.1　经济周期波动中的行业景气变动

资料来源：中国行业景气指数数据库

（四）经济周期波动与行业景气变动之间的对应关系

经济周期波动与行业景气变动之间存在着一致的对应关系，行业景气的强弱波动及其共振与扩散，形成了宏观经济的复苏、繁荣、衰退、萧条等不同阶段。

国民经济运行是一个系统，在总量上表现为经济总体（又表现为货币流、生产流、信息流等）的周期波动，在结构上表现为行业景气的变动与传导；引起宏观经济景气波动的宏观政策、货币供应等因素会对行业景气产生影响，并沿着相关产业链条进行传导。

三、中国行业景气模型的开发

为了研究中国行业景气波动的特征，本章建立了“中国年度行业景气模型”和“中国月度行业景气模型”。

（一）中国年度行业景气模型的开发方案

之所以自主开发“中国年度行业景气模型”，主要是因为近30年来中国年度行业增加值数据口径调整较大，需要对已有数据资料进行加工处理。

1. 部门划分

根据研究需要和数据的可获得性，本章将国民经济划分为23类行业，其中农业为1个部门，工业为15个部门，建筑业为1个部门，服务业为6个部门。

表 12.1 行业部门划分分类对照

23类行业分类	15类工业部门分类	37类工业部门分类
农业		
冶金工业	冶金工业	黑色金属矿采选业、有色金属矿采选业、黑色金属冶炼及压延加工、有色金属冶炼及压延加工、废品废料
电力工业	电力工业	电力蒸汽热水生产供应业
煤炭工业	煤炭及炼焦业	煤炭采选业
石油工业	石油工业	石油和天然气开采业、石油加工及炼焦业、燃气的生产和供应业
化学工业	化学工业	化学原料及制品制造业、医药制造业、化学纤维制造业、橡胶制品业、塑料制品业
金属制品工业	机械工业	金属制品工业
机械制造业	机械工业	普通机械制造业、专用设备制造业、仪器仪表文化办公用机械

（续表）

23 类行业分类	15 类工业部门分类	37 类工业部门分类
交通运输设备制造业	机械工业	交通运输设备制造业
电气机械及器材制造业	机械工业	电气机械及器材制造业
电子及通信设备制造业	机械工业	电子及通信设备制造业
建材及其他非金属矿	建筑材料工业	非金属矿采选业、非金属矿物制品业、自来水的生产和供应业
森林工业	森林工业	木材及竹材采运业、木材加工及竹藤棕草制品业、家具制造业
食品工业	食品工业	食品加工业、食品制造业、饮料制造业、烟草加工业
纺织缝纫皮革工业	纺织工业、缝纫工业、皮革工业	纺织业、服装及其他纤维制品制造、皮革毛皮羽绒及其制品业
造纸及文教用品工业	造纸工业、文教艺术用品工业	造纸及纸制品业、印刷业记录媒介的复制、文教体育用品制造业、工艺美术品及其他制造业
建筑业		
交通运输、仓储及邮电通信业		
批发和零售业		
住宿和餐饮业		
金融业		
房地产业		
其他服务业		

2. 数据来源与开发方案

行业景气涉及的指标包括行业增加值、价格指数、利润、主要产品产量等。

（1）行业增加值数据的采集与处理。目前已有的有关行业增加值数据情况：《中国统计年鉴 2010 年》公布了 9 个部门的行业增加值及其增速数据，即农业、工业、建筑业、6 个服务业部门（交通运输仓储及邮电通信业、批发和零售业、住宿和餐饮业、金融业、房地产业、其他服务业）；中国对工业增加值的统计口径调整较大，《中国统计年鉴》中 20 世纪 80 年代采用的是工业总产值数据，1994~1997 年工业增加值统计范围是乡及乡以上工业企业，1998 年调整为规模以上工业企业，即全部国有企业和年主营业务收入 500 万元及以上的非国有企业，2007 年调整为年主营业务收入 500 万元及以上的工业企业，从 2011 年开始调整为年主营业务收入2000万元及以上的工业企业。2004年以前工业增加值不变价增速采用的是可比价法，2004年以后采用价格指数缩减法；《中国投入产出表》由于编表制度原因，即逢2、7编制调查表，逢0、5编制延长表（推算表），目前有几张年度表：1987、1990、1992、1995、1997、2000、2002、2005、2007、2010。本章通过对上述数据加工处理得到23类行业增加值数据。

（2）行业价格指数的采集与处理。本章根据9个部门的行业增加值及其实际增速数据，推算得到农业、工业、建筑业、6个服务业部门（交通运输仓储及邮电通信业、批发和零售业、住宿和餐饮业、金融业、房地产业、其他服务业）的行业价格指数，GDP平减指数、第一二三行业价格指数的推算方法类似；15大类工业价格指数采用PPI分行业价格指数。

（3）分行业利润数据主要采用《中国投入产出表1987~2007》。

（二）中国月度行业景气模型的开发方案

之所以自主开发行业景气模型，是因为目前中国官方统计的月度指标存在以下问题：一是发布频率变化较大，数据不连续，2007年之前行业效益数据按月发布，2007~2010年只发布2、5、8、11四个月度的累计数据，2011年再改为按月发布，本章通过补齐数据、开发替代指标等方法保证了数据的连续性；二是缺乏分析行业景气的一些重要指标，比如行业成本指数、行业成本传导能力指数[①]等，本章进行了自主研发；三是部分基础性统计指标存在缺陷，比如月度规模以上工业增加值增速在经济大起大落年份数据失真度较高，而且不能完全代表行业产量增长情况，因此本章开发了行业生产指数[②]。

1. 行业景气指标的选取

企业行为的核心是利润（E）最大化，根据企业利润公式：利润＝销量×（价格－成本），$E=Q\times(P-C)$，因此不同属性的企业或行业追逐利润的手段是不同的，主要可分为三类：第一类是规模扩张型，汽车、家电、钢铁等成熟行业主要依靠扩大生产销售规模（Q）追求利润；第二类是技术进步型，通信电子设备、信息软件技术等成长性行业主要依靠技术进步降低成本（C）追求利润；第三类是价格上涨型，资源、能源、土地、农产品等既无法快速地大规模提高产量，也很难在技术进步方面赶上工业品领域，因此只能靠涨价（P）赚取利润。另外，股票市场、

---

① 关于行业成本指数、行业成本传导能力指数和行业理论毛利率指数的设计参见本书第五章。

② 行业生产指数也称为行业产量指数，由代表性产品产量进行合成得到，是国际上通行的工业生产核算方法。

房地产市场等资产市场由于供给短期很难提高，主要靠资产价格（P）上涨。

因此，行业景气分项指标的选取，应该至少包括量、价、利三个方面。综合考虑研究的需要和数据的可获得性，本章设计的行业景气指数体系包括以下分项指标：

（1）行业销量或产量（Q）；

（2）行业价格（P）；

（3）行业直接物耗成本（C）；

（4）理论单位毛利润（P–C）；

（5）行业成本传导能力（ΔP/ΔC）；

（6）行业固定资产投资（影响未来的行业供给能力）；

（7）行业就业指数（反映行业就业弹性和波动性）；

（8）行业出口数量指数和价格指数（反映行业可贸易程度和行业受国际市场条件变动的影响）；

（9）分行业工业增加值和分行业利润（作为景气指数检验的参照基准）。

然后对上述分项指标进行合成：

（10）行业景气合成指数，包括先导行业景气指数、一致行业景气指数和滞后行业景气指数；

（11）行业景气扩散指数。

2. 行业分类

目前本章建立的月度景气指数包含农业和工业的 38 个细分行业，总共 39 个行业，未来计划将建筑业和第三产业中的交通运输业、金融产业和房地产业纳入进来，目前没有纳入进来，主要是由于中国对服务业和建筑业的统计体系不健全，缺乏第三产业细分行业和建筑业的月度价格、销量、产量等数据。

为了更好地反映各行业景气指数变动对总行业景气指数的影响，在得到分行业景气指数后，根据最新投入产出表（目前是 2007 年表）中所选行业的增加值占比，赋予每个细分行业景气指数特定权重，以合成总行业景气指数。

表 12.2　景气指数细分行业及增加值权重分布情况

细分行业	权重	归并行业	权重
农业	0.087	农业	0.087
煤炭开采和洗选业	0.017	采掘业	0.052
石油和天然气开采业	0.017		
黑色金属矿采选业	0.006		

（续表）

细分行业	权重	归并行业	权重
有色金属矿采选业	0.004	采掘业	0.052
非金属矿及其他矿采选业	0.007		
农副食品加工业	0.043	食品工业	0.074
食品制造业	0.014		
酒及饮料制造业	0.010		
烟草制品业	0.007		
纺织业	0.045	纺织工业	0.077
纺织服装、鞋、帽制造业	0.019		
皮革、毛皮、羽毛（绒）及其制品业	0.013		
木材加工及木、竹、藤、棕、草制品业	0.012	其他轻工业	0.046
家具制造业	0.008		
造纸及纸制品业	0.015		
印刷业和记录媒介的复制业	0.007		
文教体育用品制造业	0.005		
石油加工、炼焦及核燃料加工业	0.037	石油工业	0.037
化学原料及化学制品制造业	0.060	化学工业	0.110
医药制造业	0.013		
化学纤维制造业	0.008		
橡胶制品业	0.008		
塑料制品业	0.022		
非金属矿物制品业	0.040	建材工业	0.040
黑色金属冶炼及压延加工业	0.072	冶金工业	0.108
有色金属冶炼及压延加工业	0.036		
金属制品业	0.031	金属制品	0.031
通用设备制造业	0.046	机械工业	0.177
专用设备制造业	0.024		
交通运输设备制造业	0.058		
电气机械及器材制造业	0.048		
通信设备、计算机及其他电子设备制造业	0.073	电子工业	0.082
仪器仪表及文化、办公用机械制造业	0.009		
工艺品及其他制造业	0.011	工艺废品业	0.019
废品废料	0.008		

（续表）

细分行业	权重	归并行业	权重
电力、热力的生产和供应业	0.056	电力燃气水	0.060
燃气生产和供应业	0.002		
水的生产和供应业	0.002		
合计	1	合计	1

3. 数据处理与模型建设

数据主要来自国家统计局、海关总署、人民银行、农业部等发布的月度数据。同时基于公开发布数据，根据投入产出表的直接消耗系数、行业间的产业链联系和行业原材料采购周期等，本章自行设计开发了一些指标和数据（例如行业成本指数、行业成本传导能力指数、行业生产指数等）。该指数体系可以每月更新，是第一个国内按月度发布的行业景气监测指数。

下面重点介绍本章自行设计开发的行业生产指数。

4. 行业生产指数

月度工业增加值和季度GDP是反映短期经济运行最敏感、及时的重要指标，是进行宏观经济形势分析、宏观调控的基本依据。近年来中国工业生产统计进行了较大改革，数据质量显著提高。但是中国原有月度工业生产统计和季度GDP核算的部分方法存在问题，使得经济大幅波动时期统计数据失真度较高，对经济形势分析和宏观调控造成了一定影响。本章采用了国际上另一种通行的工业生产统计方法——生产指数法，来估算工业总产量实际增速，进而检验中国现行统计方法所得到的结果。

（1）21世纪以来中国工业生产统计质量显著提高，但2008~2009年间与经济现实背离较大。

2004年以前，中国工业生产统计在国内外存在争议，普遍认为由于统计方法不合理、统计制度不健全，工业生产增速明显高估，成为中国GDP核算中存在误差的重要原因[①]。

21世纪以来，中国工业生产统计取得了很大进步。在不变价工业增加值计算中，从2004年开始采用国际上通用的价格指数缩减法代替了原有备受诟病、容

① 有关争论参见：岳希明，张曙光，许宪春. 中国经济增长速度：研究与争论[M]. 北京：中信出版社，2005。伍晓鹰（1997、2002）较早地采用生产指数法对中国年度工业产出增长率进行了估算，麦迪森（2003）在对中国GDP增长率进行估算时，工业产出增长率数据采用了伍晓鹰的结果。

易造成高估的可比价法；从2007年开始建立了规模以上工业企业成本费用调查制度，取消了企业直接填报增加值的做法，避免了大量计算错误；从2011年开始编制和公布经季节调整的月度环比工业生产增速，更灵敏地反映短期运行态势的变化。此外，近年来国家统计部门出版了大量刊物，向社会各界进行统计制度、统计知识和数据应用的宣传，增强了统计工作的透明度和可信度。经过上述改进，中国工业生产统计数据质量明显提高。

本章用国际上另一种通行的工业生产统计方法——生产指数法，来估算工业总产量实际增速，进而检验中国现行统计方法所得到的结果。工业生产指数是目前多数市场经济国家普遍使用的方法，也是联合国统计司建议使用的方法。本章合成的工业生产指数步骤如下：首先采用155类工业主要产品产量增速数据，合成了93小类工业分行业产量增速，然后再合成38中类工业分行业产量增速（采用各年度分行业总产值作为权重），最后合成总的工业生产指数。主要产品产量

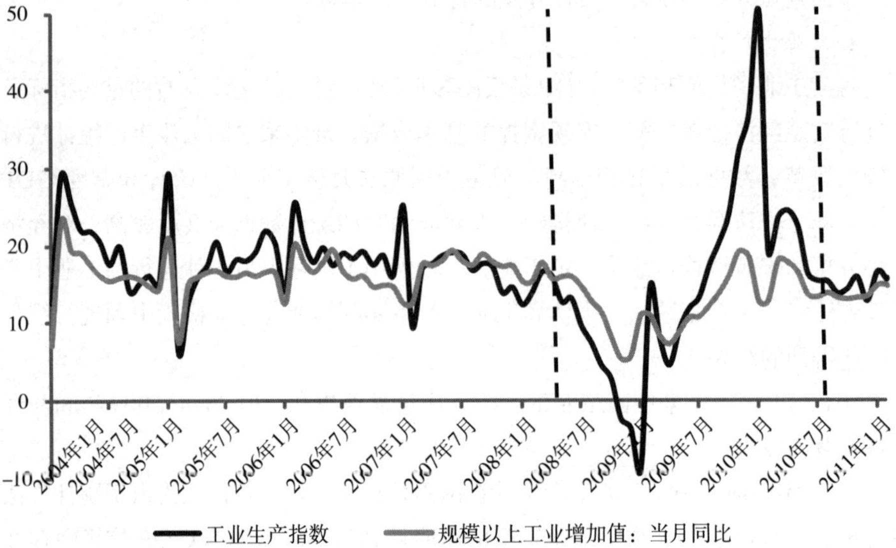

图12.2 工业生产指数与工业增加值增速的对照

注：本章合成的工业生产指数在1月波动性较大，这主要是由春节因素所致。比如2010年春节假期是2月13日至19日，而2009年春节假期是1月25日至1月31日，这就使得2010年1月份工业生产指数达到50%，出现这种情况是很正常的，部分主要产品产量增速比这要大得多。国家统计局统计的工业增加值只公布1~2月合计数据，所以看上去平滑些。

数据来源：国家统计局，中国行业景气监测数据库

数据是由国务院有关部（局、公司）及直属行业协会按照各自的调查方法布置和报送，受人为干扰的因素较少，数据质量较高。需要说明的是，与国外采用几百上千种代表性产品产量数据进行工业生产指数合成相比，中国现有产品产量数据的代表性还不够。但是作者认为，对于93小类工业行业，每小类行业内部各产品的属性较为接近，波动方向基本一致，如果采集更多的产品，只会改变部分细分行业的细微波动情况，而不会改变合成后的工业生产指数总体波动情况。现有的155类产品，大多是国民经济的主要产品，基本代表了工业经济的总体运行情况。

对照发现，本章合成的月度工业生产指数与国家统计局核算的规模以上工业增加值增速在2004~2007年间基本吻合。可见，在经济平稳运行的年份，中国工业生产增速数据质量较高，国际上普遍质疑的高估问题得到显著改进。

但是在2008~2010年上半年经济大幅波动期间，工业生产指数与规模以上工业增加值增速出现了较大背离。而且这种背离在工业的主要行业里都不同程度地存在，是一个普遍现象。2008年规模以上工业增加值增速平均比工业生产指数高估了4.25个百分点，2009年则低估了2.81个百分点。如果考虑到2008年增加值率下降的因素，实际的工业增加值增速将会比已经公布的数据差距更大。从工业生产指数来看，金融危机对中国经济的冲击远超过原有统计方法得到的结果。如果按照工业生产指数法，中国规模以上工业增加值增速在2008年底出现了负增长，这要比已经公布的最低增速——5.4%——相差10多个百分点。这一问题有学者在1998~1999年间也有发现（伍晓鹰，1997，2002），认为中国对工业生产统计进行了人为的平滑处理。

（2）中国原有月度工业生产统计和季度GDP核算的部分方法存在问题。

根据分析研究，造成2008年中国工业增加值增速明显高估和2009年明显低估的原因，主要是由于中国原有部分统计方法存在问题。并且这一问题还影响到了季度GDP核算的数据质量，使得这些数据在经济大起大落时期失真度较高，对中国经济形势分析和宏观调控造成了一定影响。

首先，中国月度工业增加值计算采用上年度增加值率法，即月度增加值 = 月度工业总产值 × 上年度工业增加值率，该方法在增加值率较为稳定的时期是适用的，但是在增加值率大幅波动的时期则会产生较大误差。从增加值率的替代观察指标来看，2008年中国规模以上工业企业的销售利润率比2007年下降了15.4%，而这一指标在2003~2006年间较为稳定，波幅在 –1.2%~2.9%。

在季度GDP核算中，农业、工业和建筑业均采用上年度增加值率法；第三产业采用的是相关指标推算法：增加值 = 上年同期增加值 × 本期相关指标的增长速度，这种方法实际上也隐含假定行业增加值率不变。

受原材料采购周期、企业销售情况等因素影响，在经济增长和物价大幅波动时期，增加值率会随之波动，而这一时期往往是进行短期经济形势分析和宏观调控的关键时期。原有月度工业生产统计和季度 GDP 核算由于采用上年度增加值率计算方法，使得经济大幅波动时期统计数据不能准确反映中国短期经济运行情况，容易高估危机时期的统计数据和经济形势。

其次，中国月度工业生产统计数据的采集采用规模以上大中型企业联网直报和规模以上小型企业逐级上报相结合的方式，后一种方式容易受到人为干扰。2009 年中国规模以上工业企业 43.4 万家，其中规模以上小企业的家数占到 90% 左右，主营业务收入占到 38%，这些小企业没有实现联网直报，而是采用经过县、市、省逐级上报，最后汇总到国家统计局的方法。这些中间环节有可能受到其他因素的干扰。2008 年工业增加值增速明显高估的行业大多出口依存度较高，这些行业小企业云集，更容易受到金融危机的冲击。

（3）关于改进中国月度工业生产统计和季度 GDP 核算方法的建议。

21 世纪以来，中国统计部门在月度工业生产和季度 GDP 核算领域所推进的改进工作，在经济平稳运行年份，大大提高了统计数据的质量。但是在经济形势复杂多变时期，则存在较大误差。鉴于这两大指标对于中国经济形势分析和宏观调控具有重要意义，当前应予以重视，加快研究解决。

首先，改革统计数据计算方法，对于经济波动较大的年份可以考虑采用生产指数法对工业统计数据进行修正。对于经济运行平稳的年份，可以继续采用上年度增加值率法。目前中国现行管理体制与采用生产指数法进行工业生产核算的要求并不适应，如果全国范围推广，会造成统计工作量大增。但是，为了改进统计数据的质量，实现统计工作的国际接轨，生产指数法应该是中国工业生产统计的改革方向之一。

其次，如果有条件，可以考虑研究推算月度和季度行业增加值率的方案。一个方案是对于规模以上大中型企业根据其上报的财务数据，分解企业成本费用，估算增加值率，然后用比例系数法外推规模以上所有企业。考虑到数据发布的及时性，可以采用上月增加值率法，当月工业增加值 = 当月工业总产值 × 上月工业增加值率；另一方案也可以考虑利用销售利润率等替代指标推算。

再次，改革统计数据采集方式，积极推进工业企业联网直报。避免传统报送方式中存在的人为干扰因素，从源头上提高数据质量。

最后，建议对所有统计数据根据资料来源、统计方法等进行质量分级，用高质量等级的统计数据来检验或改进低质量等级的统计数据。

四、中国行业景气运行的特征分析

经济波动本质上是拉动经济增长的各种力量博弈的结果，本章试图从中国行业景气波动的特征中寻找经济增长动力结构的变化，以此来研判宏观经济形势。

（一）经济发展阶段与增长动力结构决定经济周期波动的阶段性特征

中国经济周期波动受到内外部双重因素影响，从外部因素来看主要有世界经济景气周期、全球产业转移等，从内部因素来看主要有消费结构升级、城市化等。

纵观近30年来中国经济波动历史来看，长期视角下的经济发展阶段演进和经济增长动力结构转换决定了短期视角下的经济周期波动的阶段性特征，以内部消费升级和外部出口提升为主线的经济增长波动清晰地展现出三大历史阶段（各历史阶段之间的年份有部分重叠）。

1981~1995年间，经济增长动力以内需为主，国内处于居民温饱消费升级阶段。增长较快、波动较大的行业主要有：食品工业、纺织缝纫皮革工业、造纸及文教用品工业、住宿餐饮业、交通运输仓储及邮电通信业等；20世纪90年代末期以后，随着居民温饱消费升级的基本完成，上述行业增速下降，波动趋于稳定。

1990~2003年间，经济增长动力向内外需双轮驱动过渡，国内处于居民耐用品消费升级阶段。增长较快、波动较大的行业主要有：电气器材及机械制造业、电子及通信设备制造业、交通运输设备制造业、金属制品业、机械制造业等（上述行业在80年代增长也较快，但进入90年代增长明显加快）；2003年以后，随着居民耐用品消费升级的基本完成，电气器材及机械制造业、电子及通信设备制造业的增速下降，波动趋于稳定，但21世纪以后出口在一定程度上接替居民消费继续拉动上述行业，使其仍能保持较高增长。

1998~2010年间，经济增长的双轮驱动特征形成，国内处于居民住行消费升级阶段。行业的增速和波动性明显上升的行业主要有：冶金工业、煤炭工业、建材及其他非金属矿工业、石油工业、建筑业、森林工业（家具）、金融业、房地产业等，交通运输设备制造业则延续了上一阶段较快的增速和波动性。

2011年以来，经济处于增速换挡期，国内处于从住行向服务升级阶段。行业的增速和波动性明显上升的行业主要有：金融、传媒、健康医疗、智能制造、“互联网+”等。

（二）中国经济增长动力的多元化决定了国民经济景气先行行业的多种类型

根据国内外的经验，需求敏感性强的先行行业往往能够率先感触到宏观经济景气的变化，因此会表现出对经济总体景气的领先特征。根据麦肯锡公司（2009）的研究，在美国近30年来的经济周期中，可选消费类行业往往领先于总体经济复苏，这是由美国以消费为主的经济增长动力决定的。

从“中国年度行业景气模型”中发现，当前驱动中国经济增长的动力结构呈多元化，从产业结构层面表现出多个产业群的“混合动力”特征，从需求结构上表现出内外需的“双轮驱动”特征。因此，中国的先行行业应该是多种类型的，包括消费类先行行业和生产类先行行业、内需类先行行业和外需类先行行业，这与美国以可选消费类为主的先行行业有很大不同，这背后的深层次原因就在于驱动经济增长动力结构的差异。

上述推论在 “中国月度行业景气模型”中得到了很好的验证。本章检验了行业景气波动与总体经济波动的时滞关系，用工业增加值作为衡量行业周期反应时滞差别的基准，用时差相关分析法计算各行业周期反应时滞。

时滞检验结果显示，中国的先行行业有：传媒（消费类、内需类）、房地产（消费类、内需类）、汽车（消费类、内需类）、电气机械及器材制造业（消费类、外需类）、交通运输设备制造业（消费类、内需类）等；

同步行业有：电力工业、石油工业、化学工业、专用设备制造业、电子工业、冶金工业、通用设备制造业、农业、建材工业等，主要是中游的生产资料工业，是国民经济的支柱行业。

滞后行业有：采掘业、农副食品加工业、废品废料业等，这些行业有的处于需求链的末端，有的对需求不敏感。

表12.3　行业周期反应时滞关系

排序	领先月份	时滞分类
1	12	电气机械及器材制造业
2	8	石油加工、炼焦及核燃料加工业
3	7	塑料制品业
4	7	交通运输设备制造业
5	7	电力、热力的生产和供应业
6	6	文教体育用品制造业

（续表）

排序	领先月份	时滞分类
7	4	烟草制品业
8	4	纺织业
9	4	木材加工及木、竹、藤、棕、草制品业
10	4	橡胶制品业
11	4	燃气生产和供应业
12	3	酒及饮料制造业
13	3	皮革、毛皮、羽毛（绒）及其制品业
14	3	家具制造业
15	3	医药制造业
16	3	化学纤维制造业
17	2	食品制造业
18	2	工艺品及其他制造业
19	1	水的生产和供应业
20	1	专用设备制造业
21	0	纺织服装、鞋、帽制造业
22	0	印刷业和记录媒介的复制业
23	0	金属制品业
24	0	通信设备、计算机及其他电子设备制造业
25	0	仪器仪表及文化、办公用机械制造业
26	–1	化学原料及化学制品制造业
27	–1	黑色金属冶炼及压延加工业
28	–1	有色金属冶炼及压延加工业
29	–1	通用设备制造业
30	–2	农业
31	–2	有色金属矿采选业
32	–2	造纸及纸制品业
33	–2	非金属矿物制品业
34	–4	非金属矿及其他矿采选业
35	–4	石油和天然气开采业
36	–5	黑色金属矿采选业
37	–6	农副食品加工业
38	–6	废品废料
39	–7	煤炭开采和洗选业

数据来源：中国行业景气监测数据库

（三）通货膨胀周期与经济景气周期下的“行业景气轮动”方向

在实体经济景气周期波动中，存在着一种典型的从下游到上游的需求逐次传导和行业景气先后波动的现象，即“行业景气轮动”现象。

实际上，在通货膨胀周期中，也存在一种利润从下游向上游流动、再回流下游的现象，可称为通胀周期下的“行业景气轮动”①。通胀影响利润在各行业间的重新分配和结构调整，成本传导能力（CTC）及其变动（VCTC）是决定利润流向的关键因素。通胀环境下的利润流动和调整具有明确的方向性，利润由CTC小的行业流向CTC大的行业，也就是由传导能力差的行业流向引发通胀或传导能力强的行业。对于大部分行业②，在通胀上升期，利润向CTC强③的行业流动，CTC越强利润增速越快。与之相应地，在通胀回落期，利润则向CTC弱的行业回流。随着通胀周期的周而复始，利润在行业间的流动遵循着明确的方向性，行业景气呈现出规律性的轮番波动。这可以称为通胀周期下的“行业轮动”与“投资时钟”。

对于成本传导能力差的行业（企业、国家或地区），通胀上升阶段，环境会进一步恶化，利润流出逐渐增大，景气处于下降阶段；通胀高位盘整阶段，环境最差，利润流出最大，景气处于最差阶段，也可能是拐点来临前；通胀回落阶段，环境开始好转，利润流出开始减少，景气处于回升阶段；通胀谷底阶段，环境最好，利润不再流出，景气处于最佳阶段。对于成本传导能力强的行业（企业、国家或地区）在通胀不同阶段的利润流向和景气表现可类推。

实体经济周期下的“行业景气轮动”反映的是行业利润普遍增加情况下，由于增加幅度差异而导致的行业景气差异，而通胀周期下的“行业景气轮动”则反映的是利润在行业间的重新调整和分配。实体经济周期下的“行业景气轮动”一般是下游先导行业率先受益，并逐次向上游传导；而通胀周期下的“行业景气轮动”一般是随着通胀上涨，利润逐渐从下游向上游流动，上游行业景气度不断提高，而下游行业景气度不断下降，当通胀转向，利润则开始从上游回流下游。

对于单纯的通货膨胀周期或实体经济景气周期下的“行业景气轮动”方向是

---

① 关于通货膨胀、成本传导能力与行业景气的关系研究，详见第五章。

② 部分行业成本转嫁能力较弱但行业利润增速仍较高，受通胀影响较小，比如通用设备制造业、专用设备制造业、通信设备计算机及其他电子设备制造业等，可能的原因有：行业本身的利润空间很大；行业技术进步速度快，成本消化能力强；新产品推出速度快，能够通过以新换旧来实行涨价策略。

③ 成本传导能力（CTC）强的行业一般位于产业链条的上游，CTC弱的行业一般位于下游。

容易判断的，但是现实经济运行中经常出现两大周期交织的情景。一般而言，在通胀初期和经济周期复苏阶段，下游行业景气相对较高；在通胀高企和经济周期过热阶段，上游行业景气相对较高；如果在总需求没有明显增加的情况下发生通胀，利润会向上游流动，行业景气分化；如果在经济复苏初期，需求回暖但物价水平上涨不明显，这一阶段经常是下游行业景气的黄金时期。对于从上而下的成本推动型通胀，利润向上游流动；对于从下而上的需求拉动型通胀，利润会流向需求旺盛的行业或瓶颈行业，下游行业同样有可能受益。

在2010~2011年的通胀周期，就是在总需求没有明显增加的背景下，通胀导致了利润格局的重新分配和行业景气格局的分化。从2010年底开始，受通胀影响，行业景气开始出现明显分化。即在上游能源原材料行业景气显著上行的同时，中下游加工制造行业景气明显下行。这种现象在多个产业链条上均存在，比如在煤炭工业景气上行的同时，电力行业景气下行；农业景气上行的同时，农副食品加工业景气下行，等等。

（四）行业景气、经济形势判断与宏观调控

通过对近30年来中国行业景气变动特征的分析，笔者认为，宏观经济形势分析应该采用“从长期看短期”“从中观看宏观”更为全面的视野，而不能局限于短期视野、表面现象和总量数据，而宏观调控则是对经济增长动力进行平衡的艺术。

第一，“从长期看短期”，短期宏观经济形势分析的基础是从长期把握中国所处经济发展的阶段性特征。一国所处的经济发展阶段决定了该国一段时期内经济增长和波动的基本特征，不同时期往往具有不同的主导产业群以及不同的产业关联、拉动效应和传导时滞。从长期来看，当前中国经济增长动力的主要阶段性特征是：中国内部正处于居民住行消费升级阶段，高端制造业、生产性服务业等成为未来产业升级的主要方向，外部正处于提升机电产品出口竞争力、承接全球制造和技术研发中心转移的阶段。

第二，“从中观看宏观”，短期宏观经济形势分析的重点是跟踪对宏观经济景气变化敏感的先行行业和支柱行业。根据对消费类先行和生产类先行、内需类先行和外需类先行等不同类型先行行业的跟踪分析，可以预判各种经济增长动力的强弱变动情况，从而深化对当前宏观经济形势的认识，前瞻性地把握未来宏观经济形势走向。

第三，“宏观调控是平衡的艺术”，宏观调控的关键是实现经济增长力量的平衡。对于宏观调控而言，要深刻认识中国经济增长的动力特征，比如需求结构的

双轮驱动、政府和市场力量的二元组合、主导产业的多元化等，要从内需与外需、政府与市场、主导产业与非主导产业等不同方面把握驱动中国经济增长各种力量的消长变化，清晰地分析这些力量的强弱波动，很好地平衡这些力量以实现中国经济平稳较快增长。同时加快解决困扰这些增长动力的深层次机制问题，使得驱动中国经济增长的各种力量能够保持持久动力。

第十三章 宏观经济的总量和结构：理论、方法与实证[①]

导语：当前我国经济发展中的结构非均衡现象非常突出。无论是方法论还是研究对象，宏观经济结构研究领域都存在大量崭新的问题有待探索，需要重新思考宏观经济学的基本问题、研究逻辑和主要结论。本项研究试图将总量方法和结构方法结合起来，通过建立基于投入产出及其扩展模型的宏观经济结构分析体系，对产业关联、需求结构、投资结构、价格结构、行业景气等主要经济结构进行了理论和实证研究，从结构层面探讨了国民经济组成关系、经济增长动力、经济增长模式、经济周期波动、通货膨胀、行业景气、财政政策等宏观经济的主要问题。

一、宏观经济研究：总量方法与结构方法

理论是应时代而生的，理论以解释、解决所处时代的重大关键问题为任务。进入21世纪以来，实现我国经济全面协调可持续发展面临很多重要障碍，长期形成的结构性矛盾和粗放型增长方式尚未根本改变，经济社会发展中不平衡、不协调、不可持续问题依然突出。未来我国将以科学发展为主题，以加快转变经济发展方式为主线，把经济结构战略性调整作为加快转变经济发展方式的主攻方向[②]。如果说新中国成立60年来，我国经济发展主要围绕经济总量增长为核心的话，未来将是总量与结构并举、数量与质量并重、增长与发展并行的变革时期。经济理论的发展是对所处时代经济实践的回应，研究经济结构问题并为我国经济

---

① 本章为作者专著《宏观经济结构研究：理论、方法与实证》的“导论”部分，由格致出版社2012年出版，入选“当代经济学文库”。

② 引自《中华人民共和国国民经济和社会发展第十二个五年规划纲要》。

发展提供理论依据和政策手段是这个时代最为迫切的要求。

当前我国经济发展中的结构非均衡现象非常突出，包括需求结构、产业结构、要素结构、市场结构、区域结构、城乡结构、不同收入人群结构等各方面，这既有经济快速发展带来的不平衡、不协调因素，也有体制改革不到位带来的不公平、不可持续因素。结构非均衡现象的普遍存在是导致企业行为刚性、激励机制不到位和价格信号失灵的重要原因，而这又是进一步导致宏观总量政策效果不理想、资源配置效率低下、经济发展方式面临实质性转变的深层次原因[①]。完善社会主义市场经济体制不仅要解决宏观总量层面的问题，更要解决微观企业活力和中观结构优化层面的问题。认清我国的经济现实，必须认清我国的经济结构问题，而建立成熟、均衡市场经济的宏观经济理论对把握我国经济现实存在较大的局限性。

传统宏观经济学是建立在总量分析方法基础上的，总量方法是一种非常抽象、简化的方法，它通过对空间、横向维度的抽象和简化，只关注时间、纵向维度上的问题，也就是关注需求与供给、收入与支出等总变量之间的动态关系[②]。在总量方法的世界里，所有的产品和部门都具有同质性。总量方法的优势是明显的，它通过这种抽象和简化，有助于研究需求不足如何导致经济萧条，进而论证政府干预经济的必要性和乘数效应等问题。但是总量方法的这种抽象和简化也是有代价的，它的前提约束是比较强的，市场越接近于有效均衡条件，总量方法越适用，但是对于市场条件结构非均衡性较强的情况，总量方法则具有较大的局限性。

由于我国结构非均衡现象的普遍存在，相比较而言，结构方法比总量方法更能反映我国经济现实，创建的理论更具有解释力，提出的政策建议更务实、更有针对性。如果说总量方法是一种抽象、简化、时间、纵向的分析方法，结构方法

① 厉以宁认为，经济的非均衡分为两类：第一类非均衡是指市场不完善条件下的非均衡，第二类非均衡是指市场不完善和企业缺乏活力条件下的非均衡。现实的中国经济处于第二类非均衡条件下，因此中国的经济改革应当以所有制改革，即产权改革为主线，使企业成为真正的市场主体，使经济由第二类非均衡状态过渡到第一类非均衡状态。参见厉以宁：《非均衡的中国经济》，经济日报出版社，1990 年。本书认为非均衡现象在微观、中观和宏观层面均存在，微观上主要表现为企业缺乏活力，中观上表现为结构升级缺乏动力，宏观上表现为资源错配和总量失衡。宏观层面的非均衡问题一部分可归因于信息不对称和市场不完善，另一部分则归因于微观和中观层面的非均衡。

② 关于宏观经济学的方法论问题，参见 1. 陈璋，张晓娣. 投入产出分析若干方法论问题的研究 [J] 数量经济技术经济研究，2005（9）. 2. 斯坦利 · L. 布鲁，兰迪 · R. 格兰特 . 经济思想史 [M]. 北京：北京大学出版社，2008. 3. 马克 · 布劳格等 . 经济学方法论的新趋势 [M]. 北京：经济科学出版社，2000. 4. 任泽平 . 投入产出乘数模型初探 [M]// 许宪春，刘起运 . 中国投入产出理论与实践（2004）. 北京：中国统计出版社，2005.

则是一种具体、复杂、空间、横向的分析方法。结构方法的优势是明显的，它的研究对象更具体、更系统、更完整，它打开了空间和横向的维度，有助于研究导致结构非均衡的机理，提出结构优化升级的有针对性建议。但是结构方法的代价也是明显的，它的研究对象比较复杂，视角静态，形式上也不灵活。因此，在研究宏观经济问题时，不能说结构方法是比总量方法更高级的方法，二者是相互补充、相互支撑的。因此在宏观经济研究中，应尽可能地将两种方法的优势结合起来，在研究空间结构问题时，注意其中的动态变化趋势，在研究总量变化问题时，注意内在的结构变动规律。

本项研究旨在建立宏观经济分析的结构方法体系，寻找总量表象下的结构内涵，打开宏观经济的结构"黑箱"。宏观经济是由各种经济结构所组成的，宏观经济中所经常看到的各种总量现象往往都具有深刻的结构内涵：生产法、支出法和收入法国内生产总值（GDP）核算分别是由各类经济结构的贡献加总得到的，一国经济发展除了表现为经济总量的增长，还同时表现为经济结构的变迁，不同的经济增长模式实质上是增长动力方面所表现出的出口导向、内需主导或"双轮驱动"等不同特征，通货膨胀在行业层面具有相应的结构因素、波及效应和传导机制，经济周期波动是由"行业景气轮动"所组成的，等等。

宏观经济结构模型运用结构分析工具，以研究宏观经济的各类结构问题为核心，通过分解、模拟、预测，研究宏观经济在总量现象下的深层次结构因素，为宏观调控、经济结构调整、发展战略制定等提供理论基础和政策手段。宏观经济结构分析方法有助于弥补总量分析方法的不足，完善宏观经济学的方法体系。由于所要解决问题的差异，总量方法和结构方法所借助的数学工具是不一样的，总量方法经常借助于概率论与数理统计，衍生出计量经济学（Econometrics），而结构方法经常借助于矩阵代数，衍生出投入产出分析（IO，Input-output Analysis）。

国际上定量研究经济结构问题的主流方法是投入产出分析，投入产出分析在解决结构问题方面具有其他建模技术所不具备的优势。构建以投入产出技术为核心的宏观经济结构分析模型体系，囊括投入产出原模型及各类扩展模型，对研究我国重大经济结构问题具有重要的理论和现实意义。自从投入产出分析诞生以来，其应用领域不断扩展，建模技术不断改进，现已成为与经济计量技术、数学规划技术并列的三大主流建模方法。我国自从20世纪60年代引进投入产出技术以来，在产业政策、价格改革、规划论证等领域都取得了很好的应用效果，对指导我国经济社会发展起到了重大作用。我国学者对投入产出核算、投入产出模型和投入产出经济学领域的可贵探索与长期钻研也极大地丰富了这一学科的发展，在一些领域已经走在了国际前列。

二、投入产出分析简介

（一）投入产出分析的发展

投入产出分析是研究经济系统各个组成部分之间表现为投入与产出相互依存关系的经济数量分析方法，是深刻复杂的经济内涵与简洁直观的数学形式之间的完美结合，目前已经成为三大主流建模方法，被普遍应用于结构分析、经济规划、政策模拟、产业发展、价格测算等领域，尤其是研究经济系统和产业结构问题不可替代的工具。

投入产出分析由投入产出核算表、投入产出经济系数和投入产出数学模型三部分组成。投入产出表是纵横交叉的一张棋盘式表格，其中列向表现了经济部门的投入要素，行向反映了产品产出的分配去向。它以投入产出关系为主线，将国民经济各种活动连接为一个有机的整体，既有反映经济单位的个体指标，又有表现经济总体的综合指标。投入产出模型是通过引入投入产出系数，分别从投入和产出方向建立数学模型，揭示出单凭直观难于观察到的部门间的间接联系乃至全部联系。

美国经济学家华西里·列昂惕夫于 1931 年开始研究投入产出分析，他利用美国国情普查的资料，编制了 1919、1929 年美国投入产出表，分析美国的经济结构和经济均衡问题，并于 1936 年发表了投入产出方法的第一篇论文《美国经济制度中投入产出数量关系》，这标志着投入产出分析的诞生。列昂惕夫也因为在这一方面的贡献而获得了 1973 年诺贝尔经济学奖。

投入产出分析自 1936 年诞生至今取得了很大发展，无论是理论研究领域还是实证研究领域都不断扩展。近几十年，在理论建模方面，鉴于投入产出原模型只能反映流量、静态、线性等问题的局限性，发展出了投入产出对称模型、投入占用产出模型、存量投入产出模型、动态投入产出模型、非线性投入产出模型、投入产出优化模型、CGE 模型、二阶段投入产出模型、非竞争投入产出模型、区域间投入产出模型、能源投入产出模型、环境投入产出模型等扩展模型，而且还发展出了投入占用产出表、存量投入产出表、二阶段投入产出表、非竞争投入产出表、区域间投入产出表、能源投入产出表、环境投入产出表等扩展表。实证研究方面，应用领域涉及国民经济、地区经济、区际经济、产业经济、国际贸易、生产率、环境保护、资源能源、信息经济、人口、教育、收入分配、国民经济核算等各个方面。投入产出技术的应用领域十分广泛，国家、地区、地区间、部门甚至企业都可以作为一个经济系统进行投入产出分析，目前全世界已经有100多个国家编制了各种类型的投入产出表，投入产出技术已经获得普遍的研究和应用，美国、日本、联邦德国、荷兰、挪威等国都定期编表。

表13.1　投入产出表样

<table>
<tr><td rowspan="4" colspan="2">产出
投入</td><td colspan="4">中间使用</td><td colspan="10">最终使用</td><td rowspan="4">进口</td><td rowspan="4">其他</td><td rowspan="4">总产出</td></tr>
<tr><td rowspan="3">农业</td><td rowspan="3">……</td><td rowspan="3">公共管理和社会组织</td><td rowspan="3">中间使用合计</td><td colspan="5">最终消费支出</td><td colspan="3">资本形成总额</td><td rowspan="3">出口</td><td rowspan="3">最终使用合计</td></tr>
<tr><td colspan="3">居民消费支出</td><td rowspan="2">政府消费支出</td><td rowspan="2">合计</td><td rowspan="2">固定资本形成总额</td><td rowspan="2">存货增加</td><td rowspan="2">合计</td></tr>
<tr><td>农村居民</td><td>城镇居民</td><td>小计</td></tr>
<tr><td rowspan="2">中间投入</td><td>农业
……
公共管理和社会组织</td><td rowspan="2" colspan="4">第Ⅰ象限</td><td rowspan="2" colspan="13">第Ⅱ象限</td></tr>
<tr><td>中间投入合计</td></tr>
<tr><td rowspan="2">增加值</td><td>劳动者报酬
生产税净额
固定资产折旧
营业盈余</td><td rowspan="2" colspan="4">第Ⅲ象限</td><td rowspan="3" colspan="13"></td></tr>
<tr><td>增加值合计</td></tr>
<tr><td colspan="2">总投入</td><td colspan="4"></td></tr>
</table>

我国是世界上投入产出研究和应用较为发达的国家之一，早在20世纪60年代，中国科学院、中国社会科学院和中国人民大学等研究单位的一部分学者就已经分别成立研究组开始进行投入产出技术的研究，在1973年，编制了我国

第一张全国投入产出表。1987 年国务院以文件形式[①]要求，从 1987 年开始每隔 5 年编制一次全国基本表，基本表编制年份以后三年编制延长表，编表工作开始制度化。此外各个省级行政单位，部分市级行政单位和大型企业也编制了投入产出表。除编制投入产出表外，我国在编制考虑存量的投入产出表、考虑环境的投入产出表、地区间投入产出表、企业投入产出表等投入产出扩展表方面，也居于国际领先地位。

近 50 年来我国学者在扩展投入产出分析研究领域方面取得了很大成绩，在原投入产出表和模型的基础上建立了形式多样的投入产出扩展表和扩展模型，有些成果获得了国内外学术界的高度认可，有些在实践中取得了重大应用效果，其中代表性的成果有：引入“占用”思想的投入占用产出模型，按照行向分配原则建立的投入产出对称模型，在投入产出流量表基础上引入存量指标建立的存量投入产出模型，以分析最终产品和增加值为核心的二阶段投入产出模型，对宏观经济学有重要发展的结构式凯恩斯乘数模型，对非竞争型投入产出模型的改进与应用，等等。从研究情况来看，其他的扩展模型还有水利投入产出模型、环境投入产出模型、教育投入产出模型、能耗投入产出模型、国际贸易投入产出模型、绿色投入产出模型等。2004 年国际投入产出大会第十五届年会在中国人民大学举行，这是国际上对中国投入产出研究的认可。2010 年，陈锡康当选为国际投入产出协会的七位成员之一，这是第一位中国学者获得此项殊荣，反映出国际投入产出学界对中国投入产出研究贡献的肯定。

（二）投入产出模型的经济理论基础

经济学有不同的学派，不同的经济数量模型是不同经济学派分析经济现象的工具，是各学派基本观点和思想的具体体现。数量经济学有三大主要分支：计量经济学、投入产出分析和数学规划论，它们具有不同的理论基础。

投入产出模型的理论基础是一般均衡理论。投入产出分析的思想渊源最早可以追溯到 18 世纪法国重农学派魁奈的《经济表》，这是古典经济学中第一次描述社会总产品的生产和流通的图解。Leontief 提出投入产出分析时所受到的直接启发，主要是 19 世纪下半期瓦尔拉斯（Walras, 1874）提出的一般均衡论及其数学模型，这一理论关于经济活动间相互依存的观点，构成了投入产出分析的基

① 《关于进行全国投入产出调查的通知》（国办发〔1987〕18 号）。

础[①]。Leontief 在《1919~1939 年美国经济结构：均衡分析的经验应用》中采用投入产出分析把一般均衡理论发展成为经验分析工具。列昂惕夫在其著作中多次声明，投入产出分析是“全部相互依存（general interdependent）这一古典经济理论的具体延伸”，是“用新古典学派的均衡理论对各种错综复杂的经济活动之间在数量上相互依赖关系进行经验研究”[②]。

计量经济建模方法以实证检验经济理论或假说为目的，是在数理经济学和推断统计的基础上发展起来的，近几十年伴随着高质量经济数据的获得和积累以及计算技术的快速发展，计量经济建模方法成为经济建模发展最快的领域。目前宏观计量经济模型赖以建立的经济理论大多基于凯恩斯学派或货币学派[③]。现代计量经济学实际上是建立在两个基本假设之上的：任何经济系统都可以看作是服从一定概率分布的随机过程（stochastic process）；任何经济现象（经济数据）都可以看作是这个随机数据生成过程（datagenerating process）的实现（realizations）[④]。

数学规划模型的理论基础是最优化理论和规划论，它是运筹学的一个重要分支，研究在既定的约束条件下，按照目标函数寻求最优方案。系统动力学模型的理论基础是系统动力学，它是一门以系统反馈控制理论为基础，以计算机仿真技术为主要手段，定性与定量相结合研究系统发展变化的动态行为的应用学科。

（三）投入产出模型的前提假定

投入产出分析是瓦尔拉斯一般均衡理论的简化形式，概括起来，投入产出模型有两个基本假定：同质性（纯部门）假定和比例性（线性）假定。

基本假定一：同质性（纯部门）假定。作为投入产出模型的基础，瓦尔拉斯的模型体系包含了不可胜数的方程式（或函数式）和变量，这使之失去了实际的应用价值。为了将模型简化到可以实际应用和计量的程度，列昂惕夫用分类归并的经济统计方法，将成千上万种产品及更多的生产单位（企业和个人）归并为有

---

① Leontief W., 1936, Quantitative input-output relations in the economic system of the United States, *Review of Economics and Statistics* 18, 105-125.

② W. 列昂惕夫 . 投入产出经济学 [M]. 北京：商务印书馆，1980:1,142.

③ 基于凯恩斯学派建立的宏观计量经济模型通常以收入—支出作为基本结构，模型总体上从需求开始、供给居中、供需平衡结束，以此三部分形成模型的核心。基于货币学派建立的宏观计量经济模型，强调金融变化对整个经济的影响。目前所见到的大部分模型基本上维持收入—支出结构，而且都有一个较为详细的货币金融部分。关于对当前宏观计量经济建模现状的总结参见：李子奈 . 计量经济学 [M]. 北京：高等教育出版社，2000.

④ 洪永淼 . 计量经济学的地位、作用和局限 [J]. 经济研究，2007（5）.

限数量的“纯”部门和行业，从而把按照各个生产单位（企业和个人）的分析改为按照各个经济部门的分析，使方程式和变量的数量大大减少，甚至可减少到几十个或几个的程度，解决了实际计算的困难。列昂惕夫进行部门分类和归并的依据和标准是：每个生产部门只生产单一的产品，并具有单一的投入结构（或工艺技术），而且不同部门的产品之间没有可替代性。

基本假定二：比例性（线性）假定。也就是每个部门的产出量是该部门投入量（生产消耗）的线性函数，随着投入量的增大或缩小，产品产出量以同样的比例增大或缩小。投入产出模型以线性关系作为基本假设是有一定的客观依据的：①产品产出量和投入要素之间的数量关系基本上属于正比例的线性关系，尤其是产品产出量与形成产品本体的原材料消耗量之间更明显地表现为线性关系。②作为投入与产出比值的直接消耗系数不是某个具体生产单位的个别指标，而是同类产品生产者的平均消耗定额，由于影响这一指标的诸因素在较大范围内具有相互抵消的作用，因此它具有相对的稳定性。实际上，在生产技术、工艺方式不发生较大变化的情况下，投入与产出之间、投入要素之间确实存在着一定的比例关系，它反映了产品生产的消耗结构。

投入产出分析在上述两大基本假定的基础上，延伸出了一系列其他假定。

延伸假定一：技术不变（直接消耗系数稳定）假定。这个假设包含两层含义：一方面，在一定时期内，各部门的生产技术水平凝固不变，抽象了技术进步与劳动生产率提高的因素；另一方面，同一部门内各企业的技术水平、技术条件相同，或者说它们有相同的消耗系数。在投入产出模型中，国民经济各部门间的数量联系或产品结构是通过直接消耗系数 a_{ij}（生产技术联系）建立的，可以说 a_{ij} 是整个投入产出模型的核心概念。但是，事实上，新材料的使用、新技术应用、相对价格变动和新工业出现等原因，都将使直接消耗系数发生变化，这说明它在时间上有一定的不稳定性。因此投入产出模型适合研究静态的空间结构问题，要使其研究动态的时间变化趋势问题，就必须考察技术进步、价格变动的情况与趋势，并掌握由此而引起的 a_{ij} 变化的规律性。

延伸假定二：规模报酬不变假定。根据线性假定，投入增加的比例和产量增加的比例相等，从生产函数的性质上来说，投入产出分析中各部门的生产函数是一次齐次函数，这就是规模报酬不变假定，也就是投入产出理论中不存在规模经济问题，生产规模的扩大并不引起产品的平均成本降低。

延伸假定三 ：无替代性假定。在投入产出分析中，任一产品只有一种生产方法，需求结构和相对价格的改变并不会带来投入产品间的替代，从而也就不影响技术。

（四）投入产出模型的技术评价

主流模型技术包括计量经济建模技术、投入产出建模技术、数学规划建模技术、混合建模技术等。每类模型都有其适用范围，有其擅长解决的问题，也有其不擅长解决的问题。一个模型的优劣取决于以下因素：现实问题与模型技术前提假定的契合程度、技术的先进性与复杂性、与替代技术的优劣比较、模型能解决哪些问题及其解决能力、技术本身实现的难易等。

投入产出建模技术在解决结构问题方面具有优势，它擅长解决产业结构、需求结构、区域结构、消耗结构、分配结构、产出结构、投资结构、消费结构、出口结构、价格结构等各类结构问题。但是投入产出建模技术因为数据的限制而只能建立年度模型，而且由于它建立在一般均衡理论的基础上，具有很强的前提假定，使得投入产出建模技术缺乏灵活性。

投入产出建模技术包括投入产出原建模技术和投入产出扩展建模技术。投入产出原建模技术侧重于静态的、线性的、流量的、总产出的分析，缺乏动态的、非线性的、存量的、最终产出的分析，投入产出技术在这些方面的扩展形成了各种投入产出扩展建模技术：动态投入产出技术、非线性投入产出技术、存量投入产出技术、投入占用产出技术、二阶段投入产出技术等。动态投入产出技术能够解决前期投资对当期产出的影响问题；非线性投入产出技术放宽了对固定线性系数的前提假定，能够解决规模报酬递减或递增的生产问题；存量投入产出技术和投入占用产出技术都是将存量指标引入投入产出分析体系以期解决经济存量对产量的影响问题，它们的区别在于，投入占用产出技术是将存量指标以生产部门占用的形式“粘贴”在原流量投入产出表的第Ⅲ象限，存量投入产出技术则完全撇开反映流量的原始投入产出表，建立全新的列向反映存量占用状况和行向反映存量配置状况的存量投入产出表；二阶段投入产出技术通过把投入产出表第Ⅰ象限中间产品矩阵替换为消费矩阵，摆脱了原投入产出模型以总产出为核心的分析体系，实现了向以最终产出、GDP 为核心的分析体系的转变，完成了投入产出核算从 MPS 体系向 SNA 体系（国民经济核算账户体系）的转变。

计量经济建模技术是最常用的经济建模方法，因为计量经济模型能够揭示经济行为规律，揭示经济现象中的因果关系，而且建模方法具有高度的灵活性，所能解决的问题范围非常广泛。计量经济建模技术在解决总量问题方面具有优势，但是在解决结构问题方面并不擅长。洪永淼[①]认为，由于经济系统的非实验性、不可逆性和时变性，以及经济数据的种种缺陷，造成了计量经济学理论无法克服的局限性，从而使得经济学的分析与预测远没有像很多自然科学学科那样精确，当然计量经济建模技术所存在的这一缺陷在其他实证研究方法中也是同样存在的。

计量经济建模技术按照建模方法可分为经典计量经济建模技术、动态计量经济建模技术等。经典经济计量建模方法又被称作"考利斯委员会方法"（the Cowles Commission approach），它"以先验给定的经济理论模型为基点，以测量估计模型的参数值（结构）为重心，以参数值呼应理论预期值域为估计标准，以发展既不触动先验给定理论模型结构又能覆盖计量模型之统计问题的估计方法为研究主要方向"[②]。"这种建模途径对先验的经济理论具有很强的依赖性"[③]。传统建模方法存在诸多缺陷，如其把先验经济理论当作真理、随意选择变量、随意设定外生变量、随意设定误差项的性质、检验的准则无体系等[④]。对传统经济计量建模方法失效原因的不同认识，使建模方法在不同方向上得到了发展：一是以 Hendry 为代表的动态建模方法（LSE），二是向量自回归方法（VAR），三是跨时最优方法 (the intertemporal optimization/calibration approach)。如果说传统经济计量建模方法是"理论驱动"，向量自回归方法和跨时最优方法则是"数据驱动"的。数据驱动的经济计量建模方法遵循完全依赖数据特征的建模原则，其所建模型不仅对样本具有很强的依赖性，而且对样本中的偶然因素和长期因素不加区分。相比之下，动态建模方法则在建模过程中交替利用理论与数据信息，以探求数据生成过程为主要目标，将应用模型的设计过程明朗化。源自系统控制理论的误差修正模型在与协整理论结合后可较好地描述经济系统的这一特性，因而成为近年来宏观经济计量领域内的主流分析方法之一[⑤]。从近年来我国公开发表的宏观经济计量模型来看，在建模方法上，传统建模方法逐渐向动态建模方法过渡。

数学规划建模技术是运用数学规划和系统科学方法，研究如何在已知约束条件下达到既定目标。数学规划建模技术在研究最优化问题、规划问题、方案模拟

---

① 洪永淼 . 计量经济学的地位、作用和局限 [J]. 经济研究 .2007（5）.

② Hendry, D. 秦朵 . 动态计量经济学 [M]. 上海：上海人民出版社，1998.

③ 李子奈 . 计量经济学 [M]. 北京：高等教育出版社，2000.

④ 赵文奇 . 传统经济计量建模法的缺陷 [J]. 统计研究 .1997（5）.

⑤ 何新华，吴海英 . 中国宏观经济季度模型 [M]. 北京：社会科学文献出版社，2005.

评价等方面具有优势，在现代经济管理中应用较广，主要是解决管理中计划安排、资源分配和最佳结合等问题。但是数学规划建模技术假定条件较强，往往只能起到经济实验室的功能，对经济社会现实的模拟能力较差。

混合建模技术就是三大建模方法相互结合或与其他方法相结合的一种建模技术，这类建模技术往往能够兼具多种方法的优点。可计算一般均衡（CGE）模型脱胎于瓦尔拉斯的一般均衡理论，是投入产出模型与线性规模模型的结合与完善，政策模拟分析功能是CGE的主要功能和优势。宏观经济计量模型是对历史的拟合和对未来的估计与外推，由于缺乏与经济理论的密切联系，往往不能提供有效的外部冲击效应模拟。CGE模型通过对投入产出模型在进口替代、非线性等方面的拓展，使其在进行政策分析时更有力，不过这种拓展也导致了CGE模型算法的复杂性。系统动力学建模技术在分析经济问题时也往往与其他建模方法相结合[①]，由于系统动力学模型从数学上看是一个递归模型，它不允许出现联立方程，因此需要将投入产出模型和计量经济模型加以改造以避免联立方程问题。

（五）投入产出核算的现状与问题

国际上对投入产出分析的研究和应用是从20世纪40年代开始的，迄今已有100多个国家和地区编制过投入产出表。我国投入产出表的编制已基本形成制度，每逢2、7年份进行调查和编制基本表工作，每逢0、5进行调整系数和编制延长表的工作，投入产出表已构成新国民经济核算体系的重要组成部分。[②]

从国内外情况来看，投入产出核算方面有很多有待改进的方面，这些问题已经成为制约投入产出研究与应用的重要问题。

1. 国际投入产出核算中存在的问题

（1）投入产出表发布时滞较长。日本的平均发布时滞为3.5年，我国2010年发布了2007年度投入产出表，时滞为三年，在这么长的时间间隔里，经济结构、技术系数、价格体系等都可能发生较大变化，使得“最新”的投入产出数据往往不能直接使用，需要对投入产出系数进行修正，而系数修正不仅费时、缺乏统计

---

① 例如贺菊煌等（2001）建立的中长期系统动力学模型是系统动力学与投入产出方法、经济计量方法相结合，王其藩等（1999）建立的基础设施系统动力学模型是系统动力学与计量经济建模方法相结合。

② 三十多年来，我国已编制过全国、地区、部门和企业等各个层次和各种类型的投入产出表。除西藏之外，全国三十个省（自治区、直辖市）与国家同步编制了1987、1992、1997、2002和2007年本地区基本表，部分地区还编制了1990、1995、2000和2005年本地区延长表。

数据基础，并且当前的系数修正方法本身也不够成熟，限制了投入产出技术的研究应用。（2）由于编表制度原因，投入产出表并非连续时间序列数据，而是有规律的年度间隔数据，其直接的影响是大部分年度没有投入产出表[①]。由于投入产出数据的非连续性，使得投入产出技术很难与经济计量技术相结合。如何以现有的统计资料为基础，研发推表技术，推算出能够较好拟合经济现实的连续年度时间序列表，成为国际投入产出研究的一大难题。

2. 国内投入产出核算中存在的问题

国际上投入产出核算中的问题同样在我国也是存在的，而且我国还存在编表方法未完全与国际接轨、部门不具可比性、调查数据质量等问题。（1）编表方法与 SNA 体系尚未完全接轨。1993 年 SNA 建议，应当首先编制供给表（V 表）和使用表（U 表），在此基础上再推导投入产出对称表。而我国采用的是直接分解法，首先编制出 V 表和对称表，然后再推导出 U 表。我国投入产出表的编制方法之所以与 SNA 推荐的编制方法不同主要是我国的基础统计比较薄弱，我国现行的基本生产统计单位是企业而不是产业活动单位，无法得到 UV 间接推导法所需的基础资料。（2）投入产出调查方案的多变性，给基层企业填报增加了困难。1987 年以来的 4 次投入产出调查，在调查方案设计和指标设置上变动较大，一是部门划分多变；二是投入产出核算某些指标设置与现行企业财务制度和成本核算方法不尽一致；三是基层调查单位在填报投入产出基层调查表时，需要翻阅大量的原始凭证，出现部分企业敷衍了事，造假数和假表的现象。

三、宏观经济的总量与结构

寻找规律和探索创新是学术研究的使命。无论是方法论还是研究对象，宏观经济结构研究领域都存在大量崭新的问题有待探索，需要重新思考宏观经济学的基本问题、研究逻辑和主要结论。本项研究试图将总量方法和结构方法结合起来，在研究空间结构问题时，注意其中的动态变化趋势，在研究总量变化问题时，注意内在的结构变动规律。本研究建立了基于投入产出及其扩展模型的宏观经济结构分析体系，对产业关联、需求结构、投资结构、价格结构、行业景气等主要经济结构进行了理论和实证研究，从结构层面探讨了国民经济组成关系、经济增长动力、经济增长模式、经济周期波动、通货膨胀、行业景气、财政政策等宏观经

① 按照我国编表制度，10 年中有 6 年没有表。

济的主要问题。

通过建立投入产出系数新体系来分析国民经济各部门间的产业关联关系。将国内外近几十年来在投入产出分析方面的新进展纳入投入产出经济结构系数新体系里，构建分析产业关联的指标体系。新的体系由原模型系数和扩展模型系数两部分组成，其中原模型系数包括流量系数、直接系数和完全系数等，扩展模型系数包括分配系数、占用系数、存量系数、二阶段系数、非竞争系数、区域间系数等。在投入产出系数新体系基础上开展了我国产业关联分析和产业选择研究。（1）不同层次的投入产出系数，揭示了经济系统的内在产业关联关系，打开了国民经济系统有机构成和循环互动的“黑箱”。投入产出表在列向反映了生产的投入构成，在行向反映了产出的分配去向。中间投入占比上升和劳动投入占比下降趋势揭示了我国资本替代劳动的进程，影响力系数揭示了各产业部门对国民经济的需求拉动能力，感应度系数揭示了各产业部门对国民经济的供给推动能力，从动态的角度观察这些指标变化则揭示了各产业在国民经济中主导地位或瓶颈地位的变化趋势。（2）经济增长不仅是国民经济总量增长的过程，更深层次的是经济结构调整和产业结构升级的过程。在进行经济结构调整时，通过基于投入产出模型的产业关联系数，认清不同产业部门的属性，遴选出具有不同功能和作用的产业部门，有针对性地实施产业政策，有助于加速产业结构升级。笔者分析了我国的主导产业（基于影响力系数）、基础产业（感应度系数）、支柱产业（基于产值比重）和核心产业（基于产业影响力系数和产业感应度系数）等不同产业类型。笔者研究发现，现阶段我国的主导产业和基础产业与以前有很大不同，开始转向以高端制造业和生产性服务业为主。这时政府角色、产业政策和微观激励机制都应做相应的改变，这一阶段政府应该更多地将资源配置的权力交给市场，以提供制度环境为主，只有这样才能在完成由“低成本优势—中低端制造业—生产”推动的第一次增长浪潮，迈向由“创新优势—高端制造 + 服务业—创新 + 消费”推动的第二次增长浪潮，跨越“中等收入陷阱”。

通过建立非竞争型投入产出模型来研究三大需求对经济增长的贡献。消费、投资和出口是拉动经济增长的三大需求和动力源泉，判断一国经济增长模式，笔者提出两个重要基准：一是看三大需求对一国总需求的贡献，二是看三大需求拉动的国内增加值（GDP）对一国经济增长的贡献。当前国内外经常采用国民经济核算公式或总需求公式来分析出口对经济增长的贡献，但这两种方法存在低估或高估出口对经济增长贡献的问题。笔者认为应从“消费、投资和出口拉动的国内增加值”角度进行科学衡量，并建立了区分加工贸易出口的非竞争型投入产出模型。我国经济发展所创造的显著成就，以及外向型程度的快速上升，在世界上引发了对我国经济增长模式及其后果的广泛讨论。笔者测算结果表明，从比重份额所反映的需求主体来看，我国经济符合大国以内需为主的一般规律；从贡献份额所反映的动力结构来看，我国经济增长模式具有双轮驱动的基本特征。经济体制改革的主要任务就是加快解决困扰这两股增长动力的深层次机制问题，使得这两股驱动力量能够保持持久动力。宏观经济形势的判断应与对宏观经济运行机制的全面认识相结合，应与对经济增长模式和动力机制的深刻理解相结合。

通过建立结构式乘数模型来研究结构式乘数对于发展凯恩斯主义宏观经济学的理论意义和对于改进财政政策效率的实践意义。自凯恩斯创立宏观经济学近一百年来，政府在经济萧条时期通过扩张性政策创造需求，拯救经济于衰退之中，似乎成了宏观调控的天然法则。但是，“投资乘数失灵”“挤出效应”等现象的存在制约着政策的实际效果，成为凯恩斯主义宏观经济理论的一大缺憾。乘数理论在凯恩斯主义宏观经济理论中具有基石地位，它是其他派生理论及公共政策的出发点。可以通过放松凯恩斯总量乘数模型关于“各部门边际消费倾向和消费结构相同”的隐含假定，建立结构式凯恩斯乘数模型，实现从总量乘数向结构乘数的扩展。笔者研究发现，结构乘数思想的实质是收入非均衡问题，它可以看作结构主义观点的组成部分，是对新古典传统和凯恩斯思想的重要发展。为了启动处于衰退之中的经济，政府不仅需要采取扩张性的政策干预经济，而且由于各部门乘数效应不同，政府更需要采取结构性的干预政策，通过优化财政投资结构来改进财政政策效率。在扩张性政策的实施中，收入政策和税收政策应向国民收入的短板部门倾斜，以提高社会整体的边际消费倾向和乘数效应；财政投资应向“乘数效应”大、“波及效应”广、“挤出效应”小的部门倾斜，以扩大投资对工业生产和居民收入的带动能力。根据实证测算，我国投资乘数较大的部门主要是农业、劳动密集型加工制造业、建筑业和教育科研公共服务业，这些部门普遍具有就业系数高、收入水平低、消费倾向高、产业链条长、需求诱发系数大、私人投资不愿进入等特征，如果要实现更好的扩张政策效果，应更多地直接刺激这些产业的投资需求。结构式凯恩斯乘数理论的理论研究与应用实践，将为各国政府应对外部冲击和经济衰退风险提供更加科学的分析视角与更加丰富的决策手段。

通过建立投入产出价格模型体系来研究通货膨胀的结构因素、波及效应和传导机制。笔者建立的投入产出价格模型体系包括价格形成模型、价格影响模型和成本传导能力模型。价格形成模型研究价格形成过程和组成结构；传统的价格影响模型研究部分产品价格变动或初始投入因素（非中间投入品的价格因素，包括工资水平、折旧率、利润率、税率等）变化对物价水平的潜在影响；成本传导能力模型（CTC）研究各行业对成本涨价的向下传导（转嫁）能力；将成本传导能力模型与传统的投入产出潜在价格影响模型结合，建立了投入产出实际价格影响模型。从国内外已有的文献来看，笔者提出的成本传导能力模型和投入产出实际价格影响模型是一项创新。投入产出潜在价格影响模型是国内外测算能源价格波动对总体物价水平和各行业各环节影响程度的经典方法，但是该方法的局限性是不能解决传导阻滞和传导时滞的问题，因此测算结果在影响程度和影响时间上与实际情况存在差距。笔者创建的投入产出实际价格影响模型较好地解决了传导阻滞问题，采用成本传导能力将价格潜在传导效应进行了缩减。投入产出实际价格影响模型是解决国际能源价格波动对我国物价水平冲击、能源价格改革对通胀和居民影响、重要能源产品调价效果模拟、提高工资和税收对通胀影响等问题的有力工具。最后，采用上述模型实证研究了以下问题：能源产品价格波动对物价水平的潜在和实际影响、国内外通胀的传导机制、通胀的贡献因素分解、我国在全球通胀中的角色等。

通过建立行业景气模型来研究经济总量周期波动背景下行业景气变动的规律。宏观经济是由行业经济所组成的，在宏观经济由繁荣到衰退周期性的发生背景下，在行业层面也会表现出相应的线索和规律，经济总量波动通过产业关联和供求关系在行业景气层面进行传导。经济总量波动与行业景气变动之间存在着一致的对应关系，行业景气的强弱波动及其共振与扩散，形成了宏观经济的复苏、繁荣、衰退与萧条。笔者整理了国内外在这方面的研究成果，建立了“中国年度、月度行业景气模型”，创新性地设计了行业成本指数、行业成本传导能力指数、行业生产指数等行业景气指标体系，探索了经济周期波动与行业景气变动之间的因果联系、传导机制与政策含义。笔者研究发现：（1）经济发展阶段与增长动力结构决定经济周期波动的阶段性特征。我国经济周期波动受到内外部双重因素的影响，从外部因素来看主要有世界经济景气周期、全球产业转移等，从内部因素来看主要有消费结构升级、城市化等。纵观近30年来我国经济波动历史，以内部消费升级和外部出口提升为主线的经济增长波动清晰地展现出三大历史阶段。（2）我国经济增长动力的多元化决定了国民经济景气先行行业的多种类型。国民经济景气沿着产业链条逐次传导，形成了“行业景气轮动”现象，“先行行业”能够提前预测经济的未来走势。我国的先行行业是多种类型的，包括消费类先行和生产类先行、内需类先行和外需类先行，这与美国以可选消费类为主的先行行业有很大不同，主要是因为当前驱动我国经济增长的动力结构呈多元化。（3）经济景气周期和通货膨胀周期都存在“行业景气轮动”现象，现实中的行业景气度由二者叠加而成。实体经济周期下的“行业景气轮动”反映的是在行业利润普遍增加情况下，由于增加幅度差异而导致的行业景气度差异，而通胀周期下的“行业景气轮动”则反映的是利润在行业间的重新调整和分配。实体经济周期下的“行业景气轮动”一般是下游先导行业率先受益，并逐次向上游传导；而通胀周期下的“行业景气轮动”一般是随着通胀上涨，利润逐渐从下游向上游流动，上游行业景气度不断提高，而下游行业景气度不断下降，当通胀反转，利润则开始从上游回流下游。笔者认为，宏观经济形势分析应该采用“从长期看短期”“从中观看宏观”的更为全面的视野。行业景气分析方法作为一种结构分析方法，有助于弥补总量分析方法的不足，完善经济形势分析的方法体系，提高经济形势判断的准确性和科学性，特别重要的是，利用先行行业法有助于提高经济形势判断的前瞻性。

第四部分

拉斯普京市场之谜

第十四章　拉斯普京市场之谜：如何从暴涨暴跌变成慢牛长牛①

导语：经过20多年的发展，中国资本市场制度建设取得了很大进展，但仍存在不少缺陷有待完善。美国股市牛长熊短，涨多跌少；中国股市牛短熊长，暴涨暴跌。是什么造成了这种差异？如何从快牛疯牛变成慢牛长牛？如何通过基础性制度建设改变中国A股基因。

研究发现，六大因素造就中美不同牛市。（1）市场法制环境：中国法制不完善，监管不足，美国法制健全，信息公开、对违法行为严惩重罚；（2）投资者结构：中国股市是散户主导的追涨杀跌，美国股市是机构投资者主导的价值投资；（3）主流媒体和政府部门作用：中国主流媒体“炒股要听党的话”、政府部门隐性背书干预市场，美国投资者必须自负盈亏、责任自担，市场教育投资者；（4）对市场的认识和态度：中国政府部门有时把股票市场当工具以服务其特定目的，而在美国，股市得到充分尊重，让其自身规律发挥作用；（5）市场供求自我调节机制：美国实行注册制，进入退出机制完善能自动调节股票供需，中国是实质上的审批制，缺乏有效的供求平衡调节机制；（6）中国A股上轮牛市杠杆工具快速发展，且缺乏有效监管。

因此，六方面改造快牛疯牛为慢牛长牛。（1）践行法治、从严监管；（2）发展机构投资者；（3）主流媒体和政府部门不为股市做背书，让市场教育投资者；（4）尊重市场、相信市场，摒弃工具性目的，让市场自身规律起作用；（5）推动注册制改革；（6）严控杠杆，规范透明发展，有效降低杠杆。

---

① 本章由任泽平、宋双杰合著。

中国A股由于散户占比高、法治不健全、博弈气氛浓、融资多于分红等，牛短熊长，暴涨暴跌，呈典型的拉斯普京市场[①]特征。当前亟须反思中国股市暴涨暴跌的原因，以及如何通过制度性变革改变A股基因，实现从快牛疯牛向慢牛长牛转变，促进资本市场与实体经济的良性发展，将是未来摆在公共政策部门面前的核心课题。

一、中美股市的比较

（一）美国：牛长熊短、涨多跌少

美国股票市场的显著特征是牛长熊短。为了清晰划分牛熊市和进行比较，我们将熊市定义为标普500指数下跌至少20%，牛市为标普500指数至少上涨20%。自1929年开始，美国股市一共经历了25次熊市和25次牛市。美国熊市平均持续10个月，牛市持续时间更长，平均约为32个月，牛市持续时间是熊市的3.2倍，呈现明显的牛长熊短特征。熊市时，标普500指数的平均跌幅为35.4%，牛市时，标普500指数的平均涨幅为106.9%，呈涨多跌少特征。

美国股市最近的三次大牛市：2009年3月至今（2015年7月10日）、2002年10月~2007年10月、1987年12月~2000年4月，持续时间分别为77.0、60.9、149.8个月，涨幅分别为211.4%、101.5%、582.1%，从持续的时间和上涨的幅度来讲都大大超过平均水平。

（二）中国：牛短熊长、暴涨暴跌

A股市场的典型特征与美国市场恰恰相反，呈现牛短熊长的特点。以上证综指来看，自1990年12月开市到2015年5月11日，A股一共经历了7次牛市（剔除1990年12月至1992年5月持续了17.5个月，涨幅1387.8%的首次牛市）和7次熊市。A股熊市平均持续27.8个月，牛市平均持续12.1个月，熊市持续时间是牛市的2.3倍，呈典型的牛短熊长。熊市时，上证综指平均跌幅为56.4%，牛市时，上证综指的平均涨幅为217.2%，跌幅和涨幅均显著超过美国，呈典型的暴涨暴跌。

① 注：拉斯普京是沙皇俄国时期颇具争议的一位摄政妖僧，反对他的人用了九牛二虎之力，先后用毒药、枪击等手段来杀他，最后把他扔入冰冷的河水中，但法医最后鉴定他是死于溺水。此后，“拉斯普京”一词就用来形容那些生命力顽强的现象。《中国台湾股市大泡沫》的作者江平曾用其来比喻1985~1993年疯狂泡沫以及最终崩溃的中国台湾股票市场。

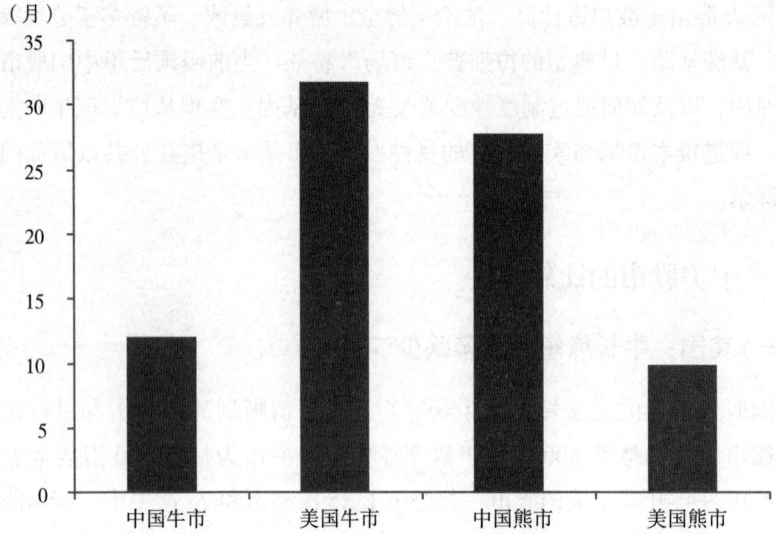

图 14.1 中美牛熊市持续时间比较

数据来源：WIND，BLOOMBERG

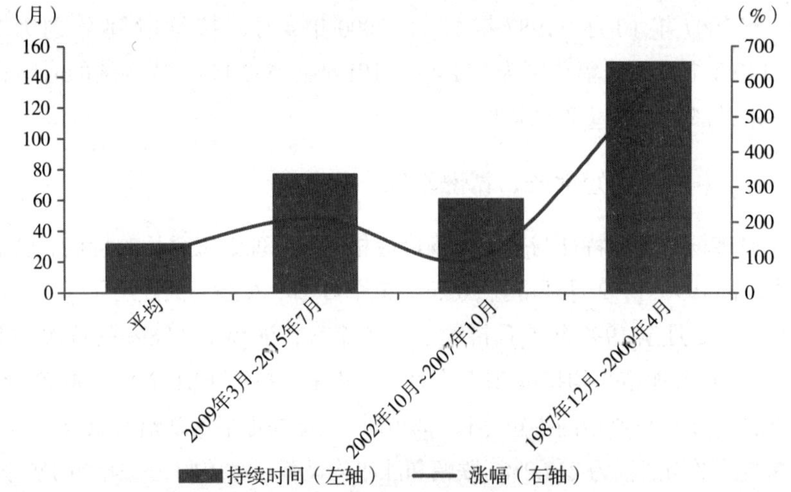

图 14.2 美国最近三次大牛市持续时间和涨幅

数据来源：WIND，BLOOMBERG

A 股最近的三次大牛市：2014 年 7 月至 2015 年 6 月 10 日、2005 年 6 月~2007 年 10 月、1999 年 5 月~2001 年 6 月，持续时间分别为 12.0、28.7、

25.2 个月，涨幅分别为 90.6%、513.6%、114.4%。

牛市期间，A 股的月平均涨速远远超过美国。即使在剔除 1990 年至 1992 年间的 A 股首次牛市后，历史地来看，A 股牛市期间的月平均涨幅达到 18.1%，而标普 500 指数只有 3.4%。

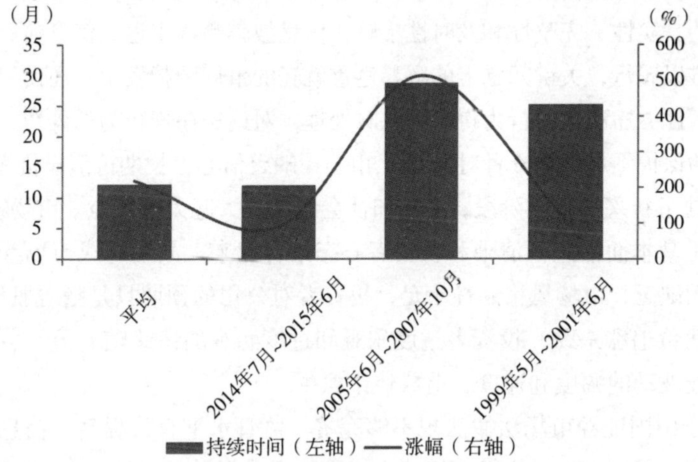

图 14.3　中国最近三次大牛市持续时间和涨幅

数据来源：WIND，BLOOMBERG

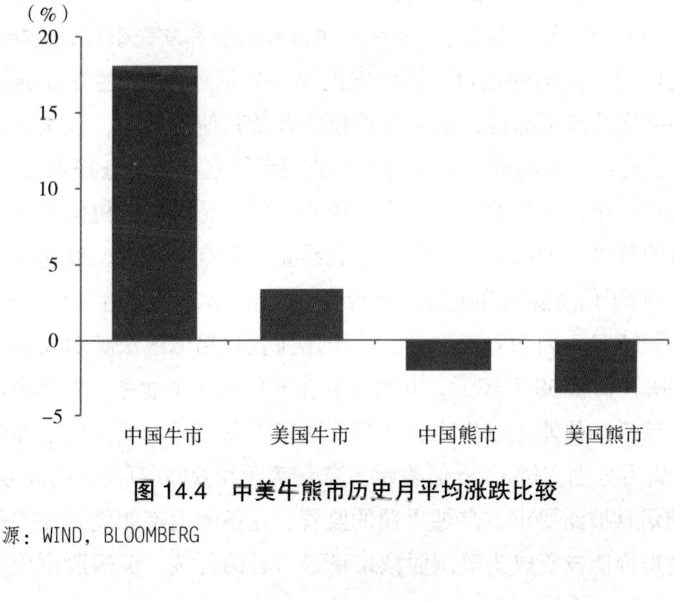

图 14.4　中美牛熊市历史月平均涨跌比较

数据来源：WIND，BLOOMBERG

二、六大因素造就中美不同牛市

（一）市场法治环境：缺乏法治、监管不足 VS 信息公开、严惩重罚

中国A股牛短熊长，牛市快速上涨的现象，和一些基础性法律法规缺失、公司基本面信息不清晰、市场监管不足有关。缺乏法治、监管不足，使得A股市场信息披露的真实性、完整性和及时性不够，信息披露姗姗来迟，信息前后矛盾，承诺的事项难以履行，关键问题上的解释避重就轻的事件频频发生；还使得退市制度有名无实，证券违法违规行为得不到及时处理，对违法违规行为的处罚力度不够，对投资者的保护不足，投资者对A股上市公司缺乏信心，长期价值投资无保障。

中国处于新兴加转轨阶段，经济和社会预期呈大起大落特点。市场缺乏法治、监管不足、基本面信息不清晰和投资者心态结合起来，共同造成市场参与者长期投资行为的缺乏，市场风格赌性十足，投资者对公司的预期只是随着股价而波动，随着公司股价追涨杀跌，投资者过度乐观和过度悲观的情绪随着盈亏急剧放大，加大了市场波动的幅度和速度，造成快牛疯牛。

相较于中国证券市场法律法规不够完善，监管水平有待提高，信息披露不够健全的特征，美国在证券市场环境建设方面值得我们学习。

美国证券市场的基石是以信息披露的真实性、完整性和及时性为核心要求的证券法规体系。《1933年证券法》《1934年证券交易法》和随后的一系列法律法规中，都体现了信息公开是美国证券监管体系的基础性原则和制度，并在实践中与时俱进，逐步强化。2002年，安然集团财务造假和欺诈事件，直接导致了“萨班斯—奥克斯利”法案的通过，该法案的第一句话就是，“遵守证券法律以提高公司披露的准确性和可靠性，从而保护投资者及其他目的”，该法案对企业财务审计工作有了更进一步的要求，同时要求公司高管直接对财务报告负责。

美国拥有一个以证券交易委员会为核心，各交易所监管机构和各州监管机构为辅的完善的分级监管体系。其中证券交易委员会有调查权、处罚权、一定的立法和司法权。对于信息隐瞒和证券欺诈行为，美国证券市场监管当局一直是零容忍。2002年10月16日，因为安然事件，美国休斯敦联邦地区法院对安达信妨碍司法调查做出判决，罚款50万美元，并禁止它在五年内从事业务，安然事件最终导致了安达信的破产。此外花旗集团、摩根大通和美洲银行也因涉嫌财务欺诈，向安然破产的受害者分别支付了20亿美元、22亿美元和6900万美元的高额赔偿金。

严格的信息披露要求、严惩重罚的监管、完备的退市制度、完善的投资者保护制度，使得价值投资成为美国股票市场参与者的首选，美国股市成为美国经济

的“晴雨表”，美国股市的繁荣与否，与美国实体经济的好坏息息相关，而不是过度透支对未来经济的预期，显现慢牛长市的特征。

（二）投资者结构：散户主导的追涨杀跌 VS 机构投资者主导的价值投资

中国股市主导的活跃投资者主要由散户构成，因此，短视、羊群效应和非理性特征非常明显。到2013年，一般法人占A股市值的63.6%，处于绝对的统治地位，但因为一般法人中很大一部分持股是国有股份，其实质是基本不流通的，一般法人占比仅仅是虚高，不能决定投资风格。考察A股的交易占比，可清楚地发现，A股是由散户主导的，虽然散户的交易占比自2007年处于下降趋势，但是截至2013年，个人投资者占比仍达82.2%，一般法人交易占比仅2.5%，以公募基金为代表的专业机构占比15.3%，散户交易占比处于绝对优势的状态。

美国股市主导的投资者则是机构投资者，因此长期价值投资受到推崇。美国个人投资者市值占比由1950年的90.1%一路下滑至2010年的36.8%才逐步稳定，2014年的占比为36.7%。自2005年起美国机构投资者（保险公司、养老基金、共同基金）市值占比更大，达47.3%，而个人投资者当年的占比为38.9%，此后机构投资者一直处于优势地位。美国机构投资者的投资行为价值化、长期化，特别以养老基金为例，401K为代表的养老金计划在法规指引下系统投入股市，因其长期和低风险偏好的投资特征起到了很好的稳定市场的作用。

此外，在散户主导的中国股市，机构投资者只能顺应市场特征，并未起到市

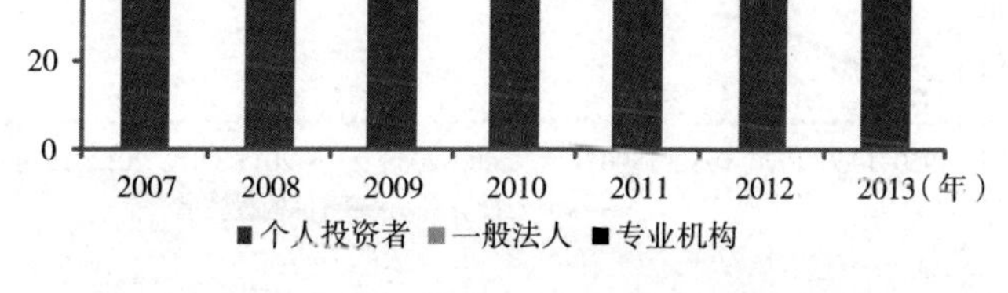

图14.5　中国个人投资者占A股交易的绝大多数

数据来源：上交所

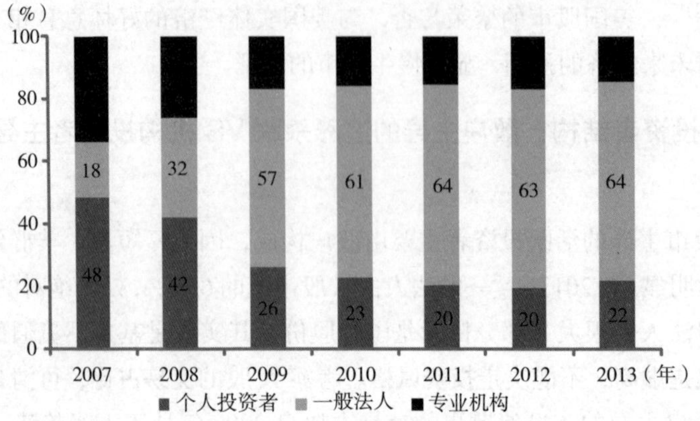

图 14.6　A 股各类投资者市值占比

数据来源：上交所

场稳定器的作用，机构投资者的投资行为也呈现短期化的特征。以主动型股票和混合公募基金为例，基金经理们在短期考核的压力下，投资风格呈现散户化的特点，换手率从 2004 年的平均 113% 提高到 2013 年的 334%，而美国股票型基金在 1980 年至 2013 年间的平均换手率为 61%，2013 年为 41%，2013 年中国股票基金的换手率为美国的 8.14 倍。可见以公募基金为代表的机构投资者——正规军，在扭曲的考核机制和市场环境下无法起到稳定器作用。

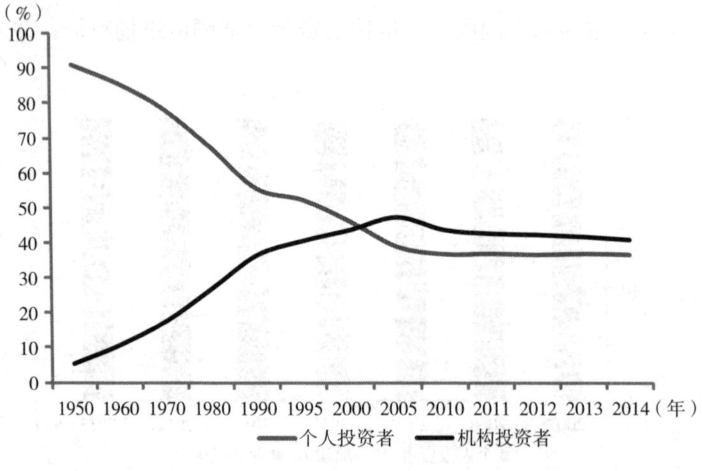

图 14.7　至少自 2005 年起美国机构投资者市值占比更大

数据来源：美联储

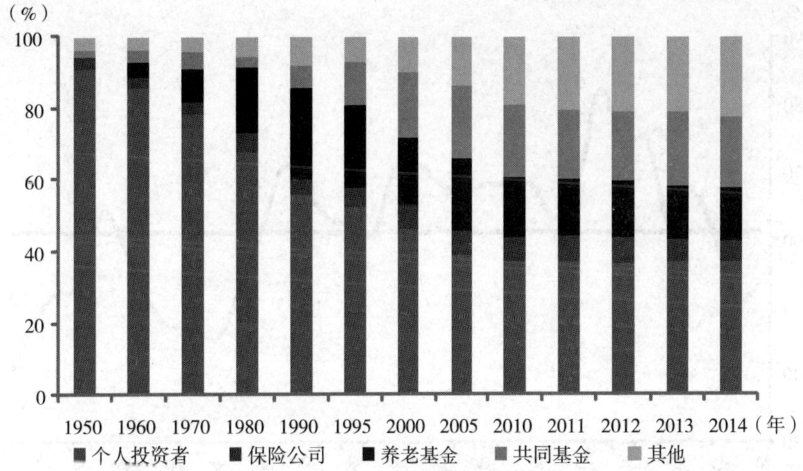

图 14.8　美国股票市场各类投资者市值占比

数据来源：MORNING STAR，美国投资公司协会

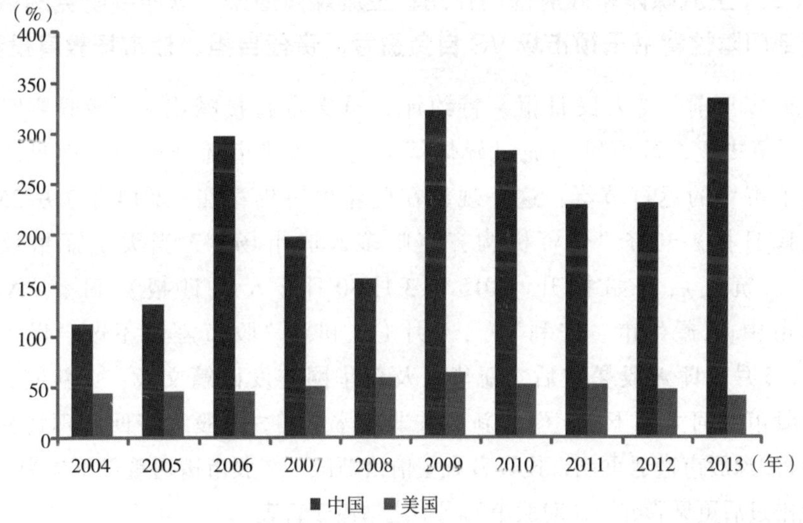

图 14.9　中国股票基金换手率远超美国

数据来源：MORNING STAR，美国投资公司协会

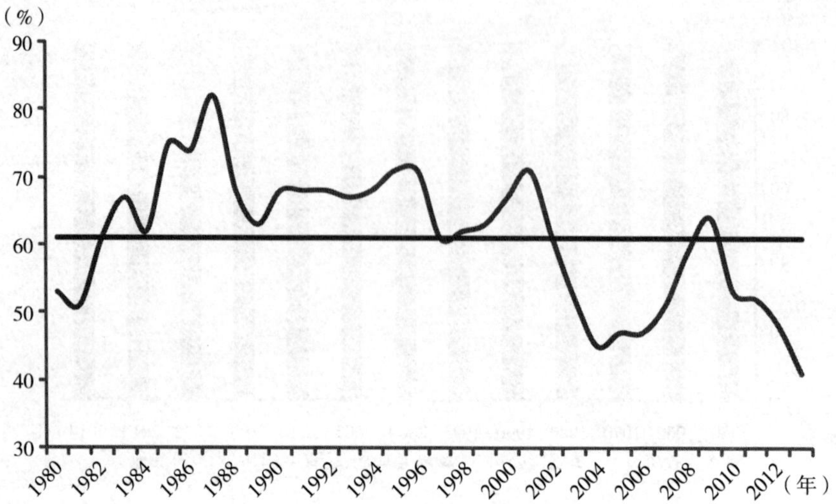

图 14.10　近年来美国股票基金换手率下降

数据来源：MORNING STAR，美国投资公司协会

（三）主流媒体和政府部门作用：主流媒体渲染“炒股要听党的话”、政府部门隐性背书干预市场 VS 自负盈亏、责任自担、让市场教育投资者

20 多年前，《人民日报》特约评论员文章直接喊出：“炒股要听党的话。”历史上，政府部门通过媒体等通道喊话股市随处可见，而且明显地影响了市场的运行节奏，这一现象在此轮牛市仍存在。2014 年 7 月 25 日，《人民日报》刊登“外资机构齐声唱多 A 股市场”，当天上证指数上涨 1.28%，筑底后开始抬升。2015 年 3 月 30 日《人民日报》刊登“A 股已处牛市中 把握牛市‘红利’”，4 月 1 日刊登“股市震荡不改‘慢牛’趋势”，5 月 5 日 A 股暴跌后，新华社及新华网连发四篇文章：“新闻分析：沪深股市缘何大幅下挫？”“新股并非洪水猛兽，A 股终将回归理性慢牛”“5 日沪深股市遭遇重创，投资者观望情绪渐浓”“股市遭遇重创不失为一场洗礼 风雨过后更见彩虹”，对股市的呵护之情溢于言表。

在投资者和监管博弈中，政府对于市场的干预过多，总是担心市场的急剧下跌或者大跌带来的社会不稳定或者其他一些因素，政府和主流媒体过多的声音，罔顾市场规律，干扰了市场的运行节奏，加速了预期的透支。

美国股市则完全是市场主导的，美国监管当局信奉看不见的手会自动调节股市。

首先在制度层面，美国股市的交易规则更加大胆和灵活，股市实行 T+0 交易制度。T+0 交易制度在中国曾经实行过，但是它允许更大的投机性，为了保证市场稳定，政府改用 T+1 的交易方式。另外，美国股市没有每个交易日 10% 的涨跌幅限制。这两项制度的存在使得投资者能够快速套利和逃离危险。

更重要的一点是美国政府和监管层很少直接或者间接地干预股市的运行。在危机的时候，美国政府允许雷曼兄弟和安然公司这样的大型上市企业倒闭而不出手相救，而在中国，大量的国有上市企业依靠政府补助存活着。近十年中石油、中石化共获得政府财政补贴一千多亿元。当然也不能说美国股市完全没有来自监管层的干预。比如在“9·11”事件发生后，为挽救市场信心，纽约证券交易所暂停交易四天。但是上一次这样长时间的非正常休市已经是 1929 年大萧条时期的事情了，可见美国政府和监管层对股市行政干预之少。

综上，美国股市在制度设计上允许更大的波动和更高频率的交易，政府和监管层又对股市鲜有干预，这一方面是因为政府和大众相信市场的力量能很好地稳定市场，股价最终取决于企业的价值。另一方面，也说明美国的投资者长年参与这样一个充分市场化的股市中，他们长期学习并实践着，必须自负盈亏、责任自担。

表 14.1 政府和主流媒体关于股市的言论

时间	事件	影响
1992 年	邓小平南方谈话，“证券、股市，这些东西究竟好不好，有没有危险，是不是资本主义独有的东西，社会主义能不能用？允许看，但要坚决地试。看对了，搞一两年对了，放开；错了，纠正，关了就是了。关，也可以快关，也可以慢关，也可以留一点尾巴。怕什么，坚持这种态度就不要紧，就不会犯大错误”	肯定了股票交易所在市场经济中的作用，为中国股市的发展创造了良好的氛围，于是上海市市长申请全面放开上海市场的股价，让市场自己说话，终于形成了股价天天小涨，最后变暴涨的局面
1992 年	1992 年市场扩容迅猛，随后股市不断创出新低，证监会在 8 月 1 日宣布救市，暂停新股上市，建立共同基金和中外合资基金公司，史称“三大政策”	首开救市之门，难抵市场力量，不久两市又暴跌
1995 年	“3·27”国债期货事件	暴露了中国股市上上下下系统性的腐败和混乱，大大阻碍了证券市场新产品尤其是衍生品发展的进程

（续表）

时间	事件	影响
1996 年	沪深金融中心争夺，地方政府主导的上涨行情和混乱。证监会连续发布多道通知和评论，在《人民日报》头版头条发表社论，并在《新闻联播》破例宣读。12 月 15 晚，《新闻联播》又全文宣读了次日将在《人民日报》发表的特约评论员文章“正确认识当前股票市场”	权威媒体首开直接喊话股市
1998 年	媒体发表了江泽民总书记为时任中国证监会主席周正庆主编的《证券知识读本》写的批语	明确肯定了证券市场对中国经济的重要作用
1999 年	1999 年“5·19”行情。1999 年 6 月 15 日，《人民日报》头版头条发表了“坚定信心，规范发展”	政府主导的上涨行情
2001 年	6 月 12 日，国务院发布了《减持国有股筹集社会保障资金管理暂行办法》，股市下行。中国证监会在 10 月 22 日晚 9：00 宣布，暂停《减持办法》的第五条关于“国家拥有股份的股份有限公司向公共投资者首次发行和增发股票时，均应按融资额的 10% 出售国有股”的规定。股市上行。11 月 10 日，《人民日报》发表“中国股市能不能推倒重来”	救市之手如影随形
2002 年	中央高层领导提出股票市场不仅要为国有经济改革服务，而且要为国家的经济结构战略性调整服务。12 月 14 日，《人民日报》发表“中国股市将迎来大牛市”	股票市场承担更多的责任
2004 年	《新闻联播》在晚间 7：00 播报了由国务院签发的《国务院关于推进资本市场改革开放和稳定发展的若干意见》，新华社发表了《东风浩荡满眼春——来自资本市场改革发展的报告》	权威媒体和政府部门的琴瑟合鸣
2005 年	股改箭在弦上，7 月 4 日《人民日报》发表“白话股权分置改革”支持股改	股市再次探底确认未创新低后，牛市开启
2007 年	4 月 17 日《人民日报》问“中国股市还能涨多高？”，7 月 21 日《人民日报》发表“中央祭出组合拳股市不会剧变”	党报权威积极评论股市
2008 年	《人民日报》关于股市的报道也少了很多，主基调是维稳。7 月 14 日《人民日报》发表“全力维护资本市场稳定运行”	党报的声音会小，但从未消失
2009 年	6 月 9 日《人民日报》在头版刊登“信心逐步恢复资本市场活力再现”	安抚市场

（续表）

时间	事件	影响
2010 年	连发五文论打击内幕交易，3 月 25 日《人民日报》发表“加息或趋谨慎 A 股近期有望走出上扬行情”，11 月 24 日发表“抑制通胀对股市是长期利好”	在市场低迷之际安慰投资者
2014 年	《人民日报》7 月 25 日刊登“外资机构齐声唱多 A 股市场”，7 月 29 日《人民日报》发表“A 股最坏时刻已过去悲观开始转乐观”	党报重现牛市呼声

资料来源：互联网

（四）对市场的认识和态度：把市场当工具 VS 充分尊重市场

政府部门有时对股票市场的认识存在一定的偏差，没有真正的尊重股票市场，将股票市场当作目的性和工具性的存在，让市场承担过多的功能，政策市特征明显。

股票市场在成立时即肩负了使命，1990 年是为了与股份制改革相配套，后来这一“光荣”传统得到延续。1998 年发展股票市场是为国企脱困解决融资难问题，2007 年是扩大直接融资，实现全流通，支持中小企业融资，当前是国企改革，股权融资支持转型创新。从本质上来讲，监管层支持股票市场的发展都是依附于阶段性的政策意图，而不是从尊重市场的规律出发。

投资者在把握住中国政策市的实质后，在确认当前的政策意图未达成的情况下，可以任性地炒作，而不用担心监管层面的实质打压。猜政策意图如此重要的原因在于，政策变更对于中国股市的影响既大且快，政策意图达到后，政府很可能制定一些政策来打压疯涨的股市，当股市下跌产生不良影响时，政府又很可能制定一些政策来稳定甚至推动股市上涨。

与中国股市自诞生起就有很强的政策意图不同，美国股市是从完全无约束状态起逐步引入监管的，但直到今天，美国对股市的监管仅限于为股市的运作提供基础制度安排，从来不涉及市场的运行方向和节奏。美国股市初期，规则混乱、监管缺失、证券投机和欺诈行为横行，美国政府也未对股市进行干预，大众甚至认为“股票欺诈并非该特别谴责的行为，而是整个股市体系的一部分”，可见美国股票市场运作的自由程度。1811 年的《梧桐树协议》奠定了美国金融业排除政府影响，进行行业自律的基调，而非美国监管当局的直接干涉。

时至今日，美国股市承担了其应有的功能，为资本定价、为企业融资、优化资源配置和盘活经济，这都是依靠市场自身的力量决定的。

美国股市投资者遵循的是价值投资理念，所以从长远来看，只有优质的企业、被市场认可的企业，股价才能上涨，才能在股市募集到资金。比如苹果公司是近10年来股价上升最多的公司之一，是世界上最具创新力企业的代表。

表 14.2　把股市当作工具

时　间	目　的	结　果
1990 年	与股份制改革配套	沪深两地试点发行股票
1998 年	解决国企改革和发展资金需求	仅 1998 年，就有 277 家国有企业通过证券市场实施了收购、兼并和资产重组
2001 年	通过股市为社保筹资	2001 年 6 月 12 日，国务院发布了《减持国有股筹集社会保障资金管理暂行办法》，按融资额的10% 出售国有股。出售的收入全部上缴社保基金
2005 年	国有股全流通	在证监会主持下，上市公司分批进行股权分置改革
2007 年	扩大直接融资，实现全流通，支持中小企业融资	新股发行数量井喷，巨无霸回归 A 股
2014 年	国企改革，股权融资支持转型创新	国资大规模的资产证券化，力推注册制，加快发行速度，开拓中小企业（创新型企业）的融资通道

资料来源：互联网

（五）市场供求自我调节机制：审批制 VS 注册制

美国彻底的注册制，充分发挥市场机制的作用，通过发行人和投资者之间的博弈，来满足企业的 IPO 需求和投资者的投资需求。大体来看，当年年度涨幅高，在美股新上市的公司数目也越多，1995 年、1996 年标普 500 指数分别上涨 34.1%、20.3%，新上市公司分别为 634 家、818 家；年度涨幅低，当年新上市公司数目少，2008 年金融危机大跌年，美国仅上市 57 家公司。在牛市期间，因为估值高、发行容易等因素，公司乐于 IPO 上市，这样有效地扩大了市场供给，给牛市降温。美股高效率、低成本、市场化的 IPO 制度极大地降低了公司的溢价和稀缺性，使得定价合理，美国投资者对待 IPO 公司的态度十分谨慎。

中国 A 股因为市场机制的欠缺，缺乏有效的供求平衡调节系统，上市公司的供给很大程度受到人为控制，是实质上的审批制，不能通过新股有效扩大市场的供给，对冲牛市时高涨的股票需求。2006 年、2007 年上证综指分别上涨 130.4%、96.7%，新上市公司数目为 133 家、220 家；2010 年、2011 年分别下跌 14.3%、21.7%，新上市公司数目却达到创纪录的 456 年、344 家，完全没有“热发行”市场的特征。在当前中国 IPO 的过程中，监管层不仅直接干预 IPO 节奏，造成权力寻租和道德风险大增，新上市公司身价大涨，而且代替投资者判断公司的价值，使得市场投机盛行。

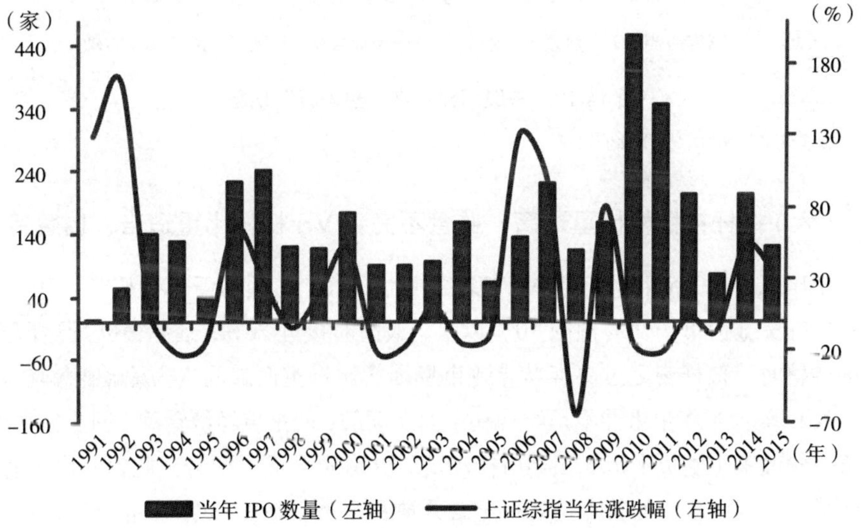

图 14.11　A 股不存在“热发行”现象

数据来源：WIND，BLOOMBERG

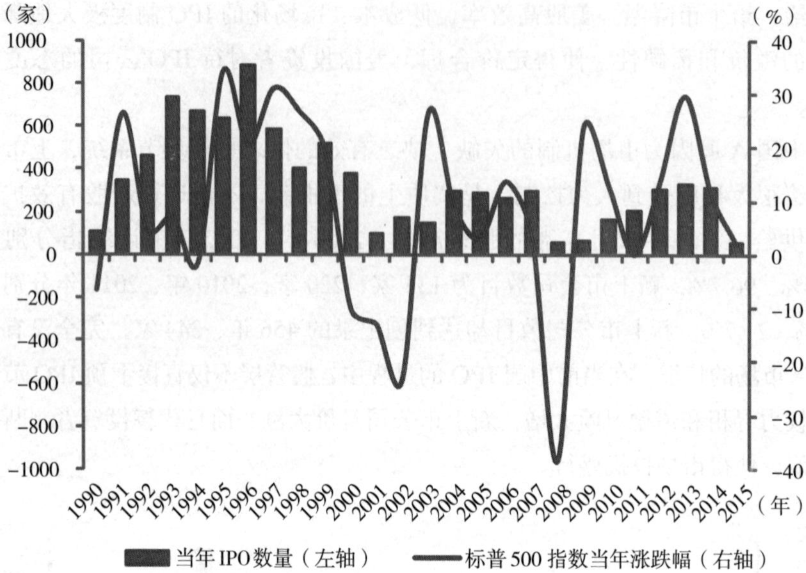

图 14.12　美股明显存在“热发行”现象

数据来源：WIND，BLOOMBERG

（六）杠杆：杠杆比重过高、监管不完善 VS 杠杆比重适当、监管完善

中国A股2015年上半年牛市杠杆工具快速发展，且缺乏有效监管。5000点前后杠杆资金占市场交易额的10%以上，最高时接近20%，远超美欧发达国家。市场调整时，杠杆资金过高容易导致市场因卖压过重而瞬间丧失流动性。

2015年上半年牛市并不是经济基本面发动的，而是被经济转型（创业板牛市）和新一轮改革（主板牛市）预期所推动的，并有资金面的配合。此轮牛市带有很多新特点，其中最大的特点是处在金融开放和金融创新工具增加的时代背景下，监管体系尚不完善，投资者对新环境不熟悉。

这轮股灾的根本原因是有毒资产（部分高估值小盘股）加杠杆（从两融到伞形信托和场外配资），导致市场微观结构恶化。查场外配资和市场担心货币政策转向只是催化剂，即使不查场外配资，市场也有内在调整的要求，所谓风险是涨出来的，机会是跌出来的。

这种带杠杆的股市调整是新情况，超出大多数人的认知，传导链条是：恐慌性杀跌→杠杆爆仓→强制平仓→卖盘呈几何级数涌出→市场压垮并崩盘→微观企业资产负债表破坏、中产阶级财富缩水、银行不良率上升、金融机构倒闭、信用和金融危机→市场信心受挫、陷入长期低迷、正常的融资和支持实体经济转型功能失去、经济危机。

只有及时中断传导链条，才可能避免从股灾到金融危机到经济危机的蔓延，否则事态扩大后救助金融和经济体系代价更大。因此，救市救的不仅是股市，更是金融体系和实体经济。

（七）小结：不同的市场环境决定了不同的投资者行为，进而决定了牛熊特征

市场的底层架构和制度环境决定了投资者行为，进而决定了市场的牛熊特征。美国股市在制度设计上允许更大的波动和更高频率的交易，政府和监管层对股市鲜有干预，这一方面是因为政府和大众相信市场的力量能很好地稳定市场，股价最终决定于企业的价值。另一方面，也说明美国的投资者长年参与这样一个充分市场化的股市中，他们必须自负盈亏、责任自担。

中国证券市场存在的主要问题是：（1）信息披露不足、违规违法事件处理还有待加强、有效退市制度的缺失，使得股票价格不能很好地反映企业的价值，股市投机氛围浓。（2）中国股市主导的活跃投资者主要由散户构成，因此，短视、羊群效应和非理性特征非常明显，而美国股市主导的投资者则是机构投资者，投资行为长期化，此外，在中国机构投资者被短期目标所束缚，导致其价值投资理念被抛弃，未能起到如美国同行市场稳定器的作用。（3）由于政府部门和主流媒体经常干预股市，引导股价走势，导致投资者揣测监管层意图。（4）由于政府部门有时把证券市场当作实现自己特定目的的工具，导致证券市场自身规律未得到应有的尊重。（5）由于中国股市进入和退出机制不完善，导致市场不能自我调节供求关系。（6）中国 A 股此类牛市杠杆工具快速发展，且缺乏有效监管。以上种种，都导致了中国证券市场熊长牛短的特征，导致中国股市未能起到如美国股市般支持实体经济发展的作用。

三、六大方面改造快牛、疯牛为慢牛、长牛

美国资本市场一直是全球资本市场组织者和参与者的标杆。美国资本市场真正奠定其全球经济脉动中心的时间可以追溯至 1980 年左右，如果剔除自 20 世纪 80 年代开始至今 30 多年间的少数波动年份，美国股市整体是向上的，有效地支持各类经济、金融操作（信息、科技产业的风投，传统产业的兼并收购等），帮

助美国主导的全球化得以启动并成功。

与美国的长牛慢牛相比，中国牛短熊长，很难对实体经济形成有效支撑，A股投资者投机盛行，投资缺乏，难言是个成熟的市场。当前政策强调大力发挥股市服务实体经济的能力，促进股市和实体经济的良性互动，推动法治监管、简政放权等重大改革，都需要快牛变慢牛。

要改造中国股市，使中国股市呈现出如美国般牛长熊短的特征，我们必须在以下六个方面做出努力。

（一）践行法治、从严监管

加强法治，打击坐庄、不法勾兑等行为，引导市场进行价值投资。践行法治，建立完善的证券法律法规体系，从严监管，完善信息披露机制，对违法违规行为严惩不贷。首先，必须建立良好的会计审计制度，让上市公司做到信息披露公开透明，使投资者能很好地了解企业的基本面；其次，完善证券法律法规体系，严格证券市场监管体制，落实退市制度，及时处理证券违法违规行为，严厉处罚各类证券违法违规，加大上市公司、中介服务机构的违法违规成本，加强对投资者的保护；最后，加强对投资者、上市公司及各类中介服务机构人员的法制教育，使他们敬畏法律正义，不敢越雷池半步。

（二）发展机构投资者，传播价值投资理念

首先，我们需要正视，如果外部市场环境没有大的改变，A股投资者现在的行为其实是最优化的选择。美国股市是培养价值投资，中国是毁灭价值投资。美国股市是明显的慢牛长牛特征，以标普500指数计，美国牛市的平均持续时间大约是32个月，平均涨幅为106.9%，而熊市平均持续了10个月，平均跌幅35.4%，除了股市下跌83%大萧条时期之外，价值投资绝对是最为有效的，美国股市的这一特征为以沃伦·巴菲特为代表的价值投资策略提供了支持，是他们取得成功的先决条件。

A股市场的典型特征与美国市场恰恰相反，呈现牛短熊长的特点。A股熊市平均持续27.8个月，牛市平均持续12.1个月。熊市时，上证综指平均跌幅为56.4%，牛市时，上证综指的平均涨幅为217.2%。如果我们持续性地投资于A股，为了等到12.1个月的牛市蜜月期，我们平均需要挨过27.8个月的严冬期，最近一次的从2007年10月至2014年7月的严冬期长达82个月。

因此，对于一名理性的投资者来说，如果中国和美国的投资环境没有发生大的变化，其合理的投资行为应该是：在美国奉行价值投资、长期投资，而不是频繁地买卖；在中国则需要实行相反的策略，积极地对市场的底部和顶部进行判断，或者是在趋势刚起时，快速地进场或者离场，把握住短暂的牛市，时刻警惕“凛冬将至”以规避漫长的熊市。

所以，当我们责怪A股散户的高换手、高投机的行为以及机构投资者散户化时，需要看到其合理性。当然，投资者的高投机交易风格也是造成当前市场环境的一个重要因素，投资者的追涨杀跌是市场特征的直接形成原因，但投资者风格和市场环境互为因果关系，不能仅仅责怪投资者的交易模式而忽视合理市场制度和环境的建设。

建立合理的市场环境，让价值投资者在A股的博弈中占优，积极地发展机构投资者，广泛传播价值投资理念，让价值投资之花在A股盛开，是A股努力的方向。

（三）主流媒体和政府部门不为股市做背书，让市场教育投资者

主流媒体和政府部门不为股市做背书，消除对投资者收益的隐性承诺，致力于构建市场机制充分发挥作用的制度框架。消除政策市特征，使得投资者正视自己的投资行为，理性分析股票价值，合理投资，从而自负盈亏，责任自担，从市场的正常波动获得教训和智慧，避免将一切责任推给政府和市场，不愿意为自己的非理性行为担责。

（四）尊重市场、相信市场，摒弃工具性目的，让市场自身规律起作用

政府部门要选择相信市场、尊重市场，让市场自身的规律起作用，决定未来的趋势，不把股票市场作为某种工具。资本市场的持续健康发展对于支持实体经济具有重大意义，但是这是资本市场自身繁荣的自然结果。

（五）推动股票发行制度改革，发挥市场自身供求调节功能

美国实行彻底的注册制，充分发挥市场机制的作用，通过发行人和投资者之间的博弈，充分满足企业的IPO需求和投资者的投资需求，使得供求平稳。中国的A股市场因为市场机制的欠缺，缺乏有效的供求平衡调节系统，上市公司的供给在很大程度受到人为的控制，不能通过新股有效扩大市场的供给，对冲牛市时高涨的股票需求。

推进股票发行制度改革，可以发挥市场自身供求调节机制，为市场提供优质标的可避免对垃圾公司的过度炒作。

待市场企稳后，需要及时恢复 IPO，取消对上市公司正常减持、投资者套保等的行政管制，恢复市场正常运行。通过基础性制度建设，促进资本市场持续健康发展。

（六）加强对杠杆的监管，规范透明发展，有效降低杠杆

5000 点前后杠杆资金占市场交易额的 10% 以上，最高时接近 20%，远超美欧发达国家。市场调整时，杠杆资金过高容易导致市场因卖压过重而瞬间丧失流动性。

未来应加强杠杆监管，避免重蹈覆辙。

第一，将场外配资纳入管理范围，规范透明。美国、中国香港等地方，杠杆交易非常透明，易于管理。在开立账户前，严格审查场外配资客户的资产及信用记录等。

第二，严控两融和伞形信托的标的及融资比例。在成熟国家，对两融标的均进行了严格管控。例如，仙股和分单市场股票不能作为融资标的。

第三，开正门，赌偏门，进行逆周期调节。杠杆交易和股市存在内生正相关关系。牛市时，对杠杆的需求是客观存在的。例如，美国融资的最低配额是 2.5 万美元，但是融资利率非常高，两个条件可以相互制衡。

第四，发展融券业务。理论上讲，融资融券是相互制衡的，在美国两者余额的比值在 3:1 左右。

第五，由于两融、伞形信托和场外配资涉及跨部门监管，建议成立一行三会联合行动小组。

第十五章　杠杆上的股市与监管

导语：上一轮牛市出现很多新特点：产业资本私募大户蓬勃兴起、杠杆工具广泛使用、微信快速传播并迅速达成一致预期等，带杠杆的股市上涨和调整是我们目前面临的新情况。上涨时加杠杆有助于快速兑现预期，调整时去杠杆加大市场波动。如何正确使用和监管杠杆？

一、杠杆上的股市：新特征与新影响①

上一轮牛市出现很多新特点：产业资本私募大户蓬勃兴起、散户跑步加入、杠杆工具广泛使用、微信快速传播并迅速达成一致预期等，对市场产生较大影响。

产业资本、私募和高净值客户以采用两融、伞形信托和单一信托杠杆为主，散户以使用互联网平台和系统分仓模式的杠杆为主。带杠杆的股市上涨和调整是我们目前面临的新情况。

（一）场外配资

1. 主体为互联网平台、配资公司、券商、散户

（1）定义。场外配资，监管层及市场对此并没有明确的定义，以我们的理解，场外配资是指未纳入监管层监管的配资。被监管的配资有两融、伞形信托和单一结构化产品（单一信托）。场外配资（未被监管的配资）有系统分仓模式（HOMS系统、非HOMS系统）、人工分仓模式（人工盯盘）、互联网平台模式（P2P、中介）及其他模式。其他模式包括私募基金模式和员工持股计划带杠杆模式。

---

① 本章为任泽平、张庆昌合著，发表于2015年6月29日。

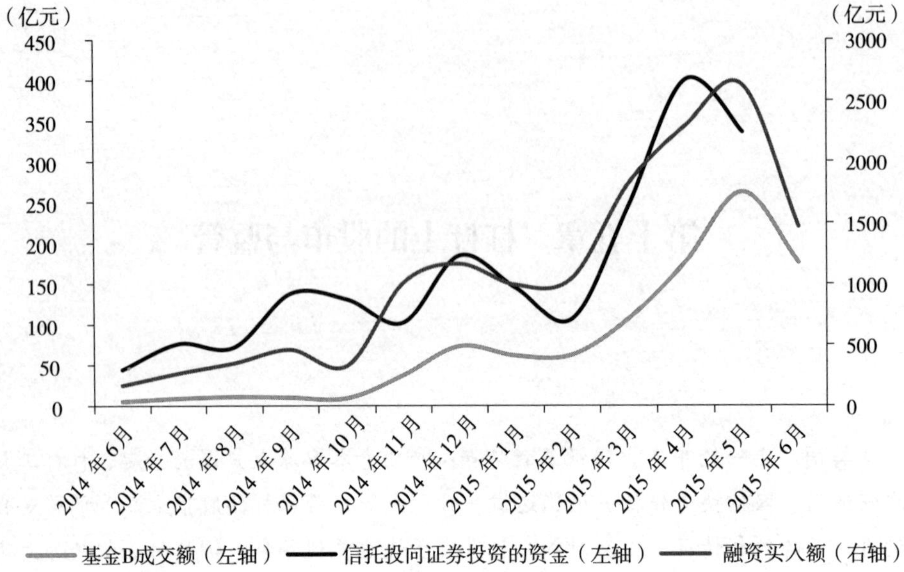

图 15.1 杠杆交易额

资料来源：Wind

（2）私募基金配资模式。配资公司发起设立一只专门用于配资的私募产品，由配资客户认购劣后份额，其认购资金则作为配资交易的担保品。同伞形信托相比，该模式的劣势在于优先级份额无法来自于银行资金，而必须依托私募或第三方财富公司的渠道进行销售募集。由于私募基金本身需要进行分仓操作，很难分别哪些是分仓，哪些是配资。

（3）员工持股计划配资。通过资管产品进行杠杆融资，成为部分已经上市公司实施员工持股计划的做法。首先成立一个财富管理计划，然后按照一定的杠杆比例（通常为 1~3 倍杠杆）设立优先份额和次级份额，由员工出资认购次级份额，并向社会发行优先份额进行杠杆融资。持股员工（持有次级份额）的收益随股价波动而被放大，如果标的股票下跌到平仓线，持股员工将血本无归；反之，标的股票的上涨则因杠杆效应为次级持有人带来几何倍数的收益。

（4）投资品种有限制。一般的场外配资禁止投资 ST 股、*ST 股[①] 和部分创业板股票。对单只个股的买入量不得超过申报委托时合作账户资产的 60%，即不能用合作账户满仓操作单只个股。并且禁止做跌幅超过 8% 的股票、T–1 日及 T–2

① 注：ST 股指境内上市公司连续两年亏损，被进行特别处理的股票；*ST 股指境内上市公司连续两年亏损，被进行退市风险警示的股票。

日均为跌停的股票。

2. 总融资成本在 13%~20%

场外配资融资成本约为 13%~18%。互联网配资模式有：中介模式，如金斧子；P2P 模式，如汇银通。其本质都是股民在线提出配资申请，互联网平台帮其融资扩大操作资金。以 P2P 互联网平台配资为例，P2P 投资人的收益为年化 10%~15%，期限以一两个月居多，最长一般不超过 6 个月，平台再以服务费、开户费、管理费等名目收取 3% 的费用，配资申请人获得资金的总成本普遍在 13%~18%。以中介模式为例，互联网平台只负责撮合交易并收取一定的中介费，费率基本在 3% 左右。其一端对接线上申请配资的股民，另一端对接线下的配资公司，其资金以自有资金、民间资金为主。总成本在 15%~20%。

3. 风险：一般在 1 : 4 或 1 : 5；自动强行平仓

杠杆一般在 1 : 4 或 1 : 5。配资公司配资业务的杠杆比例较高，一般为 1 : 4 或 1 : 5，甚至可以达到 1 : 10。根据杠杆比例的不同，配资公司设有平仓警戒线和强制平仓线，杠杆越大，“红线”越紧，以保证其出借资金及利息的安全。以其中一家配资公司为例，对于 1 : 5 的杠杆配资，其平仓线在 110%，亏损 8.33% 时就会平仓；对于 1 : 4 的杠杆配资，其平仓线在 112%，亏损 10.4% 时就会平仓；对于 1 : 1 的配资，平仓线在 115%，亏损 42.5% 时会平仓。例如，根据 PPmoney、迅银、点金盒、大金牛等几家配资公司发布数据，对 1 : 4 或者 1 : 5 配资账户，其预警线多设在 110% 至 113%，止损线设在 104%~108% 的水平。

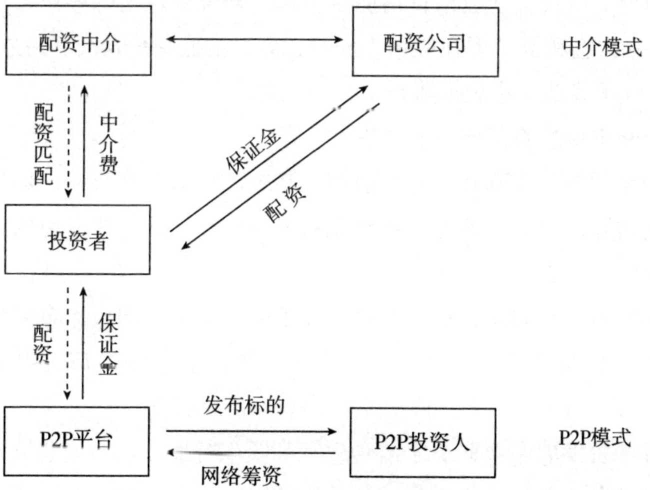

图 15.2　互联网平台模式

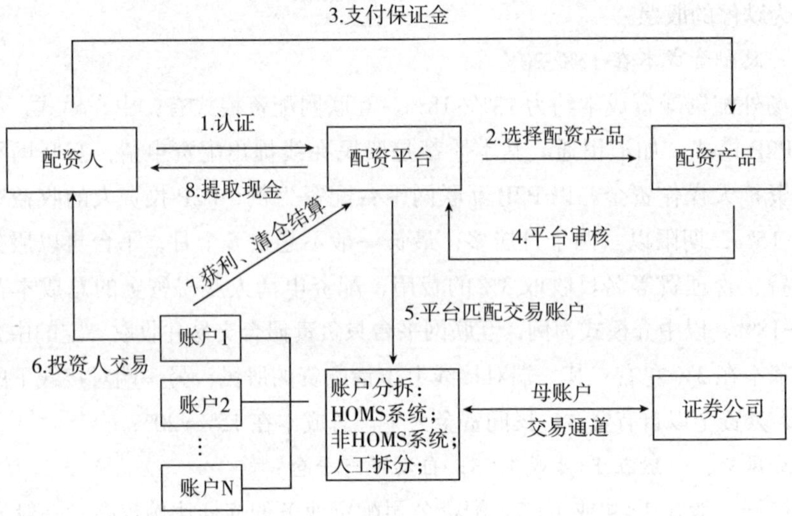

图 15.3 系统分仓模式

杠杆在 1∶10 的配资公司一般用于短线操作。这种一般是用于短线操作，日利息 1%~2%，强平线在 9% 左右。由于风险较高，所以配资公司对于其操作控制较为严格。配资公司会要求客户的股票总仓位不超过 70%，其中单只股票的仓位不能超过 30%。

如果跌至平仓线，互联网平台和系统分仓模式会自动强行平仓。除去这两种模式，其他的配资模式会视股市行情而定。对于资金量较大的客户，在股市走强的时候，其强平线会稍高，但在股市走弱时，会严格控制平仓线。另外，整体看，大规模账户的强平线低于小规模账户。

4. 受监管和市场影响，场外配资快速下降

场外配资金额约为 10000 亿元。前期，受股市行情上升影响，场外配资规模发展迅猛，据估算，目前场外配资规模总共约 10000 亿元，约占境内上市公司流通股资金量的比重为 2%。

受监管和股市下跌影响，场外配资快速下降。根据中国证券金融公司答记者问数据，沪深两市 2015 年 6 月 25~26 日两个交易日通过 HOMS 系统强制平仓金额不超过 40 亿元，6 月 29 日上午强制平仓规模约 22 亿元。

未来场外配资发展主要取决于监管政策和股市行情影响。受监管政策和股市行情影响，2015 年 6 月配资规模发展几乎停滞。

（二）伞形信托

1. 主体为信托、银行和机构投资者/高净值客户

（1）定义。伞形信托是结构化证券类信托的一种，在一个主信托账户下面，通过交易系统（例如）拆分成多个子账户，每个子账户都是一个小型的结构化信托，有单独的优先级和劣后级委托人，彼此独立运作，劣后级委托人作为投资顾问，利用杠杆在股票市场运作优先级资金。信托公司通过其信息技术和风控平台，对每个子账户进行监控。一般而言，优先级和劣后级委托人分别为银行和机构投资者。

（2）投资品种多。在投资限制方面，融资融券会有一个券种的约束，伞形除了少部分股票不能参与，创业板、非创业板、ST都可以投资，对投资者而言灵活性比较好。

2. 总融资成本在10%左右

优先级资金主要为银行理财资金。其收取固定收益，年利率一般在8%左右。再加上信托资金保管费、咨询费用等，机构投资者的总融资成本在10%左右。平均期限在1年左右，到期后可以再续。

3. 伞形信托资金额保守估计在7000亿元左右

信托资金投向股票的资金占境内上市公司流通股资金量的比重快速升至1.97%。信托资金投向股票资金比重上升，伞形信托资金占境内上市公司流通股的比重在2014年第三季度滑落后又继续攀升至2015年第一季度的1.97%，创历史新高。

信托投向股票的资金比重上升到5.77%，创历史新高。截至2015年第一季度，信托资金投向股票的资金总额为7770亿元，较2014年第四季度增加41%。相比较，信托资金投向工商企业的资金仅上升279亿元，0.9%。信托资金投向股票的资金占总信托资金的比重从2014年初的2.83%涨到5.77%。2015年5月信托投向证券投资的金额为336亿元。

4. 风险：杠杆一般在1∶2至1∶3之间

杠杆一般在1∶2。一般信托产品持有的单一证券的比例不能超过信托资产的比例10%，但是在伞形信托下，子信托账户可以持有单一证券的比例可以放大到30%。伞形信托产品配资比例可以达到1∶3，甚至更高。根据杠杆比例的不同，伞形信托设有预警线和止损线，杠杆越大，“红线”越紧。以某券商发布的一款产品为例，1∶2融资比例，预警线为90%，止损线为85%；1∶1融资比例，预警线为69%，止损线为64%。

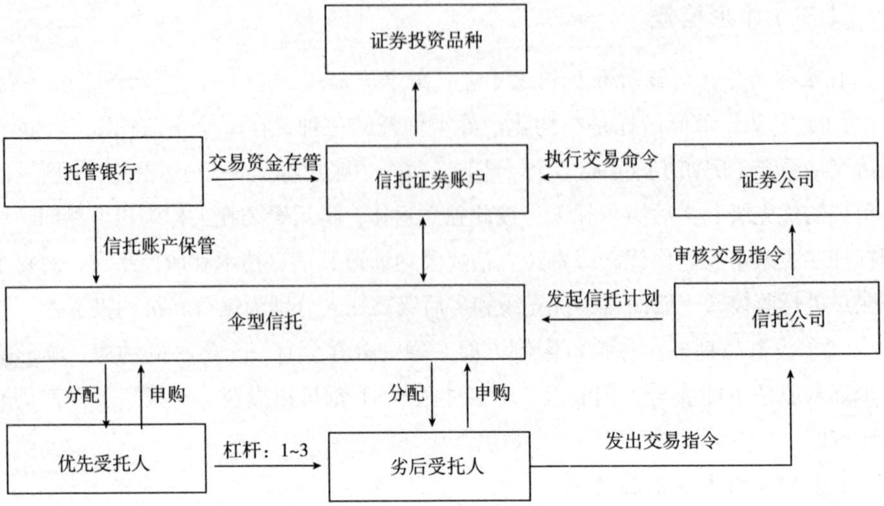

图 15.4 伞形信托结构

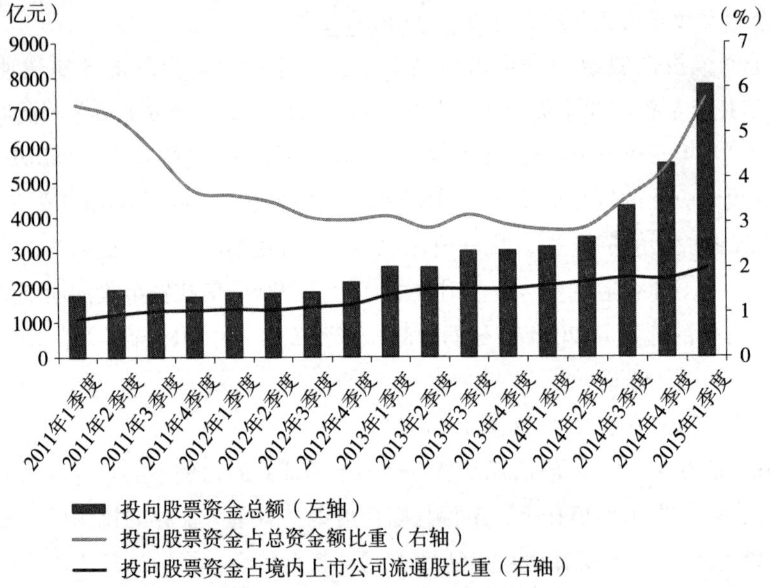

图 15.5 信托资金投向股票的资金快速上升

资料来源：中国信托业协会

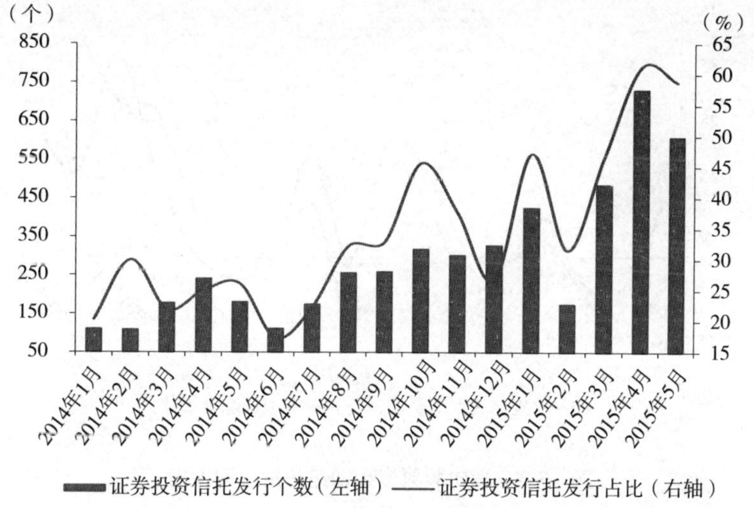

图 15.6　证券投资信托发行个数及占比回落

资料来源：中国信托业协会

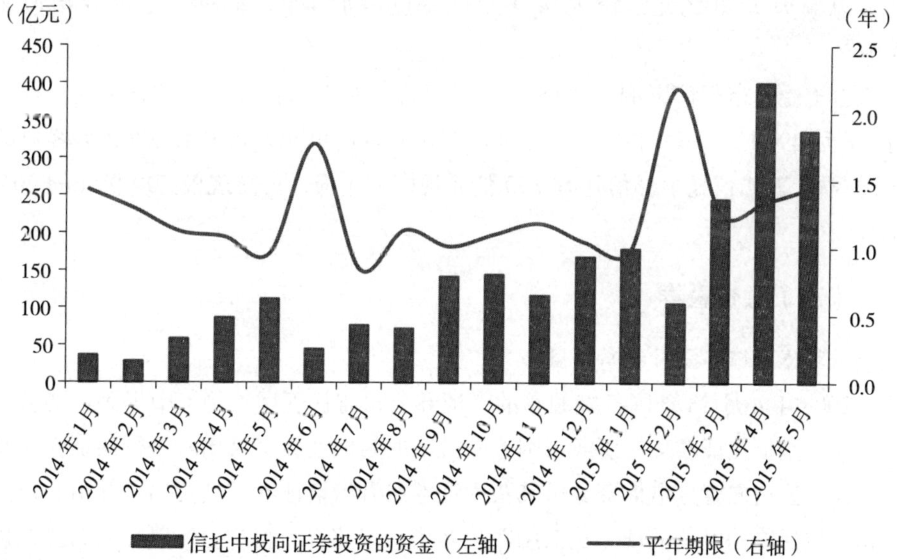

图 15.7　信托中投向证券投资的资金量回落

资料来源：中国信托业协会

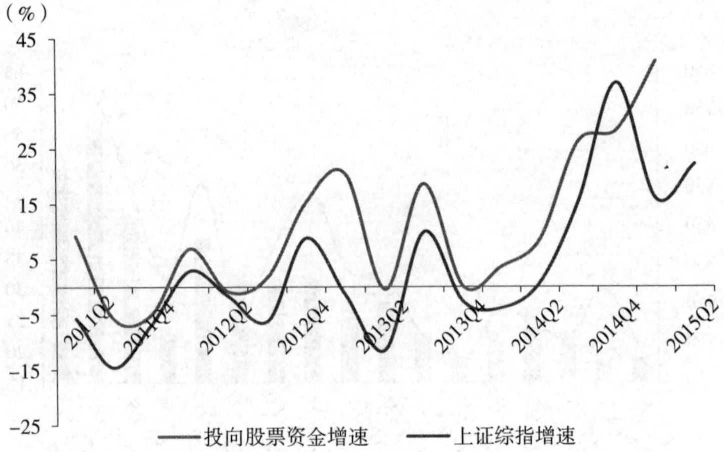

图 15.8　投向股票资金增速超过上证综指

资料来源：中国信托业协会

5. 发展趋势主要取决于股市行情及监管政策

伞形信托增速超过上证综指。2015 年第一季度，信托资金投向股票的资金总额为 7770 亿元，较 2014 年第四季度增加 41%。同期，上证综指增速为 16%。

由于受股市行情影响，2015 年 6~7 月部分伞形信托客户跌破止损线。据报道，6 月 29 日，中融信托破止损的有 250 个客户单元，占总数 3300 个客户的 8% 左右，五矿信托伞形信托有 150 亿元规模破止损，占总规模 700 亿元的 20% 左右。

（三）融资融券

1. 主体为证券公司和高净值客户

2008 年 4 月 23 日国务院颁布的《证券公司监督管理条例》中提到：融资融券业务，是指在证券交易所或者国务院批准的其他证券交易场所进行的证券交易中，证券公司向客户出借资金供其买入证券或者出借证券供其卖出，并由客户交存相应担保物的经营活动。从信用账户新增开户数看，客户主要以个人为主，机构数量较少。

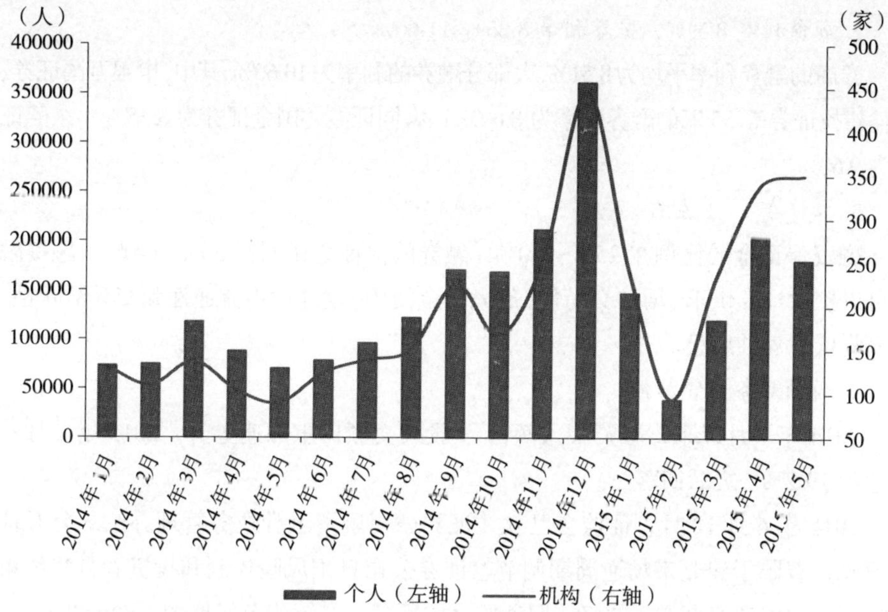

图 15.9　信用账户新增开户数回调

资料来源：Wind，中国信托业协会

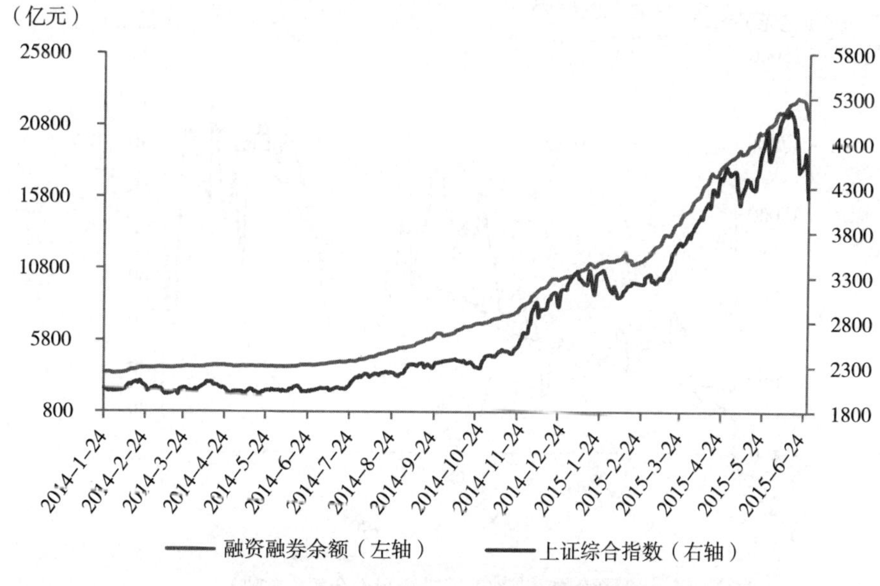

图 15.10　近期融资融券余额和上证综合指数回调

资料来源：Wind，中国信托业协会

2. 融资利率 8.51%，融券利率 8.35%~11.60%

券商的融资利率平均为8.51%,大部分融券的利率为10.60%。其中,申银万国证券、中信建投证券等 55 家的融券利率为 8.60%；大同证券、国金证券为 8.35%；东莞证券为 9.60%。

3. 杠杆在 1∶1 左右

融资保证金的比例在 25%~150%；融券的保证金比例在 50%~140%。融资融券可以扩大证券供求，增加交易量、放大资金使用，增加股市流通性和交易活跃性，从而降低流动性风险。

4. 两融业务监管加强

2014 年 7 月以来，融资买入额占 A 股成交额比重加速上升，2015 年 2 月一度达到 19.2%，之后回落。

2015 年 6 月 12 日，证监会已就《证券公司融资融券业务管理办法》公开征求意见，着眼于建立市场逆周期调节、证券公司自主风险控制和投资者自我约束的机制。中国证券金融公司将按照证监会的部署，继续规范发展融资融券业务。

5. 两融余额占上市公司市值比例升至 3.4%

近期两融余额回落到 2.13 万亿元。2014 年 6 月，两融余额增速为 3%，10 月

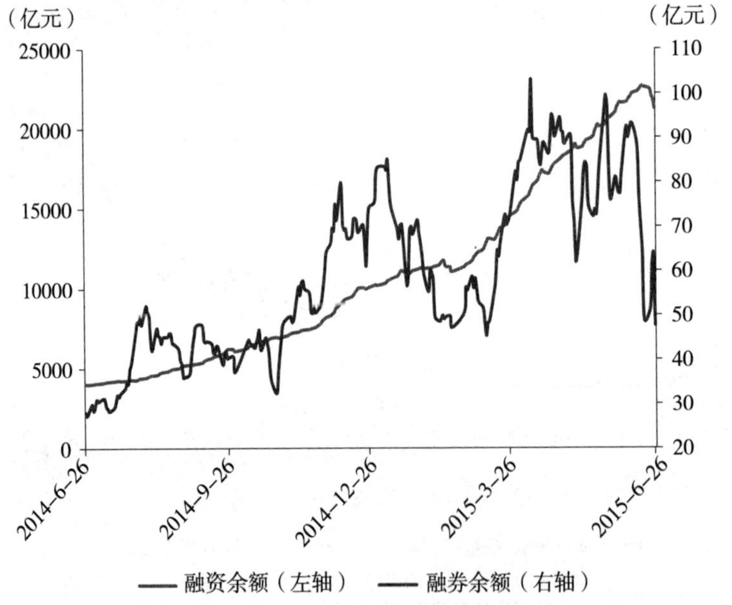

图 15.11　近期融资融券余额回调

资料来源：Wind

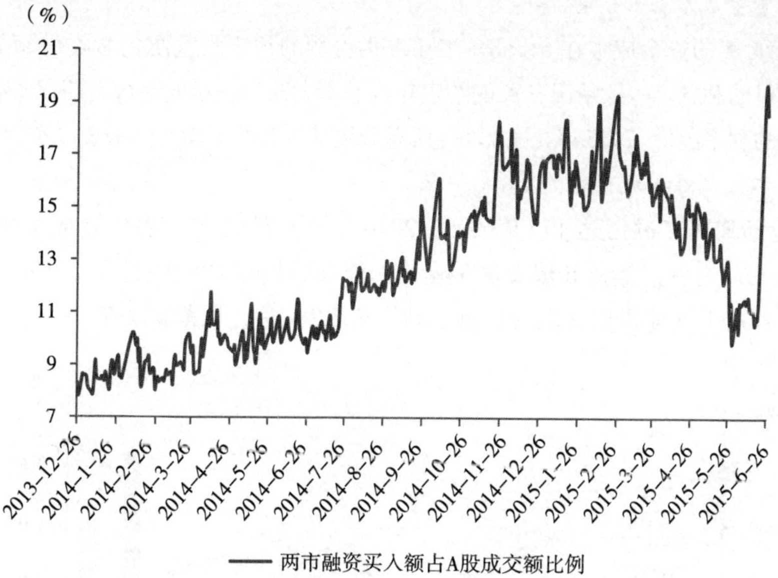

图 15.12　近期两市融资买入额占 A 股成交额比例波动较大

资料来源：Wind

为 15%，最近一月增速为 8%。截至 2015 年 6 月 26 日，两融余额共 2.13 万亿元，占上市公司市值的 3.4%，与美国相当。但是融资和融券业务发展极不相称，融资额为 2.13 万亿元，融券额为 47.60 亿元。目前，具有融资融券资格的券商有 99 家，而仅有 92 家具有融券业务。

（四）分级基金

1. 主体为基金管理公司、机构、个人投资人

（1）定义。《分级基金审核指引》提到，分级基金是指通过事先约定基金的风险收益分配，将母基金份额分为预期风险收益不同的子份额，并可将其中部分或全部类别份额上市交易的结构化证券投资基金，其中，分级基金的基础份额称为母基金份额，预期风险、收益较低的子份额称为 A 类份额，预期风险、收益较高的子份额称为 B 类份额。

（2）实质。分级基金实质上是有 B 类份额持有人向 A 类份额持有人融资，获得投资杠杆，A 类份额持有人获得相应的融资利息。

（3）主体。分级基金由基金管理有限公司发起，主要申购人为机构投资人、个人投资人和合格境外投资人。

2. 资金成本在 6%~8%

分级 A 的资金成本在 6%~8%。与 A 类份额的约定收益便是 B 类份额融资所需要支付的利息。一般情况，A 的约定年收益率大约为一年期银行定期存款利率加上一定的利率溢价。2015 年 6 月 26 日，所有分级基金 B 的平均实际资金成本为 7.7%。

3. 占上证综指成交额的 2.6%

基金 B 成交额已达 175.9 亿元。2014 年 9 月份之前，基金 B 成交额在 40 亿元左右。之后，基金 B 成交额呈递增的速度增长到 175.91 亿元。其中，基金 B 成交额占上证综指成交额的比重达到峰值 3.2% 后，回落至 2.6%。

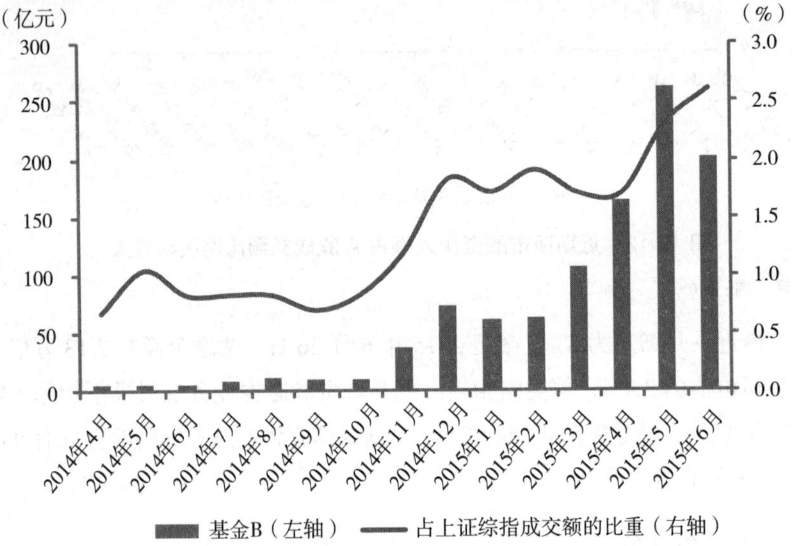

图 15.13 基金 B 的成交额

资料来源：Wind

4. 未来空间主要取决于股市行情

基金 B 成交额与股市成交额同步增长。一般情况下，随着股市好转，分级 B 基金因为其高收益率而赢得投资者的青睐。股市下挫，基金 B 成交额也会出现收缩。

5. 价格杠杆比例为 1.9 倍左右

分级基金 B 的价格杠杆比例大约在 1.9 倍。根据证监会规定，股票分级基金的初始杠杆率不超过 2 倍，最高杠杆率不超过 6 倍，债券分级基金的初始杠杆率不超过 10/3，无固定分级运作期限的债券型分级基金不超过 8 倍。2015 年 6 月 22 日，分级基金B的价格杠杆平均为1.90。

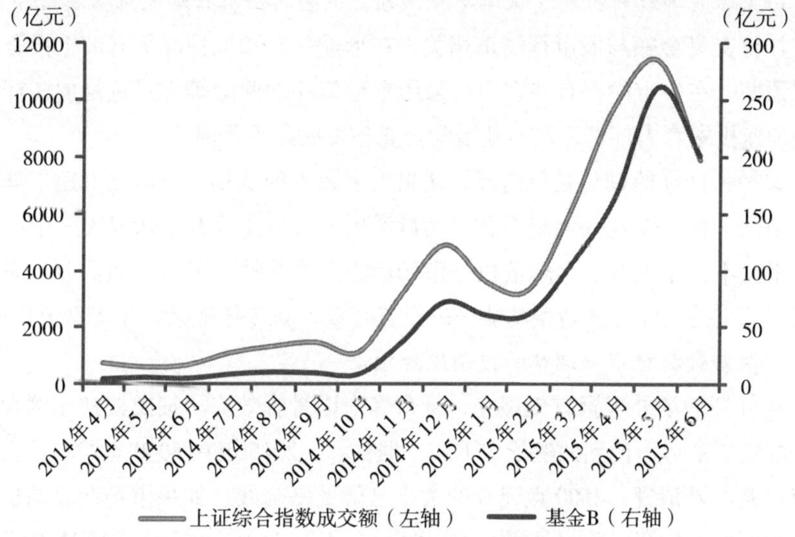

图15.14 基金B和上证综合指数的成交额

资料来源：Wind

表15.1 场外配资、伞形信托、融资融券和基金B的对比

	伞形信托	融资融券	基金B	场外配资
主体	信托、银行、机构投资者、高净值客户	证券公司、高净值客户	基金公司、机构/个人投资	P2P平台/配资平台
进入门槛	500万左右	开户时间2年，50万	无	无
成本	10%左右	融资利率8.60% 融券利率8.60%~11.60%	6%~8%	12%~30%
杠杆	可超三倍	两倍左右	两倍左右	五倍左右
期限	半年、一年、一年半、两年	不超过半年	无	2天至6个月不等
投资比例限制	投资单一证券的仓位不超过30%，ST股票不超过5%，创业板不超过20%	无	无	投资单一证券的仓位不超过50%，不得投资ST，创业板不超过20%

（五）带杠杆股市的特征、监管与影响

1. 上涨时加杠杆有助于快速兑现预期，调整时去杠杆加大市场波动性

杠杆交易金额与股市行情正相关，在形成一致预期情况下有助于投资者快速兑现预期。在牛市中，有些客户会采用伞形信托加两融等方式重复加杠杆。市场调整加速投资者去杠杆，当前新增配资业务发展几乎停滞。

这种带杠杆的调整是新情况，超出大多数人的认知。机器比人还不理性：恐慌性杀跌—杠杆爆仓—强制平仓—卖盘涌出—市场压垮并崩盘股灾—中产阶级消灭、银行不良率上升、金融危机—市场信心严重受挫，陷入长期低迷，失去正常的融资和支持实体经济转型功能……只有有效中断传导链条，才能避免负反馈。

2. 做好带杠杆市场调整的控制风险预案

高杠杆的场外配资首先爆仓，带来多米诺骨牌效应。按照杠杆比例大小，从场外配资、伞形信托到两融依次下降。据估算，2015 年在 5000 点左右建仓的场外配资已基本被清理，4500 点建仓的大半已触及平仓线。如果市场继续调整，伞形信托和两融的配资风险将暴露。沪深两市 6 月 25 日至 26 日通过 HOMS 系统强制平仓金额不超过 40 亿元，29 日上午强制平仓规模约 22 亿元。沪深两市 6 月 25 日至 26 日因维持担保比例低于 130% 而强制平仓金额不到 600 万元，风险可控。从投资者的资金来源看，当前银行进入配资的杠杆基本在 1:2。如果股市继续调整，风险将从配资公司、散户传染到银行。因此，需要做好带杠杆市场调整的控制风险预案。

3. 监管层加强对杠杆工具的监管

规范两融，促进融资融券业务健康发展。2015 年 2 月初，证监会发文，强调严格坚持两融开户 50 万元资产门槛，以及不得向开户不足半年的客户融资融券。4 月 16 日，证监会针对券商两融业务再次强调，不得以任何形式开展场外股票配资、伞形信托等活动，不得为场外股票配资、伞形信托提供数据端口等服务或便利。4 月 17 日证监会新闻发布会“七方面规范两融”，四家自律组织发布《基金参与融资融券及转融通证券出借业务指引》，4 月 18 日证监会答记者问澄清打压股市消息。5 月 6 日证金公司提出应审慎合理确定融资类业务规模总量，控制融资融券业务规模，将证券公司净资本与融资融券规模挂钩，还有将高市盈率、亏损股票调出融资标的证券范围。5 月 25 日，证监会发言人再次提及“两融”，多次强调业务风险及随之带来的流动性风险，敦促证券公司要始终把风险管理工作放在第一位。

暂停新增客户开通 HOMS 系统。2015 年 4 月中旬证监会发文，要求券商不得以任何形式参与场外股票配资、伞形信托等活动，不得为场外股票配资、伞形信托提供数据端口等服务或便利。随着杠杆交易愈演愈烈，A 股指数加速上涨，证监会又于 2015 年 5 月底全面叫停场外配资数据端口服务，包括 HOMS 系统，6 月 12 日证监会再次要求各证券公司不得通过网上证券交易接口为任何机构和个人开展场外配资活动、非法证券业务提供便利，随后各大券商开始逐步关闭 HOMS 系统接入端口。6 月 24 日，恒生电子暂停新增客户开通 HOMS 系统的请求。

4. 提高门槛，保护中小投资者

两融开户门槛从开立证券账户半年上升到 2 年，资金额度由 10 万元上升到 50 万元。伞形信托的门槛由 100 万元提高到 500 万元，然后，禁止新开伞形信托，新增客户只能通过单一机构化产品渠道，门槛是 2000 万元。HOMS 系统的配资门槛可以低至十几万元，禁止新增客户进行 HOMS 操作，相当于提高了门槛，保护中小投资者。

二、杠杆交易和监管：国际比较①

带杠杆的股市上涨和调整是我们目前面临的新情况，上涨时加杠杆有助于快速兑现预期，调整时去杠杆加大市场波动性。那么，如何正确使用和监管杠杆？这是中国资本市场进一步发展亟须解决的问题。

（一）美国的杠杆交易和监管

1. 规模：1995~2015 年，融资余额增速为标普 500 指数的两倍

融资余额占纽交所市值的比例约为 2.5%。2015 年 5 月，纽交所融资余额为 4991 亿美元，纽交所总市值为 19.69 万亿美元。1995 年 1 月到 2015 年 6 月，标普 500 涨幅 3.4 倍，融资余额涨幅 6.8 倍。

融资余额与融券余额的比例约为 3:1。2015 年 5 月，融资融券总额为 6655 亿美元，其中融券的规模约为 1663 亿美元。

2. 投资者：三种账户，杠杆可达 1∶5 或更高

在美国投资者可以开立三种账户，现金账户（Cash Account）；Reg T 保证金账户（Reg T Margin Account）；投资组合保证金账户（Portfolio Margin Account）。

---

① 本章为任泽平、张庆昌合著，发表于 2015 年 7 月 13 日。

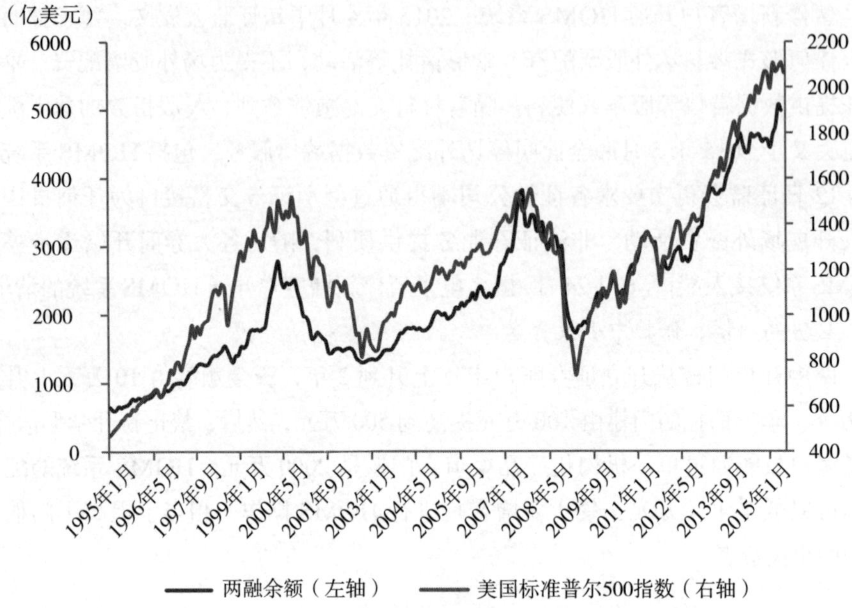

图 15.15　两融余额与标普 500 指数同步

数据来源：NYSE，WIND

投资组合保证金账户杠杆可达 1∶5 或更高。现金账户，不能使用杠杆，但无最低保证金限制。Reg T 保证金账户，按 Regulation T 规定杠杆可达 1∶1，日内最高可达 1∶3，隔夜还是 1∶1。保证金是 2000 美元，日内交易者的保证金是 25000 美元。投资组合保证金账户，可以交易美国股票、指数期权、股票期权、个股期货以及共同基金，杠杆最大可达到 1∶5，甚至更多。保证金是 11 万美元。投资组合保证金账户是基于在当前市场环境下计算每日潜在的损失，根据所有的持仓按照流动性和历史波动水平，以及风险程度制定相应的保证金比例。投资组合保证金账户和 Reg T 最主要的区别在于，两只股票的相关性小于等于 1，降低投资组合风险，从而增加杠杆比率。另外，卖空账户保证金必须维持在资产净值的 30% 以上。

两融资金来源包括：券商自由资金、信用账户中的贷方余额、银行贷款、保证金、担保价款。融资融券的证券来源包括：券商自有的有价证券、保证金账户中融资担保品，从其他券商或银行等金融机构借贷的证券。

经纪商建议：预留超额现金或流动性证券应对股价波动；设置触发价格，尽量减少情绪化操作；每日监控账户，利用现有模型计算保证金的变动（各种机构都有研发的简易软件让客户自行计算潜在风险及各种场景下的资产变化）。

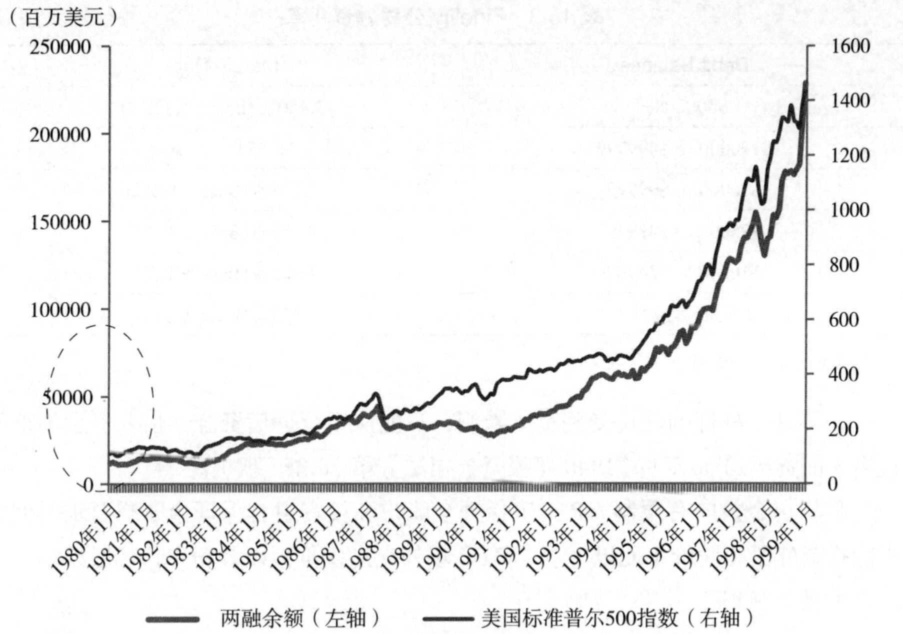

图 15.16 1987 年："两融"管理的转折点

数据来源：NYSE，WIND

按照融资金额大到小，融资利率逐渐增加。以 E-Trade（美国最大的网上经纪商）和 Fidelity（美国第二大公募基金及金融服务公司）为例，E-Trade 公司 100 万美元及以上，融资利率最低，为 3.89%。Fidelity 公司 10000 美元以下，融资利率为 8.575%。

表 15.2 E-Trade 公司融资利率

Debit Balance	Margin Rate
$1000000 or more	3.89% (0.25% below base rate)
$500000 to $999999	4.14% (Equal to base rate)
$250000 to $499999.99	5.14% (1.00% above base rate)
$100000 to $249999.99	6.14% (2.00% above base rate)
$50000 to $99999.99	7.44% (3.30% above base rate)
$25000 to $49999.99	7.94% (3.80% above base rate)
Less than $24999.99	8.44% (4.30% above base rate)

资料来源：E—trade 公司网站

表 15.3 Fidelity 公司融资利率

Debit Balance	Margin Rate
$500000+	3.750% (Base −2.825%)
$100000 to $499999	6.575% (Base)
$50000 to $99999	7.075% (Base + 0.5%)
$25000 to $49999	7.575% (Base + 1.0%)
$10000 to $24999	8.075% (Base + 1.5%)
$0 to $9999	8.575% (Base + 2.0%)

资料来源：Fidelity 公司网站

公募基金杠杆的使用受到很大限制，只能从银行拆借资金。借入资金不得超过借入前资产的 50%（《1940 年投资公司法》第 18 条 f 款）。

杠杆资金投向有限制。Reg T 保证金账户和投资组合保证金账户要求类似，不能投资仙股（股价 1 元以下）、OTC 场外交易议价板以及粉单市场股票。

3. 监管规则

四部门共同监管两融业务。美国联邦储备委员会、纽约证券交易所、美国金融业监管局和开设融资账户的公司共同监管。

经纪商可以在相关准则基础上设立更严格的标准，但没有义务在平仓前告知融资客户。美联储和一些自律组织，如纽交所和美国金融业监管局，对杠杆交易有相关准则规定，经纪商可以在此基础上设立更严格的条款。和中国香港一样，美国在风险提示中也强调在平仓前经纪商没有义务告知融资客户，且客户的损失可能会高于其投资金额。

Regulation T 条款规定，Reg T 保证金账户的初始保证金必须不低于买入股价的 50%。美国金融业监管局条例 4210 规定最低保证金不得低于 2000 美元或股票购买价格中的低者。在通过杠杆买入股票后，保证金账户的最低保证金金额是账户证券市值的 25%，但是一般情况下各大券商都会将维持保证金设置在 35% 左右。在市场下跌过程中，如果保证金余额低于维持保证金会被要求追加保证金（margin call）。对被标记为典型即日交易者的市场参与者，维持保证金要求为最低 $25000（或证券总市值的 25%，取较高者）。

4. 1987 年股市危机：杠杆监管的转折点

杠杆加剧了危机的程度。2006 年，美联储的调查报告“A Brief History of the 1987 Stock Market Crash”中表示，追加保证金对市场流动性的影响（此处保证金大部分说的是期货保证金），程序化交易和信息不对称加剧了危机的程度。

阻断程序化交易的恶性循环。救市措施包括：政府大力救市，总统声明、提供流动性、降息、保证续贷、公司回购、熔断机制（限制价格波动范围，打击做空者）。与杠杆交易相关的措施为：1987 年 10 月 20 日中午，芝加哥商品交易所和期货交易所也相继暂停交易，以期截断股指衍生品市场和现货市场的连锁反应。由于程序化交易被普遍认为是这次股灾的重要原因，SEC（美国证券交易委员会）随后引入熔断机制，当股市出现异常波动时暂停交易，以便交易者能有时间重新考虑交易决定。统一保证金要求，规范融资交易。

危机后，对融资交易进行了规范化管理，使两融交易走上了正轨。在 1987 年股灾之前，证券公司对融资交易的杠杆比率有较大的裁量权，然而经过证监会和金融业监管局对融资交易的监管，美国的两融市场走上了规范化的道路，此后近 30 年中再也没有因为杠杆的问题导致股灾加重。

（二）中国香港的杠杆交易和监管

1. 两融业务历史短，但机制成熟，交易量稳步提升

两融业务始于 1994 年。中国香港融资业务被称为孖展交易，孖展即为 Margin 的音译，与国内融券业务相当的是卖空业务。中国香港的融资融券机制始于 1994 年 1 月，之后两融业务发展稳步提升。联交所两融余额从 1997 年的 2000 亿港元增加到 2014 年的 5 万亿港元左右（按照融资与融券余额比例为 3 进行估算得到）。

融券卖空机制完善，2015 年 Q1 卖空总额占市场总成交额的 9.7%。卖空总额从 1997 年的 455.3 亿港元增至 2015 年 Q1 的 5059.4 亿港元，年均复合增长率高达 24%。卖空业务的发展速度高于整个联交所主板，卖空总额占主板成交额的比重从 1997 年的 1.2% 发展到 2015 年 Q1 的 10.4%。

2. 投资者：融资利率 =LPR+3%，个股杠杆率差异大

在中国香港投资者可选择开立现金账户和孖展账户（保证金账户）。

开户条件，最低 5000 港元。投资者开立保证金账户买卖证券后，需要在购入股票后规定的期限内缴付足够的保证金。孖展账户通常要有抵押品；若抵押品的价值跌至低于指定的借贷比率，经纪可能要求客户提供额外的抵押品（补仓）。如未能补仓，经纪商通常有权出售账户内的证券。

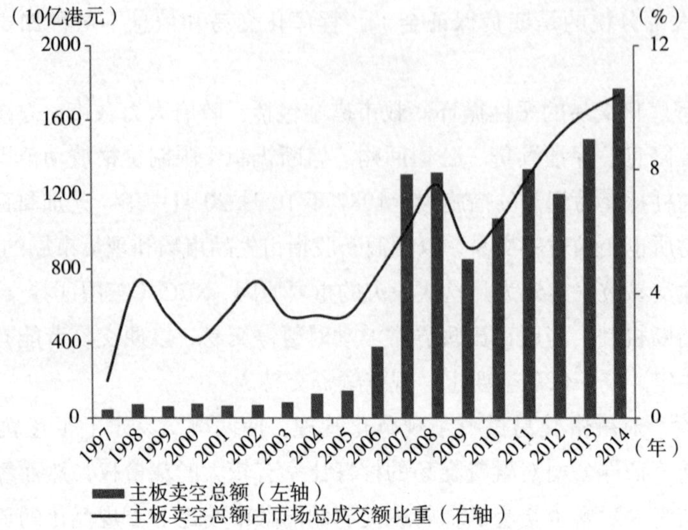

图 15.17 主板卖空总额占市场总成交额比重上升

数据来源：SFC Research，HKEx，WIND

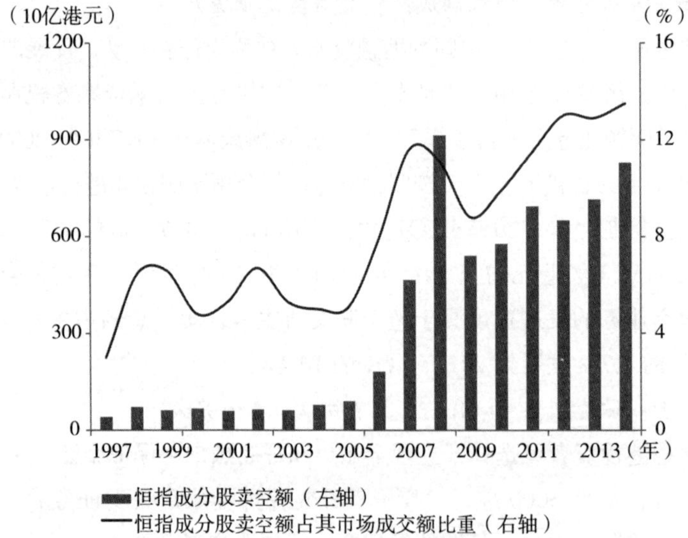

图 15.18 成分股卖空额占其市场成交额比重上升

数据来源：SFC Research，HKEx，WIND

融资比例个股差异较大，杠杆最大可达9倍。中国香港经纪人对每只可融资股票都设定相应的融资比例。融资比例一般按照该股票平均周转率、市值和流通量、价格历史波动率、现价以及是否是成分指数，或其他指数的成分股进行划分计算的。根据类别，券商可以配资的比例为：恒生指数成分股：70%；H股、红筹股：20%~50%；其他：10%~40%（依成交量、市值、公司背景和公司财务而定）；认股权证和牛熊证：0%。

例如，合生元国际控股的融资比率为90%，则杠杆比率为1∶9；长江和记实业、恒生银行、恒基兆业和汇丰控股等的融资比率一般都在80%~85%，则杠杆可以达到1∶4到1∶5.5。青岛啤酒、吉利汽车、鞍钢、国美电器的杠杆一般都在1∶1左右。欠缺流动性的中小公司杠杆比例一般在1倍以下。在极端情况下，若股价跌破0.5元/每股，则按照100%要求保证金，且不能再进行杠杆交易。

融资利率=LPR+3%左右。证券公司在最优贷款利率基础上再增加3%左右。具体视投资者的个人情况及提供的证券抵押品等因素而定。香港最优贷款利率（LPR）为5%。即融资利率在8%左右。

两融标的有限制，主要为香港联交所主板公司。截至2015年7月6日，香港联交所主板共有上市公司1585家，创业板213家，共计1798家上市公司。超过80%可通过融资购买，可进行卖空的指定证券名单中共有815只股票，占上市公司总量的45%。

融资资金来源包括：自有资金、融券保证金和卖出价款、以自有股票质押或资产抵押向商业银行贷款、向“保证金融资人”融资。

融券证券来源：客户融资买进的证券、证券商自营证券、向其他证券商及证券保管机构借券。

3. 监管规则

以中国香港证券及期货事务监察委员会为主要监管者。目前香港市场对融资融券业务监管的相关法律法规主要包括《证券及期货条例》（“香港法律条例”第571章）和《交易所规则》。对于融资交易，《证券及期货条例》对保证金融资的担保物要求、提供证券保证金融资业务机构的资格、保证金融资及订立保证金交易的特定记录备存等内容做出了规定。《证券及期货条例》和《交易所规则》对卖空做出了规定，另外，《证券及期货[卖空及证券借贷（杂项）]规则》对卖空和证券借贷协议的借出人须备存记录作了规定。

提供融资业务的经纪人资格。中国香港《财政资源规则》是香港证监会要求持牌公司遵守的最基本审慎监管原则，开展融资业务的公司资本金需维持在1000万港元之上；最低流动资金须时刻维持在300万港元或等于其负债总额的5%，以较高者为准。

融资账户开户管理。开展融资业务需开立独立的保证金账户进行分类管理。一般来说，符合条件的客户必须信誉良好，在公司有买卖记录且交收记录良好，并且在开户时还需要提供入息证明、资产证明（包括存款、地产、其他动产等）等。评估合格后通知业务部门，由业务部门与客户签订开设信用账户客户协议，履行风险披露义务，才能开立独立于现金账户的保证金信贷账户。经纪人通过逐日盯市和风险报告进行风险管理，而预警及危机处理一般有保证金催付，平仓清算，限额违约处理。

卖空监管体系成熟。与美国一样，中国香港也禁止裸卖空，即投资者只能卖出自己持有或者借入的证券。对借入的证券进行卖空也有比较严格的规定。例如，投资者可向券商借入股份。而券商为了控制风险，卖股后得到的款项不会交给投资者，投资者还要另外最少交付股票市值的5%，作为借贷保证金；只能以不低于当前最优价的价格卖空；任何人的卖空仓位净值达到3000万港元或达到所卖空股票总市值的0.02%时，必须报告香港证监会；同时，港交所每天会公布被沽空股票的股数和总金额；未获牌照者不得从事卖空业务，否则构成犯罪。根据公诉程序定罪，可处罚款500万港元及监禁7年；根据简易程序定罪，可处罚款50万港元及监禁2年。

卖空标的标准。《卖空规例》第18条规定，交易所可确定指数成分股、股票期权相关股票、股票期货合约、交易所买卖基金、做市证券等为指定证券。除以上证券外，还可以将符合以下条件的股票选为指定证券：一是连续60个交易日，且公众持股市值始终不低于10亿港元；二是最近12个月之总成交量对市值的百分比不少于40%；三是在交易所上市少于60个交易日的，公众持股量的市值在交易所上市当日开始的20个连续交易日不少于100亿港元，并且在该段时间内的总成交量不低于2亿港元。

强制性风险提示。在中国香港证监会，港交所以及所有证券公司的保证金交易网站中均强调了平仓前经纪商无义务告知融资客户，且客户的损失会可能高于其投资金额。提升客户风险意识，按照审慎性原则参与两融交易。

（三）中国台湾的杠杆交易和监管

1. 两融余额占股市总市值比重逐年下降，2015年5月为1.1%

中国台湾融资融券业务实行特有的“双轨制”模式。中国台湾两融业务开展较早，最早可追溯至1962年，经历了不同的发展阶段，并于1991年开始实行“双轨制”的信用交易模式。第一类为，证券金融公司与有融资融券许可证的证券公司签订协议，无许可证的证券公司可代理进行两融业务。第二类为，有两融许可证的券商可以使用自有资金和证券向投资者开展两融业务，当自有资金或证券不足时，券商可以向证券金融公司进行借贷。这种特有的“双轨制”模式兼具美国高度市场化的分散式和日本集中式的特点。

“双轨制”的核心是证券金融公司。1980年台湾地区设立了第一家证券金融公司，复华证券金融公司，同年7月复华证金开始办理融券业务，自此台湾地区证券市场的融资融券业务正式展开。1995年6月，环华、富邦和安泰等三家证券金融公司相继成立。这四家证券金融公司既需要同具有两融许可证的证券公司一起向投资者提供融资融券业务，又需要担当证券公司获取自有资金和证券的转融通方角色。因此，具有半垄断半竞争意义上的市场地位。后来，台湾地区主管当局将券商从事融资融券业务的准入门槛从净资产20亿放宽至2亿新台币，开展融资融券业务的公司逐渐增多。

2000年后，两融余额占总市值比重逐渐下降，2015年5月为1.1%。1991~2015年，台湾地区两融余额占股票市场总市值的比重在0.94%~5.13%间波动，峰值为1998年12月的5.13%，之后下降至3%以下，并于近年保持平稳，至2015年5月该项比重为1.1%。

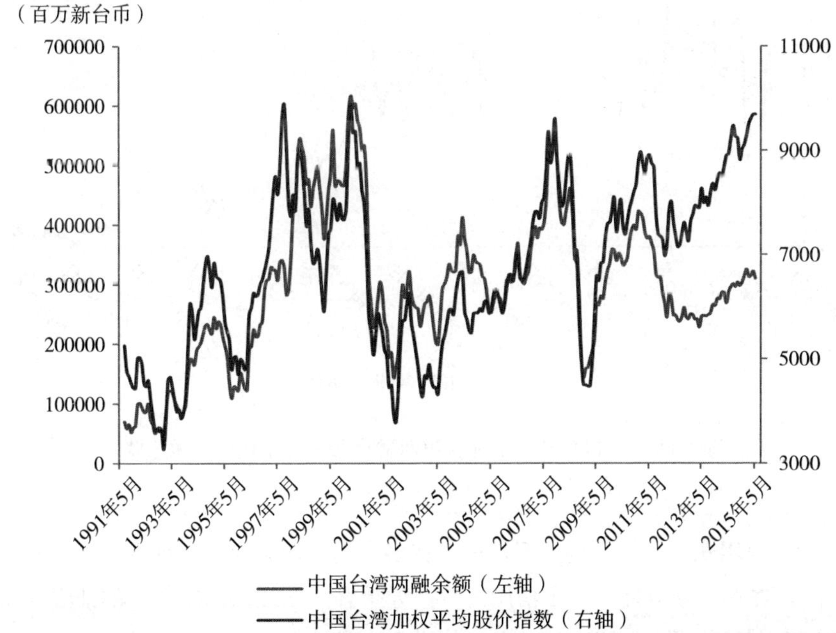

图 15.19　中国台湾两融余额与股市正相关

数据来源：WIND

融资交易活跃度远高于融券交易。2010 年中国台湾证券交易所融资交易量与融券交易量之比达 10.78，近 20 年间的融资与融券交易量之比均在 10 上下的区间波动，并曾于 2000 年 4 月达到最高值 36.69。2015 年 5 月该项最新数据比例为 7.95。

2. 投资者：上市和上柜股票的融资比例 60%; 融券保证金比例为 90%

（1）信用账户开户条件。委托人申请信用账户建立融资融券契约，应开立普通账户满 3 个月；最近 1 年内委托买卖成交 10 笔以上，累计成交金额达所申请融资额度的 50%；对申请融资额度超过新台币 50 万元的投资者，其最近 1 年收入及各项财产合计需达到申请融资额度的 30%。

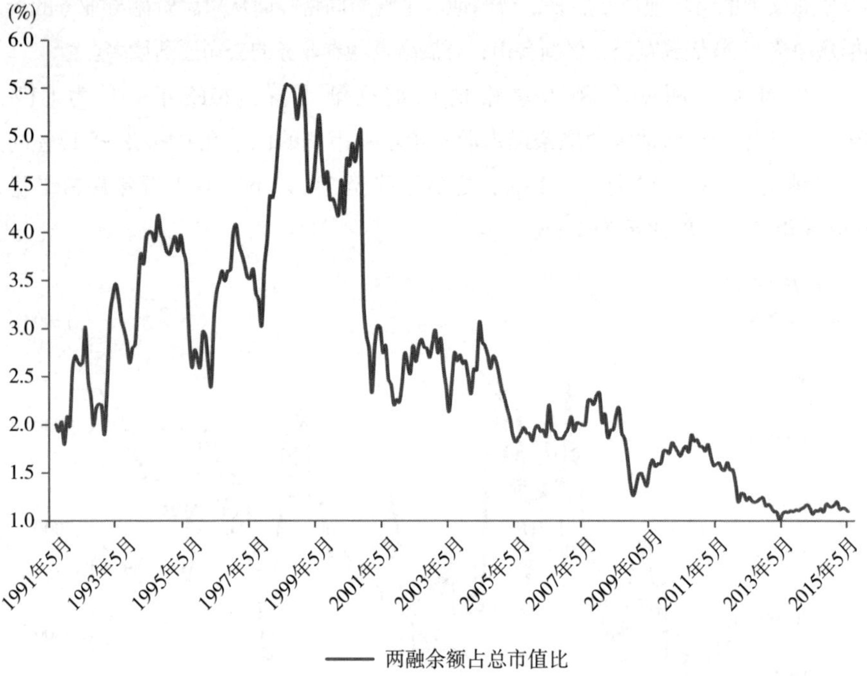

图 15.20　2000 年后中国台湾两融余额占总市值的比重下降

数据来源：WIND

（2）信用账户开户限制。客户可以在多个提供两融业务的证券公司开多个账户，但是在每一家只能开一个信用账户。如果客户在提供两融业务的证券公司开户，只需在其普通交易账户基础上增加融资交易功能。如果客户是通过代办券商向证券金融公司申请开立信用账户，则须由证券金融公司为其专门开设信用账户，该信用账户将有别于客户原有的普通交易账户。

（3）信用交易保证金比率的历次调整与变动。中国台湾市场信用交易始于1962年6月，其早期保证金比率依据指数进行调整，且一类、二类股票融资比率往往不同。1996年6月25日起，证券市场取消对股票的分类，融资比率不再按类制定，但仍根据指数进行调整。1997年10月21日，受亚洲金融危机影响，中国台湾当局取消股指联动机制，改为由"财政部"依据市场和经济状况对融资和融券保证金比率进行调整。也就是说，证券公司可以在规定的最高融资比率之下和最低融券保证金比率之上，视客户的信用状况和有价证券的风险程度，自行订立融资和融券保证金比率，或者暂停该有价证券的两融交易。

目前，中国台湾对于信用交易保证金比率的规定为：上市和上柜股票的融资比率为60%；融券保证金比率为90%；最低维持担保率为120%；转融通的比率不得超过证券公司对客户融资融券的比率。

表15.4　1989年7月4日融资比率及融券保证金成数调整参考指标

加权股价指数	融资比率 一类股票	二类股票	融券保证金成数（%）
6000	六成	五成	90
7200	五成	四成	80
8400	四成	三成	70
9600	三成	二成	60

数据来源：中国台湾证券交易所、国泰君安证券研究

表15.5　1996年6月29日融资比率及融券保证金成数调整参考指标

加权股价指数	最高融资比率	融券保证金成数（%）
6000	六成	90
7200	五成	80
8400	四成	70
9600	三成	60

数据来源：中国台湾证券交易所

表15.6　对最高融资比率及融券保证金成数历史调整

调整日期	最高融资比率（%）	融券保证金成数（%）
2000年1月4日	50	70
2000年6月30日	60	90

（续表）

调整日期	最高融资比率（%）	融券保证金成数（%）
2000年10月20日	60	120
2001年6月26日	60	150
2001年7月10日	50	90
2014年10月14日	60	90

数据来源：中国台湾证券交易所

3. 监管规则

以台湾地区“行政院”金融监督管理会为最高监管机构。台湾地区融资融券交易的法律规范主要由三方面构成：“立法院”的法律，主要有《证券交易法》和《银行法》，规定了证券金融公司和从事融资融券业务证券公司的设立许可；“行政院”的法规，主要有《证券商办理有价证券买卖融资融券管理办法》《有价证券得为融资融券标准》和《转融通业务操作办法》等，规定了融资融券业务的标的证券、业务范围、风险控制指标等；交易所的监管规定，主要有《证券商办理有价证券买卖融资融券业务操作办法》和《有价证券得为融资融券交易具体认定标准及作业程序》等，制定了两融业务的具体操作程序。

台湾地区融资融券业务各项风险控制指标：融资融券期限6个月，融券保证金比例为90%；最低维持担保比例为130%。《证券商办理有价证券买卖融资融券管理办法》规定：证券公司对客户融资融券的总金额，不得超过其净值的250%。证券公司对每种证券融资总金额不得超过其净值10%，对每种证券融券与出借总金额，合计不得超过其净值的5%。《有价证券买卖融资融券业务净值相关额度控管作业要点》规定：单只融资融券股票，其融资余额或融券余额达到该股票总股本的25%时，暂停融资买入或融券卖出；待其余额低于总股本的18%时，再恢复交易；当融券额已超过融资额时，也应停止该只股票的融券交易，直到恢复平衡后再重新开始交易。

2014年，中国台湾上调了融资融券限额及上柜最高融资比率。2014年10月14日，中国台湾证券商业同业工会发布年报，规定将从当年11月3日起施行放宽融资融券限额及上柜有价证券之最高融资比率的措施：（1）提高投资人之单户融资融券限额：分别为8000万元新台币及6000万元新台币。（2）提高投资人之单股融资融券限额：上市3000万元新台币、上柜2000万元新台币。（3）提高证券商业务避险之融券限额：证券商因办理业务之避险需求所为融券卖出，其最高融券限额为 1.2 亿元新台币，单一证券之最高融券限额，上市为 6000 万元新台币、上柜为 4000 万元新台币。（4）提高上市、上柜有价证券最高融资比率为六成。

下调部分证券商两融业务自有资本充足率至 150%。为提升券商资金运用效率，增加竞争力，台湾地区主管机关调降证券商申办证券业务借贷款项、有价证券借贷、客户委托保管及运用其款项、有价证券买卖融资融券、财富管理等业务之自有资本充足率，将其门槛由原 200% 调降至 150%；但证券商申请在大陆地区参股投资证券期货公司之自有资本充足率原则上应依现行规定高于 200%。

（四）国际比较

1. 杠杆交易概况：渠道多；增速快；融资和融券发展不协调

杠杆操作包括两融、股权质押、伞形信托、单一结构信托、场外配资等渠道。与此相比，在成熟国家，渠道相对比较单一，两融及股权质押。在中国，场外配资游离于监管之外，危害性极大。

（1）场外配资以恒生电子的 HOMS 系统为核心。该系统击穿了中国证监会的监管，比如外资可以通过 HOMS 系统进入股市，完全不需要身份证、户口本，监管层都不知道谁卖的，而最可怕的是，实际上 HOMS 实现了一整套券商系统，任何人都可以自己开一个私营的券商，还可以发展下线。当受到监管政策影响时，使用配资的股民、配资、恐慌的其他机构、散户形成合力，大量抛售股票，会让配资筹码集中的股票跌停，跌停以后就不能抛售了，于是只能第二天继续抛售，由于资金规模过大，第二天又继续跌停，两个跌停就触发了更多 1∶5 杠杆配资的平仓线，于是所有的配资公司都要开始平仓了，1∶5 杠杆配资的爆仓以后又继续平 1∶3 杠杆配资的，继续平仓，最终导致整个股市一路下跌，失去流动性。由于很多股票跌停，券商、基金、配资公司都卖不掉这些跌停的股票，所以只能通过股指期货尤其是 IC1507 对冲，股指期货表明大家对未来的预期，所以会反过来进一步向现货市场施压，导致进一步下跌。

（2）应对股权质押引起足够的重视。根据中国经济网报道，仅是 2015 年 5 月上市公司的股权质押就达到 366 次，56% 质押给券商，17% 质押给银行。一般情况下，质押率为 30%，预警线 150%。如果这些公司的股市下跌超过 50%，就面临强制平仓的巨大的风险。这次股灾，已经触及一部分股权质押的公司。如果股权质押的股票被强行平仓，会直接影响上市公司的经营。

近18个月，两融余额增速为上证综指的5倍。2014年1月~2015年6月，两融余额增加了5.5倍，上证综指增加了1.1倍。与此相比，1995年1月到2015年6月，标普500涨幅3.4倍，美国融资余额涨幅仅为6.8倍，增速为标普500的2倍。

中国融资与融券的比例560∶1，极不协调。与此相比，美国为3∶1；中国台湾为8∶1。

2. 投资者：正规渠道门槛高；场外配资杠杆高

正规渠道门槛高。开立两融账户，需要投资者具有两年的普通账户操作经验及50万元的保证金等。这势必挤出一批新的投资者和小散户。在牛市时，这些投资者的需求是客观存在的，两融没机会，他们肯定会寻找其他的投资渠道。在美国或者中国香港，两融的门槛相对较低，但是融资利率很高。两者相互制衡，既能满足投资者的正规需求，也能有效抑制过快的增长。

场外配资杠杆高。在成熟国家，正规进行杠杆交易的渠道只有两融，不存在场外配资这种游离于监管之外的渠道。中国场外配资杠杆一般高达1∶4，甚至达到1∶10。

3. 监管规则：分业监管

目前中国是分业监管。信托和银行配资归银监会管理，两融归证监会，而场外配资等游离于“一行三会”之间，缺少监管。与此相比，成熟国家均实行混业监管。

监管层、券商及投资者风险意识有待加强。在美国和中国香港，开立杠杆交易账户都是有着严格的规定，要审查信用记录等，大致是能不给开就不给开。在中国，虽然有着较为严格的监管政策，但是执行力度仍有待加强。对投资者的风险教育也有待加强。

严控融资标的。当前，虽然监管政策规定两融标的为蓝筹股，但事实上存在绕开蓝筹股，以创业板股票为两融标的的现象。在成熟国家，对两融的标的有着较为严格的规定。例如在美国，仙股及粉单股票不能作为标的。

（五）加强监管的五点建议

2015年7月12日，证监会公告〔2015〕19号文件《关于清理整顿违法从事证券业务活动的意见》明确禁止“部分机构和个人借助信息系统为客户开立虚拟证券账户，借用他人证券账户、出借本人证券账户等，代理客户买卖证券”等行为。

5000点前后杠杆资金占市场交易额的10%以上，最高时接近20%，远超美欧发达国家。市场调整时，杠杆资金过高容易导致市场因卖压过重而瞬间丧失流动性。

结合国际经验，我们提出五点建议：

第一，将场外配资纳入管理范围，规范透明。美国、中国香港等地方，杠杆交易非常透明，易于管理。在开立账户前，严格审查场外配资客户的资产及信用记录等。

第二，开正门，堵偏门，降低融资门槛，差异化融资利率。杠杆交易和股市存在内生正相关关系。牛市时，对杠杆的需求是客观存在的。例如，美国融资的最低配额非常低，但是融资利率非常高，两个条件可以相互制衡。根据《证券公司融资融券业务管理办法》，当前中国两融业务门槛为，最近20个交易日日均证券类资产不低于50万元。同时，各家券商的融资利率基本是8.5%。人为抬高了两融的门槛，把具有融资需求的中小散户挤到了场外配资。

第三，发展融券业务。理论上讲，融资融券是相互制衡的。在美国两者余额的比值在3∶1左右。

第四，严控两融标的、融资比例及股权质押比例。在成熟国家，对两融标的均进行了严格的管控。例如，仙股和粉单股票不能作为融资标的。另外，中国的股市波动相对较大，股权质押比例应该进行严格控制。以免发生股灾时，风险很快就传染到上市公司。

第五，由于两融和伞形信托等涉及跨部门监管，建议成立“一行三会”联合行动小组。

第十六章　历次股灾：原因、救市、效果和启示[①]

导语：“每逢大事有静气”，不要用愿望代替趋势，用情绪代替思考。本章比较了全球历史上几次重要股灾、救市政策和效果，总结了历次股灾的救市措施。

中央财经领导小组办公室主任刘鹤在《两次全球大危机的比较研究》中讲：“危机爆发后，决策者总是面临民粹主义、民族主义和经济问题政治意识形态化的三大挑战，市场力量不断挑战令人难以信服的政府政策，这使得危机形势更为糟糕。”

“每逢大事有静气”，不要用愿望代替趋势，用情绪代替思考，让我们来研究问题、弄清情况，提出切实可行的措施。

一、美国历史上四次主要的股灾

（一）1929 年“黑色星期二”

1. 股灾背景：股市泡沫、经济周期反转、货币紧缩、杠杆收紧

美国政府在“一战”后奉行自由主义政策，大幅削减个人所得税并实行宽松的货币政策，美国经济迅速摆脱战时萧条，迈入“咆哮的二十年代”。大规模工业化生产使得中产阶级也能消费起汽车和收音机等曾经的奢侈品，消费主义盛行；基础设施建设和城市化也得到长足的发展，城市化率首次超过 50%。在经济高速发展的同时，股市也是一片繁荣，道琼斯工业平均指数从 1921 年 6 月的 60 余点开始反弹，1929 年 9 月最高涨至 376 点，涨幅高达 5 倍多。

当时美国股市高度自治，美国政府对股市实行的是自由放任政策，缺乏专门

① 本章为任泽平、宋双杰合著。

的证券法规和监管机构，随着牛市的发展，内幕交易、联合坐庄等丑恶现象越来越多，同时大量劣质公司进入股市。因为股市的赚钱效应明显，当时杠杆交易、信用交易非常流行，股民仅付很少的保证金就可以方便地进行股票杠杆投资，杠杆比率甚至高达 1∶10。

然而从 1928 年开始，实体经济呈现下行迹象，钢铁产量、汽车销量、零售销量等纷纷下滑，消费者债台高企，美联储也曾在 1929 年 3 月警示股市过度投机的风险，为了预防股市泡沫，美联储逆经济形势提高贴现率，将贴现率从 3.5% 提升到 5%。美联储还卖出政府债券，收缩信贷和流动性，要求会员银行减少对进入股市资金的信贷支持。为了降低杠杆，美联储将证券经纪人的垫支比较从 20% 提升到 50%，然而这些并没有引起市场足够的重视，股指继续上扬。直至 1929 年 9 月份，因金融欺诈而率先暴跌的伦敦证交所狠狠地打击了投资者的乐观情绪，同一时期正在国会讨论的斯姆特—霍利关税法案也引发投资者对贸易战的担忧。10 月 23 日，道琼斯指数大跌 6.3%，28 日和 29 日更是分别暴跌 13.5% 和 11.7%。到 1929 年底股指已跌至 248 点。虽然 1930 年前三个月股指大幅反弹，终难改大势，1932 年 7 月最低跌至 42 点。高杠杆的交易加剧了下跌，因为下跌，保证金交易的追加保证金需要和强制平仓带来的雪崩效应自我强化，使得市场恐慌性抛售的恶性循环难以中止，使得市场急剧下跌。

2. 政府救市不得力：自由放任、未及时释放流动性、信用紧缩黑洞及连锁效应

由于奉行不干预的自由主义经济政策，当时美国政府和美联储没有在股市暴跌时采取实质性的干预措施。

（1）美国政府仅靠口头讲话来稳定市场，对杠杆交易引发的抛售，对银行的连锁倒闭都没有及时加以干预。1929~1933 年共出现四次大的银行恐慌，到 1933 年美国一共有 32 个州的银行全部倒闭或停业，美国的金融信贷几近全面陷于瘫痪。

（2）美联储未及时释放流动性，对 1929 年股灾时的流动性紧张局面没有采取任何有实质意义的行动，没有及时的增加货币供应量，保证足够的流动性，使得市场上的流动性越来越匮乏。据弗里德曼测算，1929~1933 年间，美国的货币存量未增反降 33%。伯南克在对 1929 年经济危机研究后认为，要走出类似的经济危机，需要长期执行低利率，保证市场充足的流动性，资助政府的财政扩张，以防止因为流动性紧缩和信贷紧缩带来的“金融加速器”效应，使经济步入深渊。

虽然在股灾后，美国开始反思股市崩溃的原因，采取了一些措施来稳定市场：

（1）通过了在金融监管史上具有里程碑意义的《格拉斯—斯蒂格尔法案》，要求投资银行和商业银行分业经营，避免股市崩溃直接冲击商业银行体系，进而导致连锁反应；

（2）放弃原先自由不干预的政策，相继通过《1933 证券法案》和《1934 证券交易法案》，并成立美国证券交易委员会，构建了一整套证券监管体系。

但这些政策偏向于长期效应，对于市场的短期失血和崩溃作用不大，就短期而言在市场崩溃之时，美国政府并未采取实质性的救市政策，此后是漫长的熊市。

3. 救市效果与股灾后形势：从股灾迅速蔓延成金融危机、经济危机、社会危机

股灾前，因为银行对证券投资提供了大量的信贷支持，股市暴跌使得抵押品迅速缩水，很多银行无法收回贷款而倒闭，使得银行对于贷款的审核趋严，造成工商企业特别是中小型工商企业的贷款需求不能满足，陷入困境或者破产造成更多的银行坏账，形成信贷收缩的负向循环，经济受到严重冲击，工业生产指数迅速下滑。美国 GNP 增长率从 1929 年第四季度到 1933 年第一季度，出现连续 14 个季度的负增长，累计为 -68.56%。GNP 指数在 1933 年第一季度达到低谷 53.2 点，仅相当于 1928 年 50%，比 1921 年的 59 点还低，这意味着美国经济至少倒退了 10年。

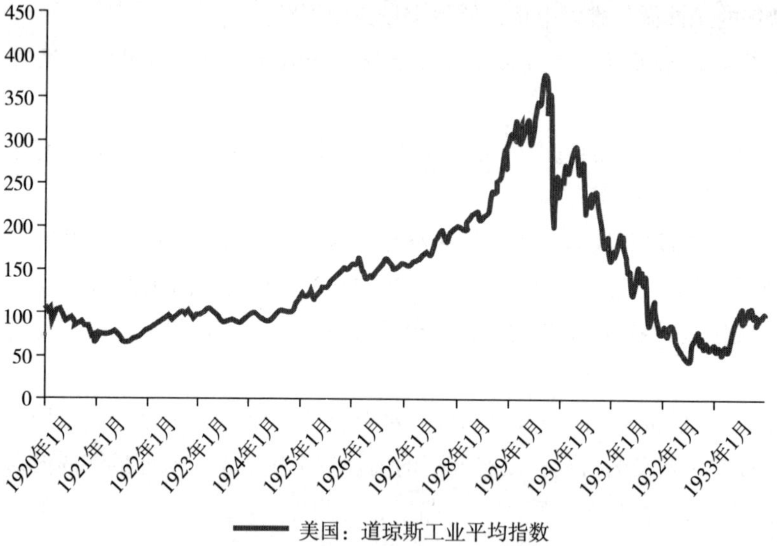

图 16.1　道琼斯工业平均指数剧降

数据来源：WIND

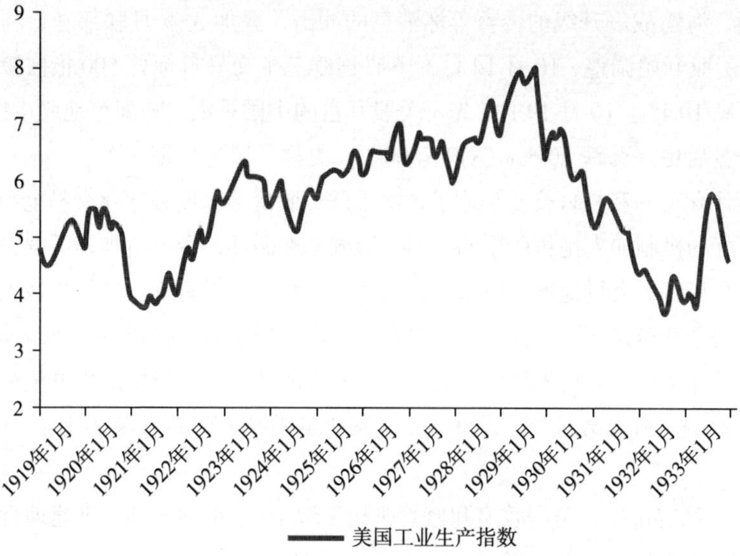

图 16.2　美国工业生产指数下滑

数据来源：WIND

(二)1987 年“黑色星期一”

1. 股灾背景：经济周期向上、股价偏高、提高利率、汇率贬值、杠杆和程序化交易

20 世纪 80 年代初，虽然美国经济告别了 20 世纪 50~60 年代的黄金时期，处于新旧经济模式转换的低速增长期，但基本面还算健康，并未出现 1929~1933 年的大萧条，在时任美联储主席保罗·沃尔克的努力下，通胀得到控制，利率下行。同时在美国政府的“新经济政策”刺激下，财政支出扩大，税收降低，大力吸引外资流入，加之股票投资免税，全球资本进入美国股票市场，美国股票市场走牛。截至 1987 年 9 月底，标普 500 指数相较 1982 年的最低点已经上涨 215%，当年累计涨幅也高达 36.2%。

然而，因为布雷顿森林体系瓦解，美元的预期贬值，为维持汇率稳定，继广场协议后，1987 年 2 月，G7 国家达成“卢浮宫协议”，日德等国相继降低利率，美国则提高利率，以抑制美元继续走低。但随着日德等国国内通胀上升，这一协议难以维系，联邦德国在 10 月 14 日和 15 日接连提高短期利率，美元再次被看跌，1987 年 10 月 18 日美国财长宣布美元或主动贬值，加上上市公司并购税收优惠取消、海湾战争升级的传言等坏消息的冲击，叠加3~9月联邦基金利率上调的影响，美股开始调整，10月14日~16日连续三个交易日标普500指数接连下跌，累计下跌10.1%。10月19日，先于美股开盘的中国香港、欧洲等地股市接连暴跌，美股开盘后更是暴跌20.5%（标普500），史称“黑色星期一”。

程序化交易和杠杆交易加剧了这次下跌。股价下挫使程序化交易电脑程式按早就设定好的机制加入抛售股票的行列，形成恶性循环，令股价加速下挫，而下挫的股价又令程序更大量地抛售股票。在大跌前，增量的融资资金助推指数上涨，大跌后，融资余额迅速下降，使得市场失血。待市场稳定后，投资者的风险偏好下降，融资余额保持稳定，再未见大跌前的迅速上涨情景，股票市场走势也相对稳定。

2. 政府及时大力救市：总统声明、提供流动性、降息、保证续贷、公司回购、熔断机制

为了稳定市场，美国政府和监管机构汲取1929年的教训，迅速地行动起来，果断地干预市场。

（1）10月20日，在美股开盘前美联储发表紧急声明，“为履行中央银行职能，联储今天正式宣布，已准备就绪为支撑经济和金融体系提供流动性”，支持商业银行为股票交易商继续发放贷款。同时，里根总统和财长贝克均表示，“这次股市崩盘与美国健康的经济是不相称的，美国经济非常稳定”。

（2）保证向市场提供充足的流动性。为防止因为流动性缺乏导致的非理性下跌，10月20日美联储大量购买政府债券并降低利率，使得联邦基金利率当日下行近60个BP，并于11月4日正式降息。放宽联储出借债券的规则，宣布联储立即向银行的注资已就绪。

（3）保证贷款续贷。美联储鼓励金融机构与客户共渡难关，特别是商业银行对经纪商和交易商的贷款不能断。由于美联储流动性供给承诺，各州主要商业银行马上宣布降低优惠利率，增加证券贷款，保证客户的资金需要。

（4）美国政府向多家大公司提供资金以便回购股票。面对被低估的股价，在股灾发生的一周内，约有650家公司宣布要在公开市场上回购本公司的股票，大部分发生在“黑色星期一”那天。

（5）美国政府还与各主要国家协调汇率政策，干预外汇稳定美元汇率避免游资流出。

（6）阻断程序化交易的恶性循环。10月20日中午，芝加哥商品交易所和期货交易所也相继暂停交易，以期截断股指衍生品市场和现货市场的连锁反应。由

于程式交易被普遍认为是这次股灾的重要原因，SEC随后引入熔断机制，当股市出现异常波动时暂停交易，以便交易者能有时间重新考虑交易决定。

3. 救市效果与股灾后形势：恐慌情绪缓解、未从股灾演变成金融和经济危机、创出新高、风格切换

因为美国政府、美联储以及美国证券交易委员会的得力措施，市场恐慌情绪得以缓解，虽然先于美股开盘的其他股市依旧多数暴跌，但1987年10月20日美股开盘后就开始反弹，后来股市开始震荡上行，并在2年后回到1987年的高点。1987年股灾后美国股市的上涨更多的是受盈利上升的驱动，估值提升不多，原因在于暴跌后市场重回理性。

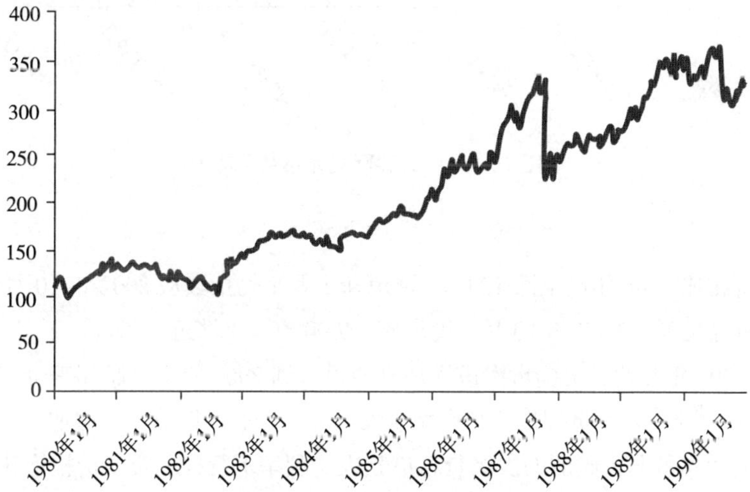

图16.3　标准普尔500指数大跌

数据来源：WIND

（三）2008年次贷危机

1. 股灾背景：经济周期顶峰、股价泡沫、加息周期、次贷泡沫破裂

美国在2000年和2001年先后遭遇科技股泡沫破裂和“9·11”恐怖袭击，为刺激经济，美联储在2000年至2003年期间多次降息，将联邦基金利率从6.5%下调至1.0%，并维持至2004年6月才再次加息。在非常宽松的货币环境下，房市和股市双双大涨，MBS（抵押贷款证券化）和CDO（担保债务凭证）等金融衍生品在这一时期的快速发展更是进一步刺激了房价的高涨。截至2006年，美国

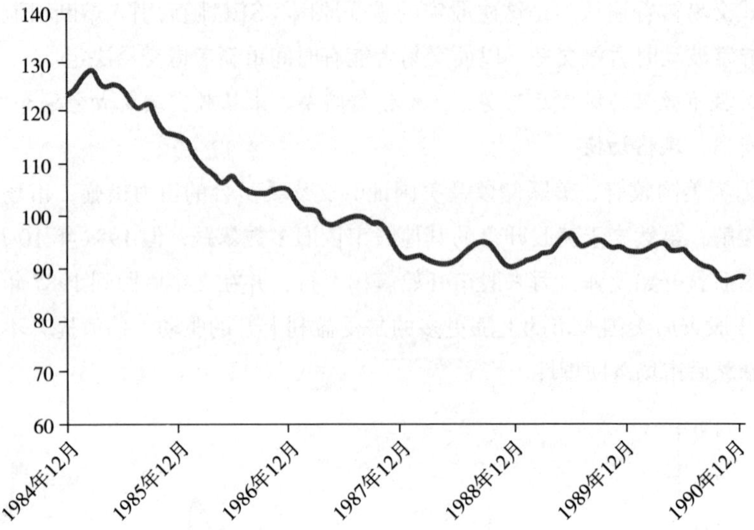

图 16.4　广义实际美元指数下降

数据来源：WIND

住房均价相比 1988 年已上涨 124%；道琼斯工业平均指数从 2002 年 10 月的 7422 点开始触底反弹，2007 年 10 月一度突破 14000 点，上涨近一倍。

从 2004 年开始，美国再次进入加息通道，到 2006 年 7 月联邦基金利率已上调至 5.3%。浮动利率抵押贷款利率相应大幅上升，居民偿债压力增加，特别是那些偿债能力本就非常脆弱的次级贷款借款人。利率下行抑制资产价格泡沫又进一步恶化了这种情形，资不抵债的主动违约开始显现，美国房市从 2006 年起开始陷入困境，随着危机的加深，大量持有次级债衍生产品的金融机构损失惨重，危机又蔓延至金融体系。2008 年 9 月，危机集中爆发，两房相继被政府接管、雷曼兄弟申请破产保护、美林被美国银行收购、保险巨头 AIG（美国国际集团）接受联邦援助、摩根士丹利和高盛由投资银行转为银行持股公司以接受美联储更严格的监管。受此影响，美股大幅下跌，9~12 月道琼斯工业指数累计下跌 31.2%，2009 年 3 月更是一度跌破 7000 点。

2. 政府救市：提供紧急流动性、接管两房、QE

联邦政府在危机之始就开始介入救助，采取了一些措施安抚市场情绪，稳定市场。

（1）2008 年 3 月美联储为贝尔斯登提供紧急资金，联邦政府接管两房、援助 AIG 等。

（2）2008 年 10 月 3 日，国会通过救助计划，财政部和联储根据这一法案相继救助花旗、通用和克莱斯莱等巨头。而在之前的 9 月 29 日，国会否决 7000 亿美元的救助华尔街一揽子计划，当日美股暴跌，道琼斯大幅下跌 7%。

3. 救市效果：危机蔓延低于预期、美国经济快速恢复

在联邦政府的积极救助下，市场恐慌情绪开始缓解，美股 2009 年 3 月起触底反弹。

危机过后，美国再次对监管体制进行改革。2010 年 1 月，总统奥巴马公布“沃尔克规则”，强调将自营业务从商业银行剥离出去；2010 年 6 月 25 日，美国国会通过《多德弗兰克法案》，该法案被认为是大萧条以来最为严厉和全面的金融监管法案，主要内容包括：成立金融稳定监管委员会，设立消费者金融保护局，将场外衍生品纳入监管，限制商业银行自营交易，设立新的破产清算机制，美联储被赋予更大的监管职责等。

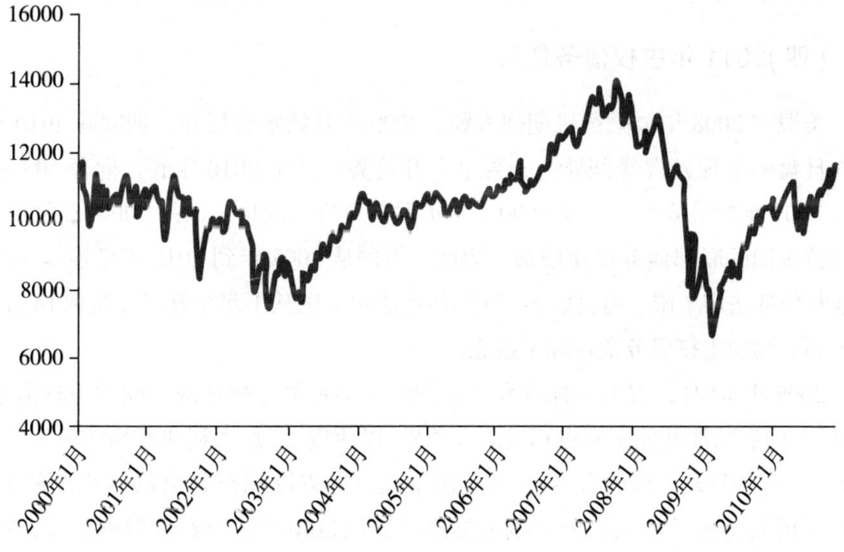

图 16.5 道琼斯工业平均指数大跌

数据来源：WIND

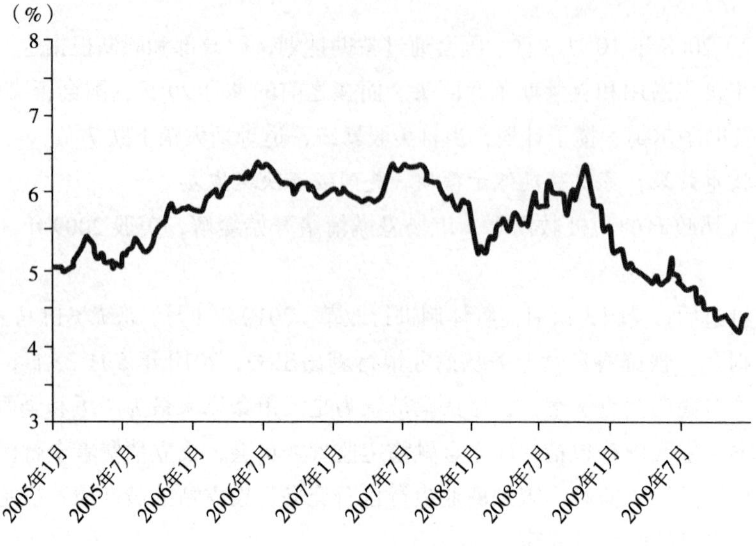

图 16.6 五年期住房抵押贷款浮动利率上升

数据来源：WIND

(四)2011 年主权债务危机

美股在 2008 年金融危机期间大跌，2009 年开始触底反弹，期间除 2010 年 5 月 6 日盘中出现异常暴跌外，一直呈上升趋势。截至 2010 年底，标普 500 指数相较 2009 年的最低点已上涨约 90%。但联邦政府救助华尔街的 7000 亿美元计划也导致美国的联邦债务迅速增加，为此，美国从 2007 年到 2010 年已连续 6 次提高联邦债务法定上限，短短数年，联邦债务法定上限从不足 9 万亿提高到 14 万亿。这也为后续的主权债务危机埋下隐患。

2009 年 12 月，穆迪、标普和惠誉相继下调希腊主权评级，欧洲主权债务危机爆发，随后欧洲其他国家也相继陷入危机，以西班牙、意大利和葡萄牙最为严重。受此影响，美股在 2010 年 4~6 月震荡下跌。随着欧洲财长会议达成总额 7500 亿欧元的紧急援助计划，陷入困境的欧洲各国也相继颁布财政紧缩政策，市场对债务危机的担忧有所缓解，美股止跌回升。

但到了 8 月初，美国国会未能在最后期限就债务上限达成一致，美股接连暴跌，标普 500 在 8 月 2 日和 8 月 4 日分别下跌 2.6% 和 4.8%，8 月 8 日更是暴跌 6.7%。

8 月 9 日，美联储宣布将联邦基金利率继续维持在 0 至 0.25% 的历史最低水平，并至少持续到 2013 年中期。这是美联储自 2008 年将联邦基金利率降至该水平以来首次明确政策的延续期限。由于这一利好消息的提振，美股当日大涨，标普 500 指数收盘上涨 4.7%。虽然受欧洲主权债务危机的利空冲击，标普 500 指数在隔日再次大跌 4.4%，美股总体上结束调整期，开始触底反弹，并在 2012 年 2 月突破前高。

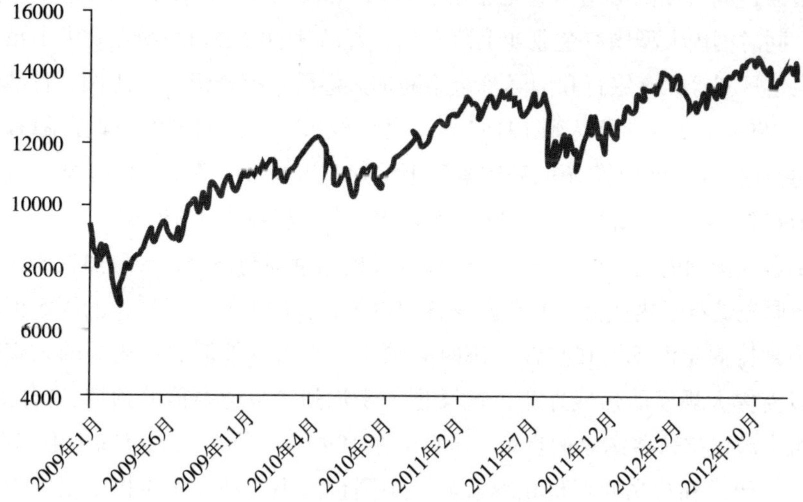

图 16.7　标准普尔 500 指数大跌

数据来源：WIND

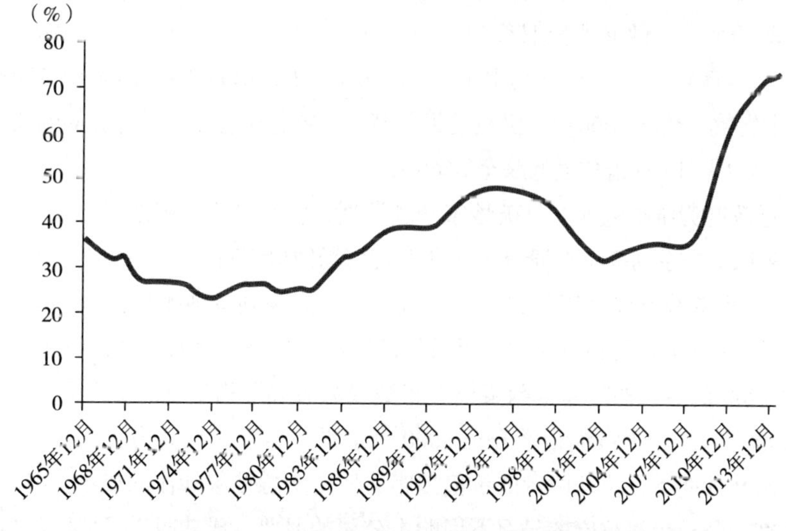

图 16.8　公众持有债务占 GDP 的比重上升

数据来源：WIND

二、中国香港：1997~1998 年亚洲金融风暴

受益于国内改革开放步伐的加快，香港在 20 世纪 90 年代转口贸易和金融业不断增强，成为逐渐崛起的金融中心。1994~1996 年香港 GDP 年均增长率达到 4.5%，同时国内大型国有企业如上海石化、青岛啤酒等公司纷纷在香港上市，美国摩根士丹利等投资银行和国际基金不断加大港股在投资组合中比例，香港恒生指数在 1994 年 2 月 4 日达到 12157 点，之后经历了一段时期的下调，随着香港回归的临近，政治经济等不明确因素逐渐消除，市场再度活跃，1997 年 8 月 7 日创造 16673 点的历史新高，较 1990 年的 2918 点，涨幅达到 659%。

随着美国国内经济的复苏，美联储也开始加息抑制通胀，导致热钱纷纷回流美国。原先受益于热钱流入的东南亚各国由于实行的是和美元挂钩的固定汇率制度，为维持固定汇率，在热钱外逃时必须买入本币。外汇储备薄弱的东南亚国家难以支撑大规模的热钱外流，这又进一步加强了币值贬值的预期，国际投机者趁机大肆做空这些国家的货币。继泰国在 1997 年 7 月率先放弃固定汇率制后，菲律宾、印尼和马来西亚也相继放弃，中国台湾也主动开始缓慢贬值。中国香港成为索罗斯等国际炒家的下一个目标。

1997 年 10 月，国际炒家开始围攻香港，纷纷做空港股和港元。虽然香港外汇储备充足，足以维持币值稳定，但金管局的市场操作及相应的加息却直接导致了港股的大跌，做空者依旧获利。1997 年 10 月 22 日至 28 日，恒生指数下跌 3343 点，累计跌幅达 27%，其中 1997 年 10 月 23 日单日下跌 10.4%。1998 年 1 月，恒生指数已跌破 8000 点，仍遭受量子基金、老虎基金等国际游资的继续打压，到 1998 年 8 月 13 日指数最低跌至 6660 点。

香港政府为维护港元，打破炒家套利计划，转变以往“积极不干预”的经济政策，采取了一系列措施在股票市场和期货市场做出应对。

（1）香港政府和金管局直接进入股市。在意识到单纯抛售美元不足以狙击投机者后，香港金管局和时任财政司司长曾荫权在 1998 年 8 月主动向投机者宣战，动用约 1200 亿港元外汇基金购买恒生指数成分股和股指期货。金管局从 8 月 14 日入市坐庄起，逐步将恒指推升至 8000 点水平。金管局在大力买入 8 月期指的同时卖出 9 月期指，拉开两者的价值差距，使得金融炒家炒作的成本上升。部分蓝筹和红筹公司也在政府的号召下回购本公司的股票，成功阻击了国际游资的做空行为。

（2）香港金管局直接进入汇市，稳定汇率和利率。香港政府用外汇基金买入港元，同时把买到的港元存到香港银行，使得机构投资者从银行借走的港元能够得到补充，使港元的供求平稳，汇率和利率可以保持稳定。

（3）限制恶意卖空行为。1998 年 8 月 31 日到 9 月 7 日，香港政府、金融管理局分别颁布了限制卖空和外汇、证券交易和结算的新规定，使炒家的投机大受限制。香港政府限制放空港元，将股票和期货的交割期限由 14 天大大减少为 2 天，裸卖空受到极大的限制。为了降低期指的杠杆作用，香港政府将每张期货的面值由 5 万港元 / 万点提升到 12 万港元 / 万点，香港政府还将持仓申报的限额从 500 单位降为 250 单位，加设空头未平仓合约的申报机制，使得金融炒家暴露身份。

整个救市行动中，香港政府消耗近 13% 的外汇基金，动用超过 150 亿美元的资金，远超 1993 年英国政府在“英镑保卫战”中约 77 亿美元的投入。

香港政府坚决主动做多的策略，使得国际炒家铩羽而归，恒生指数逐渐企稳回升，到 1999 年 7 月重上 14000 点。香港政府的直接入市干预一度引发对香港全球金融中心地位的质疑，但事后来看港政府此举成功维护了香港金融市场的稳定，非常时期的大规模救市更是在 10 年之后的全球金融危机中成为各国政府普遍的选择。

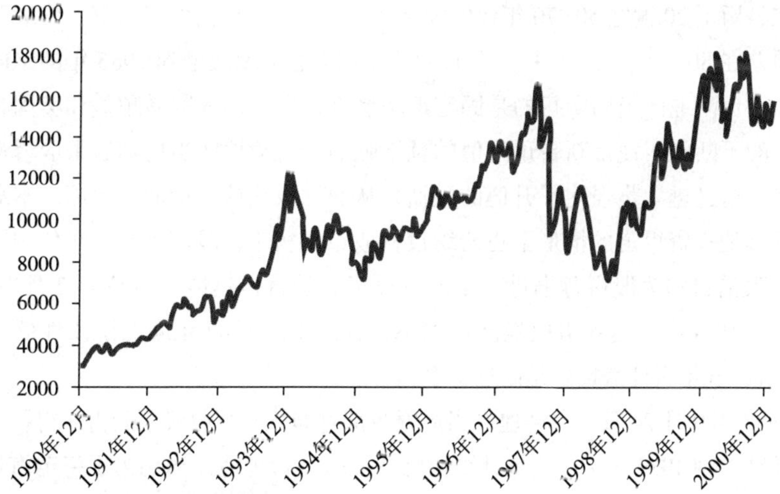

图 16.9　恒生指数大跌

数据来源：WIND

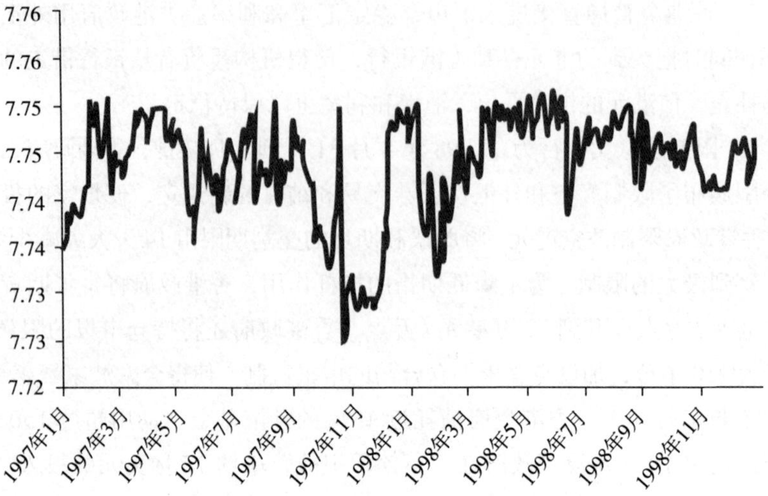

图 16.10 美元兑港币汇率

数据来源：WIND

三、中国台湾：1990 年股灾

在经历了 20 世纪 50~70 年代的经济腾飞后，中国台湾的出口贸易发展迅速，贸易顺差在 80 年代持续扩大，从 1981 年的 14 亿美元激增到 1985 年的 106 亿美元。最初台湾地区当局实行的是固定汇率制度，但巨额的贸易顺差和美国在汇率问题上的不断施压使得新台币升值的预期强烈。台湾地区当局随后采取缓慢升值的策略，这又进一步强化了升值的预期，从而导致热钱大量涌入台湾，本岛居民在缺乏其他投资渠道的情形下也纷纷投资股市和房市，股市大涨。时任国民党当局基于政治目的为股市背书进一步激发投资者的盲目热情。1990 年 2 月 10 日，台湾地区加权指数达到历史最高点 12495 点，相比 1987 年底的阶段性低点已上涨 351%，五年累计涨幅更是高达十多倍。

1988 年 9 月 24 日，台湾地区当局财政部宣布恢复征收股票利得所得税，股市随即暴跌，到 1989 年 1 月，累计跌幅已达 45%。台湾地区当局为了稳定市场，放弃征收股票投资利得税的政策措施，并借由证券交易所推动财团法人、上市公司和银行团进场护盘股市，股市再次开始反弹冲高，更于 1990 年 2 月创造历史新高。但疯狂的过后必定是泡沫的破灭，在随后短短的 7 个月时间里，台湾地区股市暴跌

10000余点。此外，见顶于1987年下半年的贸易余额、外汇储备增量和1989年上半年的台币汇率等指标，反映出中国台湾外向型经济原动力、货币流动性的下降，这也是构成股灾形成和台湾地区经济转型的重要原因。

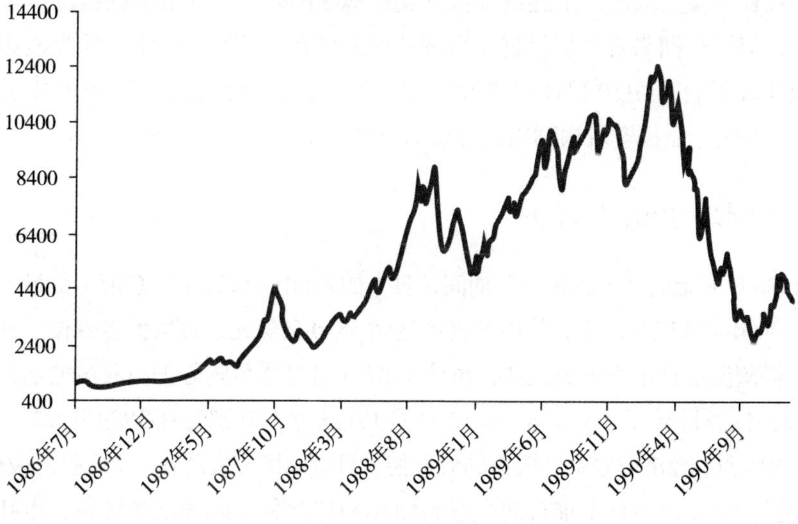

图16.11　中国台湾加权指数大跌

数据来源：WIND

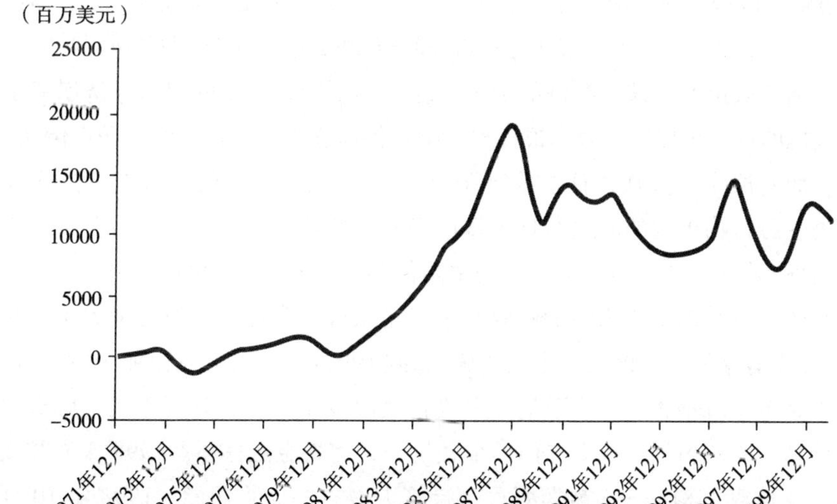

图16.12　中国台湾贸易余额上升

数据来源：WIND

台湾地区当局在20世纪80年代末期采取了一系列金融措施应对岛内的资产泡沫，如开放外汇管制，鼓励企业对外投资；实现利率市场化，并通过大幅提高存款准备金率和贴现率等货币紧缩手段抑制岛内过剩的流动性；严控地下金融，切断信用杠杆的重要来源。上述政策虽加剧了泡沫的破灭，并给中国台湾带来了严重创伤，但从长期来看，仍促进了台湾地区经济在20世纪90年代较为成功的转型，泡沫破灭后，GDP仍能保持6%的增速。另外，台湾地区于1990年引入QFII制度（外国专业投资机构到境内投资的资格认定制度），进一步放开证券市场。

四、日本：1989年股灾

自1986年开始的"平成景气"期间，日本的GNP（国民生产总值）的世界占比升到1990年的13.7%，持有的国外资产达到3830亿美元，位居世界首位。良好的经济形势刺激了日本股市的大涨，虽然1987年日经指数随着美国股市的崩盘有一些回调，日经指数还是从1985年12月的13113点上升到并在1989年12月19日达到38915点，经济的繁荣和股市的疯狂使得日本国民丧失理智，纷纷投入股市。

20世纪80年代初日本推行的金融自由化和超低利率政策是经济和股市狂飙的重要促因，包含着很重的泡沫因素。1989年，日本政府五次提高官方利率，日本股市开始出现高位大幅波动，1990年的海湾战争使完全依赖石油进口的日本陷入恐慌，股价大幅下挫。海湾战争结束后，日本股市虽然又强劲反弹，但已无法达到原来的高度，日本股市从此一路狂跌至1992年8月18日的14304点。

随着股市的下跌、经济的下滑和地价的下降，日本的泡沫经济崩溃了，随着危机的进一步加深，众多银行和金融机构面临生存危机，甚至破产倒闭。

面对股市的大跌，日本政府在1995年前按照传统的危机处理方式来被动解决金融机构出现的问题，日本货币当局重新转向扩张性的货币政策，连续降低利率（在随后失去的十年中，利率降低到零）增加货币供应，但是收效甚微，日本政府也采取了扩张性的财政政策来稳定股市和经济，但力量太小，几无成果。而没有采取有力的稳定市场措施，直到1997年以后，受东南亚金融危机影响，日本金融系统崩盘，日本政府才最终彻底改变了态度，认真正视金融机构的危机处理。手段包括：成立专门的金融机构，完善金融体系。1998年6月成立新的金融监管机构——金融监督厅，接管大藏省的监管职能；1998年10月通过了以金融机构破产处理为核心的《金融再生法案》和以事前防范金融危机为目的的《金融健全化法案》。

（1）透过入股方式进行暂时性融资。1998年10月，基于《金融再生法案》，日本政府对日本长期信用银行与日本债券信用银行实施了暂时国有化。存款保险机构收购两家机构的全部股票，继续维持经营。

（2）由政府指定机关予以清算。《金融再生法案》的核心是成立金融再生委员会来处理金融机构破产问题，即向陷入危机的金融机构注入救济性资金，增加其自有资本，同时制定有关金融机构破产处理、危机管理等的计划和法案。

日本政府还将问题银行交给政府资助的过渡性银行处理，以强强联合进行银行间的横向合并等方式来恢复金融机构的职能。日本政府直到1998年10月才开始直接将资金注入到问题金融机构中，市场对于救援计划的反应非常正面，日本银行类股票在救援计划公布后三个月内上涨20%、一年后上涨88%，直接注资的救援的效果较先前宽松货币政策，或是刺激财政方案来得直接，但到此时，日本经济已经度过了“失去的十年”，救市效果不能称之为好。

可见，拯救计划推出时机是影响政策效果的关键。当政府处理的态度越明确，或是应变速度越快时，越能缩小市场震荡的阵痛期，同时对于社会资本的负担也就越小，金融危机的影响也就越小。日本金融危机发生后直到1998年才出台大规模的救市政策，最终整体花费成本占总体经济GDP的13%，居历次金融危机之冠。

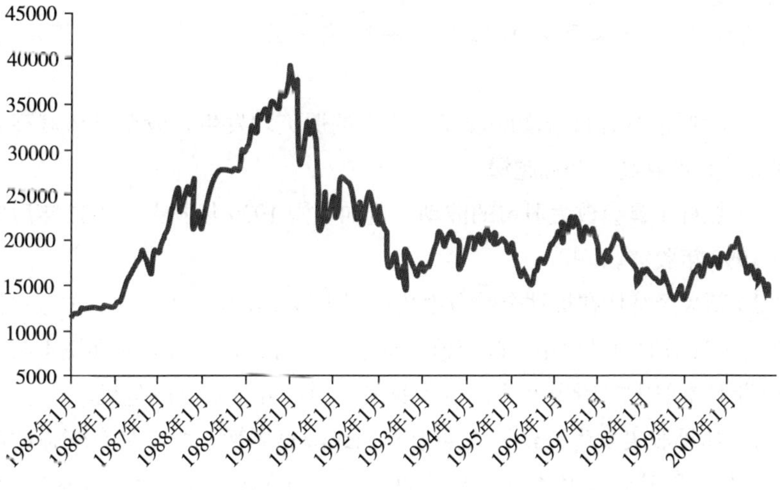

图16.13　日经225指数大跌

数据来源：WIND

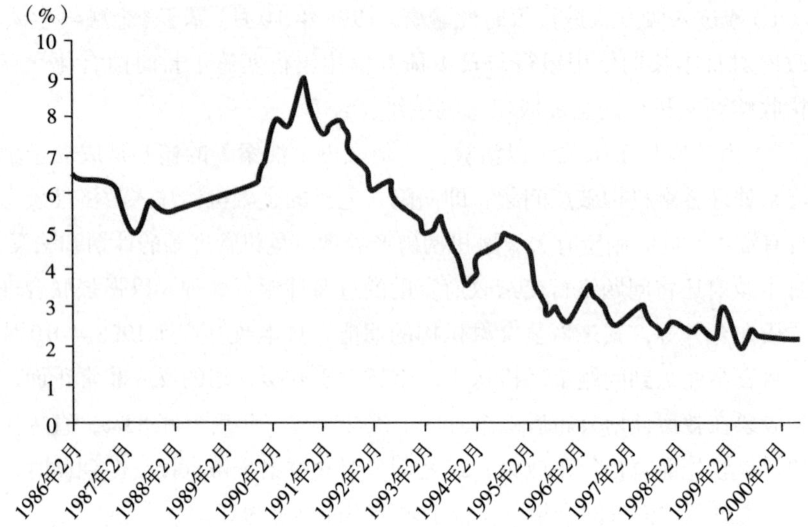

图 16.14　日本主要银行长期贷款利率上升

数据来源：WIND

五、启示

1. 通过比较全球历史上几次重要股灾、救市政策和效果可以得出的启示

（1）股票市场有自身涨跌规律。所有的股灾均发生在股票价格偏高时期，而且泡沫化程度越高，跌幅越深。

（2）杠杆工具会放大股市的波动。比如美国 1929 年股灾、1987 年股灾，中国台湾 1990 年股灾。

（3）新兴经济体在推动金融自由化过程中容易出现股灾，在资本账户开放、金融创新工具增加的过程中，政府监管体系不完善，投资者对新环境不熟悉。比如 1989 年日本股灾、1990 年中国台湾股灾、1997 年亚洲金融危机。

（4）如果股灾发生在经济周期上升期或降息周期，股市具有较强的恢复能力且调整较浅较快，有基本面或政策面资金面的支撑，比如美国 1987 年股灾、2011 年受主权债务危机冲击，美国经济处在经济周期上升期和低利率时代；但是如果股灾发生在经济周期下降期或加息周期，股市恢复力较弱且调整较深，比如美国 1929 年大萧条、2008 年次贷危机，日本 1989 年股灾。

（5）政府救市是正常的逆周期调节，该出手时就出手。股票市场也是市场经济体系之一，因此需要政府逆周期调节，比如股市过热时加息、增加 IPO 供给等，股市暴跌时注入流动性、降息、减少股票供给等。

（6）股灾发生时政府救市要及时有效，防止股灾对金融体系和实体经济的过大伤害。同样处于经济周期的拐点，1929 年大萧条的最大教训是政府救助不及时，放任股灾蔓延成金融危机和经济危机；而 2008 年次贷危机由于及时启动注入流动性、QE 等，一度被称为“百年一遇”的股灾对实体经济冲击相对较小，股灾后美国经济恢复较快。

2. 历次股灾的救市措施

（1）政府发布声明，建立常态透明的沟通机制，稳定预期。比如美国 1987 年股灾，总统和财长发布稳定市场预期的声明，理性引导。

（2）投放流动性，降息降准，减缓或暂停 IPO。属于逆周期调节工具。

（3）降低交易税费。比如将单边 0.1% 的印花税降至 0.05%。

（4）政府及受政府影响的资金直接入市，包括但不限于汇金增持金融股，汇金申购 ETF，保险资金入市等。

（5）打击做空投机，禁止裸卖空。

（6）鼓励上市公司回购股票，稳定投资者对公司发展的信心。美国 1987 年股灾。

（7）出手要快，出手要重。

（8）改革继续推进，增强社会各界对政府发展资本市场的信心，不要因噎废食，不能因遇到困难出现改革倒退，只有在水里才能学会游泳，在发展中解决问题。

第十七章　历次股灾中的大类资产表现和投资策略①

导语：本章旨在通过研究近30年全球重大股灾中的大类资产表现和成功投资者的交易策略，提出投资启示。沧海横流方显英雄本色，冷静才能做出最佳判断。

一、美国1987年股灾

（一）1987年股灾中的大类资产表现

1987年股灾中，股市先大幅下跌，随后美联储降息给市场注入流动性，平稳市场情绪，导致债市走牛。而黄金价格伴随着资产价格下跌也小幅下跌。

在美国政府救市后，股市调整了1年多时间，并在1989年创出新高并不断走牛。1987年股灾后美国股市的上涨更多的是受盈利上升的驱动，估值提升不多，风格分化明显，原因在于暴跌后市场重回理性。

（二）都铎·琼斯股灾中一战成名

都铎·琼斯因成功地发现1987年股灾与1929年股市大崩溃的技术图形非常相似，在逆市中一战成名。在股灾中，都铎·琼斯同时做空股票市场和做多债券市场，在1987年10月就实现了62%的收益，全年收益高达200%。他在股灾中表现出的投资理念非常值得我们学习。

① 本章由任泽平、冯赟合著。

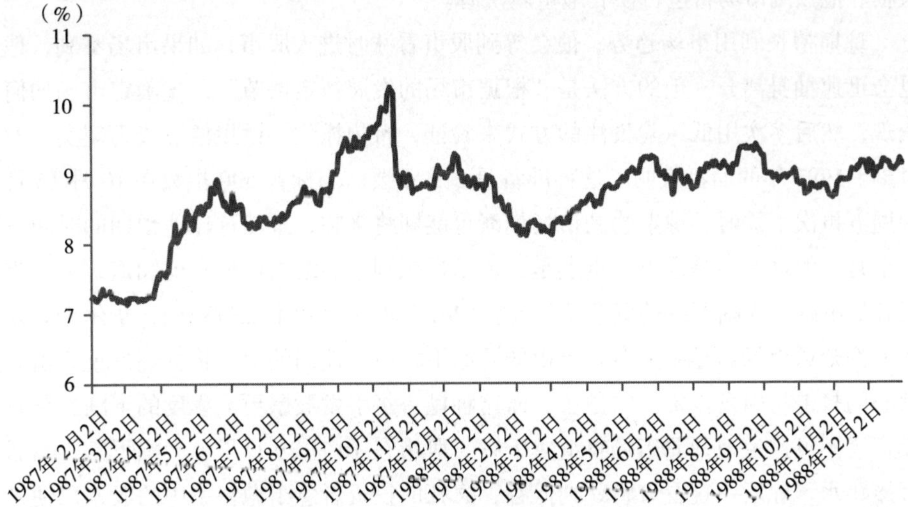

图 17.1　美国 10 年期国债到期收益率下降

数据来源：WIND

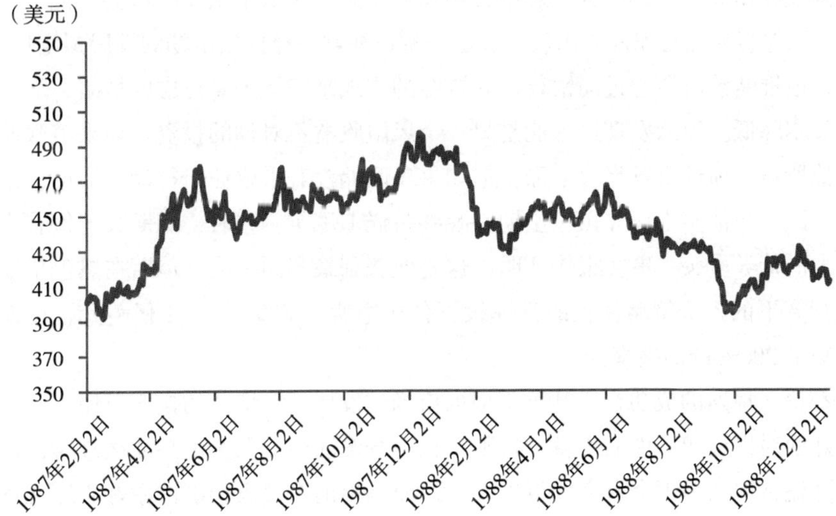

图 17.2　黄金价格下跌

数据来源：WIND

1987 年，琼斯将当年股市和 1929 年股市的两张图表放在一起，结果意外地发现它们都以不可思议的速度上涨，这让他相信一个类似 1929 年的大崩溃即将来临。他预测市场将进行彻底地重新洗牌。[①]

琼斯擅长利用市场趋势，他会等到股市看涨时进入股市，如果市场不利，他也会迅速抽身离开。他的方法是“根据市场的发展拟定情节”，先确定市场如何表现，然后多次用低风险投注的方式来验证，希望抓住“设想情节成为现实”的时刻。1987 年的崩盘表明了这种准备是多么重要。当标普 500 指数在 10 月 16 日的周五再次下跌时，琼斯感到市场崩溃可能即将来临，虽然这比他预期的时间早几个月，但这并不是重点。重点是，琼斯预想到了崩溃的可能，他知道，一旦市场开始下跌，大幅下跌的概率就很高。1987 年股市大幅上涨过程中，华尔街大多数人都知道市场迟早要崩溃。当市场开始下跌时，他们的信心将受到严重打击。信心的打击将引发投资人的抛售，而这种抛售将引发股票更大程度的下跌，导致投资者不可避免地预测市场将继续下跌。股市在 10 月 19 日早上大幅下跌，然后直接跳水，琼斯一直看着它跌到低谷，疯狂的投资者急于抛售手中的股票以便逃离市场。1987 年的股灾让大多数人不知道该如何反应，但琼斯对此早有预测，他对这次崩溃早已做好心理准备。[②]

即使在市场下跌的时候，琼斯仍然抓住了第二次从中获利的机会。他一直在思考美联储将如何对崩溃做出反应，也一直像往常一样根据市场的发展拟定情节，然后，他推断政府会通过向银行注入资金的方式来安抚大家焦虑的情绪，从而使借款成本降低。琼斯发现这可能是另一个风险收益不对称的投资。如果美联储确实如他所料，债券市场将会上涨，但如果美联储没有采取任何行动，债市也没有理由下跌。当债券市场在黑色星期一晚些时候上涨了一些时，琼斯买了他有史以来最大的债券多头，事实很快证明，这是他获利最多的一次。琼斯在黑色星期一的双管齐下的投资策略使他的都铎投资公司净赚了 8000 万至 1 亿美元，给他那年带来了 200% 的回报率。[③]

都铎 · 琼斯的成功在于其善于根据市场的发展拟定情节的投资习惯。琼斯始终做好面对黑天鹅事件的准备，特别是在市场暴涨中。在股市高歌猛进时，他不会掩耳盗铃地认为不会有突发事件发生，而是提前对黑天鹅事件做好心理准备，设想好应对之策。

---

① 本段资料参考于 http://www.capitalweek.com.cn/2013-10-11/32850850.html。

② 本段资料参考于 http://www.capitalweek.com.cn/2013-10-11/32850850.html。

③ 本段资料参考于 http://www.capitalweek.com.cn/2013-10-11/32850850.html。

(三) 索罗斯 1987 年超强纠错、先输后赢

1987 年股市崩盘时，索罗斯也遭遇了滑铁卢。在股市崩盘前，索罗斯认为市盈率高达 48 倍的日本股市即将走向崩溃，他更看好市盈率仅 20 倍的美国股市。于是，在 1987 年 9 月，索罗斯把几十亿美元的投资，从东京转移到纽约。然而，这次索罗斯的判断出现了错误。首先出现大崩溃的并不是日本股市，反而是美国股市。几个星期下来，美国股市一路下滑，而日本股市却相对坚挺。在这场股灾中，索罗斯的量子基金损失了 6.5 亿 ~8 亿美元，跌幅甚至超过大盘。

但是他并没有坐以待毙，而是认赔出场，低价出掉所有投资组合，然后用所剩的资金再加上融资建立美元仓位，看空美元。到 1987 年底，量子基金的增长率重新回到 14%，完成了一次惊天大逆转。

索罗斯说过，“错误并不可耻，可耻的是错误已经显而易见了还不去修正。承担风险，无可指责。但同时记住千万不能孤注一掷，只要活着，就有办法”。1987 年股灾中，索罗斯在发现自己的错误后，立刻认亏离场，纠正自己的错误。记住索罗斯的名言，“在我的一生中再没有比死亡更可怕的事了，只要不死，就有办法”。可见，在金融市场中及时纠正错误止损是多么重要！

二、中国香港 1997~1998 年亚洲金融危机

(一) 亚洲金融危机中的大类资产表现

1997 年亚洲金融危机中，经济迅速下滑，股市大幅下跌，而香港政府债券利

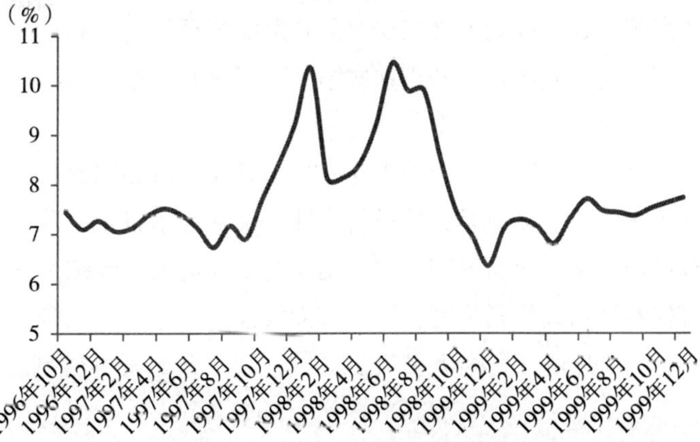

图 17.3　香港外汇基金 10 年期票据利率先下后上再下

数据来源：WIND

率先随经济萎缩而下降，但之后由于面临货币贬值、资本外流的压力，利率反而上升，等市场企稳后再次下降。美元计价的黄金价格也随着危机的蔓延、资产价格泡沫破裂而下跌。

香港成功救市后，股市大幅反弹，汇率恢复，利率下降。

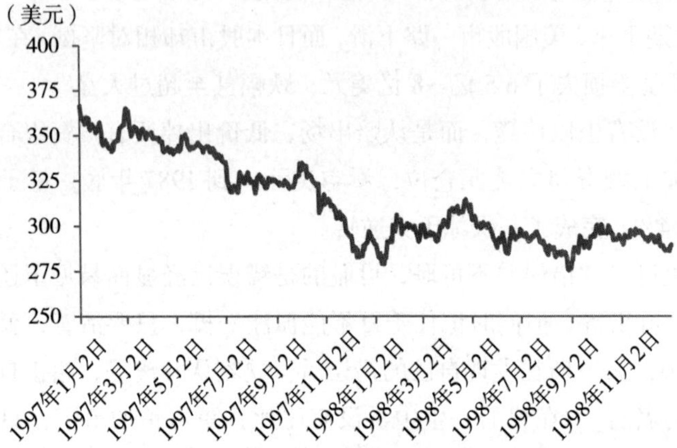

图 17.4　黄金价格下跌

数据来源：WIND

（二）索罗斯横扫东南亚，折戟香港市场

亚洲金融危机之前乔治·索罗斯的团队以中国香港为中心，并深入到东南亚各国研究该地区经济发展的真实状况，发现整个楼市泡沫堆积、外资不断涌入、银行短期外债高筑、开发商勉力支撑、部分开发商甚至连支付利息都有困难，而政府手里的外汇储备普遍不足。基于这些第一手资料和数据，索罗斯团队制定了作战计划。①

1997 年 1 月份，索罗斯基金联合其他国际对冲基金开始对觊觎已久的东南亚金融市场发动攻击，一开始就是大肆抛售泰铢，泰铢汇率直线下跌。在对冲基金气势汹汹进攻面前，泰国央行入市干预，动用约 120 亿美元吸纳泰铢，一方面禁止本地银行拆借泰铢给离岸投机者，另一方面大幅提高息率，三管齐下，泰铢汇率暂时保持稳定。5 月份，资金大量流出泰国，泰国开始资本管制。6 月对冲基

① 本段资料参考于 http://mp.weixin.qq.com/s?__biz=MzA5MjU3NzkwNQ==&mid=210456955&idx=2&sn=06c94969eb39e1b35b3b8069aae2d043&scene=1#rd。

金再次向泰铢发起致命冲击，泰国央行只得退守，因为仅有的300亿美元外汇储备此时已弹尽粮绝。6月30日，泰国总理在电视上向外界保证："泰铢不会贬值，我们将让那些投机分子血本无归。"但是两天后，泰国央行被迫宣布放弃固定汇率制，实行浮动汇率制。当天泰铢重挫20%，随后泰国央行行长伦差·马拉甲宣布辞职。8月5日，泰国央行决定关闭42家金融机构，至此泰铢陷入崩溃，亚洲金融危机序幕由此拉开。①

在此期间，索罗斯带领的对冲基金还对菲律宾比索、马来西亚林吉特和印尼盾发起冲击，最后包括新加坡元在内的东南亚货币一一失守。在横扫东南亚之后，索罗斯带领的国际炒家将目光投向了中国香港。中国香港基本面当时没有泰国那么差，但是房地产和股市泡沫也不少。中国香港股市中房地产公司和银行的占比很高，一旦这两方面泡沫破灭，股市随时会出现危险。事实上，房地产泡沫还造成经济环境恶化，使得生产和销售成本上升，中国香港通胀压力逐步累积，依据购买力平价理论，港币在未来有贬值趋势。②

随后，对冲基金开始了对港币长达十几个月的持续进攻，在汇市、股市、期市联动造市，全方位发动了对港元的立体式袭击。在中国香港政府的顽强抵抗下，对冲基金未能摧毁港元。之后中国香港政府在1998年8月开始强力入市干预，重创了以索罗斯为代表的国际炒家，致使其巨亏离场。

索罗斯在亚洲金融风暴初期所向披靡，他的成功来自于其独立客观研究和耐心的等待。索罗斯亲身调研危机爆发前的东南亚各国，掌握第一手资料，并且耐心等待最佳出击时机。但亚洲金融危机中，中国香港的基本面没有泰国那样糟糕，而且1997年香港顺利回归中国后，搭上中国经济腾飞的顺风车，长期基本面看好。1997年8月至1998年8月的一年间，港股从16820跌至6544点，跌幅达61%，此时中国香港股市已明显低于其内在价值，政府救市的最佳时机已到（具体救市措施详见第十六章）。在此情况下国际炒家依然做空，结果损失惨重，所以在股灾中，一味做空也不可取，要时刻关注股票的内在价值，做到吉姆·罗杰斯所说的"买其所值，卖其疯狂"。

---

① 本段资料来自于 http://mp.weixin.qq.com/s?__biz=MzA5MjU3NzkwNQ==&mid=210456955&idx=2&sn=06c94969eb39e1b35b3b8069aae2d043&scene=1#rd。

② 本段资料来自于 http://mp.weixin.qq.com/s?__biz=MzA5MjU3NzkwNQ==&mid=210456955&idx=2&sn=06c94969eb39e1b35b3b8069aae2d043&scene=1#rd。

三、2008 年美国次贷危机

（一）次贷危机中的大类资产表现

2008 年次贷危机中，房地产泡沫破裂，股市一泻千里。美联储紧急救市，实行零利率政策，向市场注入大量流动性，努力扭转市场恐慌情绪，导致债市走牛，随后股市走牛。而黄金价格伴随着商品价格震荡下跌，避险资金回流美国，美元走强。

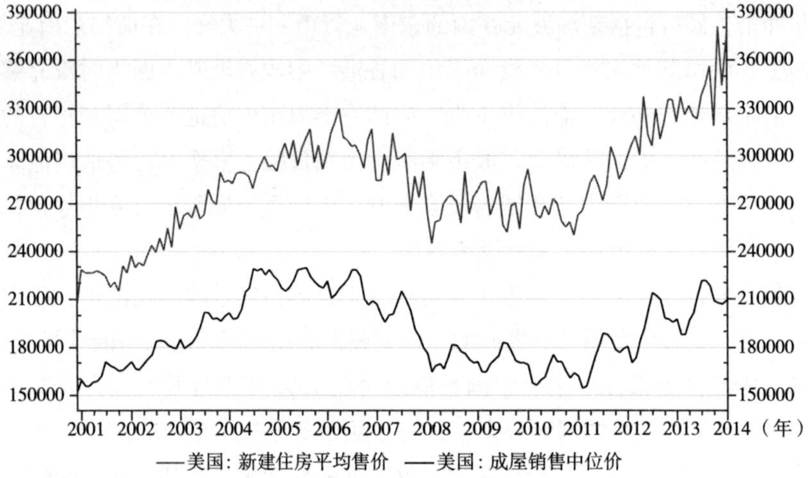

图 17.5　2008 年美国房价大跌

数据来源：WIND

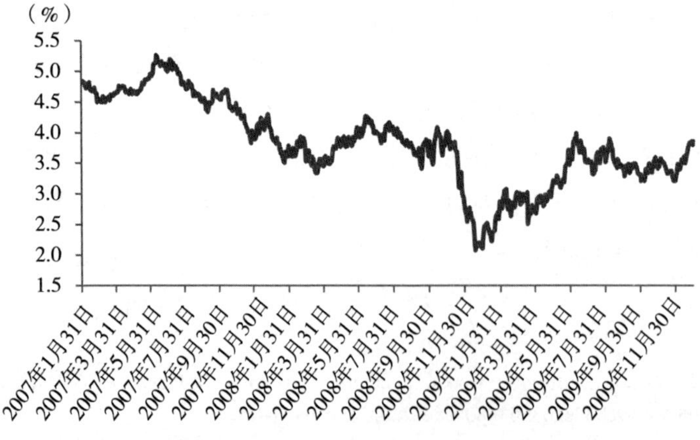

图 17.6　2008 年美国 10 年期国债到期收益率迅速下降

数据来源：WIND

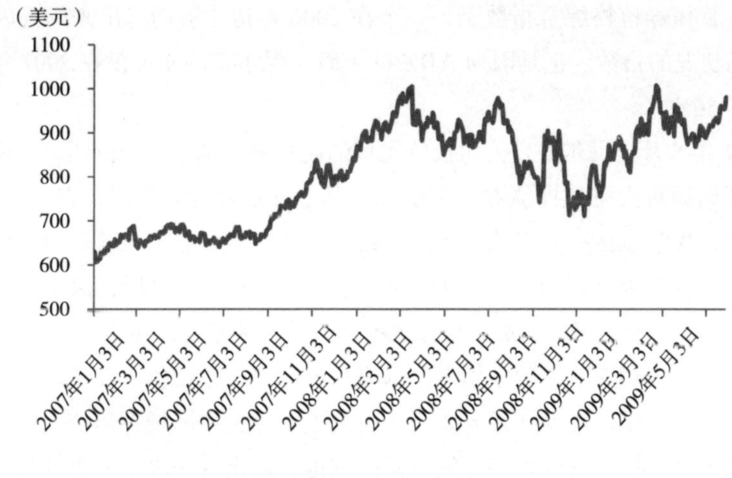

图 17.7　2008 年黄金价格震荡下跌

数据来源：WIND

（二）约翰·保尔森逆市称王

2007 年前，约翰·保尔森只不过是华尔街的小角色，他的对冲基金公司仅管理 10 亿美元规模，但如今其被挂上了“对冲基金第一人”的称号。这一切全因为在次贷危机中，约翰·保尔森大赚，而且，他创造了华尔街历史上最快的赚钱效率，仅 2007 年一年就赚了 37 亿美元。[①]

在次贷危机前，华尔街的投行家们被房地产市场的繁荣蒙蔽了眼睛。对房地产借贷市场，他们发明了两种新型的投资工具：担保债务凭证 CDO（标的资产为信贷资产或债券的资产池）和信用违约互换 CDS。这两种产品的关系是，CDO 的风险越高，为其担保的 CDS 价格也就越高。但在房地产繁荣时期，几乎所有人都认为 CDO 不会有什么风险，所以 CDS 的价格非常低。在分析了大量数据之后，保尔森确信投资者远远低估了房屋抵押信贷市场上所存在的违约风险。他认为这个市场会崩溃。[②]

于是，保尔森开始大胆地一边做空危险的 CDO，一边收购廉价的 CDS。但是，房地产市场依然繁荣，保尔森专门做空 CDO 的新基金一直在亏损。为了缓解压力，保尔森每天去纽约中央公园长跑约 8000 米。接下去保尔森开始加注，做空 ABX（次

① 本段落参考于 http://www.cqwb.com.cn/cqwb/html/2008-11/11/content_114794.htm。
② 本段落参考于 http://www.cqwb.com.cn/cqwb/html/2008-11/11/content_114794.htm。

级房屋贷款债券价格综合指数），一个在2006年初才被创造出来的反映房地产次贷市场状况的指数。正是因为ABX的下跌，保尔森的基金仅在2007年2月份就升值了60%。①

2007年8月，贝尔斯登公司投资次贷的两只对冲基金率先倒闭。一夜之间，投资者开始抛售次贷抵押债券，保尔森的基金随之暴涨。最终，在2007年的次贷危机中，保尔森的一只基金上涨了590%，另一只上涨了350%。在2007年，投资者投入保尔森公司的资金增加了60亿美元。2007年过后，保尔森掌管的基金规模已达到280亿美元，成为全球规模最大的对冲基金公司之一。②

保尔森的成功来自于独立思考，远离人群，只注重价值。在美国房地产泡沫最严重的时候，保尔森没有人云亦云，而是独立分析房屋抵押信贷市场。即使在投资初期出现亏损，依然坚持价值分析的结论，做出这一决定的勇气是难能可贵的。坚信历史会不断重复，所有泡沫都将会破灭，所有的投资疯狂也将会烟消云散。

（三）巴菲特再次抄底成功

金融危机，对于很多人来说无异于是一场灾难，但对于股神巴菲特来说，却是又一次千载难逢的投资良机。2008年次贷危机过后，人们惊讶地发现，股神从这次危机中赚取了超过100亿美元，回报率40%，远超同期美国政府救助陷入困境的企业所获得的12%收益。③

这些收益全部来自于他在次贷危机期间所做的救助性质的投资活动：对玛氏糖果旗下箭牌公司65亿美元的贷款，获利38亿美元；投资高盛集团50亿美元的优先股，获利17.5亿美元；投资美国银行50亿美元的优先股，获利9亿美元；对通用电气30亿美元的注资，获利12亿美元；购买陶氏化学30亿美元股票，获利10亿美元；对瑞士再保险集团投资27亿美元，获利14亿美元。总投资额高达252亿美元，总收益超过100亿美元，目前仍在不断增长中。④

从巴菲特的投资时点来看，这五笔投资几乎贯穿了整个次贷危机的始末，2008年9月巴菲特第一笔对高盛的投资，当时高盛正处在流动性危机中，并且刚刚向美联储提交了从投行控股公司转变为银行控股公司的申请。而2011年8月巴菲特最后一笔对美国银行的投资（当时美国银行在次贷危机中遭受重大损失，

① 本段落参考于 http://www.cqwb.com.cn/cqwb/html/2008-11/11/content_114794.htm。

② 本段落参考于 http://www.cqwb.com.cn/cqwb/html/2008-11/11/content_114794.htm。

③ 本段落参考于 http://finance.qq.com/zt2013/focus/gushen.htm。

④ 本段落参考于 http://finance.qq.com/zt2013/focus/gushen.htm。

深陷资本充足率不足的困境，投资者对其信心跌落谷底）股价仅为次贷危机前的1/3。[①]

这些投资都对应了巴菲特那句著名的投资格言："在别人贪婪时恐惧，在别人恐惧时贪婪。"在次贷危机中，对于深陷困境的企业来说，巴菲特就像一个救世主，当所有投资者都离他们远去时，股神却适时地出现，对这些深陷危机的企业提供看似慷慨的援助，将他们从悬崖边拉回来。在巴菲特出手相助时，这些企业的股票价格基本都已跌落至历史性的低点，而且这些慷慨救助的背后都附带着各种代价不菲的条款。[②]

巴菲特始终坚持价值投资，面对暴跌，他根本不看行情。巴菲特如此平静的原因非常简单，因为他坚信持有那些长期具有持续竞争力优势和良好发展前景的上市公司，都会有很高的投资回报。他认为股灾和天灾一样，都只是一时的，最终都会过去，恢复正常，所持有的上市公司股价最终也会都反映其内在价值。在金融危机中，当股价由于市场恐慌而明显低于其内在价值时，正是千载难逢的赚大钱的好机会。

四、启示

（一）历次股灾小结

1. 1987 年股灾

美国政府扩大财政支出，降低税收，大力吸引外资流入，加之股票投资免税，全球资本大量进入美国股市，美股上涨过快。程序化交易和杠杆交易加剧下跌，没有出现流动性危机，股跌债涨。危机后，投资风格更注重价值，有真实业绩支撑的 IT 股涨幅最好。

2. 1998 年亚洲金融危机

东南亚地区楼市泡沫堆积、银行短期外债高筑、政府外汇储备普遍不足，美元加息回流美国，导致危机爆发。危机中，中国香港股市大幅下跌，港元面临贬值压力时，债跌，贬值压力解除后，债涨。危机前，以香港本地股为主；危机后，与中国经济相关性高的国企股成为港股市场的主力。

3. 2008 年次贷危机

2000~2003 年大幅降息，刺激房价大涨，MBS 和 CDO 的快速发展又进一步

① 本段落参考于 http://finance.qq.com/zt2013/focus/gushen.htm。

② 本段落参考于 http://finance.qq.com/zt2013/focus/gushen.htm。

刺激房价，利率上行后刺破泡沫，导致持有次级债衍生产品的金融机构损失惨重，爆发金融海啸，出现严重的流动性危机，美联储实行 QE，注入大量流动性，股跌债涨。危机后，受 QE 和医疗保险改革影响，传统行业和医疗板块表现突出。

（二）股灾中的大类资产表现

通过比较近 30 年几次重大股灾中的大类资产表现，可以得出以下几点启示：

（1）股跌：每次危机发生时，股市总是率先大幅下跌。

（2）债涨：危机爆发，股市暴跌，除非本国货币有主权违约风险，央行总会大幅降息，为市场注入流动性，稳定市场情绪，债市走牛。

（3）黄金和大宗商品跌：除非美国发生滞涨，危机中经济迅速下滑，商品价格大跌；美元因避风港效应升值。以美元计价的黄金价格下跌。

（4）房跌：市场担心股灾向金融危机和经济危机蔓延，叠加财富效应缩水，房市承压。

（5）汇率跌：金融形势恶化、资本出逃。

（三）股灾中的投资策略

通过研究近 30 年的重大股灾案例，我们发现成功投资者的投资策略有以下几点共性：

（1）危机前，成功投资者面对狂热的市场均选择独立思考，拒绝群体的非理性诱惑，注重价值。相信历史会不断重复，所有泡沫都将会破灭，耐心等待最佳时机的到来，并做好充分应对准备。比如：都铎·琼斯在 1987 年股灾，索罗斯在 1997~1998 年亚洲金融危机，约翰·保尔森在 2008 年次贷危机。

（2）在股灾初期，经济下滑、股市大跌，央行降息并迅速向市场注入流动性。成功的投资者会利用股债跷跷板原理，采取卖空股票，转投长久期国债的投资策略来为资产保值、增值，还可以做空汇率。比如都铎·琼斯和索罗斯在 1987 年股灾。

（3）到股灾后期，由于恐慌性地抛售，大量好公司的股票价格会明显低于其内在价值，投资价值凸显，这时成功的投资者会重回股市，寻找那些被错杀的优质股。逆向思维，风险是涨出来的，安全是跌出来的。比如巴菲特在 2008 年次贷危机。政府将积极救市，避免金融体系崩溃，如果再做空，将重蹈索罗斯 1998 年折戟香港市场的覆辙。

（4）危机过后，市场风格将更注重价值。1987 年股灾后，有真实业绩支撑的 IT 股涨幅最好。1998 年亚洲金融风暴后，与中国经济高速增长相关性高的国企股成为港股市场主力。2008 年次贷危机后，受 QE 和医疗保险改革影响，传统行业和医疗板块表现突出。

（5）在金融市场中，成功投资者始终做好应对黑天鹅事件的准备，准备好对冲策略。比如都铎·琼斯发现 1987 年股市与 1929 年股市大崩溃的技术图形间非常相似，并做好了准备。

（6）发现判断错误时，及时纠错止损。索罗斯说过，“错误并不可耻，可耻的是错误已经显而易见了还不去修正。承担风险，无可指责。但同时记住千万不能孤注一掷，只要活着，就有办法”，比如索罗斯在 1987 年股灾中先输后赢。

参考文献

1. Barry Eichengreen,Dwight H. Perkins,and Kwanho Shin, *From Miracleto Maturity:The Growth of the Korean Economy*, Harvard University Press, 2012.

2. The Committee of the Sixty—Year History of the Korean Economy, the Korean Economy: Six Decades Growth And Development, Korea Development Institute, 2010.

3. Barry Eichengreen, Donghyun Park and Kwanho Shin. 快速增长的经济体何时减速：国际证据及对中国的启示 [J]. 比较，2012（2）.

4. 马克思 . 资本论 [M]. 北京：人民出版社，2004.

5. 熊彼特 . 经济分析史 [M]. 北京：商务印书馆，1994.

6. 刘易斯 . 增长与波动 [M]. 北京：华夏出版社，1987.

7. 钱纳里，等 . 工业化和经济增长的比较研究 [M]. 上海：三联书店，1989.

8. 库兹涅茨 . 各国的经济增长 [M]. 北京：商务印书馆，1985.

9.Niemira，等 . 金融与经济周期预测 [M]. 北京：中国统计出版社，1999.

10. 麦迪森 . 中国经济的长期表现 (公元 960~2030 年) [M]. 上海：上海人民出版社，2008.

11. 艾肯格林，等 . 从奇迹到成熟到成熟：韩国转型经验 [M]. 任泽平，张彩婷等译，北京：人民出版社，2015.

12. 刘世锦，等 . 陷阱还是高墙？中国经济面临的真实挑战和战略选择 [M]. 北京：中信出版社，2011.

13. 刘世锦 . 中国经济增长十年展望（2013~2022：寻找新的动力和平衡）[M]. 北京：中信出版社，2013.

14. 刘世锦 . 中国经济增长十年展望（2014~2023：在改革中形成增长新常态）[M]. 北京：中信出版社，2014.

15. 刘世锦 . 中国经济增长十年展望（2015~2024：攀登效率高低）[M]. 北京：中信出版社，2015.

16. 蔡昉，杨涛，黄益平 . 中国是否跨越了刘易斯转折点 [M]. 北京：社会科学文献出版社，2012.

17. 吴敬琏，樊纲，刘鹤，等 . 中国经济 50 人看三十年 [M]. 北京：中国经济出版社，2008.

18. 特维德 . 逃不开的经济周期 [M]. 北京：中信出版社，2009.

19. 丹特 . 下一轮经济周期 [M]. 北京：中信出版社，2009.

20. 恩格尔曼，等 . 剑桥美国经济史 [M]. 北京：中国人民大学出版社，2009.

21. 岳希明，等 . 中国经济增长速度：研究与争论 [M]. 北京：中信出版社，2005.

22. 任泽平 . 宏观经济结构研究：理论、方法与实证 [M]. 北京：格致出版社，2012.

23. 韩国财政经济部，韩国开发研究院 . 与国民同启未来：韩国总统金大中的经济哲学 [M]. 北京：中央民族大学出版社，1999.

24. 金大中 . 金大中自传 [M]. 北京：中国人民大学出版社，2012.

25. 金泳三 . 开创二十一世纪的新韩国 [M]. 北京：东方出版社，1993.

26. 金光根 . 韩国总统金泳三 [M]. 北京：时事出版社，1997.

27. 李保平 . 文人总统金泳三 [M]. 北京：中国广播电视出版社，1998.

28. 郑德龟 . 超越增长与分配：韩国经济的未来设计 [M]. 北京：中国人民大学出版社，2008.

29. 宋丙洛 . 韩国经济的崛起 [M]. 北京：商务印书馆，1994.

30. IBM 全球企业咨询服务部 . 走进韩国 [M]. 北京：中国铁道出版社，2009.

31. 哈里 · 兰德雷斯，大卫 · C. 柯南德尔 . 经济思想史 [M]. 北京：人民邮电出版社，2014.

32. 艾肯格林 . 国际货币体系史 [M]. 北京：上海人民出版社，2009.

33. 大野建一 . 从江户到平成 [M]. 北京：中信出版社，2006.

34. [德] 彼得 · 荣根，朱民，等 . 联邦德国马克与经济增长 [M]. 北京：社科文献出版社，2012.

35. 迈克尔 · 波特 . 国家竞争优势 [M]. 北京：华夏出版社，2002.

36. 马克 · C. 卡恩斯，等 . 美国通史 (第 12 版)[M]. 济南：山东画报出版社，2008.

37. 浜野洁，等 . 日本经济史 1600~2000[M]. 南京：南京大学出版社，2010.

38. 戴维 · 马什 . 欧元的故事 [M]. 北京：机械工业出版社，2011.

39. [韩] 安玹镐 . 韩国成功跨越“中等收入陷阱” 的经验和方法 . 国务院发展研究中心演讲 .

40. 保罗 · 克鲁格曼 . 亚洲奇迹的神话 [J]. 外交，1994(11):62-78.

41. 刘世锦，冯飞，杨建龙 .2012 年中国产业发展报告 [M]. 北京：中国发展出版社，2012.

42. 李善同，高传胜 . 中国生产者服务业发展与制造业升级 [M]. 上海：三联书店，2008.

43. 王金照 . 典型国家工业化历程比较与启示 [M]. 北京：中国发展出版社，2010.

44. 世界经济论坛（WEF）. 制造业的未来——推动经济增长的机会 .2012.

45. 三星经济研究院 . 中国制造业竞争优势现状及比较 [EB/OL].2010. http://www.docin.com/p-360395913.html.

后 记

带着梦想去旅行

人生是一趟心灵的伟大旅程，我们一起来到尘世修行智慧。15年来深爱宏观研究，云游四海，遍访名师。

感恩生命中遇到的每个人和每件事，赞赏我们的人鼓励我们勇敢前行，批评我们的人激励我们不断完善自己，都让我们获得智慧。正法眼藏，传付何人，有道者得，无心者通。心生种种法生，心灭种种法灭。自性若悟，众生是佛，自性若迷，佛是众生。

2009~2014年，在国务院发展研究中心服务期间，满怀豪情参与了这个时代富有使命感的一系列重大研究："跨越中等收入陷阱""增速换挡""中国经济增长十年展望"等。2014年的春夏之交，怀抱梦想投笔下海，用生命向往自由，用灵魂呼唤改革，亲历并见证了2014~2015年中国资本市场波澜壮阔的大牛市及随后的轰然倒塌，先后提出"5000点不是梦""对熊市的最后一战""改革牛、转型牛、水牛""经济L型牛市有顶部""海拔已高风大慢走"等。不为失败辩解，不在荣誉面前停留，一直在路上，风雨兼程。这是一段难忘的燃情岁月，虽然忙碌交织，但为梦想而战，青春无悔。我们深知，过去差强人意的判断不代表未来能取得同样的成绩。对于市场，始终心怀敬畏谦虚；对于研究，始终追求理性严谨；对于客户，始终牢记信托责任；对于大势研判，谨记每临大事有静气。

本书是我过去十多年宏观经济学习思考的一个阶段性总结，是对当代宏观框架的反思与实践。回顾百年宏观经济学思想史，从古典主义到凯恩斯主义到新古典主义再到新凯恩斯主义，正是一条充满争议、革命与反革命的历史，那些达成共识缺少争议的领域也必然缺乏创新、陷入停滞不前，我们对未知世界的认知正是在不断探索中化石般地积累知识。因此，必须声明，本书所建立的"转型宏观"

框架力图实现逻辑自洽和开放式思维的平衡，但远远不是共识，作者更不敢“以己之昏昏，使人之昭昭”，只是作者对这个时代宏观经济、公共政策和资本市场在做大势研判时所面临问题的反思和感悟。

本来受朋友和客户建议只打算整理出本报告集，因为金融市场是一场没有硝烟的战争，我们必须学会在丛林中不断奔跑，才能保持动物直觉和一线分析师的状态。后来在整理过去报告的时候发现，错漏颇多，认识粗浅之处俯拾皆是，因此痛下决心重新修订，认认真真系统梳理逻辑关系和框架体系，前后竟然用了大半年时间。即使如此，书中仍有不尽如人意之处。希望此书能够抛砖引玉，就教大家。

本书的完成要感谢我多年的师友和同事，他们是刘世锦、余斌、邓郁松、陈昌盛、许伟、邵挺、韦志超、张彩婷、张庆昌、宋双杰、熊义明、冯赟、解运亮、罗志恒等。感谢中信出版社乔卫兵先生、黄静女士认真细致的编审工作，并提出了大量建设性的修改意见。当然不足和错误之处由我本人负责。

王阳明先生认为心即理、知行合一和致良知，“知识是行的主意，行是知的功夫；知是行之始，行是知之成。”作者先后实践过学术研究、公共政策研究和商业研究，在修行宏观经济的时候，偶有龙场悟道的豁达感，但大多数时候常悟迷途其未远，觉今是而昨非。

未经历失意，不足以言成功。人生逆境时，静心参悟，执铁铸剑。顺境时，急流勇退，善始善终。能经受多大的诋毁，才能经受多大的赞誉。内心强大，无坚不摧。大处着眼，小处着手。群居守口，独居守心。慎独则心泰，主敬则身强，求仁则人悦，思诚则神钦。

人生最大的对手是自己，无我不执。人生最强悍的是放下自己，成就别人。无厚德，不载物，杯子无法容纳大海，容纳大海的是拥有大海的胸怀。上善若水，以无事取天下；道隐无名，无为而无不为。人若无名，专心练剑。人若有名，留心慈善。一个人拥有名气或财富，是社会赋予了你更多的信任，以推动社会进步。

修改书稿期间，两年来难得有空闲时间，晨起登山，带着梦想去旅行，负重行远，放空心灵，香山、西山、妙峰山、凤凰岭、鹫峰、龙泉寺、大觉寺……晚上回来捧读经典。

今年春天，沿着蜿蜒的林荫道，攀登阳台山，漫山盛开着绚烂多彩的樱花。生命如这栖身于北方磅礴的燕山山脉的樱花一般，大多数时间都在等待、准备和忍耐，熬过漫长寂寥的寒冬，最终迎来刹那间的尽情绽放。那绽放的不仅是生命，还有青春、梦想，和希望！

谨以此书献给平凡而伟大的时代，我们一起奋斗的岁月年华，以及关于理想和情怀的美丽传说。

任泽平

2016 年 6 月

于北京